U0852388

数字课程

农业经济管理

登录方法:

1. 访问 http://res.hep.com.cn/34078
2. 输入数字课程账号（见封底明码）、密码
3. 点击“LOGIN”、“进入 4A”
4. 进入学习中心，选择课程

账号自登录之日起一年内有效，过期作废。
使用本账号如有任何问题，
请发邮件至：lifescience@pub.hep.cn

登录以获取更多学习资源！

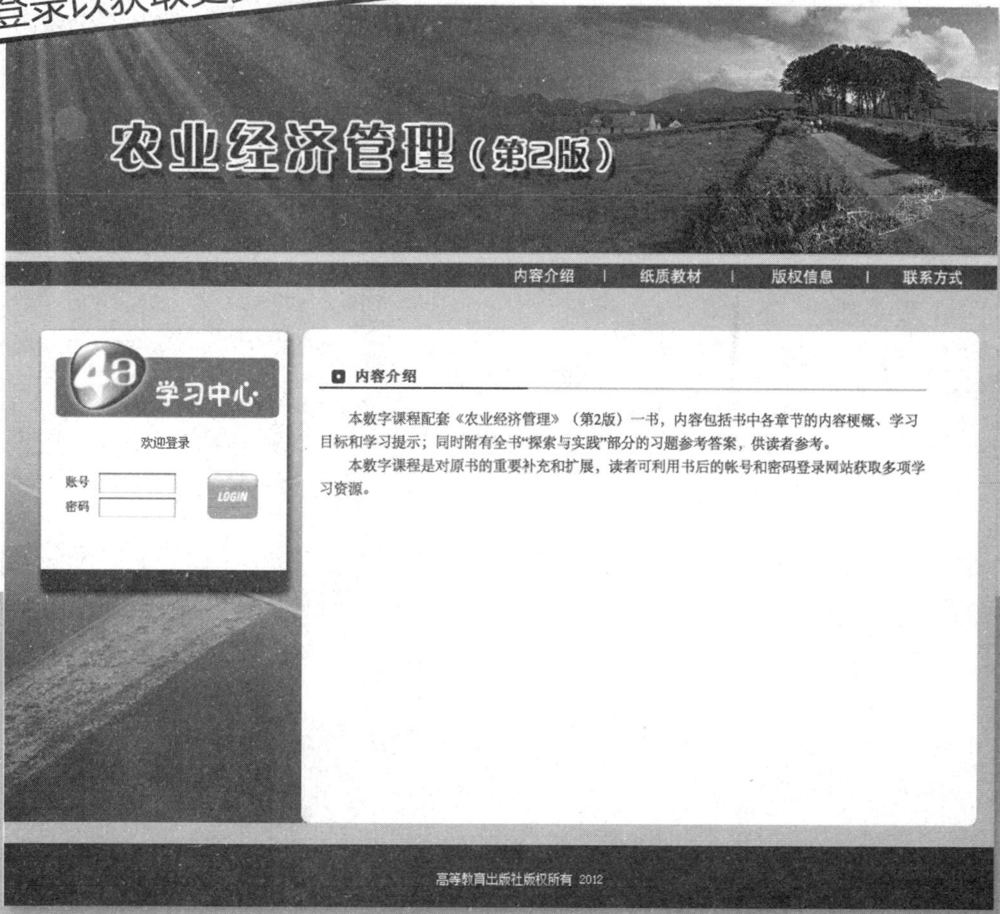

http://res.hep.com.cn/34078

□ 全国高等学校“十二五”农林规划教材

农业经济管理

Nongye jingji Guanli

（第2版）

主　编　陈　娆（北京农学院）

副主编　杨兴龙（延边大学）

李平则（山西农业大学）

聂　英（吉林农业大学）

参　编　（按姓氏笔画排序）

于　凡（吉林农业大学）

丛之华（延边大学）

豆志杰（长春大学）

董　娜（吉林农业大学）

高等教育出版社·北京

内容提要

本书包括如下内容：导言、农产品供给与需求、农产品市场与价格、现代农业与农业现代化、循环农业与农业可持续发展、农业生产结构与布局、农业微观组织、农业宏观调控、农业生产要素管理、农业经营预测与决策、农业项目投资管理、农业经济核算和效益评价。

本书按照客观经济规律和自然规律的要求，阐述在农业生产部门中合理组织生产力，正确处理生产关系，有效地使用自然资源、劳动力、土地、资金和科技等生产要素，合理地组织生产，提高农业生产的经济效益，最大限度地满足人类对农产品的需要。

本书可作为高等农林院校农业经济管理专业、农林职业院校农业技术专业的教学用书，也可供从事农业经济管理实际工作、理论研究和干部培训等参考使用。

图书在版编目（CIP）数据

农业经济管理 / 陈娆主编. --2 版. --北京：高等教育出版社,2012. 6(2020.12重印)

ISBN 978 - 7 - 04 - 034078 - 5

Ⅰ. ①农… Ⅱ. ①陈… Ⅲ. ①农业经济管理-高等学校-教材 Ⅳ. ①F302

中国版本图书馆 CIP 数据核字(2012)第 081484 号

策划编辑 潘 超　　责任编辑 高新景　　封面设计 张 楠　　责任校对 杨凤玲
责任印制 存 怡

出版发行	高等教育出版社	网　　址	http://www.hep.edu.cn
社　　址	北京市西城区德外大街 4 号		http://www.hep.com.cn
邮政编码	100120	网上订购	http://www.landraco.com
印　　刷	北京佳顺印务有限公司		http://www.landraco.com.cn
开　　本	787mm×1092mm 1/16		
印　　张	19.5	版　　次	2005 年 6 月第 1 版
字　　数	450 千字		2012 年 6 月第 2 版
购书热线	010 - 58581118	印　　次	2020 年12月第 11 次印刷
咨询电话	400 - 810 - 0598	定　　价	32.80 元

本书如有缺页、倒页、脱页等质量问题，请到所购图书销售部门联系调换
版权所有　侵权必究
物 料 号 34078 - 00

第 2 版前言

农业经济管理是一门应用性较强的学科。本书融合了经济学基础、农业经济学、农业企业经营管理学、农业技术经济学等学科的基本理论、基础知识和学科方法，具有较强的理论性和实践可操作性。

许多读者使用本书第 1 版后，在肯定教材的内容、体系和形式的同时，也提出了不少修改和补充建议。为此，我们通过不断思考，根据新时期农村经济发展形势和管理实践，对本书做了进一步完善。此次修改，本书在保持第 1 版框架结构基础上，除了对每章的内容进行了不同程度的增减和调整外，我们着重进行了如下的补充和完善：

一是按照自然规律和客观经济规律的要求，在分析农业概念内涵和基本特征的基础上，增加了农产品价格的相关内容，有助于读者更好理解农产品价格的形成机制；二是随着国际贸易的深入和不断加强，增设了 WTO 农业协议的基本内容，力求做到国内与国外相结合；三是随着现代物流业发展，农产品物流作为现代物流的主要组成部分，对农业发展和农民增收具有不可替代的作用，因此，增设了农产品物流的内容，力求做到理论与实践的密切结合；四是随着现代农业和循环经济的发展，增设了农业现代化和农业可持续发展的内容，力求做到历史与现实的紧密结合；五是随着农业家庭联产承包的深化和合作思想的深入，增设了农业家庭经营、农民专业合作组织、农业产业化和农业产业集群等农业微观组织方面的内容，力求做到微观与宏观相结合；六是随着对农业管理的不断强化，增加了农业经营预测与决策的内容，力求做到经济学科与管理学科的融合。

参与本书修订的教师和分工情况如下：陈娆编写第一章和第二章，董娜编写第三章，杨兴龙编写第四章和第九章，李平则编写第五章和第七章，豆志杰编写第六章，聂英编写第八章和第十二章，丛之华编写第十章，于凡编写第十一章。

本书在编写和修订中参考和借鉴了许多国内外学者的研究成果，得到了高等教育出版社领导和编辑的鼎力相助，在此一并感谢。

由于编者水平所限，教材中难免存在纰漏或错误，恳请同仁批评指正。

编　者

2012 年 2 月

第1版前言

《农业经济管理》是一本适合于经济管理专业及其他相关专业本科层次、远程教育教学需要的教材，也可以用于专科层次教学的需要。在全日制大学里，为了拓宽经济管理专业及农业技术类专业学生的知识面，用本教材作为教学用书也比较合适。

农业经济管理是一门应用性较强的学科，主要研究如何采取科学的管理方法，达到合理组织生产力，正确维护和调整生产关系的目的。重点探讨管理体制及生产要素的合理组合等内容。具体而言，主要从如下几个方面展开讨论：(1)科学阐明社会主义农业制度建立和发展规律，探讨与生产力发展相适应的农业经济管理体制，正确处理农业与其他产业之间、国家与农业企业和农业生产经营者之间的相互关系，探索具有中国特色的农业现代化道路。(2)依据经济发展的规律和农业生产的规律，在科学分析农业发展的自然与社会经济条件的基础上，进行科学的预测和决策，制定宏观农业发展战略和微观农业经营战略。(3)以市场为导向，以自然条件为基础，合理调整农业生产结构，搞好农业生产布局，充分利用自然资源，推进农业的可持续发展。(4)合理组织农业生产要素，研究生产要素的筹集、使用、保管、核算。分析农业投入产出情况，对农业技术经济效益进行分析和评价，寻求尽可能好的经济效果。(5)合理组织农业商品流通，充分利用市场、价格等机制发展社会主义商品经济。搞好农产品的收入分配，促进农业不断地进行扩大再生产，增加农民收入。

本教材是由北京农学院农业经济管理教研室的教师集体创作编写的。在编写过程中，得到了中国农业大学远程教育学院领导和专家的直接指导和帮助。

参与本教材编写的教师和分工情况是：陈娆(第一、二、三、十、十一章)、田淑敏(第六、七、八、九章)、郭爱云(第十二、十三章)、何美丽(第四、五章)。最后由陈娆、田淑敏总纂全书并定稿，江占民担任主审。限于水平，本教材中疏漏之处在所难免，恳请同仁不吝赐教。

2005年1月6日

目　　录

第一章 导言

内容梗概

本章首先介绍了“农业的概念及特征”，并从多角度介绍了对农业的认识；然后，对“农业在国民经济中的地位和作用”进行了理论阐述和分析，对“农业经济管理的概念和性质”从管理学的角度和社会学的高度进行了分析；最后，介绍了“农业经济管理的内容与学习方法”。

学习目标

本章学习目标是引导学生从多角度了解农业和认识农业，从理论高度认识农业经济管理，同时，让学生了解本课程的内容体系。要求学生掌握农业概念的多样化及其产生的原因，了解农业在国民经济中的地位和作用，深刻理解农业经济管理的两重性。

学习提示

本章是全书的导言部分，主要介绍农业、农业经济管理的课程体系及其学习方法。在学习本章的内容时要注意三点：一是对农业概念的理解不要仅仅停留在自然科学的角度，而要从经济学、管理学、农学甚至社会学的角度，全面的理解农业这一古老的产业；二是对农业经济管理，要注意认识和理解管理的两重性，两重性理论是从本质上理解和认识农业经济管理的基本理论，也是农业经济管理体制改革的理论基础；三是强调运用“唯物论、辩证法和历史唯物主义”的理论和方法，有利于正确理解我国农业经济管理体制的历史沿革。

第一节 农业的概念及特征

一、农业的概念

农业的概念可以从两个方面下定义。一个是可以从农业理论研究的角度下定义;另一个是可以从农业的自然和经济形态下定义。

从农业理论研究的角度下定义,也可以称之为"农业的分类",实际上是从分类学的角度对农业进行的研究。

从农业的自然形态和经济形态对农业下定义,认为:农业是人类利用自然环境条件,依靠植物、动物、微生物的生理机能,通过劳动去强化和控制生物的生命活动过程,以获得社会需要的物质产品的社会生产部门。

这个概念的内涵可以从下面几个方面来理解:

(一) 农业的依存条件

自然环境条件是农业的依存条件,指的是:土地及土壤、阳光和空气、水分和养分、气候和热量、动物和植物群落等,有生命的动、植物和微生物之间互为环境和条件。所以,生态环境的良好状态对于农业是至关重要的。农业的依存条件实际上也是一个相互依赖、相互制约的大系统。

(二) 农业的劳动对象

农业的劳动对象是动、植物和微生物。依靠植物、动物、微生物的生理机能,首先是依靠植物的生理机能,进行光合作用制造物质能量,从而开始了自然界生物链的延续和大循环。这是农业劳动的对象。准确地讲,农业的劳动对象还应该包括土地,因为土地是动、植物赖以生存的场所和基本条件,农业劳动很重要的内容是在整理土地。同时,对于农副产品加工业来讲,动、植物的产品则成了原材料、成了加工对象,从而也就成了劳动对象。所以农业的劳动对象可以分为三个层次:第一是动、植物和微生物及其生理活动过程;第二是土地;第三是动、植物和微生物的主产品和副产品。

(三) 农业的生产目的

从社会大生产来看,农业是一个物质生产部门。但是,农业首先是与人们的物质生活、特别是与维持人们生命延续有关的物质生产部门;其次是为轻工业提供原材料的物质生产部门;第三是为人类提供一个良好生存环境的部门。随着国家经济的发展和产业结构的调整,特别是随着人民生活水平的提高,农业为人类提供生存环境和条件的作用越来越重要。其中,有工业发展带来的环境的破坏,也有其他原因。比如,随着科学技术的发展,食物的生产更多地依靠科技、资金的集约,不再需要更多的扩展耕地面积。因此,非食物生产用地所产生的生态环境能够得到很好的保持。

从社会主义的基本经济规律方面来认识农业,农业的生产目的从根本上来说,是从农业方面最大限度地满足人们不断增长的、对农业的、物质文化生活的需要。

(四) 农业的生产过程

1. 从生态学的角度看

农业的再生产过程是动植物的生命活动过程的不断循环的过程。比如种植业,从种子播下生根发芽,生长发育到开花、结果、新种子的产生,完成了一个生命周期。又如,养殖业,动物从交配、孕育、分娩,一个新的生命产生,完成了一个生命活动过程。人类正是利用动植物的生命活动过程,获取人类生活和生命延续所需要的物质资料,或种子、或枝叶、或果实、或肉蛋奶等。这种动植物的生命活动过程的不断循环,既是动植物本身的自然繁衍,是自然界的生态系统维持平衡的必要条件,又是人类繁衍生息的不可或缺的条件,更明确地说,没有动植物的生命活动过程,就没有人类。

2. 从经济学的角度看

农业的再生产过程,包括物质再生产过程、经济再生产过程和人类的劳动过程。农业这一个古老的产业,自从产生那一天起,就紧紧的与人类的"物质再生产"、"经济再生产"联系在一起,产生了它的经济性,脱离了它的纯自然状态。因此,农业成了人类的一个物质生产部门。而这个物质生产部门的进步与发展,又与人类的劳动和科技的进步紧紧地联系在一起。人类为了自然界的再生产,为了人类自己不断地增加了劳动投入,为人们提供了一定的就业机会,不断地创造了人类的物质文明。因此,农业是自然、是经济、也是人类文明。

3. 从政治经济学的角度看

按照马克思主义政治经济学的观点,农业的再生产过程也含有一个生产关系的再生产过程,也就是农业中生产关系的变革和发展。这说明研究农业,特别是研究农业经济和管理,不可能不涉及农业中管理体制的变革,也就是生产关系的调整等问题。而生产关系的变革和调整,往往又成为农业、农业经济、农业经济管理的核心问题,它不仅制约了人类物质的生产,制约了社会经济的发展,在某些情况下,甚至会影响自然界和生态环境的正常状态。一个正常的生产关系,是符合生产力发展水平的生产关系,在人类历史发展的长河中,永远是一个至关重要的话题。

(五) 农业的管理过程

强化和控制生物的生命活动过程,就是农业的管理过程,其目的是提高劳动生产率、农产品质量和物质生产的时效性。比如,通过提高复种指数、改良品种等,提高单位面积产量;利用保护地农业,使农业能够均衡生产,解决农业生产季节性所产生的不均衡生产和供应的问题。这是从人与自然的结合方面来谈农业的管理过程,这就是管理的自然属性方面。农业的管理过程,还有人与人的结合的另一方面,也就是社会属性的一面。主要表现为人类的产权的形成过程、农业的劳动和组织过程、劳动者的相互关系和分配过程等。

二、农业的分类

(一) 狭义农业与广义农业

1. 狭义农业

狭义农业通常指种植业。种植业是人类生存的最基本的物质生产,包括粮食作物和经济作物的生产。植物种植是指人们通过绿色植物利用太阳的光、热和自然界的水、气,以及土壤中的各种矿物质养分加工合成为植物产品。目前,经济结构调整中,又提出了饲料作物的生产问题。这就不难理解我国为什么非常重视粮食的生产。"民以食为天",种植业基本解决了人们的吃饭和穿衣问题,或者说只解决了人们的温饱问题。

但是,随着人们生活质量的提高,只依靠狭义农业还不够,要靠广义农业。比如,目前就面临一个人们对农业需求的两个转变问题。一个是由植物性食品向动物性食品转变,一个是农产品的需求由数量型向质量型转变。

2. 广义农业

在我国,广义的农业,通常指"农、林、牧、副、渔"各业的综合。在国外,特别是工业发达国家,随着工业化水平的提高,现代意义上的广义农业的概念,扩展到农业的产前、产中、产后的生产、加工、流通、服务等方面,与农业相关的产业活动,纳入大农业的概念中来,把与农业相关的经济活动统统划入农业部门。比如,在美国直接从事农业生产活动的就业人员,占全社会的2%,而在与农业相关的产业就业的,如农业的产前、产中、产后的生产、加工、流通、服务等就业人员,则占了15%。我国把农业的概念从狭义的种植业扩展到种养各业,体现了我国农业的发展和进步,相信,随着我国工业化水平的提高,农业的概念也会由种养业扩展到加工业和服务业。

(二) 传统农业与现代农业

1. 传统农业

传统农业是指自给自足的小农(自然)经济状态下的农业,主要表现为:手工劳动,自给自足。生产力水平处于"人、畜结合"的状态。使用铁、木农具,利用人力、畜力、水力、风力和自然肥料,凭借或主要凭借直接生产经验从事生产。生产的目的主要是为了自己消费,商品率很低。由于古代农业主要通过传承,应用生产活动中积累的经验来发展生产,故又称为传统农业。

相关链接

农业的重大作用

由原始农业进入古代农业(又称作传统农业)的过程,在西方开始于奴隶制的希腊、罗马时代;在中国则发端于春秋战国从奴隶社会向封建社会过渡的时期。从18世纪中叶开始,资本主义伴随着工业革命在西方兴起,古老(传统)农业也逐渐开始向现代农业过渡。在中国,传统农业向现代农业的过渡,晚了两个世纪。与原始农业相比,传统农业进一步增加了农产品数量,从而可以维持更多的剩余人口,因而在更大的范围内促进了手工业和商业的发展。传统农业的发展导致了城市的发展,导致了国家的兴起,为工业革命准备了必要的条件。发达国家的经验告诉我们,任何以牺牲或放弃农业为代价来发展工业的企图,最后只能适得其反。

(翟虎渠,等 . 2002. 农业概论 . 北京:高等教育出版社)

2. 现代农业

现代农业是指用现代物质技术和最新科学技术成果武装的市场经济状态下的农业。人类世界从20世纪中叶开始,进入现代农业阶段。第三次技术革命的几乎所有的重要的成果,都应用于农业。主要表现为以下几点:

（1）农业劳动手段的现代化　用物质技术武装农业，如农业的机械化、电气化、精准农业物质技术手段，保护地农业技术设施，还有把生物工程技术用于农业的再生产过程，基因工程等。现代农业生产工具的特征是智能化和机械化，目前，在联合收获机上已经普遍采用电子监视仪或自动控制装置，以监视子粒散失和脱尽率。在畜牧业中，出现了封闭式、半封闭式、自动化的养鸡场、养猪场和工厂化养牛场。

（2）主要体现在“新品种、新结构、新用途”上　比如玉米，不断开发的糯玉米，油用玉米等新品种的出现，调整了农产品的结构。饲用玉米、食用玉米、工业用玉米等构成了玉米品种的新结构。

农业生产者从事的是商品生产。现代农业是市场农业，是商品生产。商品生产率越高，农业现代化率越高。农业的经营形式也发生了巨大变化。家庭经营走向企业化，农业公司经营逐步走向主导地位。

（3）现代农业的发展趋势　信息科学是当代高新技术的基础，也是现代农业的发展基础。现代农业的发展趋势之一是现代生态农业，发展趋势之二是工厂化农业，发展趋势之三是海洋农业。总之，现代农业发展趋势是，各种农业形式在高新技术含量不断增加的基础上有机地结合起来，相互影响，彼此支撑。现代农业与城市、工商业等非农产业的融合度持续提高，同时，又保证了生态效益、经济效益、社会效益的协调增长。

（三）其他农业类型

其他农业类型有：阳光农业、都市农业、观光农业、精细农业、精准农业、精品农业、适应农业、三维农业、“绿三角”农业、生态农业、白色农业、创汇农业、旅游农业、海洋农业等。

相关链接

各种农业类型的阐释

1. 阳光农业

所谓“阳光农业”，即打破传统意义上的季节和光照利用期，通过地膜覆盖、温室种植等手段，充分发挥阳光作用的农业。万物生长靠太阳，似乎是人所共知的道理。但我国传统的农业生产，过多注重了“土、肥、水、种”四要素，对阳光的作用却发挥得不够。有关资料显示，传统的大田作物的光合作用只吸收了不足1%的阳光，99%的阳光白白丢失。在耕地、肥料、良种和农业用水日趋紧张的态势下，人们开始把眼光投向取之不尽、没有污染的阳光。近年来，充分利用阳光，变农闲为农忙，开展反季节种植，增产增收已成寻常之事。地膜覆盖、温室种植，把传统意义上的季节和光照利用期打破了，使在原本条件下不能栽种的农作物和精细的蔬菜、水果等变得可以栽种。

2. 都市农业

所谓都市农业，即在高度城市化的大都市中、市郊农业区和环大都市的经济圈内，以农业产业为基础，以大都市拥有的信息科学技术、生命科学技术、新能源与可再生能源科学技术、新材料科学技术和管理科学技术等武装的园艺化、设施化、工厂化生产为主要手段，以高科技示范农业、观光（休闲）农业、生态农业、创汇农业为主要标志，以大都市市场需求为先导，融生产性、生活性、生态性于一体，一产向二、三产业延伸渗透、城市建设与农业发展相融合的高质、高效的一种现代农业系统。

都市农业是个动态性的地域经济概念，而不是静态性的地域经济概念。与现代化概念一致，都市农业也是分阶段的、不断发展的，是个动态性经济概念。随着科技的发展，社会的进步，人们消费观念的改变，大都市市场需求的变化，都市农业的概念也将随之有不同程度的变化。都市农业是现代农业，但不是一般农区的现代农业，而是一种特殊形态的现代农业。一般性城市农业与都市农业的根本区别就在于，前者是以生产性为主的农业，后者则是生活性、生产性、生态性共同发展的"超农业"的复合产业。

3. 观光农业

所谓观光农业，是指一种由一产向三产延伸渗透，农、游两业交叉融合的新兴产业，是一种新兴农业形态。观光农业是主要利用农业资源为满足人们的精神和物质享受而开辟的、可吸引游客前去观、尝、品、考、书、画、摄、购、游、娱、住的一种参与性、趣味性和文化性很强的农业。观光农业在国内外文献中有"观光农业"、"旅游生态农业"、"观赏农业"、"旅游农业"等多种称谓。在国外，只有日本、美国、荷兰、新加坡等少数国家提出了这种产业概念，并设计和开发了一些观光农业游览基地和项目。近年来，我国一些地区也在发展这种新兴产业。北京市自20世纪80年代后期以来，观光农业发展迅速，方兴未艾。据粗略统计，目前观光农业场点已达300多处。

4. 精细农业

精细农业就是一种现代化农业理念。所谓精细农业，是指基于变异的一种田间管理手段。农田里的田间土壤、作物的特性都不是均一的，是随着时间、空间变化的。而在传统的、目前仍在采用的农田管理中，都认为是均一的，采用统一的施肥时间、施肥量。实际存在的差别、空间变异使得目前这种按均一进行田间作业的方式有两种弊害：第一，浪费资源，为了使贫瘠缺肥的地也能获得高收成，就把施肥量设定得比较高，那么本来就比较肥沃的地就浪费了；第二，这些过量施用的农药、肥料会流入地表水和地下水，引起环境污染。在这种情况下提出精细农业，根据田间变异来确定最合适的管理决策，目标是在降低消耗、保护环境的前提下，获得最佳的收成。精细农业本身是一种可持续发展的理念，是一种管理方式。但是为了达到这个目标，需要三方面的工作。首先，获得田间数据；其次，根据收集的数据作出作业决策，决定施肥量、时间、地点；第三，需要机器来完成。这三个方面的工作仅凭人力是无法很好完成的，因此需要现代技术来支撑，也就是所谓的3S技术——RS(遥感，用于收集数据)、GIS(地理信息系统，用于处理数据)、GPS(定位系统)，并且最终需要利用机器人等先进机械来完成决策。这两点结合即平时所说的农业信息化和农业机械化。目前，全国推行的测土配方施肥工程就是精细农业的一例。测土配方施肥技术是指通过土壤测试，及时掌握土壤肥力状况，按不同作物的需肥特征和农业生产要求，实行肥料的适量配比，提高肥料养分利用率。

5. 精准农业

所谓精准农业，是建立在农业机械化基础上的现代高精技术系统工程。精准播种机械能高精度地把种子按先进农艺准确定植于土壤中，为种子营造出最合理的生长空间，使作物幼苗得以均等地吸收营养，利用阳光，从而获得最大幅度的增产。精准平衡施肥技术是精准农业的重要内容，它是指按规范精确地把肥料施到作物最需要的部位。既最大限度发挥肥效，提高肥料利用率，增加作物产量，又不因施肥过量、吸收不良而造成环境污染。精准灌溉主要包括喷灌、滴灌、微灌等先进技术，旨在提高农业用水的有效利用率，以最少的投入去获得最佳的产出效果。

6. 精品农业

所谓“精品农业”，即按照市场导向和现代人的需求，应用先进的农业生产技术，生产品种新、品质好、营养全、无污染、科技含量多、档次高的农产品的农业。发展“精品农业”是国际市场和国内发达地区市场的消费需求，是发达地区、特别是城郊经济的内在要求和必然选择。大城市郊区人多地少，不能再走广种薄收，扩大外延发展农业的道路，而较好的选择是发展“精品农业”的路子。在北京，海淀区率先提出了发展“精品农业”的概念，并已在农业实践中付诸实施，并取得了良好效果。北京市也把它作为发展现代农业的一种农业类型加以推进。

7. 适应农业

所谓适应农业，是指以适应自然为主、改造自然为辅、利用自然来发展农业的农业生产类型。譬如调整生产结构来建立适应本地区自然条件的最优农业生产体制等。

8. 三维农业

所谓三维农业，即三维网络结构农业，是指农业发展战略思想的一种观点。它是从农业系统论的角度，按其功能把农业分为三组不同的结构：一是生物生产结构，如农、林、牧、渔、虫（微生物）等，利用生物生长发育的功能，产出多种初级产品，这一结构形成农业的广度。二是资源开发结构，如控制光、热、水、气、土等自然资源和劳力、工具、肥（饲）料、技术、管理等经济社会资源，利用能量转化和信息传输的功能，增加农业产出的数量并提高其质量，这一结构形成农业的深度。三是经济增殖运转结构，如加工、贮藏、运输、销售、分配、消费等，利用价值增值和经济循环功能，不断提高农业的经济效益，这一结构形成农业的高度。三组结构内部各要素之间都互为因果关系，形成复杂的网络。

9. “绿三角”农业

所谓“绿三角”农业，是农业战略思想的一种观点。它是指由农业生物（栽培作物、饲养动物、微生物）、外界（包括自然环境、人工环境或生物环境、非生物环境）、人类社会劳动（对农业生产和外界环境的控制、干预等）三个要素相互联系和作用，构成的自然再生产和经济再生产紧密结合的宏观整体。这是由我国农业辩证法科学工作者李炎巨等提出的。鉴于农业生产以植物生产为基础，通常以绿色表示农业，故称为“绿三角”农业。理想的农业生产就是通过“绿三角”的相互协调和综合作用，以合理的能量和物质换取人们所需要的产品和生态环境，从而获得一定的物质和经济效益。农业现代化的目的就是要创造一个高产、优质、抗病、低耗的农业生产系统和一个合理、高效的农业生态系统。“绿三角”农业的阐述比较恰当地表达了农业生产的整体性。

在现代农业发展中还有诸如节水农业、创汇农业、籽种农业、设施农业、知识农业等多种提法。我们相信，随着农业现代化进程的推进，21 世纪的农业将会涌现更多新的概念，这些概念在农业实践中的实施，将使我们的农业得到空前的发展，人们赖以生存的农业将对人类做出更大的贡献。

三、农业的特征

（一）农业的经济学特征

农业的经济学特征主要表现为农业的自然再生产与经济再生产相交织。这是与工业再生产相比较最大的区别和独特的特征。农业作为一个产业必须依靠农业的自然再生产，也即是依靠动植物和微生物的自然再生产。

1. 农业的自然再生产

农业是利用生物有机体生长发育过程进行的生产，是生命物质的再生产，因而也是有机体的自然再生产过程。农业的特征，首先表现在农业的再生产过程中。一是植物的自然再生产。利用水、肥、二氧化碳，通过光合作用，完成植物性产品（从无机物到有机物的转化）的生产过程；二是动物的自然再生产，利用植物性产品实现动物性产品的转化；三是微生物的自然再生产。主要是分解动物的排泄物、分解动植物等，转变成植物可以吸收的无机物。这说明，农业的再生产过程，同时也是一个生态不断循环的过程。

2. 农业的经济再生产

农业生产者在特定的社会中结成一定的生产关系，借助一定的生产工具对劳动对象进行具体的生产活动，以获得所需要的产品，这些农产品可以供生产者自己消费，也可以作为生产资料进入下一个农业生产过程，还可以通过交换换取生产者所需要的其他消费物品和生产资料。农业的再生产过程，也是人们利用农业自然再生产和生态循环规律，通过活劳动和物化劳动的投入，来强化和控制自然再生产过程及生态循环，以使农业再生产过程有更大的成果产出。这一过程因为是人类有意识、有目的活动过程，特别是经济的投入和产出、价值的再生产过程，所以，我们把这一过程称作农业的经济再生产过程。

3. 农业的自然再生产与经济再生产相交织

由于农业的经济再生产离不开农业的自然再生产，或者说，农业的经济再生产是通过农业的自然再生产实现的，所以，从根本上来说，农业的经济再生产是与自然再生产交织在一起的。也可以说是一个过程的两个方面。一个是使用价值的再生产过程，也就是农产品的再生产过程；另一个是价值的再生产过程，也就是经济的再生产过程。

（二）农业的管理学特征

农业的管理学特征主要表现为农业的劳动时间与生产时间的不一致性。

1. 动植物的生产时间遵循自然规律

比如，动植物的生产过程是一个连续的生命过程，不可能中断，中断就意味着生命的终止，不可能得到预期结果，将给农业生产造成损失。当然，有的是只需要动植物的产中产物，比如鲜嫩的枝叶、蛋奶等。

2. 要遵循经济规律和技术再造规律

必需的经济规律主要是劳动节约规律。农业的劳动时间可以中断，转移到其他工作方面，需要时再做，以实现农业劳动的节约。必须遵循的技术再造规律，是农业的科学技术的发展影响到农业劳动的规律。某些科学技术有了新的发明，可以替代人的劳动。比如，除草剂可以替代农民锄草的劳动，中耕机可以替代农民的中耕劳动等。

（三）农业的农学（根本）特征

1. 土地是农业不可替代的基本生产资料

土地是农业的立地条件。农业生产总要占据一定的地面和空间。土地为农业提供了土壤、水。土地是一个立体概念，地面以下的土壤层、地下水，地面以上的自然物、光、气、温度、动植物群落等自然条件都是农业离不开的。

2. 农业生产的季节性

农业的自然再生产过程中，最根本的条件就是太阳能。太阳能的时间和空间的分布，形成了不同地域、不同时间的季节性。比如春、夏、秋、冬，二十四个节气。一个方面我们要充分利用这种季节性的有利条件，光照和充足的水量。另一方面，我们还要克服季节性的不利条件，实现均衡生产和市场的均衡供给，解决农产品供应的旺季和淡季问题。

3. 农业生态的平衡性

农业再生产是生物的再生产，适宜的生态环境是不可或缺的。所以，维护农业生产环境的生态平衡，是保证农业自然再生产和经济再生产正常进行的必要条件。比如田间林网化，解决田间小气候的问题；退耕还林，解决山区的水土保持问题；退耕还草，解决草场退化、沙化问题。所有这些问题，给农业生产带来了不利的生产条件。

4. 农产品的多样性

农产品提供了多样化消费的可能性。如植物性产品、动物性产品等。同一种农产品，既可以作为生产资料消费，也可以作为生活资料消费。如玉米，可以作为粮食消费，也可以作为工业原料，生产淀粉、药品等。同一种农产品可以是自给性消费，也可以作为商品销售。尤其是生产水平较低的地区，自给性部分所占比重要大得多。

四、农业的系统观

前面讲过，农业是经济再生产过程和自然再生产过程的交织。因此，农业既是国民经济系统的一个组成部分，又是自然生态系统的一个组成部分。为了突出科学技术对于国民经济发展的重要性和相对独立性，可以将经济生产系统与科学技术系统加以区分。这样，农业又是科学技术系统的一个组成部分。与此同时，农业自身可以分为种植业、林业、畜牧业和渔业等部门，还包含社会、政治和文化方面的内容，因而本身也是一个复杂的大系统。这个复杂的农业大系统不仅是国民经济、科学技术和自然生态系统的子系统，同时也是社会、政治和文化系统的子系统。农业大系统内部各产业、各部门不仅互相联系，同时又分别与外部联结，而且都具有复杂的结构。因此这些部门不仅是农业大系统的子系统，而且自身还可以进一步细分为更小的系统。

正因为农业是这样一个复杂的大系统，所以研究农业问题要涉及许多学科。我们既需要自然科学知识，又需要人文社会科学知识；既需要理论科学知识，又需要应用科学知识。例如，作为基础理论，我们既需要学习数学、物理、化学、生物学、遗传学等自然科学，也需要学习历史、地理、经济学、社会学、法学、心理学等人文社会科学；作为应用基础，我们既需要学习农学、园艺学、森林学、土壤肥料、植物保护、畜牧兽医和农业工程，也需要学习农业经济管理、财政金融、农产品运销和贸易以及农业教育和推广。更重要的是，农业大系统不仅存在许多内部的交互作用，同时还与外部多重更大的系统相互作用。因此，我们必须学会用系统论的观点看待农业，学会利用综合多学科知识或开展跨学科合作的方法从各种角度全面分析农业问题。

第二节 农业在国民经济中的地位和作用

一、农业在国民经济中的地位

国民经济是由农业、工业、商业、交通运输业、生活服务业、信息业、文教卫生科学研究等生产和劳动部门共同组成的庞大的社会经济系统，农业是国民经济的一个物质生产部门，是国民经济的基础。

（一）农业的基础地位首先在于它是人类生存的基础

农业是人类的衣食之源，是人类生存之本。马克思在研究农业在社会发展的历史作用中指出："食物的生产是直接生产者的生存和一切生产的首要条件"。从经济学的角度看，衣食是人类最基本的生活资料，农产品维持着人类的生存和劳动力的再生产。而且农业是社会安定的基础，是安定天下的产业。农业能否稳定发展，能否提供与人们生活水准逐渐提高这一基本趋势相适应的农、副产品，关系社会的安定。"民以食为天"，粮食是人类最基本的生存资料，农业在国民经济中的基础地位，突出地表现在粮食的生产上。如果农业不能提供粮食和必需的食品，那么，人民的生活就不会安定，生产就不能发展，国家将失去自立的基础。从这个意义上讲，农业是安定天下的产业。

（二）农业是国民经济其他部门产生和独立的基础

农业的基础作用在于，农业部门能为社会提供多少剩余产品，是社会分工的物质前提。没有农业的发展，就没有社会的第一次、第二次和第三次大分工，也就没有国民经济其他部门的产生和独立。

（三）农业的发展是国民经济其他部门生存和发展的基础

农业是工业等其他物质生产部门与一切非物质生产部门存在与发展的必要条件。农业是工业特别是轻工业原料的主要来源。重工业中的橡胶工业、化学工业（如硝酸甘油的生产）等所用的部分原料来自农业；轻工业中的食品工业、纺织工业、皮革工业、烟酒业等所用的原料也来自农业。农业为工业的发展提供广阔的市场。农村既是重工业商品的广阔市场，也是轻工业商品的广阔市场。农业是国家建设资金积累的重要来源。农业以上缴农业税的方式直接为国家积累资金，还通过以农产品为原料的轻工业，间接地为国家积累资金。农业能为国民经济其他部门提供劳动力。随着农业的发展，农村中的剩余劳动力日益增多，这些剩余劳动力被充实到了国民经济的其他劳动部门。农业也是出口物资的重要来源。在出口商品构成上，工业品出口的比重逐年上升，但农、副产品及其加工品仍占重要地位。农业在商品出口创汇方面仍起着十分重要的作用。农业是支撑整个国民经济不断发展与进步的保障。

马克思指出:"超过劳动者个人需要的农业劳动生产率,是一切社会的基础。"农业生产力和农业劳动生产率的高低,不仅决定着为国民经济其他部门提供剩余农产品的数量,而且还决定着为国民经济其他部门提供劳动力的数量,进而决定着国民经济其他部门发展的规模和速度。

研究表明,农业、工业、城市人口之间的相关系数是0.95。在我国,从20世纪50年代到80年代的30年里,农业与国民经济的发展,出现了三次大的波动。第一次是1952—1962年,第二次是1963—1976年,第三次是1977—1987年(表1-1,图1-1)。

表1-1　1952—1987年农业、工业及非农劳动力相关增长比较

项目＼年份	1952—1957	1958—1962	1963—1965	1966—1976	1977—1985	1986—1987	1952—1987
农业总产值增长速度/%	4.6	−6.0	10.8	2.4	7.7	4.5	3.8
工业产值增长速度/%	18.0	−5.3	22.9	8.6	11.2	14.6	11.5
非农劳动力增长速度/%	6.2	−3.3	7.6	5.8	8.7	6.0	6.5

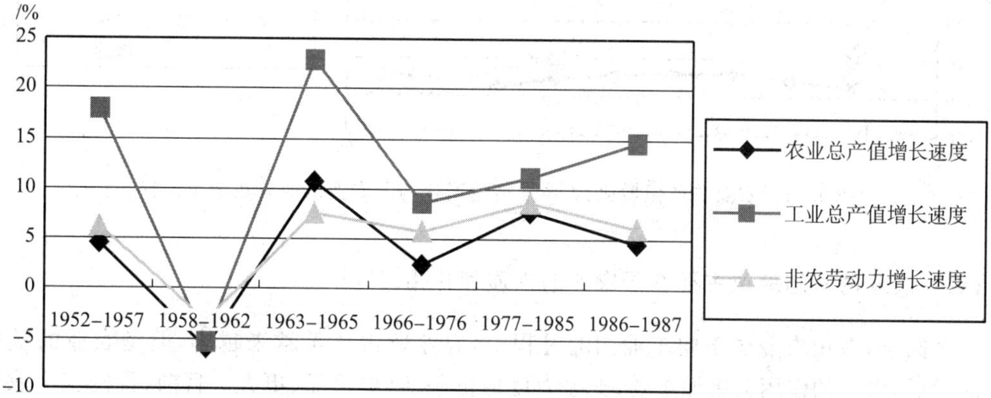

图1-1　1952—1987年农业、工业及非农劳动力相关增长比较

本资料根据1988年《中国统计年鉴》第38页、153页计算得出

20世纪90年代以来,农业的增速减慢,影响工业的增速,也影响非农人口的增速。30至50年代的"农业—工业—非农业劳动力"的相辅相成的波动规律在90年代仍然在发挥着作用(表1-2,图1-2)。

从表1-2和图1-2中可以看出,1991年农业增速由1990年的15.3%下降到2.5%,工业也从1990年的36.6%下降到11.3%,非农劳动力也从1990年的27.9%下降到6.5%。1994年农业增速上升到6.1%,工业增速上升到45.0%,非农劳动力增速也上升到43.2%。1996年农业增速下降到4.9%,工业增速也下降到8.4%,非农劳动力增速也下降到9.9%。1999年农业增速下降到0.3%,工业增速下降到5.9%,非农劳动力增速下降到0.1%。

表 1-2 农业总产值增速、工业总产值增速、非农劳动力增速的比较

项目 年份	农业总产值增速/%	工业总产值增速/%	非农劳动力增速/%
1990	15.3	36.6	27.9
1991	2.5	11.3	6.5
1992	4.2	29.9	11.4
1993	6.4	39.8	21.0
1994	6.1	45.0	43.2
1995	5.8	30.9	29.1
1996	4.9	8.4	9.9
1997	2.3	14.2	6.8
1998	0.7	4.7	3.2
1999	0.3	5.9	−0.1

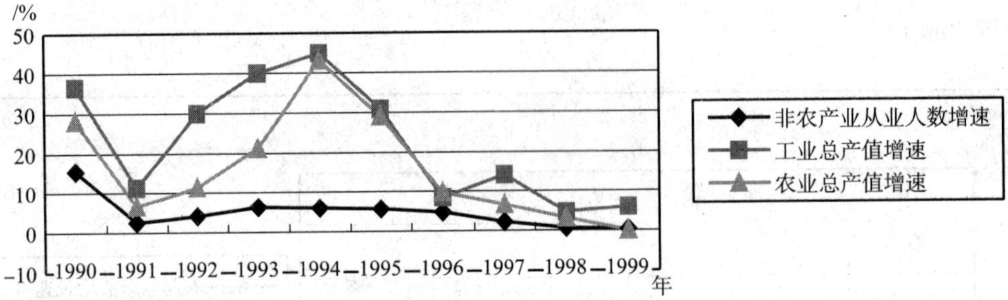

图 1-2 农业总产值增速、工业总产值增速与非农业从业人数增速比较

(四) 农业的基础地位主要在于农业的性质和作用

一个国家，在由农业国走向工业国的过程中，农业所占比重越来越小，但是农业的基础地位不能动摇，农业的作用会更加重要，支撑力度应更坚实、更可靠、更大。目前，我国三个农民供应一个城市人口，30 年后，一个农民供应三个城市人口，农业的作用和农民的作用会明显提高。

(五) 农业是国民经济的基础是一条普遍规律

农业以其综合力量支撑着整个社会，整个国民经济和整个人类的生存和发展。古今中外概不例外。在古代，农业支撑着整个天，基础地位自然昭著，现代社会和未来社会，农业仍然是国民经济的基础。发达国家如美国，农业产值虽然仅占国民经济的 2%，农业劳动力虽然仅占 2%，但是农业部门为农业服务的机构非常完善，力度也很大，国家仍然非常重视农业。最发达的国家一般都是农产品出口国。中国从 1863 年有海关记录开始，到中华人民共和国成立，在 100 多年的时间里，一直是粮食的净进口国。多年来，美国、法国、荷兰一直是粮食出口国的前三名。

二、农业在国民经济中的作用

农业是人们利用动植物体的生理性能，把自然界的物质和能量转化为人类需要的产品的生产部门。农业是人类衣食之源、生存之本，是一切生产的首要条件。它为国民经济其他部门提供粮食、副食品、工业原料，资金和出口物质。国民经济其他部门发展的规模和速度，都受到生产力发展水平和农业劳动生产率高低的制约。由此我们可以看出，农业在经济发展中起着十分重要的作用，如何认识这一问题在产业结构已失衡的今天显得十分重要，我们必须重新认识，以使农业在经济发展中的效用达到最大化。

（一）农业是国民经济其他部门劳动力的主要来源

农业是人类基本生活资料的生产部门，因而，劳动力必须首先满足农业生产的需要。农业劳动生产率提高了，才能有剩余产品和剩余劳动力提供给社会。国民经济其他部门的劳动力主要来自农业。

（二）农业是工业、特别是轻工业的原料基地

我国轻工业原料的70%来自农业，以农产品为原料的工业产值，占了工业总产值的1/3以上，占了生活资料工业产值的4/5以上。主要是纺织、食品、服装、饲料工业等。

（三）农业为工业和其他部门提供日益广阔的市场

我国有13亿人口，70%在农村，农村是一个广阔的市场，包括生活资料市场和生产资料市场。我国轻工业产品的60%销售到农村，农用生产资料的90%以上销往农村。

（四）农业是积累国民经济建设资金的重要来源

2004年，国家决定开始减免有关农业农民方面的费用和税收，2009年后，农民的税收将会全部减免。但是，在20世纪90年代，我国财政收入的30%左右来自农业，主要渠道是：农业税、农林特产税、工商税；工业销往农村过程中的税收；农产品的加工、运输、营销过程中的税收等。农产品是国家出口创汇的重要来源。农产品出口创汇每年有120亿～130亿美元。农业形势好，农业自然灾害少，国家财政对于农业灾害的大量支出就少，为国家减少了负担，等于为国家增加了收入。20世纪末的几年，国家用于防洪抗灾的财政资金多达1 500亿～2 000亿元人民币。即使是在国家全部免除农民的税费条件下，农业因为其“前向关联”和“后向关联”，也会在经济上提供支持。

三、农业在现代社会中的作用

农业仍然是现代社会最重要的社会经济部门之一，仍然具有其他行业不可替代的作用。随着人类社会的发展，生态环境和社会方面的问题日益突出。农业是人类与大自然联系最密切的一个生产部门，因而在保护生态环境和治理污染方面具有其他部门无法替代的作用。这种作用不仅表现在人与自然的关系上，同时也表现在人类对这一关系的认识上。在解决现代

都市的社会问题方面同样如此。经过更新的农村社会结构与功能，不仅提供了十分有益的经验，而且促使人们重新审视人类社会的价值观念体系。农业在现代社会的经济作用可能相对下降，但其生态环境作用和社会文化作用可能趋向上升。

（一）农业的经济作用

工业革命以后，农业在国民经济中的份额已经大为下降。但是，农业在整个经济及其发展过程中仍然具有十分重要的作用。农业的经济作用在发展中国家尤为明显。根据库兹涅茨的经典分析，农业对发展中国家经济发展的贡献可以归结为产品、市场、要素和外汇四个方面。

1. 产品贡献

产品贡献指的是农业部门所生产的食物和工业原料。与工业革命的进程一样，发展中国家经济起飞的标志是工业化、都市化；而非农部门的迅速扩大迫切需要增加食物和工业原料的供应。对于发展中国家来说，对食物和原料日益增长的需求只能靠本国农业的增长来满足。如果没有本国农业的持续增长，发展中国家将因为缺乏食物和原料而无法推进工业化和现代化的进程。

2. 市场贡献

市场贡献指的是农业部门对工业产品的市场需求。发展中国家工业化的进程中迫切需要工业品市场的迅速扩张，但一时又难以与发达国家在世界市场上竞争；而发展中国家的主要生产部门是农业，农业人口又占全国总人口的多数，因而农业和农村是国内市场的主体，农业和农村市场的发展在很大程度上制约着整个经济的增长。

3. 要素贡献

要素贡献指的是农业生产要素向其他部门的转移。从长期的观点看，国民经济其他部门的发展过程就是农业领域生产要素不断向其他部门转移的过程。在农业仍然是主要经济部门时，几乎所有生产要素曾集中使用于农业部门。随着农业生产力的提高，剩余农产品、剩余农业劳动力、剩余农业资本以及其他自然资源不断转入第二产业和第三产业，为其他部门的产生和发展提供了必要的生产要素。没有这种要素转移，其他部门的发展就面临“无米之炊”的处境。农业部门所提供的生产要素主要有土地、劳动力和资本。

4. 外汇贡献

外汇贡献指的是农业在平衡国际收支方面的作用。对于发展中国家来说，增加先进技术设备的进口是加快本国工业化和现代化的有效途径。但是，刚刚兴起的新兴工业难以提供数量充分的可供出口的产品，而“外资”的引进又受到许多条件的限制。在这种情况下，扩大农产品的出口或者扩大农业进口替代品的生产以平衡国际收支，是许多发展中国家的主要选择，甚至是唯一选择。对这些国家来说，没有农业特别是没有外向型农业的持续增长，也就没有工业化和现代化。

对于发达国家来说，农业在经济方面的上述四种贡献同样存在。与发展中国家的情况相比，这些贡献在发达国家的重要性虽然总体上相对降低，但仍然不可忽视。在某些具体情况下，甚至可能高于发展中国家。

例如，美国和法国都属于最发达的国家，但同时又分别为农产品出口的第一、第二大国，农产品的外汇贡献巨大。其中，美国的情况更加突出。它不但是世界最大资本输入国，而且长期存在巨额赤字，农业在平衡国际收支、减少外汇赤字方面具有无可替代的作用。加拿大和澳大利亚农产品出口的绝对值虽然稍小，但占出口总值的比例却很高，其外汇贡献也不可低估。至于农业的产品贡献，特别是食物形式的产品贡献，更不可以用其占国内生产总值比重来简单地加以评价。

因为统计口径的原因，农业在国民经济中的某些贡献可能被计算在其他部门的名下。例如，休闲农业、旅游农业和观光农业创造的价值就可能统计在旅游业所生产的国内生产总值里面。从全球经济的发展趋势看，旅游业的增长势头远远超过其他部门，农业在这方面的贡献也相应增长。

农业的重要性还表现在它与其他经济部门的关系。就发达国家而言，其农业在国内生产总值中的比重可能已降到5%甚至更低，但与其相关产业对国民经济的贡献可能很高，而且在继续增长。如果把农副产品的加工、储藏、运输和销售都算上，同时把现代农业生产所需要的生产资料的生产、流通也算上，农业生产过程加上产前、产后各环节所生产的国内生产总值可能在30%以上。如果没有农业，这些部门必将萎缩以致消失。

此外，农业在缓解以致消除就业问题方面的作用更不可忽视。对大多数国家来说，农业仍然是劳动力相对密集的国民经济部门；农副产品加工、储藏、运输和销售也是劳动力相对密集的产业部门。因此，不仅有些发展中国家经济起飞过程中出现的失业问题与农业发展的相对滞后、国民经济产业结构失调有关，而且发达国家解决失业问题的努力也与农村社区发展紧密联系在一起。

（二）农业的生态环境作用

现代最主要的人为生态环境问题产生于人类生产和生活所产生的废弃物，尤其是工业生产和都市生活所产生的大量有害废液、废渣和废气。“三废”中含有汞、氟、砷、氰化物、多氯联苯、温室气体、烟尘、粉尘等有害物质和病菌、致病霉菌、病毒、寄生虫卵等有害生物，与工业生产和现代交通运输所产生的辐射、振动、噪声、废热一道，从化学、物理和生物三方面造成环境的污染，进而破坏大自然原有的生态平衡。人类向自然界索取的物质越多，抛向自然界的废弃物也越多；人类改造自然的能力越强，自然界对人类的“报复”也越重。日益严重的生态环境问题就是自然界对人类的“报复”，它不仅阻碍人类社会经济的进一步发展，而且也严重威胁人类的生存。

对生态环境问题的治理主要包括两部分内容：保护自然环境、保持生态平衡，控制和治理污染。前者的主要任务是保护生物及其生存环境，包括土地、森林、水资源、野生动植物，以及名胜古迹和风景旅游区。完成这一任务的主要措施包括合理利用土地、植树造林、改造沙漠、建立野生动植物园和自然保护区，以及合理开发利用自然资源等。毫无疑问，上述措施都是农业生产的内容，或者与农业生产密切相关。因此，农业部门是完成这一任务的主力军，在保护自然生态环境方面正在发挥主要作用。

事实上，农业在这方面的作用不仅仅限于减轻人为的生态环境问题，植树造林、改造沙漠等工作在相当大程度上也是与地质、气候变化所造成的生态环境问题作斗争。无论是中国西北地区古代的绿洲农业，还是现代的“三北工程”，实质上都是以农业为手段对自然环境施加影响，使之向更有利于人类生存的方向变化，使之更符合可持续发展的目标。对人类社会来说，这些努力的目标不仅是增加农产品的产量，更是改善自然生态环境。其他类似的农业工程和生产技术都有相同的作用。

在治理污染方面，农业也有相当重要的作用。粪便和一些生产、生活废弃物在种植业、畜牧业和渔业生产中可以用作有机肥料、饲料、饵料，或者可以通过其他方式加以利用。这样不仅可以增加农业生产，还可以减少对环境的污染。农作物和林木都是绿色植物，它们都以二氧化碳作为光合作用的原料，因而在减少温室效应方面具有积极作用。城市绿地还可以有效地降低噪音、减少空气中的悬浮物，同时削弱都市的"热岛"效应。此外，微生物在废液和废渣无害化的处理中已经发挥了十分显著的作用。

随着人们生活水平的提高，特别是在大城市郊区，以及沙漠化对整体生态的影响的加深，人们越来越认识到生态环境的作用，同时对农业寄托了更多地在生态环境方面的希望。

（三）农业的社会文化作用

当今社会，即使在市场化程度最高的发达国家，与商业价值相对立的传统社会价值观念也在逐渐加强，城市的社区功能也在逐渐增强。人们不断加强社区成员之间的联系和互助合作，家长联谊会和社区中心等自愿形成的组织逐渐增多，社区自愿者的服务也日益增加。从某种意义上说，现代城市的社区结构和功能在一定程度和范围内开始向农村的传统结构与功能回归。

1. 无论在东方还是在西方，乡村的田园生活都长期被作为理想的社会而受到热情讴歌

至今为止，西方的一些农业经济学科的教科书仍然称乡村生活比城市生活更符合人性和道德标准。工业革命以后，人类社会的发展不断加速，经济、社会、政治、科学、技术和文化都处于日新月异的大变动之中，都市居民的职业、就业地点和居住场所也呈现出经常变化的趋势。在这一持续变动的大背景之下，农村生活较多地保持了原有的稳定，因而更多地被指责为封闭、保守、愚昧和落后。但是，随着社会的进一步发展，不仅现代工业社会和都市生活的弊病日益突出，而且农业和农村社会因受到现代科学技术和文化改造而获得新生，其社会文化方面的价值也因而获得重新肯定。

2. 无论是植树造林、改造沙漠，还是建立自然保护区，都不是单纯的生产和经济活动，它们同时也是改变人们意识的精神和文化活动

在进行这些精神文化活动的同时，人们必然要反思自身的行为，从更全面、更理性的角度审视人类在自然界的地位，审视人与自然的关系，以及人与人的关系。因此，这类生产活动对人类精神文化领域的发展具有不可低估的作用。即使是普通的大田作业，由于农业与自然界的密切关系，也具有这方面的文化作用。

3. 与上述情况类似，休闲农业、旅游农业和观光农业也不仅是经济生产活动，不仅是简单的消费，它们同时也是精神文化活动

在野外自然环境中的休闲、旅游和观光不仅可以陶冶人们的性情，培养人们对大自然的热爱、对生活和生命的热爱，消除现代都市快节奏生活带来的压力、焦虑和浮躁情绪，还可以通过潜移默化的方式帮助一般大众更好地认识自然，更深入地理解人与自然的关系，从而更加珍惜和爱护我们赖以生存的环境。为了更好地发挥旅游观光在这方面的作用，许多国家有意识地将"自然保护区"、"农业科学园区"办成科普基地，通过组织专题旅游、专题野营和短期培训等多种方式，向大众特别是青少年普及生态环境知识。这种寓教于乐的科普方式在改变公众行为和意识方面效果较好。

4. 与城市相比较，农村社会具有十分明显的社区特征

即在一定的地域范围内由一定的人口组成一定的社会组织体系，从事基本相同的职业，具有比较一致的生活方式和民情、民俗以及由此产生的地缘关系、认同意识和行为。

由于农村社区的长期稳定，社区成员之间不仅彼此熟悉，而且往往具有比较近的血缘关系。与此相反，城市一定区域内居民之间在职业和生活方式方面的差异可能很大，工作和生活地点往往不在一个地方，因而地缘关系不密切，认同意识较低，风俗和行为方面的一致程度也较低。比如，同一幢大楼的住户可能互不相识，老死不相往来。

5. 农村社区的成员相对稳定，民风淳朴，邻里关系密切，人们重视伦理、亲情等传统价值观念，道德、风俗和舆论对行为的规范作用十分巨大，有时甚至比成文法规的约束力更强

和农村社区相比，城市居民的流动性大，社区功能相对薄弱，同一城区居民相互之间缺乏实质性的联系，甚至仅仅表现为居住在一定空间范围而已。与此同时，城市居民的感情联系也逐渐淡薄，人们的交际圈在扩大，但越来越服从于功利目标，亲密交往的范围日益缩小，甚至血亲之间也不例外。城市居民更重视物质财富的价值，更追求享受，其行为受道德、风俗和舆论的约束较少，通常仅服从法律的权威，甚至力图绕着法律走。

6. 对于农村传统的社会和社区结构，有人赞之为理想的模式，有人斥之为停滞和落后的根源

对于农村传统的社会和社区结构，存在两种截然不同的评判态度，应当说两者都有道理。在社会发展的一定阶段，工业化、城市化以前所未有的速度推动经济的增长，为人们提供了日益丰富的物质财富；而农业的发展则明显滞后，农村社会保守性的消极后果有目共睹。然而，随着物质财富的进一步丰富，人们追求的目标逐渐转向精神文化方面，道德、伦理和感情的社会价值重新受到人们的重视。

现有大城市社区功能在这方面的缺陷逐渐引起人们的注意，过高的犯罪率和其他社会问题更促使人们去寻找法律以外的行为规范和约束机制。与此同时，农业逐渐开始了现代化的进程，农村社会也逐渐接受了现代科学文化的洗礼，保守、落后的因素逐渐减少，而传统的社会价值观念中有益的、与现代社会兼容的部分则保存下来。因此，现代城市的社区建设开始从农村汲取营养，农村的社会功能逐渐向城市扩散。

（四）农业还有重要的政治作用

农业问题紧密联系着农村问题、农民问题，联系到社会稳定和政治稳定问题。比如，就业、社区发展、人口发展问题；农民脱贫、致富、奔小康问题，也就是农民增收问题；农村城市化和城乡一体化问题；坚持社会主义的阵地、稳定社会的堡垒、生产关系调整的重要基础等。“手中有粮，遇事不慌”；“无粮不稳”，充分说明了农业的社会影响和政治影响。

相关链接

国民经济的部门划分

1. 三次产业的划分

这是一种根据社会生产活动历史发展顺序以及社会生产活动与自然之间关系对国民经济进行产业结构划分的方法。产品直接取自于自然界的部门称为第一产业，对初级产品进行再加工的部门称为第二产业，而为生产和消费提供各种服务的部门称为第三产业。

第一产业：农业（有的国家可能包括采矿业）。第二产业：工业、建筑业。第三产业：第一、二产业以外的其他各业。

农业中包括种植业、林业、牧业和渔业，以前还包括副业甚至乡村工业。工业中包括采掘工业、制造业、自来水、电力、蒸汽、热水、煤气。由于第三产业包括的行业多、范围广，可以进一步分为两大部门、四个层次。两大部门即流通部门和服务部门，其中服务部门可以细分为三个层次，与流通部门合在一起成为四个层次。四个层次的具体划分如下：

第一层次：流通部门，包括交通运输、邮电通讯、商业、饮食业、物资供销和仓储业等。

第二层次：生产和生活服务的部门，包括金融保险、地质勘查、房地产、公用事业、居民服务、咨询服务、综合技术服务、农林水服务业和水利、公路和航道维护等。

第三层次：提高科学文化水平和居民素质服务的部门，包括教育、文化、广播电视、科学研究、卫生、体育和社会福利等。

第四层次：社会公共需要服务的部门，包括国家机关、党政机关、社会团体、军队、警察等。

2. 行业的划分

为了对国民经济进行系统分析和分类指导，所有国家都兼顾企业和产品的类型对国民经济进行行业划分。这种划分方法通常由本国权威部门确定，然后作为统计、分析和政策干预的依据。因此，世界各国的行业划分差异通常比三次产业划分的差别更大。中国目前将整个国民经济的行业划分为农业、工业、建筑业、运输和邮电、国内贸易、对外经济贸易、旅游、金融和保险、教育、科技和文化以及体育、卫生、社会福利和其他等十大类。

农业大类中包括农、林、牧、渔业四个行业，其中农包括种植业和其他农业，即野生植物产品的采集和农民家庭兼营的商品性工业。

工业大类可以粗分为轻、重工业两类，也可以分为采掘业、制造业和电力煤气及水生产供应业；再进一步还可以将采掘业细分为煤炭采选、石油和天然气开采、有色金属矿采选、非金属矿采选、其他矿采选和木材及竹材采选等七个行业；制造业更可以细分成食品加工业、食品制造业、饮料制造业等 29 个行业。

运输和邮电大类包括铁路运输、公路运输、管道运输、水上运物、航空运输、交通运输辅助业、其他交通运输业和邮电通信业等八个行业。

国内贸易大类分为批发零售贸易、餐饮、制造和其他等四个行业。

3. 产品部门的划分

根据产品部门划分的粗细不同，中国目前的投入产出表分为三个层次。最粗的一种将国民经济划分为农业、工业、建筑业、运输邮电业、商业饮食业和其他服务部门等六个产品部门。第二种划分方法比较细，整个国民经济被划分为 33 个产品部门。最细的一种投入产出表中有 119 个产品部门。根据分析和研究的需要，每一种投入产出表又分为物质和价值两种形式，分别反映各部门之间的技术和经济联系。

第三节 农业经济管理的概念和性质

现代农业的发展，不仅需要先进的农业科学技术，而且需要先进的管理。农业经济管理是一门管理学科，是现代农业的重要组成部分。

一、农业经济管理的概念

农业经济是国民经济的重要组成部分之一，农业经济是一个结构复杂的系统，是农业中经济关系和经济活动的总称。包括生产力的再生产和生产关系的再生产，包括农业经济中的生产、交换、流通、分配、消费等方面的经济关系和经济活动。概括地说，农业经济管理，是指对农业部门（企业）物质资料的生产、交换、消费等经济活动，通过预测、决策、计划、组织、指挥、控制等管理职能，以实现管理者预定目标的一系列工作。

（一）农业经济管理是对各农业部门经济活动的管理

农业经济管理包括对农业宏观经济活动的管理和农业微观经济活动的管理，如农业企业的经济管理，农村基层农业经营活动的管理。农业经济管理属于管理学科。

（二）农业经济的宏观经济管理

农业经济的宏观经济管理是指，一个国家或一个地区对其所辖农业部门的经济活动的管理。主要是制定政策，调整农业管理体制，设置农业管理机构，确定农业发展战略和规划、布局，运用财政政策和货币政策与手段，对农业经济活动进行宏观调节和调控等。

（三）农业经济的微观管理

农业经济的微观管理是指，农业经济组织和服务组织对农业生产、经营、服务的管理。具体表现为对农业生产过程、生产要素的计划、组织、指挥、控制和协调等，使农业企业内部的人力、物力、财力等得到充分合理的利用，使之产生最大的经济效益。

二、农业经济管理的性质

农业经济管理是一种活动，也是一个过程。农业经济管理的过程就是对农业经济活动中的各个要素进行合理配置与协调的过程，在这个过程中，包括了人与物的关系、物与物的关系，也包括了人与人的关系。因此，农业经济的管理，必然表现出生产力的合理组织方面活动和工作，也必然表现出正确的维护和调整生产关系方面的活动和工作。

（一）农业经济管理的两重性

1. 自然属性

农业经济管理有与生产力相联系的一面，由生产力的水平来决定的特性，我们把它叫做农业经济管理的自然属性。在管理活动中，对生产力的合理组织，表现为管理活动的自然属性。对生产力合理组织就是把人、土地及自然资源、生产资料等生产要素，作为一种具有自然属性的使用价值来对待。具体表现为，土地等自然资源的合理开发和利用，劳动力的合理组织，农业生产资料的合理配备和使用等。最大限度地发挥生产要素和自然资源的最大效益。这里需要特别说明的是，农业经济中的生产力与工业经济中的生产力有所不同。农业中的生产力除去一般生产力的表现为自然资源的特性，其中特别是土地的特性，表现了一定的生产力要素的内容和水平。在传统的农业中，工具简单、人畜结合，自然物和自然力直接为人类提供物质产品的能力低下，人类征服自然的能力不足，产品剩余很少，几乎是自给自足，很少交换，规模狭小，不需要严格的经济核算。传统农业的管理只能用传统的办法来管理，自给自足、家庭生产。现代市场农业的管理必须建立现代企业制度，用现代的管理方法来管理，农业必须走向社会化。

2. 社会属性

农业经济管理也有与生产关系相联系的一面，由生产关系的性质来决定的特性，我们把它叫做农业经济管理的社会属性。这里主要讲的是农业管理在经济方面，要由一定的生产关系的性质来决定。比如，在人民公社制度下，实行土地公有、集体劳动、集体分配，农民家庭只是一个生活单位。目前的联产承包责任制度，保留了土地的集体所有制，建立了集体和农民家庭双层经营体制，把所有权与经营权分开，农民家庭既是一个生活单位、又是一个生产单位。农业经济管理在生产关系方面发生了巨大的变化。

（二）农业经济管理的两重性源于农业生产过程的两重性

农业再生产过程，一个方面是“人与自然”的结合过程，也就是物质的再生产过程，主要是生产要素的合理配置和组合等，要求在组织管理等方面，与之相适应；另一个方面，农业再生产过程也是人与人的结合过程，也就是生产关系的再生产过程。比如，生产资料（土地、农机具等）归谁所有，产品如何分配，人与人之间是一种什么关系等。因为农业经济管理是因农业经济活动的要求而产生的，农业经济管理是为农业经济活动服务的，所以农业经济活动的这些要求，必然要反应到农业经济管理上面来，这就产生了农业经济管理的两重性。生产力决定生产关系，生产关系必须适应生产力的要求，生产力和生产关系构成了一定社会的生产方式。管理是上层建筑，上层建筑必须要为经济基础服务。所以，从这个理论上来说，农业经济管理必然会有两重性。

不同国家生产力组织性质的区别主要由各国的自然、技术条件和经济发展水平而决定；生产关系调整性质的区别，主要由各个国家的社会形态、所有制性质的区别所决定。

（三）农业经济管理的两个基本职能

农业经济管理的两重性决定了它的两个基本职能，这就是合理组织生产力和正确维护和调节生产关系。这两个基本职能是适应农业经济发展的要求而产生的。与两个基本职能相匹配的具体职能就是计划、组织、指挥、协调、控制等。

三、社会主义农业经济管理的特点

从农业经济管理的两重性理论可以看出，就自然属性而言，不同社会制度下的农业经济的管理没有什么区别，一切由生产力的水平而定。所以，不同社会制度的国家，在农业生产力的提高和农业生产力的管理上，应该互相借鉴、互相学习。国家与国家之间，只有生产力高低的区别，不互相排斥，科学技术没有国界。我们可以引进资本主义国家如美国、以色列、英国的温室设备，种质和农业生产的管理技术和方法。然而，就社会属性而言，我国的“农业经济管理”则有了本质的区别。总的讲，我们仍然要坚持农业经济的社会主义方向。

我国的农业经济管理仍然要坚持，以“公有制为主体，多种经济成分共同发展”的生产关系的调整方针或调整原则。国有农业企业产权关系发生了很大变化，主要趋势是建立现代企业制度，走向股份制经营的道路。在有些国有农场，实行了承包制，建立了家庭农场。农村的土地，仍然坚持公有制，即土地的集体所有制。对于多种经济成分共存，目前在农业经营中，已经有了个体企业、合作制企业、中外合资企业，以及外商投资企业等。农业中的产权关系日趋复杂。在经济组织形式上，仍然坚持"以家庭经营为主的双层经营体制"，而且长期不变。在农民与农民的关系上，仍然坚持"互助合作"的人与人的关系原则。但是，在目前的市场经济条件下，增加了人与人之间的合同关系。在分配原则上，仍然坚持"按劳分配为主，与按要素分配相结合"的分配原则。

第四节　农业经济管理的内容与学习方法

一、农业经济管理的内容体系

农业经济管理的内容是由其涉及的范围和它的属性所决定的。就其所涉及的范围而言，农业经济管理的内容包括宏观管理和微观管理两个部分。就其属性而言，农业经济管理的内容涵盖生产力和生产关系两个方面。

（一）基本框架

农业经济管理包括宏观管理和微观管理两个方面的内容，所以，可以说，农业经济管理是中观经济管理学，或说是部门经济管理学。因此，农业经济管理是从国民经济整体的角度研究农业经济的管理问题，而对于农业经济的微观管理问题，则是从宏观角度讲农业经济的微观管理问题，并不具体讲微观的过程管理等方面内容。农业经济管理是一门应用学科，重点探讨如何采取科学的管理方法，合理组织生产力和正确维护和调整生产关系。

（二）基本内容

按照自然规律和客观经济规律的要求，在分析农业概念内涵和基本特征的基础上，探讨农产品供求规律，构建农产品市场体系，剖析农产品价格构成。

在分析现代农业和农业现代化基础上，探讨循环农业和农业可持续发展，剖析农业生产结构与布局的合理性。

剖析农业微观组织运行，合理组织农业生产要素。

在分析农业经营预测与决策内容基础上，进行农业项目投资管理及经济核算与效益评价，提高农业生产效率。

二、农业经济管理的学习方法

（一）要善于运用辩证唯物主义和历史唯物主义的观点和方法

辩证唯物主义和历史唯物主义是一切研究领域必须科学使用的哲学研究和分析方法。对于农业经济管理的学习和研究也必须学会和运用辩证唯物主义和历史唯物主义的观点和方法。比如,对于农业经济管理体制的学习和研究,不能照搬西方的管理体制,也不能再维持过去的管理体制,但也不能全盘否定过去的管理体制。改革是硬道理,发展是硬道理,坚持四项基本原则也是硬道理。如何把这些融会贯通,就需要用马克思主义的哲学观点去解释、去理解、去认识。

(二) 要善于运用逻辑思维方法

演绎法和归纳法是我们在研究中常用的科学方法。演绎法是根据已知的判断或理论推导新的理论和认识。归纳法是根据大量事实,归纳、抽象,提出新的理论和认识。比如,我们在研究农业问题时,发现单独解决农业问题已经十分困难,农业问题必须与农民问题、农村问题联系在一起,才能找出新的出路。所以,目前“三农问题”成了农村经济发展的焦点。

(三) 要善于运用数量分析方法

数量分析对于科学决策是非常重要的。量化分析可以使我们准确地掌握事物的规律性和变化程度。比如农村劳动力的问题。农村劳动力有了剩余,而且还在增加。但是剩余了多少,今年与去年相比,增加了多少,百分比是多大,去年转移了多少,比重是多少,与前年相比转移增加比率有多大,转移比率与增加比率相比哪一个更大一些。量化分析清楚了,问题才能清楚,决策才有可靠的依据。

(四) 要善于运用调查研究的方法

学好“农业经济管理”这门课,调查研究是非常重要的。农业经济本身是动态的,地区差异很大,调查研究可以使我们获得一手材料,实事求是的研究一些问题,有助于理解课程内容。我国的农业经济管理是在不断的变革之中,需要研究的问题很多,尤其是解决农业、农村、农民的问题,解决农业经济和农村发展的问题,由于中国特色,已经上升到国家统筹的高度,工农统筹、城乡统筹等,需要调查研究,需要研究一些实际问题,又需要研究一些理论问题和政策问题。认真的调查研究又能提高学生分析问题和解决问题的能力。调查研究是学好农业经济管理的必修课,是写好课程论文和毕业论文的基本功。

本章小结

本章主要概括介绍了农业、农业经济管理的课程体系及其学习方法。对农业概念的讲解,从农学角度,从经济学、管理学角度,甚至从社会学的角度全面地讲解了农业这一古老的产业。对于农业经济管理,主要是运用管理的两重性理论,从本质上解释了农业经济管理这一社会现象。

农业是人类利用自然环境条件,依靠植物、动物、微生物的生理机能,通过劳动去强化和控制生物的生命活动过程,以获得社会需要的物质产品的社会生产部门。自然环境条件是农业的依存条件,农业的劳动对象是动、植物和微生物。农业的“生产目的”,从根本上来说,是从农业方面,最大限度地满足人们不断增长的、对农业的物质文化生活的需要。强化和控制生物的生命活动过程,是农业的管理过程,这是管理的自然属性方面。农业的管理过程,还有社会属性的一面。主要表现为人类的产权的形成过程、农业的劳动和组织过程、劳动者的相互关系和分配过程等。农业有“狭义”和“广义”、“传统”与“现代”之分。

农业是国民经济的基础，农业的基础地位首先在于它是人类生存的基础，也是国民经济其他部门产生和独立的基础，农业的发展是国民经济其他部门生存和发展的基础。农业的基础地位，不仅在于农业人口、农业劳动力和农业产值和收入在国民经济中所占比重的大小，主要在于农业的性质和作用。农业是国民经济的基础，是一条普遍规律。

农业在现代社会中有重要作用。农业的经济作用体现在“产品、市场、要素和外汇”等四个方面的贡献，农业具有越来越重要的生态环境作用和社会文化作用，农业还有重要的政治作用。

农业经济管理是对农业部门（企业）物质资料的生产、交换、消费等经济活动，通过预测、决策、计划、组织、指挥、控制等管理职能，以实现管理者预定目标的一系列工作是对农业部门（含企业）经济活动的管理。农业经济的宏观管理，是指一个国家或一个地区对其所辖农业部门的经济活动的管理；农业经济的微观管理，是指农业经济组织和服务组织对农业生产、经营、服务的管理。农业经济管理有与生产力相联系的一面，由生产力的水平来决定的特性，是农业经济管理的自然属性；农业经济管理也有与生产关系相联系的一面，由生产关系的性质来决定的特性，是农业经济管理的社会属性。农业经济管理有两重性，是因为农业生产过程有两重性。农业经济管理的两重性决定了它的两个基本职能，“合理组织生产力”和“正确维护和调节生产关系”，这两个基本职能是适应农业经济发展的要求而产生的。与两个基本职能相匹配的具体职能，就是“计划、组织、指挥、协调、控制”等。

探索与实践

一、填空题

1. 农业是人类利用自然环境条件，依靠植物、动物、微生物的（　　），通过（　　）去强化和控制生物的生命活动过程，以获得社会需要的物质产品的社会生产部门。

2. “自然再生产与经济再生产相交织”反映的是农业的（　　）规律。

3. “农业的劳动时间与生产时间不一致”反映的是农业的（　　）规律。

4. 从政治经济学的角度来看，农业的再生产过程既是一个生产力的再生产过程，也是一个（　　）再生产过程。

二、选择题

1. “农业是国民经济的基础”是（　　）规律。

A. 特殊规律　　B. 普遍规律　　C. 个别规律　　D. 本国规律

2. 农业在国民经济中的作用有（　　）。

A. 农业为工业和其他部门提供日益广阔的市场。

B. 农业是积累国民经济建设资金的重要来源。

C. 农业是工业、特别是轻工业的原料基地。

D. 农业是国民经济其他部门劳动力的主要来源。

3. 农业在“现代社会”中的作用与一般意义上在“国民经济”中的作用主要区别是（　　）。

A. 生态作用　　B. 社会文化作用　　C. 经济作用　　D. 政治作用

三、简答题

1. 农业的农学特征是什么？
2. 农业的劳动对象是什么？
3. 农业经济宏观管理的内容是什么？
4. 农业经济微观管理的内容是什么？
5. 为什么要用唯物论和辩证法指导我们的学习和工作？
6. 如何用系统观念认识农业？

四、论述题

1. 请叙述说明农业经济管理的两重属性和职能。
2. 请从经济学的角度叙述说明农业的概念。
3. 请叙述说明农业经济管理基本框架。
4. 请叙述说明农业在国民经济的产业划分中，属于第几产业，为什么？
5. 何谓农业的现代化？

第二章　农产品供给与需求

内容梗概

本章在学习经济学基本理论的基础上，用表格、图形和函数式等方式分别表述了农产品供给和农产品需求的概念，在分析影响农产品供给和农产品需求的各种因素前提下，为增加农产品供给、引导农产品需求提供了理论基础，随后，在分别讲解农产品供给价格弹性和农产品需求价格弹性概念和类型基础上，着重分析了各自的影响因素，同时在考虑时间变动的动态条件下，研究农产品价格引起农产品供给和农产品需求的循环变动，由此产生均衡变动蛛网理论，并深入探讨了因农产品供给价格弹性和农产品需求价格弹性的不同而使蛛网理论表现出的三种不同循环变动模式：收敛型蛛网、发散型蛛网和封闭型蛛网。

学习目标

本章使学生在了解运用不同方式表述的农产品供给和农产品需求两个概念的基础上，把握影响农产品供给和农产品需求的不同因素，为增加农产品供给、引导农产品需求提供理论基础；同时，要求学生在分别理解农产品供给价格弹性和农产品需求价格弹性的概念和类型基础上，重点掌握农产品供给价格弹性和农产品需求价格弹性的影响因素；难点是在考虑时间变动的动态条件下，如何通过农产品价格对农产品供给和农产品需求的循环影响变动，深入理解均衡变动蛛网理论及收敛型蛛网、发散型蛛网和封闭型蛛网三种循环变动模式，增强学生运用农产品供给和农产品需求理论分析问题、解决问题的能力。

学习提示

本章在概括介绍农产品供给和农产品需求的概念基础上，分析了影响农产品供给和农产品需求的各种因素；系统地讲解了农产品供给价格弹性和农产品需求价格弹性的概念和类型，并重点分析了各自的影响因素；在考虑时间变动的动态条件下，掌握农产品价格对农产品供给和农产品需求的均衡变动蛛网理论及三种循环变动模式。

第一节 农产品供给

一、农产品供给的概念

农产品供给是指农产品生产经营者在一定时间内、一定价格条件下愿意并可能出售某种农产品的数量。从经济学的角度讲，农产品供给的形成必须同时具备两个条件：一是生产经营者有出售农产品的愿望；二是生产经营者有供应能力。当只有出售农产品的愿望而没有供应农产品的能力，或虽然有供应农产品的能力但并没有出售农产品的愿望，都不能形成农产品的有效供给。

农产品供给来自于生产，但其供给量并不等于生产量，因为一部分农产品由生产者自己消费，此外，在一定时期内，农产品的供给量除本期生产的产品外，还应包括以前的存货。

二、农产品供给原理

（一）农产品供给函数

如果把影响农产品供给的因素作为自变量，把供给量作为因变量，则可以用函数关系来表示影响因素与供给量之间的关系，这种函数称为供给函数。若用 S 表示供给，用 $a_1, a_2, a_3 \cdots a_n$ 表示影响供给量的因素，则供给函数即为：

$$S=f(a_1, a_2, a_3 \cdots a_n)$$

如果假定其他影响因素不变，只考虑价格影响因素，用 P 代表价格，则供给函数简化为：

$$S=f(P)$$

（二）农产品供给与价格的关系

农产品供给与价格的关系反映了生产经营者在不同价格水平下对某种农产品的供给量，用表 2-1 来揭示。

表 2-1 某种农产品的供给量与价格关系表

	农产品价格/元	农产品供给量/吨
A	20	5.0
B	40	46.0
C	60	77.0
D	80	100.0
E	100	115.0
F	120	122.5

从表 2-1 中可以看出，农产品供给量随着其价格的提高而不断增加。

（三）农产品供给曲线

根据表 2-1 可以做出图 2-1，从而更形象地显示农产品供给量与价格的关系。在图 2-1 中，横轴代表农产品供给量，纵轴代表农产品价格，中间的曲线称作供给曲线。供给曲线是一条从左下方向右上方倾斜的线，这表明农产品价格与其供给量之间是同方向变动关系。

当影响农产品供给的其他因素不变时，农产品本身价格的变动而引起的供给量的变动表现为在同一条曲线上移动，这种变动称作供给量的变动，图 2-1 可以说明这一点。

当农产品本身的价格不变时，其他因素的变动所引起的供给量的变动表现为整条供给曲线的移动，这种变动称为供给的变动，图 2-2 即是对供给变动的形象描述。在图 2-2 中，供给曲线由曲线 S_1 移至曲线 S_2、再到曲线 S_3，都是供给的变动。当曲线 S_1 向右下方移动时，即形成供给曲线 S_2，表示供给的增加；当供给曲线 S_1 向左上方移动时，形成供给曲线 S_3，表示供给的减少。

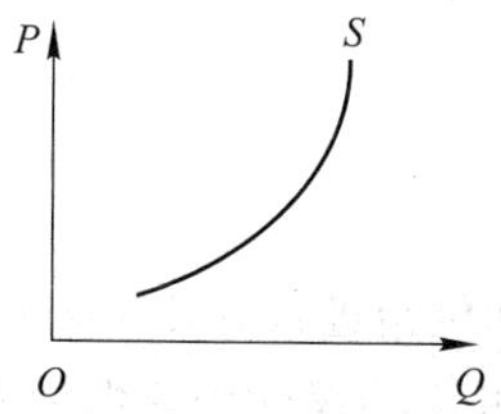

图 2-1 农产品供给曲线

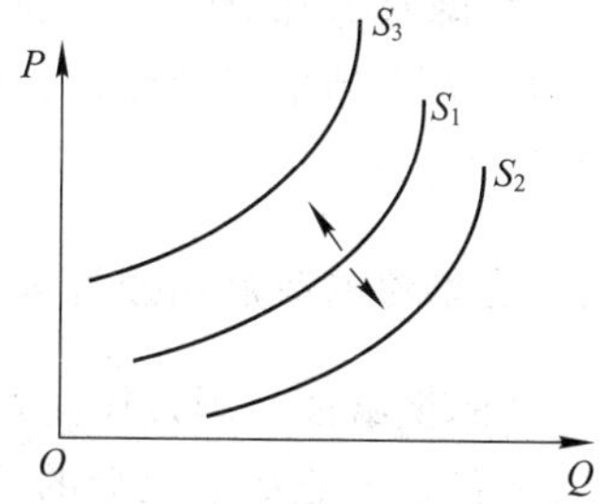

图 2-2 农产品供给变动曲线

（四）农产品供给定理

农产品供给定理又称农产品供给规律，其基本内容是：在其他条件不变的情况下，某种农产品的供给量与其价格呈同方向变化，即在一般情况下，农产品供给量随其价格的上升而增加，随其价格的下降而减少，如图 2-1 所示。

但农产品的供给规律也有例外情况：当有些农产品价格上升时，其供给量反而减少，当价格降低时，生产供应量却增加。产生此类现象的原因主要是：

1. 因为农业资源的专用性较强，生产用途范围狭窄，不能很顺利实行转移和流动

当生产者所生产的农产品价格下跌后，为了维持正常收入水平，反而会努力增加产量。

2. 由于生产者对农产品未来价格预期的不确定性

当预计未来某种农产品价格上升时，为了将来获得高额收益，即使当前价格较高，也会减少商品的供给量；相反，在价格下跌时，若预计未来农产品价格继续下跌，则会把农产品全部抛售出去，从而增加现时供给量。

三、农产品供给的特殊性

农产品供给的特殊性主要表现在以下几个方面：

（一）土地是农产品生产不可替代的基本生产资料

土地不可替代，而土地又是有限的稀缺资源，所以，在一定地域和一定技术条件下，农产品的可能供给总量是有限的,不会随价格的提高呈现无限增长趋势。价格的提高只能在一定范围内促进农产品供给量的增加,而这个范围又是十分有限的。

(二) 农产品生产周期比一般商品生产周期长

农产品的生产过程是经济再生产和自然再生产交织在一起的过程,这一过程是不能间断的,而且也是不能违背自然规律的。如果农产品突然供给不足,无论价格多高,都无法在短期内刺激供给的增长,因为,农产品生产必须完成一个自然周期才能实现,农产品的周期性供应是一个规律。

(三) 农产品供给受自然环境的影响较大

农产品生产是有生命的动植物的再生产过程。所以,与动植物再生产相关的众多因素,如土地、温度、光照、降水等都对农产品的生产产生影响,自然条件的较大变化增加了农产品生产的机遇,也增加了农产品生产的风险,直接影响农产品的供给量,给农产品的供给带来了较多的不稳定性和不可控性。

(四) 农产品供给的政府调控程度较大

由于农产品的供给涉及国计民生,政府对农产品的生产和供给进行调控是必要的。否则,农产品供给的不稳定可能造成社会的不稳定。因此,农产品供给不仅受到自然因素和经济因素的影响,也受到政治和社会因素的影响。

四、影响农产品供给的因素

在市场经济条件下,影响农产品供给的因素主要体现在以下几个方面:

(一) 价格

1. 农产品自身的价格

农产品自身的价格是对农产品供给的决定性因素。在正常情况下,农产品价格影响农民的收入,从而影响农民生产的积极性,致使农民减少农产品供给。即农产品价格下降,农民就要少生产;价格上升,农民生产的积极性就高涨起来,增加农产品供给。但是,由于农产品生产的季节性,所以,农产品生产和价格的波动相比是滞后的,这种滞后使农产品供给产生了一定的波动性。

2. 其他相关农产品的价格

某一种特定功能的农产品的供给,不仅取决于它自身的价格,还取决于其他相关农产品的价格。相关农产品主要有两种情况:①竞争性农产品,即指在资源利用上相互竞争的农产品。在特定资源条件下,如果有两种竞争性农产品,当其中一种价格不变时,另一种农产品价格发生变化,就会使前一种农产品生产的供给量发生相反方向变化。②连带农产品,即在生产一种农产品的同时,也产生另一种农产品,当两种农产品中的一种价格不变,另一种农产品的价格变化时,就会使前一种农产品的供给量发生相同方向的变化。如,羊皮和羊肉是连带产品,当羊皮价格上升时,人们就会多养羊,从而就会增加羊肉的供给量;相反,羊肉价格也会对羊皮生产供给量产生影响。

3. 农产品生产要素的价格

当农产品生产要素的价格上升时，就会使农产品的成本增加，从而在农产品价格不变的情况下，利润降低，供给量减少；相反，当农产品生产要素的价格下降时，就会使农产品的成本减少，从而在农产品价格不变的情况下，利润上升，供给量增加。

（二）农业资源及其开发利用的技术水平

农业资源从基础条件上决定了农产品生产的可能性，资源条件的优劣也决定了农产品生产的多与少。农产品供给总量是与社会需求联系在一起的，即社会需求增加，农产品的供给就要相应增加，否则，就要出现供不应求的状态。农产品的增长，可以通过劳动集约、土地集约或资金集约来实现，但劳动、土地、资金集约相对于农产品产量的增加是有限的。若要继续增加农产品产量，就要充分发挥科学技术的作用。即在资源既定条件下，生产技术的提高会使资源得到更充分利用，从而增加供给。随着生产力的发展，科学技术的影响力将越来越大，使物质资源发挥更大的效用。

（三）农产品的生产结构

农产品的供给结构取决于农产品的生产结构，农产品的生产结构又取决于农民的投资结构。因此，可以认为，农民的投资结构决定了农产品的供给结构。因为农产品的生产结构决定了农产品分类生产的多与少。

（四）农产品的商品化程度

农产品的商品化程度是指农民生产的农产品在多大程度上可以出售给农产品的消费者。农产品商品化率越高，可出售的农产品就越多，农产品消费市场的可供选择的余地就越大，为市场提供的农产品总量就越多。

（五）政府的农业产业政策

农产品供给与政府的农业产业政策有关，主要是农产品结构调整政策和农产品供给的平衡调控政策。市场经济为农产品生产创造了一个公平竞争的经济环境，但在某些领域市场失效。如果市场失效，只有靠政府通过施行一系列的宏观调控政策来消除，如农业税收政策、农业信贷政策、农业财政支出政策等。这些政策的实施又通过市场调节反馈给农户，从而增强了农民生产的积极性，致使农产品的供给量增加。

此外，农产品生产者的生产目标和对未来经营状况的预期，都成为影响农产品供给的因素。

影响农产品供给的因素是复杂的，在不同条件下，应把各种影响因素综合起来考虑。

五、农产品供给弹性

（一）农产品供给价格弹性的概念

农产品供给弹性是指某种农产品的市场供给量对其价格变动反应的灵敏度，即指农产品供给量变动率对其价格变动率的比率。其大小用供给弹性系数来表示，公式为：

$$E_s = \frac{\Delta Q/Q}{\frac{\Delta P}{P}} = \frac{\Delta Q}{\Delta P} \cdot \frac{P}{Q}$$

式中，E_s 为供给弹性系数，Q 为供给量，ΔQ 为供给变化量，P 为价格，ΔP 为价格变化量。

从农产品供给变化规律理论知道，E_s 通常为正值。但是，就农产品供给量来说，由于农产品生产及农产品本身的特点决定了农产品供给弹性有时为正，有时为负。从长期来看，农产品的供给弹性都为正值，但是，在一个生产周期内，某些易腐不易保存的农产品，随价格上升而减少，供给弹性为负值；易贮存而不易腐烂的农产品随价格的上升而增加，供给弹性为正值。

（二）农产品供给价格弹性的种类

供给弹性的大小，可用供给曲线表示（如图 2－3 所示），一般可分成五类：

（1）$E_s=0$ 时，称为供给完全无弹性。表明价格的变化，对供给量的变化无影响。

（2）$E_s=\infty$ 时，称为供给完全有弹性，即当价格为既定时，供给量为无限。

（3）$E_s=1$ 时，称为同一供给弹性，表明供给量变动的幅度等于价格变动的幅度。

（4）$E_s>1$ 时，称为供给富有弹性，表明供给量的变化幅度大于价格变动的幅度。

（5）$0<E_s<1$ 时，称为供给缺乏弹性，表明供给量变化的幅度小于价格变动的幅度。

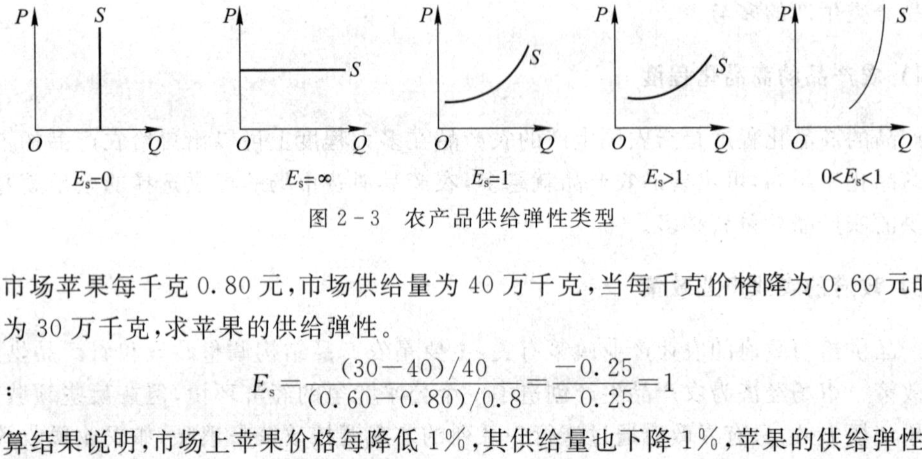

图 2－3 农产品供给弹性类型

某市场苹果每千克 0.80 元，市场供给量为 40 万千克，当每千克价格降为 0.60 元时，市场供给量为 30 万千克，求苹果的供给弹性。

解：
$$E_s = \frac{(30-40)/40}{(0.60-0.80)/0.8} = \frac{-0.25}{-0.25} = 1$$

计算结果说明，市场上苹果价格每降低 1%，其供给量也下降 1%，苹果的供给弹性为同一供给弹性。

六、影响农产品供给弹性的因素

影响农产品供给弹性的因素有很多，主要包括以下几个方面：

（一）农产品生产周期的长短

若农产品生产周期长，价格在生产周期内的变动不足以对农产品的供给量产生影响，因而供给弹性小。因为生产者未来得及调整生产规模，形成新的生产能力，价格就可能发生新的变化，不能影响本周期的供给量。若农产品生产周期短，在价格变动的周期中，生产者有时间调整生产规模，改变农产品的供给量，供给弹性较大。

（二）农产品生产规模变化的难易程度

若农产品的生产规模容易改变，供给弹性小，反之则大。一般来说，资金密集型或技术密集型的农产品，其生产规模变动的难度较大，供给弹性小；劳动密集型农产品的生产规模变动容易，供给弹性小。

（三）农产品价格变动的影响期长短

若价格变动的影响期长，生产者能及时做出生产调整，改变供给量，则供给弹性大；若价格变动的影响期短，生产者来不及对生产做出调整，则供给弹性小。如果某些鲜活易腐农产品，供给弹性几乎等于零。

（四）随着农产品产量的增加，其成本增加的程度

如果产量增加的幅度大于成本增加的幅度，则供给弹性大，反之，供给弹性则小。一般来说，因为土地报酬递减规律的存在，随着农业生产规模的扩大，生产成本增加的较快，因此，与工业产品相比，农产品供给弹性较小。

总之，农产品的供给由于受到自然条件的影响大，生产周期一般较长，而且多为鲜活产品，不易储存，加之受到土地面积的限制和农业生产本身特点的约束，不可能迅速或无限扩大生产，形成有效供给，因此，农产品供给弹性较小。

第二节　农产品需求

一、农产品需求的概念

农产品需求，在这里主要是指有效需求。它是指在某一特定时期内，在一定价格水平上消费者对某种农产品愿意并且能够购买的某种农产品的数量。需求是购买愿望和购买能力的统一，缺少任何一个条件都不是有效需求。在经济学上，形成有效需求必须同时具备两个条件：一是消费者有购买意愿；二是消费者在现行价格条件下具有支付能力。

二、农产品需求原理

（一）农产品需求函数

如果把影响需求的各种因素作为自变量，以需求作为因变量，则可以用函数关系来表示影响需求的因素与需求之间的关系，这种函数称为需求函数。如果用 D 表示需求，$a,b,c,d,e,f\cdots n$ 代表影响需求的因素，则需求函数为：

$$D=f(a,b,c,d,e,f\cdots n)$$

若只考虑需求量与价格之间的关系，把农产品本身的价格作为影响农产品需求的唯一因

素,以 P 代表价格,则可以把需求函数改写为:

$$D=f(P)$$

上式表明了某种农产品的需求量 D 是价格 P 的函数。

(二) 农产品需求表

农产品需求可以用需求表来表示。例如,某年第一季度鸡蛋的需求状况如下:当鸡蛋价格为每斤 2.40 元时,需求量为 200 千克;当鸡蛋价格为 2.50 元时,需求量为 150 千克;当鸡蛋价格为 2.60 元时,需求量为 100 千克;当鸡蛋价格为 2.70 元时,需求量为 80 千克;当鸡蛋价格为 2.80 元时,需求量为 50 千克;当鸡蛋价格为 2.90 元时,需求量为 30 千克。把上述资料汇总列表如表 2-2。

表 2-2 某年鸡蛋的市场需求表

时间	价格/元	需求量/千克
A	2.4	200
B	2.5	150
C	2.6	100
D	2.7	80
E	2.8	50
F	2.9	30

需求表中价格是指为获得一单位该商品农产品所必须支付的货币量。可见,需求表实际上是用数字表格的形式来表示需求。

(三) 农产品需求曲线

需求也可以用需求曲线来表示。根据上表中的数据资料可以绘制成一个需求曲线图,如图 2-4。

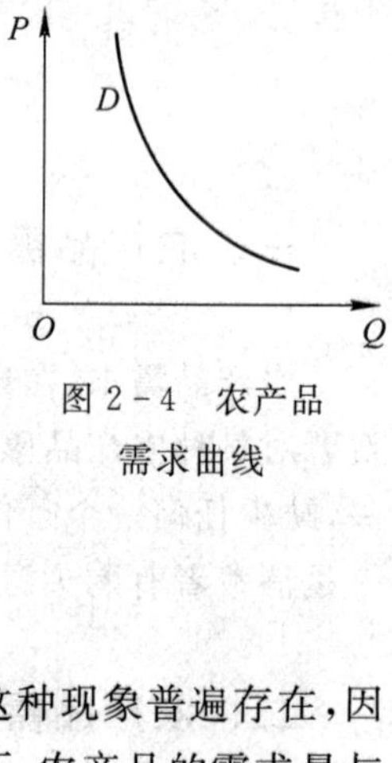

图 2-4 农产品需求曲线

在图 2-4 中,横轴代表需求量,纵轴表示价格,D 为需求曲线。即需求曲线是一条从左上方向由下方倾斜的线。说明农产品的需求量随着价格的上升而减少,两者呈反方向变化。

(四) 农产品需求定理

1. 农产品需求规律

需求表和需求曲线都表明,农产品的需求量与其价格呈反向变动。这种现象普遍存在,因而被称为需求定理或需求规律。其基本内容是:在其他条件不变的情况下,农产品的需求量与其价格之间呈反方向变化,即农产品需求量随其价格的上升而减少,随其价格的下降而增加。

在理解需求定理时,"其他条件不变"是假设的前提。也就是说,其他条件发生了变化,需求定理就难以成立。如消费者收入增加时,农产品本身价格与需求量之间就不一定呈反方向变动,很可能呈同方向变动。

2. 替代效应和收入效应

需求定理所说明的需求量与价格呈反方向变动的原因可用替代效应和收入效应理论来解释。替代效应是指在实际收入不变的情况下,某种农产品价格的变化对需求量的影响。即某种农产品的价格上涨了，而效用相同的其他农产品的价格未变，那么，其他农产品的相对价格即下降了，消费者就要用其他农产品来替代这种农产品，从而会减少这种农产品的需求量。例如，大米的价格上升了，面粉的价格不变，相比之下，面粉就比大米便宜了，人们就会去多购买面粉。这种由于某种农产品价格上升而引起的其他农产品对该种农产品的替代就是替代效应。替代效应使得价格上升的农产品的需求量减少。

收入效应指的是在货币收入不变的情况下，某种农产品的价格变化对其需求量的影响。就是说，如果某种农产品的价格上涨了，而消费者的货币收入并未变化，则消费者的实际收入减少了，从而对某种农产品的需求也就减少了。如大米价格上升而消费者的货币收入不变，消费者的相对收入就减少了，对大米的需求量就会减少。

替代效应强调了一种农产品价格变动对其他农产品相对价格水平的影响；收入效应强调了一种农产品价格变动对实际收入水平的影响。需求定理所表明的农产品价格与其需求量呈反方向变动的关系，正是这两种效应共同作用的结果。

需求定理反映的是一般农产品与价格之间的变动规律，但是也有例外。例如，炫耀性农产品和吉芬农产品情况就不同。炫耀性农产品是用来显示消费者社会身份的农产品。例如，甲鱼、鲨鱼翅等。这种农产品的高价格显示了消费者的特殊身份和社会地位，常常在价格下降时消费量反而减少，消费者转而去购买价格更高的农产品。吉芬农产品是指低档生活必需农产品。在某种情况下，这种农产品的价格上升则其需求量反而上升。例如，农产品价格普遍上涨时，人们反而会增加对某种农产品的需求，过去年代的面粉、大米的抢购风即是如此。这种价格上升，需求量反而增加的现象，被人们称为“吉芬之谜”。

（五）需求量的变动与需求变动

在经济分析中，需求量的变动和需求变动两者有严格的区分。

需求量的变动是指在其他条件不变的情况下，农产品自身价格的变动所引起的需求量的变动。需求量的变动表现为在同一条曲线上的移动，可用图 2-5 说明。

在图中，当价格由 P_0 上升为 P_1 时，需求量从 Q_0 减少到 Q_1，在需求曲线 D 上则是从 b 点向上方移动到 a 点。当价格由 P_0 下降到 P_2 时，需求量从 Q_0 增加到 Q_2，在需求曲线 D 上则是从 b 点向下移动到 c 点。可见，在同一条需求曲线上，向上方移动是需求量减少，向下方移动是需求量增加。

需求的变动是指在农产品自身价格不变的情况下，其他因素变动所引起的需求量的变动。需求的变动表现为需求曲线的平行移动，可用图 2-6 表示。

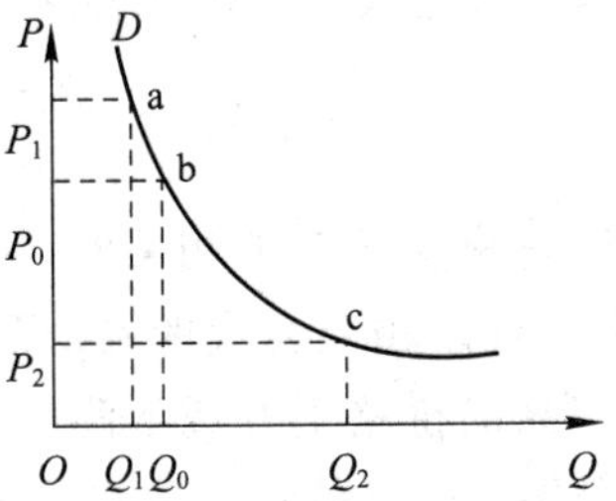

图 2-5 需求量的变动

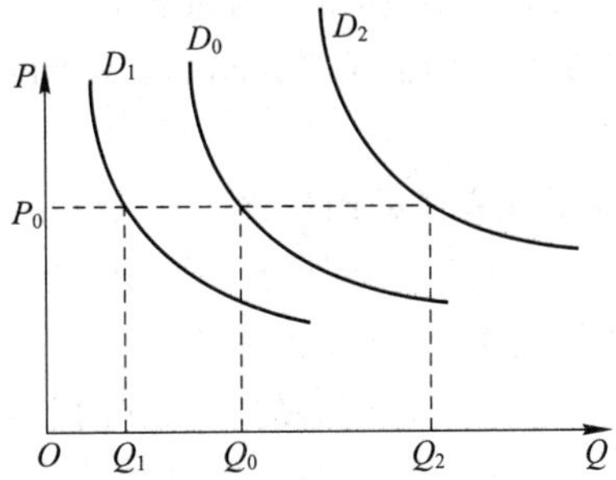

图 2-6 需求的变动

在图中，价格 P_0不变，由于其他因素变动（例如收入变动）所引起的需求曲线的移动是需求的变动。若收入减少了，在同等价格水平 P_0时，需求从 Q_0减少到 Q_1，需求曲线则由 D_0移动到 D_1；若收入增加了，在同样的价格水平 P_0时，需求从 Q_0增加到 Q_2，需求曲线由 D_0移动到 D_2。可见，需求曲线向左方移动，是需求减少，需求曲线向右方移动是需求增加。

三、影响农产品需求的因素

不同的农产品有不同的用途，同一种农产品也有多种用途，市场需求量即是所有购买者和使用者对某一种农产品的每一项用途的需求总和。因此，农产品需求受诸多因素影响，主要表现在以下几个方面：

（一）消费者的收入水平

对某种农产品是否需求或需求多少，消费者的收入水平起着决定性作用。一般来说，消费者收入水平越高，对一定价格农产品的需求量就越大；相反，收入水平越低，需求量就越小。消费者收入水平的高低与某种农产品的消费量呈同方向变化，而不同农产品的变化幅度是不同的。但是由于农产品是人们的生活必需品，消费量增长极其有限，一个家庭成员的收入越少，家庭支出中用于购买食物的消费支出所占比例就越大，随着家庭收入水平的不断增长，家庭支出中用于购买食物的支出比例将会日益下降。

随着人们收入水平的提高，农产品的消费结构也发生了一些相应变化，具体表现在：

（1）对一般大路货的农产品需求下降，对营养丰富的鲜活产品（如肉、蛋、奶）的需求量上升。

（2）对低质量的农产品需求下降，而对优质农产品需求不断上升。

（3）随着经济的发展和收入水平的提高，人们对补充服务的需求不断增加，如人们需要越来越多的快餐和方便食品，需要不同加工深度和加工精度的农产品。

（4）随着收入水平的提高和生活节奏的加快，消费者更愿意购买经过整理和包装、外观整洁、携带方便、容易贮存的商品农产品。

（二）价格

价格是影响农产品需求的很重要因素，主要包括：

1. 农产品本身的价格及价格总水平

在正常情况下，农产品的价格越低，其需求量越大；反之，农产品的价格越高，其需求量越小。如果收入水平不变，增加对某种农产品的需求量，必然会减少对其他农产品的需求量，这说明对某种农产品的需求量，不仅取决于该农产品的价格，同时还取决于所需求农产品的总价格或价格总水平。

2. 其他相关农产品的价格

对某一特定农产品的需求，不仅取决于其自身的价格，还取决于其他相关农产品的价格。主要包括两种类型：①代用品的价格。代用品即指在效用上可以相互替代的农产品。如果有两种农产品，其中一种农产品的价格保持不变，另一种农产品的价格上升或下降时，就会使前一种农产品的需求量与后种农产品的价格作相同方向的变化。即该种农产品的需求量与其代用品的价格成同方向变化。例如，牛肉和猪肉之间可以相互替代，它们是代用品的关系。假如牛肉价格不变，猪肉价格上涨，人们就会增加对牛肉的需求量；若猪肉价格降低，则牛肉需求量减少。相应地，猪肉的消费量也受牛肉价格的影响。②互补品的价格。互补品是指两种共同使用、共同满足同一种需要的农产品。如葡萄酒与葡萄、香烟和烟叶等。互补品之间，当一种农产品的价格下降，对该农产品的需求量就会上升，从而对其互补品的需求量也会相应增加；反之，当一种农产品价格上涨，对另一种农产品的需求量就会减少。即该种农产品的需求量与其互补品的价格成反方向变化。总之，代用品和互补品价格的高低及其变化都会对农产品的需求量发生影响，只是影响方式不同。

（三）中间需求的变化

农产品中间需求是指农产品加工业、以农产品为原料的轻工业以及相关产业对农产品用生产资料的市场需求。随着国民经济的发展和农业现代化的进程，用作饲料、食品、纺织、化工、商业等农产品日益增加，日益成为农产品市场需求的重要组成部分。如农产品加工业的规模越大，发展速度越快，对初级农产品的需求也越多；轻工业的发展规模越大，对棉花、粮食及葡萄等农产品的需求量也就越多。

（四）人口的数量与结构

人口数量的增减，必然会直接影响农产品的需求数量。农产品需求的增加与人口数量的增长成正比例。此外，人口结构的变动也会影响对农产品的需求，主要表现在对农产品需求构成的变化上。例如，城乡人口结构对农产品需求的影响就很大，因为城镇居民比农村居民要消费更多的农产品；又如人口的年龄结构对农产品需求也有影响。婴幼儿对牛奶、食糖的消费特别高，而脑力劳动者对蛋白质的需求量较大。

（五）消费者的偏好和消费观念

不同的家庭、不同的消费者有不同的兴趣和偏好。如果消费者对某种农产品缺乏兴趣，即使该农产品的价格不变，需求量也会减少。例如，有的消费者喜爱吃肉，而不喜欢奶制品或鸡蛋；有的喜爱吃素菜，而不喜欢吃荤菜等等。如果消费者对某一种商品农产品的偏好和消费观念发生变化，则对这种商品农产品的需求量也会随之发生相应变化。随着社会的进步和经济的发展，消费者的偏好也会发生相应的变化。如消费者对衣着花色的需求变化，主要取决于时尚的变化。

（六）消费者的文化习俗

不同地区、不同民族有不同的文化传统、宗教信仰和风俗习惯，这些都会对消费者的消费方式和农产品需求的选择产生影响。例如，在我国南北之间、沿海与内陆之间，以及不同民族之间，均有不同的文化系统，其消费方式和消费结构存在着较大差异。同一民族而具有不同风俗习惯的人们的需求方式也不尽相同。

（七）消费者对农产品未来价格的预期

若消费者预计未来农产品的价格上升，将增加对此类农产品的现实需求，相反，若预计未来农产品的价格要下降，将减少对农产品的现实需求。可见，对未来农产品价格的预期影响消费者对农产品的需求。

(八) 政府的消费政策

如果政府采取提高农产品价格的政策,人们就会减少对农产品的需求,尤其是和日常生活相关的生活必需品表现得更明显;如果实行低价政策或对农产品进行不同程度的补贴,则会相应增加对其需求量。

总之,影响农产品需求的因素多种多样,既有经济因素,又有非经济因素,这些因素共同作用决定了农产品的需求量。

四、农产品需求价格弹性

弹性就是灵活性、反应程度,即在两个函数关系的变量之间,其因变量对自变量变化的反应灵敏度。农产品的需求弹性包括需求价格弹性、交叉价格弹性、人口弹性和收入弹性等。但大多数学者平常所说的需求弹性,一般多指需求价格弹性。

(一) 农产品需求价格弹性的概念

农产品需求价格弹性又称农产品需求弹性,是指某种农产品市场需求量对其价格变化反应的灵敏程度,即农产品需求量变动的百分率对其价格变动百分率的比率。

不同农产品,其需求弹性是不同的,一般用需求弹性系数来表示。需求弹性系数是指需求量变动的比率与价格变动比率的比值。用公式表示如下:

$$|E_d| = -\frac{\Delta Q/Q}{\frac{\Delta P}{P}} = -\frac{\Delta Q}{\Delta P}\cdot\frac{P}{Q}$$

式中,E_d代表需求弹性系数,Q为需求量,$\Delta Q/Q$代表需求量变动的比率,P为价格,$\Delta P/P$代表价格变动的比率。

值得注意的是,由于需求量的变化(ΔQ)与价格的变化(ΔP)方向正好相反,即当价格上升,需求量将减少;价格降低,需求量将增大,所以,E_d应为负值。在实际计算过程中,往往为了方便取绝对值。

例如,某市场牛肉的销售情况如下,当牛肉的价格为每千克14元时,需求量为50万千克,当其价格下降为每千克12元时,则需求量增加到70万千克。试求苹果的需求弹性系数。

解:

$$E_d = \frac{(70-50)\div 50}{(12-14)\div 14} = -2.8$$

通过分析,可以看出,苹果价格每降低1%,其需求量将增加2.8%,说明苹果需求量的变动率大于价格的变动率。

(二) 农产品需求弹性的种类

各种农产品的需求弹性不同,根据需求弹性系数的大小把需求的价格弹性分为以下几类,如图2-7所示。

(1) $|E_d|=0$时,称为需求完全无弹性。即无论价格如何变动,需求量都不会变动,此时的需求曲线是一条与横轴垂直的线。在现实生活中,需求完全无弹性的情况很少,如大葱、姜

等基本上属于此种类型。

(2) $|E_d|\to\infty$时，称为需求完全有弹性或弹性无限。即当价格为一定时，需求量是无限的，此时的需求曲线是一条与横轴平行的线。它表明价格的任何微小变动都会引起需求量的无穷大变化。在现实生活中，需求完全有弹性的情况也很少见。

(3) $|E_d|=1$ 时，称为需求单一弹性。表明需求量的变动幅度与价格的变动幅度相同。

(4) $|E_d|>1$ 时，称为需求富有弹性。表明需求量的变动幅度大于价格的变动幅度，需求曲线是一条比较平坦的线。

(5) $0<|E_d|<1$ 时，称为需求缺乏弹性。表明需求量的变动幅度小于价格的变动幅度，需求曲线是一条比较陡直的线。

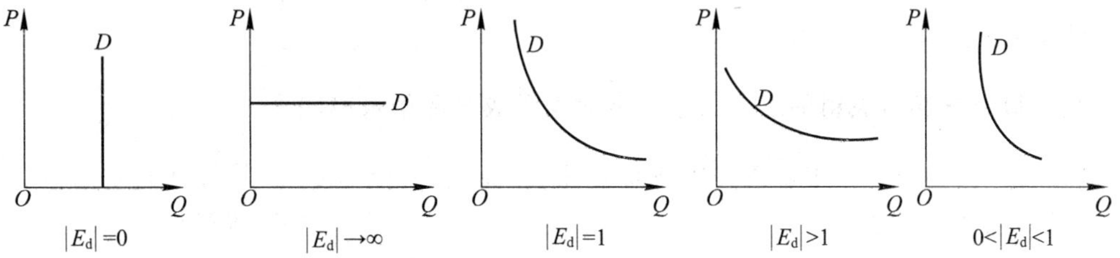

图 2-7　农产品需求弹性类型

五、影响农产品需求价格弹性的因素

在实践中，不同农产品的需求价格弹性差别很大，有多种因素影响农产品的需求弹性大小。主要有以下几方面：

(一) 消费者对某种农产品的需求程度

一般情况下，消费者对生活必需品的需求强度大而稳定，需求弹性小，而且越是生活必需品，其需求弹性越小。例如，粮食、蔬菜等此类生活必需品的弹性一般都小，属于缺乏弹性的农产品。相反，消费者对非生活必需品（如水果、水产品等）或奢侈品的需求强度小且不稳定，需求弹性大，即随价格的变化而增减的幅度大。如甲鱼、食用蛇等，需求弹性一般较大，属于富有弹性的农产品。

(二) 某种农产品的替代品数目及替代程度

如果某种农产品的替代品越多，其替代程度越大，则该农产品的需求越富有弹性；若某种农产品有完全相近（即效用相同）的替代品，那么它的需求弹性是无限或完全的。如小麦的替代品有大米、马铃薯等。相反，如果某种农产品的替代品很少，甚至没有，则它的需求就缺乏弹性。

(三) 某种农产品本身用途的广泛程度

一般来说农产品的用途越广泛，其需求弹性就越大，而某种农产品的用途越少，则其需求弹性也越小。例如，羊毛作多种纺织用品的原料，其价格上升（下降），会从多种途径减少（增加）对它的需求。如果某种农产品只有很少的用途，其需求弹性相对较小。

(四) 农产品在消费者预算中所占比重的大小

如果某种农产品在消费者支出中所占比重小,消费者对此种农产品的价格变化反应不灵敏,则需求弹性小;反之,所占比重较大,则需求弹性大。

(五) 消费者的收入水平

对于低收入者来说,作为生活必需品的农产品需求弹性小,而一些作为奢侈品的农产品,如甲鱼等的需求弹性小,因为即使某些较昂贵的农产品价格降低幅度较大,相对于低收入者同样无力购买。对于高收入者来讲情况极不相同,他们对于一些生活必需品早已饱和,即使价格下降也不会增加购买量;而价格上升,也有能力保持其消费量不会下降。因此,需求弹性较小。

(六) 以农产品为原料的工业或轻工业对某种农产品的依赖程度

若以农产品为原料的工业或轻工业对某种农产品的依赖程度大,其价格的变动不会对此类农产品的消费量带来很大影响,需求弹性小;相反,依赖程度小,则需求弹性大。

总之,某种农产品的需求弹性大小,由上述因素共同综合决定,不能只考虑其中一种因素,而且,某种农产品需求弹性的大小还会因其他一些因素的影响有所不同。

六、恩格尔系数

(一) 恩格尔系数的含义

19 世纪中叶,德国统计学家厄恩斯特·恩格尔(Ernst Engel)在研究英、法和比利时等国不同发展水平的家庭调查资料时发现了一个规律:一个家庭或个人收入越低,其食品支出在收入中所占比重越大,反之,其比重越小;随着家庭或个人收入的增加,食品支出占家庭总收入或总支出的比重逐渐降低。对于一个国家而言,人均收入越低,每个国民平均支出中购买食品支出比重越大,反之,其比重越小;随着人均国民收入的增加,食品支出比重逐渐降低。这一规律被称为恩格尔定律。食品支出占全部生活消费支出的比重,被称为恩格尔系数,用公式表示为:

$$恩格尔系数=(食品支出/全部生活消费支出)\times 100\%$$

相关链接

恩格尔系数的修正及引申

恩格尔系数提出后,经济学界广泛接受和确认了这一规律,并对恩格尔系数进行了补充、修正和引申。美国经济学家保罗·萨缪尔森对恩格尔系数及恩格尔定律作了深入的论证,提出了与恩氏恩格尔系数不同的萨氏恩格尔系数,用公式表示为:

$$萨氏恩格尔系数=\frac{食品支出}{全部支出}\times 100\%$$

式中，全部支出＝消费支出＋储蓄。

很明显，萨氏恩格尔系数与恩氏恩格尔系数有明显差异。在恩氏恩格尔系数中，分母是全部生活消费支出；在萨氏恩格尔系数中，分母是全部支出，包括消费支出和储蓄两大部分。因此，萨氏恩格尔系数与恩氏恩格尔系数有一定的区别：前者所考察的是食品支出与总支出的关系，反映的是食品支出在全部支出中所占比重的变化规律；而后者考察的是食品支出与生活消费支出的关系，反映的是消费结构的比例关系及变化规律。萨氏恩格尔系数提醒人们在研究消费时，注意储蓄对消费的影响。但是，通常研究的恩格尔系数均指恩氏恩格尔系数。

此外，经济学家们发现，不仅食品，而且衣着等基本生活消费同样存在上述规律，即随着生活水平的提高，衣着消费比重下降，这也可以看作是恩格尔定律的引申。

（二）对恩格尔系数的补充

在考察现代经济中恩格尔系数变动问题时，现代经济学家认为应考虑以下因素的影响。

1. 城市化的影响

在现代经济中，城市化的程度越来越高。当家庭从农村迁入城市时，家庭收入一般都有所增加，但食物支出的增长往往更快，甚至可能在收入不增加的情况下，食物支出有显著的增加。这是因为在农村时，自给性食物所占比重较大，而城市居民所消费的食物几乎全部是从市场买进的。

2. 食品加工业的影响

食品加工业使食品价格上涨，因为通过加工，要增加很多附加的费用。在现代经济生活中，人们所吃的食物绝大多数是食品加工工业的产物。一个家庭的收入越高，所吃的食品中加工业的产品也越多。这样，即使在消费者所消费的食物数量不变的条件下，家庭的食物支出仍有增加。

3. 饮食业的影响

随着现代生活的发展，人们在家庭以外的活动时间越来越多，而随着家庭收入增加，人们在家以外吃饭的次数也增加。在家以外就餐的食物支出中包括了食物加工和服务费用，因此，随着“在外面吃”的次数增加，使得消费者在所消费的食物数量不变的情况下，家庭的食物支出仍有增加。

4. 食品本身构成的变化

在现代社会中，谷物在食品消费总量中所占的比重不断下降，肉蛋奶等动物性食品所占的比重不断增加，这样也增大了消费者的食物支出。

（三）恩格尔系数的作用

恩格尔系数在研究消费和经济发展中具有重要意义。

第一，恩格尔系数揭示了居民食品消费与收入之间的定量关系。恩格尔系数首次提出了食品消费与支出之间的数量关系，发现了收入水平的变化对食品消费的影响，揭示了消费受收入水平影响而变化的趋势和规律。

第二，恩格尔系数是衡量一个国家或一个地区人民生活水平的重要指标。联合国粮农组织将恩格尔系数作为判别生活水平的标准，见表 2－3。

表 2-3　　恩格尔系数与生活水平的关系

恩格尔系数/%	生活水平
30 以下	最富裕
30～40	富裕
40～50	小康
50～60	勉强度日
60 以上	绝对贫困

这一标准虽不能完全照搬，但可反映一定的问题。一般而言，恩格尔系数越小，生活越富裕，反之则越穷。因此，通过比较分析恩格尔系数，可以粗略地反映一个国家或地区人民生活的贫富程度。

第三，恩格尔系数对于研究食品消费结构具有重要意义。首先，将消费结构进行分类，进而考察各类消费占总消费支出的比重，是恩格尔首创的研究消费结构的方法，它具有普遍意义。食品消费结构分析同样需要对食品进行分类，并考察各类食品消费占总食品消费的比例。同时，这一方法还可以延伸至城乡结构和地区结构的分析上。其次，恩格尔定律同样可以运用于食品内部结构的分析上，食品中最基本的组成部分是粮食，粮食还是其他食品的基础；同时，粮食又是食品中最缺乏需求弹性的，粮食消费比重的下降必然导致食品结构的变化。

相关链接

恩格尔系数的局限性

恩格尔系数虽然可以反映居民生活消费水平，恩格尔定律虽然可以揭示居民消费结构的变动规律，但其应用有一定的局限性。

第一，恩格尔定律是建立在假定其他因素（如价格因素、商品因素和消费者个人因素等）不变的前提下，一旦其他因素发生变化，恩格尔定律就不一定适用了。

第二，计算恩格尔系数的食品支出与生活消费支出应有统一的含义，即只维持正常生活所需要的消费总支出和食品支出，在各种收入水平之下，都应按照这种含义所要求的来衡量。

第三，恩格尔定律一般反映温饱问题基本解决后的居民消费结构的变化规律，当居民生活仍处在贫困状态时，居民收入水平提高，食品支出的比重往往不仅不会下降，反而会提高。

恩格尔系数虽然仍被认为适用于现代社会，但如果考虑城市化程度、食品加工、饮食业和食品本身构成的变化等因素，那么，在家庭收入不变的情况下，食品支出有可能增加；而如果家庭收入有所增加，用于购买食品的支出所增加的幅度可能更大。只有达到相当高的平均食品消费水平时，收入的进一步增加才不对食品支出发生重大影响。

第三节　农产品供求平衡

一、农产品供求平衡的形成

农产品供求平衡是指在某种价格条件下，市场上某种农产品的供给量和需求量恰好相等。这时，该农产品的供给和需求相等时的价格称为平衡价格，该农产品的供给和需求相等时的数量称为平衡数量。如图 2-8 所示，图中的横轴表示农产品数量，纵轴表示农产品价格，D 表示农产品的需求曲线，S 表示农产品的供给曲线，供需两条曲线的相交点称为平衡点，用 E 表示，P_0 为平衡价格，Q_0 为平衡数量。

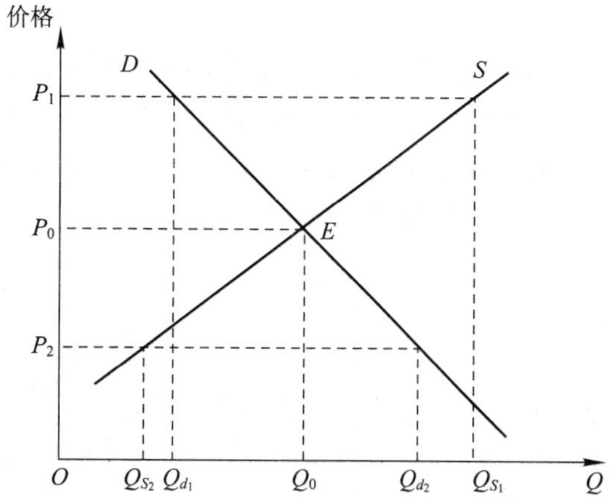

图 2-8　农产品供求平衡

在市场经济条件下，农产品的供求平衡主要是价格机制作用的结果，由供给和需求之间的相互影响而实现的。当农产品的市场价格为 P_1 时，由于其价格较高，农产品的生产者看到有利可图，就会开始大量生产，致使供给量达到 Q_{S_1}，而由于价格维持在较高水平，消费者的购买需求被约束在 Q_{d_1}，从而在市场上形成供给大于需求的现象，大量农产品卖不出去，出现滞销情况。此时，供给大于需求的数量，称为市场剩余。在农产品大量滞销状况下，生产经营者的经济利益受到影响，他们为了及时收回投资，减少损失，不得不在农产品价格上展开激烈竞争，采取降低价格的策略销售多余农产品，使价格由 P_1 向 P_0 移动，从而供给量减少，需求量增加，Q_{S_1} 和 Q_{d_1} 分别向 Q_0 方向移动，最终使供给和需求趋于平衡。

当农产品市场价格降为 P_2 时，由于价格太低，农产品生产者因无利可图而不愿多生产，其供给量被限制在 Q_{S_2}，而因价格低，消费者将增加需求量达到 Q_{d_2}，此时，整个市场将出现供不应求的现象，供给小于需求的数量，称为市场短缺。在农产品供不应求的情况下，消费者为了满足自己的消费愿望，纷纷抢购，致使价格攀升，这时上升的价格反过来抑制了消费，使需求量下降，由 Q_{d_2} 向 Q_0 方向移动。而生产者由于农产品价格上涨，因有利可图而增加生产，扩大农产品供给量，致使供给量由 Q_{d_2} 向 Q_0 方向移动，使供给和需求趋于平衡。

农产品供求平衡形成后，并非一直保持固定不变的平衡，而是极其不稳定，只要市场上农产品的价格或其他任何一个因素发生变化，就会引起农产品供求一方变化，打破原有的平衡，于是，在市场价格机制作用下，供求经过自我调节又重新达到新的平衡。如此循环往复，形成了农产品供求由不平衡到平衡，再由平衡到不平衡的矛盾运动。在上述运动中，因为农产品供给和需求的特殊性，农产品生产者和消费者有时可能要付出巨大代价。

上述供求平衡理论的前提是假定其他条件不变的情况下，农产品本身价格变动而引起供求变化，并达到平衡价格和供求平衡。

如果其他条件发生变化，整个供求曲线也将随之发生移动，形成新的平衡价格，达到新的平衡，如图 2－9，图 2－10 所示。

在图 2－9 中，若需求曲线 D 不变，供给量增加，供给曲线从 S 移至 S_1，平衡点从 E_0 降至 E_1，与之相对应平衡价格从 P_0 降至 P_1，平衡数量从 Q_0 增至 Q_1，即原有平衡被破坏，形成新的平衡。同样，若需求曲线 D 不变，供给量减少时，供给曲线从 S 移至 S_2，平衡点从 E_0 提高到 E_2，与之相对应平衡价格从 P_0 提高到 P_2，平衡数量从 Q_0 减少至到 Q_2，即原有平衡被破坏，形成新的平衡。

在图 2－10 中，若供给曲线 S 不变，需求增加，需求曲线从 D 移至 D_1，平衡点从 E_0 提高至 E_1，平衡价格从 P_0 提高到 P_1，平衡数量从 Q_0 增加到 Q_1，即原有平衡被破坏，形成新的平衡。同样，若供给曲线 S 不变，需求量减少时，需求曲线从 D 移至 D_2，平衡点从 E_0 降至 E_2，与之相对应平衡价格从 P_0 降低至 P_2，平衡数量从 Q_0 减少到 Q_2，即原有平衡被破坏，形成新的平衡。

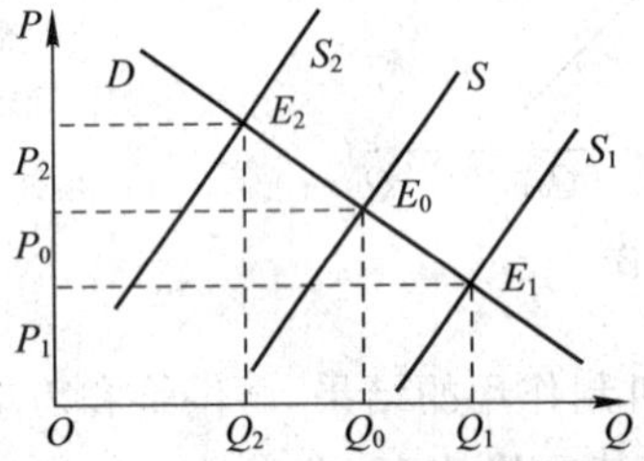

图 2－9 农产品供给变动

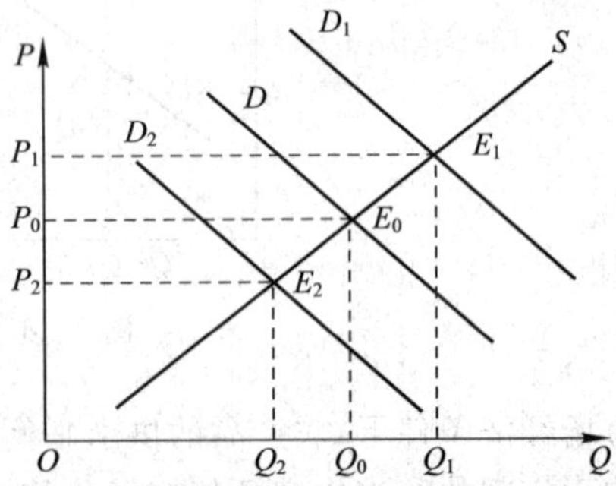

图 2－10 农产品需求变动

二、农产品供求平衡的蛛网理论

农产品供求平衡的蛛网理论是在考虑时间因素，于动态条件下，研究农产品价格、农产品供给、农产品需求的循环变动，以及由此产生的平衡变动的理论。由于许多农产品的生产周期比较长，其供给需求的调节需要相当长的时间，因此，当农产品的价格波动时，需求会立刻做出反应，而供给却不能立刻进行调整，致使生产者的供给与市场、价格信号之间形成一个时间差。为此，需要考虑时间因素，运用蛛网理论，对农产品的供求平衡进行动态分析。所谓蛛网理论是指随着市场价格的变化，农产品的供给量和需求量围绕平衡点呈蛛网状波动的理论。这是 1934 年由英国经济学家 N. 卡尔多命名的。

由于农产品的需求和供给弹性不同，随着市场价格的变动，需求和供给必将发生波动，有以下三种类型的蛛网。

（一）收敛型蛛网——农产品供给弹性小于需求弹性

价格变动对供给的影响程度小于对需求的影响程度。假定某种农产品第一生产周期的产量为 Q_1，此时，农产品市场供给量大于需求量，出现供过于求，消费者只愿意以较低的价格 P_1 购买，使价格 P_1 远远低于平衡价格 P_0，于是生产者决定在第二个生产周期将产量调减到 Q_2。由于产量减少，市场出现供不应求，消费者以高于平衡价格的价格 P_2 购买，因此，价格提高到 P_2。由于价格再次提高，生产者又决定在第三个生产周期把产量增加到 Q_3。如此反复，价格最后收敛于平衡点 E，如图 2-11 所示。

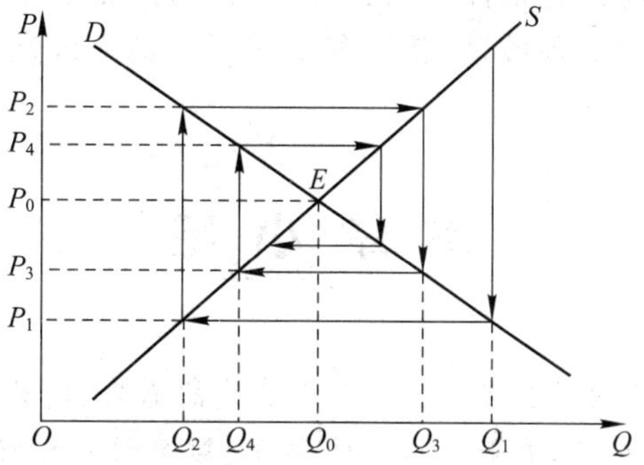

图 2-11　农产品收敛型蛛网模型

（二）发散型蛛网——农产品供给弹性大于需求弹性

价格变动对供给的影响程度大于对需求的影响程度。其波动过程大致和前一种情况相同，只是在连续时期内价格和产量的波动越来越大，距离平衡点越来越远，振荡发散，不再回归平衡，无法恢复到均衡点。因此，在这种情况下，平衡是不稳定或不存在的，如图 2-12 所示。

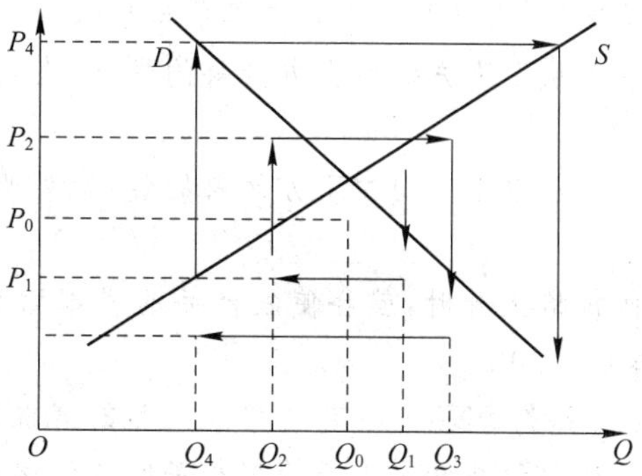

图 2-12　农产品发散型蛛网模型

（三）封闭型蛛网——农产品供给弹性等于需求弹性

价格变动对供给和需求的影响相等。当价格下降时，需求增加的幅度与供给减少的幅度相等；当价格上升时，需求下降的幅度与供给增加的幅度也相等。产量与价格总是对等波动，从而形成一个封闭型循环，如图 2-13 所示。

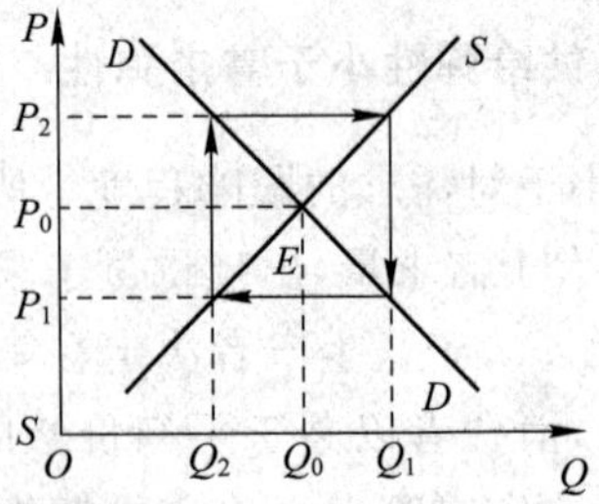

图 2-13 农产品封闭型蛛网模型

蛛网理论说明了在市场经济条件下,农产品价格与产量发生周期性波动的原因。想要运用市场机制来更好地克服这种波动,就要利用期货市场来确定未来价格,以指导生产,减少波动。

本章小结

本章主要介绍了农产品供给的概念,农产品供给的原理、特殊性和影响农产品供给的因素,还介绍了农产品需求的概念,农产品需求的原理、影响因素和农产品需求价格弹性的相关内容,最后介绍了如何达到供需平衡。

探索与实践

一、填空题

1. 在其他条件不变的情况下,农产品供给量与其价格呈(   )方向变动。

2. 在其他条件不变的情况下,农产品需求量与其价格呈(   )方向变动。

3. 农产品供给曲线是一条从左下方向右上方倾斜的线,这表明农产品价格与其供给量之间是(   )方向变动关系。

4. 农产品需求曲线是一条从左上方向右下方倾斜的线,这表明农产品价格与其需求量之间是(   )方向变动关系。

5. 当农产品生产要素的价格上升时,就会使农产品的成本增加,从而在农产品价格不变的情况下,利润降低,供给量(   )。

6. 一般来说,消费者收入水平越高,对一定价格农产品的需求量就(   )。

7. 当市场上某种农产品的供给量和需求量恰好相等时的价格称为(   )价格,该农产品的供给和需求相等时的数量称为(   )数量。

8. 农产品供给弹性是指某种农产品的市场供给量对其价格变动反应的灵敏度,其大小用(   )表示。

9. 当农产品需求量变化幅度小于其价格变动幅度时称需求(   )弹性。

10. 农产品供给弹性小于需求弹性时,价格变动对供给的影响程度(   )对需求的影响程度。

二、选择题

1. 农产品价格变动对供给的影响程度小于对需求的影响程度时，蛛网表现为（　　）模式。

A. 发散型　　B. 收敛型　　C. 封闭型　　D. 同一型

2.（　　）是指在实际收入不变的情况下，某种农产品价格的变化对需求量的影响。

A. 替代效应　　B. 收入效应　　C. 供给效应　　D. 需求效应

3. 农产品需求量的变动幅度（　　）价格的变动幅度时，称为需求富有弹性。

A. 小于　　B. 大于　　C. 等于

4. 若农产品价格变动的影响期较长，则农产品供给价格弹性（　　）。

A. 小　　B. 大　　C. 不变　　D. 与价格无关

5. 一般情况下，消费者对生活必需品的需求强度大而稳定，需求弹性（　　）。

A. 大　　B. 小　　C. 不变

三、判断题

1. 弹性系数是指供求量对价格变动反应的灵敏度。（　　）

2. 当农产品本身的价格不变时，其他因素的变动所引起的供给量的变动表现为农产品供给曲线的移动。（　　）

3. 需求量的变动是指在其他条件不变的情况下，农产品自身价格的变动所引起的需求量的变动，表现为需求曲线的上下移动。（　　）

4. 当农产品价格变动对供给的影响程度大于对需求的影响程度时，蛛网表现为封闭模式。（　　）

5. 若消费者预计未来农产品的价格上升，将减少对此类农产品的现实需求。（　　）

四、简答题

1. 农产品供给有哪些特殊性？

2. 何谓农产品供给弹性。农产品供给弹性有哪些类型？试用图和公式来表示。

3. 影响农产品供给弹性的因素有哪些。

4. 哪些因素影响农产品需求价格弹性。

五、论述题

1. 联系实际，分析影响农产品供给和农产品需求的因素。

2. 何谓农产品需求规律、替代效应和收入效应？

3. 论述恩格尔系数的含义与意义。

第三章　农产品市场与价格

内容梗概

本章首先以市场、农产品市场的概念为引导，介绍了农产品市场体系的概念与构成，重点介绍了农产品批发市场和农产品期货市场的作用和功能，分析提出我国农产品批发市场的建设与完善的措施；其次，介绍了农产品价格的形成以及农产品差价、比价、工农产品比价以及剪刀差的涵义，从而对我国形成剪刀差的影响因素进行分析；再次，介绍了我国加入WTO以来，农业上应遵守的原则和应掌握的农业协议的内容，重点论述入世对我国农业的发展的重大影响；最后，通过介绍农产品物流的概念和特点，类型与功能，重点阐述我国农产品物流的发展趋势。

学习目标

本章要求学生在了解市场、农产品市场、农产品市场体系的内涵的基础上，掌握农产品批发市场的建设与完善的措施；学会农产品价格形成的机制，并把握工农产品比价和剪刀差的实质，能够提出缩小剪刀差，促进农产品市场稳步发展的政策建议；掌握WTO的基本原则和农业协议的主要内容，分析入世对我国农业发展的影响；重点掌握农产品物流的特点、类型和功能，分析我国农产品物流的发展趋势。

学习提示

本章在学习过程中，首先需要注意概念、分类方式的混淆，如农产品批发市场按照不同的分类方式分为不同种类型；其次，学习过程中应学会独立思考、分析问题的能力；最后，要深入学习，多查阅农产品市场与农产品价格的相关链接资料。

第一节　农产品市场体系

一、农产品市场体系的概念

（一）农产品市场的概念及特点

1. 概念

市场是生产力发展到一定阶段的产物，是随着商品经济的产生而产生，随着商品经济的发展而发展。从历史发展的角度看，市场有狭义和广义之分。狭义市场是指在一定时间进行商品交换的地点、商品行销的区域，指商品交换的场所。而广义市场是指在商品交换过程中反映出来的人与人之间的经济关系，即指商品交换关系的总和。

农产品市场从狭义上讲是指农产品交易的场所，从广义上讲是指实现农产品价值和使用价值的各种交换关系的总和。

2. 农产品市场的特点

农产品市场的特点是由农产品生产的特性所决定的，与工业品市场相比，农产品市场具有自己的独特特点。

（1）农产品市场具有明显的季节性　由于农业生产受自然条件的影响，具有很强的季节性，而农产品也只有在收获后才能进入市场，因此，决定了农产品市场有明显的季节性。为了解决农产品生产的季节性和消费的均衡性之间的矛盾，必须在经营活动中做好农产品的储存和加工，调剂市场上农产品的供求，搞好市场供应。

（2）农产品市场流通具有从分散到集中的特点　农产品生产遍布在全国各地，而商品性农产品的消费则主要集中在城市，这样就决定了农产品市场的流通过程由分散趋向集中。为此，农产品收购网点的设置和收购方式等的确定必须同这一特点相适应。

（3）农产品市场经营具有明显的地域性　由于我国幅员辽阔，自然条件各异，决定了各地的农业生产具有很大的差异性，形成了各具特色的农业区域，从而使农产品市场经营具有明显的地域性。为此，要因地制宜做好不同农产品市场的经营，兼顾产区和销区、生产者和消费者的利益。

（二）农产品市场体系的概念与构成

1. 农产品市场体系的概念

农产品市场体系，是流通领域内农产品经营、交易、管理、服务等组织系统与结构的综合，是沟通农产品生产与消费的桥梁与纽带，是现代农业发展的重要支撑体系之一。

2. 农产品市场体系的构成

农产品市场体系是由市场主体、市场客体、市场机制与市场组织构成。

（1）农产品市场主体　农产品市场主体指使交换客体进入市场并使之发生市场关系的当事人，即交换物的占有者或商品的所有者。市场主体包括生产者、经营者和调节者。其中，生产者和经营者主要是从事商品生产和交换活动的企业或个人(农户),他们决定着商品生产、交换的规模和方向,是市场运行的主体;国家和各级政府部门作为市场的组织者、管理者,是市场的调节主体,他们在调节经济活动、推动经济运行中起着重要作用。

(2) 农产品市场客体 农产品市场客体指当事人之间发生交换关系的媒介物。市场客体具有有用性、有限性、相关性和伸缩性。农产品市场客体包括实物形态的商品、知识形态的商品、以等价物形态出现的资金商品和以活劳动形态出现的劳动力商品。

(3) 农产品市场机制 农产品市场机制指在市场经济条件下,社会经济活动的各个环节(生产、分配、交换、消费)及其组成要素(价格、供求、竞争、利息、工资等)通过市场相互联系、相互制约并实现自我平衡的功能,即在客观经济规律的作用下,实现生产、分配、交换和消费的自动调节。市场机制的运行过程就是社会供求动态平衡的自我协调过程。农产品市场机制包括农产品供求机制、农产品竞争机制、农产品价格机制。这些机制的相互联系和作用,构成农产品市场的机制系统,它们共同调节社会生产和流通活动,具有整体性、相关性、利益的制约性、客观性和动态性。

(4) 农产品市场组织 农产品市场组织指为保证商品交换顺利进行而建立的协调、监督、管理和服务等部门。农产品市场组织包括:①负责市场交易活动的流通组织机构,如农产品物资部门、农产品供销合作社等;②介于流通主体之间的中介组织,如农产品证券交易所、农产品信托投资公司、农产品劳动服务公司等;③负责市场一般活动的管理组织机构,如农产品统计、审计、财政、税务、工商行政等部门;④负责市场活动中一些涉及技术的问题的管理机构,如计量、质检、卫生、环保、商检等组织;⑤负责维护不同市场行为主体利益的民间组织机构,如农产品企业家协会、农产品行业组织协会和消费者协会等。市场组织的功能是组织、调节、管理、监督市场的运行,使市场活动趋于规范化。

3. 农产品市场的组织体系

农产品市场体系的反应灵敏性和行动的灵活性,意味着市场体系各参与主体具有较高的联合性,需要建立一个相对集中的市场组织结构,形成有效集中的组织载体,因此,农产品市场组织体系中应包括农产品集贸市场、农产品批发市场和农产品期货市场。而自2008年以来至今,我国物价水平的迅速上涨,尤其是农产品价格的迅速上涨,农产品作为人们生活的必需品,农产品价格自然成了人们关注的热点,而价格离不开市场,本章将主要介绍农产品批发市场和农产品期货市场。

二、农产品批发市场

(一) 农产品批发市场的概念

农产品批发市场,又称中心集散市场,是指将来自各产地市场的农产品进一步集中起来,经过加工、储藏与包装,通过销售商分散销往全国各地的场所。它是“有形市场”的一种较高级的市场形式。该类市场多设在交通便利的地方,如公路、铁路交会处。一般规模比较大,建有较大的交易场所和仓储设施等配套服务设施。

农产品批发市场是农产品市场体系的中心环节和枢纽,它不仅在“交易场所”的意义上是产品的集散地,而且在“交换关系”意义上能够较为公平、公开体现供给者与供给者、供给者与消费者、消费者与消费者之间的关系，能够较为合理的发现价格、形成价格，更重要的是其可以充当政府的调节手段。

农产品批发市场是市场体系中不可或缺的组成部分，早已确定的“政府调控市场，市场引导企业”的理论，其“调控市场”所指的主要是调控批发市场。国家可以通过调节批发市场传递指导生产的宏观信息，使微观经营实体把握市场需求，有效安排生产与经营。同时，也可以通过调节批发市场来调控需求，传递指导消费的信息，使消费者自觉建立起合理的消费结构，从而通过批发市场发挥指导生产和引导消费的职能，保证社会再生产顺利进行和国民经济各部门协调发展。因此，研究农产品批发市场的建设，尤其研究符合我国国情发展模式的建设具有特别重要的现实意义。

（二）农产品批发市场的类型

1. 按照农产品批发市场的规范化程度进行分类

（1）中央批发市场，又称国家级批发市场，是规范化程度最高、交易规模最大的一种农产品批发贸易组织形式。其特点主要体现在以下几个方面：①大多设在农产品集散中心、交通运转中心或消费者密集的大城市；②一般为官办组织，既可由一个地方政府独立创办，也可由中央政府有关机构和地方政府联合创办，当然也有民间合作团体兴建和管理的中央批发市场；③市场中进行买卖的交易者人数不多，但交易批量大；④普遍采取会员制度，非会员单位不得进场交易，主要实行拍卖的市场公开竞价方式，有系统规范的管理条例。

（2）地方批发市场，又称区域性批发市场，是指中央批发市场以外能达到法定规模的批发市场。地方批发市场一般设在产地，有露天市场，也可设在建筑物内，并配有一定量的仓储设备。地方批发市场的兴办者可以是当地政府，也可以是各种经济合作组织；其交易批量和规范化程度须达到一定水平，但不及中央批发市场；其交易者一般有产品收购商、购销代理商、批发商、地方零售商及部分生产企业。

（3）自由批发市场是指除中央和地方批发市场以外的农产品批发市场。其规范性较差；申办较简单，不需特别批准，只要登记注册领取执照便可开办；交易规模较小，甚至进行少量的零售交易。但是，作为一种经济组织，其开设者和入场交易者必须参照有关条例约束自己的行为，因此，也表现出其交易的组织性。中国大部分蔬菜、水果等生、鲜、活农产品批发市场就属于此类。它们大多经地方政府批准，采取官办民办结合或民间独资兴建的方式开设；不实行会员制，交易者自由出入；交易以讨价还价为主。

中央批发市场、地方批发市场和自由批发市场是农产品批量交易规范化程度由高到低、辐射范围由大到小的农产品批发市场的三个层次。它们分别适应不同程度和不同范围内供求矛盾需要而存在。

2. 按照农产品批发市场的交易范围大小进行分类

（1）综合性批发市场是指经营多类或多种农产品的批发市场。

（2）专业性批发市场是指经营一类或一种农产品及其系列连带产品的批发市场。

3. 按照农产品批发市场的地域特点进行分类

（1）产地批发市场是指位于某些农产品集中产区的批发市场，主要作用是向外分解、辐射扩散。进入市场的主要是专业大户、长途贩运者和批发商等。

（2）中转地批发市场是指处于交通枢纽地或传统集散中心的批发市场，主要作用是连接产地和销地。进入市场的主要是长途贩运者和产地、销地批发商等。

(3) 销地批发市场是指在城市农贸市场基础上发展起来的农产品批发市场,它与消费者距离最接近。进入市场的主要是长途贩运者、批发商和零售商等。

4. 按照农产品批发市场的交易时间进行分类

(1) 常年性批发市场即常年开市的批发市场。综合性批发市场通常属于此类。

(2) 季节性批发市场是指因产品上市存在明显的季节性,在集中产区形成的临时性农产品批发市场。如某些瓜果、蔬菜专业批发市场。

5. 按照农产品批发市场在形成方式上的不同进行分类

(1) 自发形成的批发市场是指在城乡集市贸易基础上、由相关部门加以选择、引导、规划、建设而成的,是地方性的中心集散型农产品批发市场。

(2) 规范化的批发市场是由政府有关部门参照国外经验进行规范设计而建立起来的,是全国性的农产品批发市场。这类市场一般位于农产品集中产区、消费区、加工区和交通运输枢纽地区。

(三) 农产品批发市场的功能与作用

1. 农产品批发市场的功能

(1) 商品集散功能 农产品批发市场可以吸引和汇集各地的农产品,在较短的时间内完成其交易过程,然后再把农产品发散到各地。在实行家庭联产承包责任制后,一方面,农业生产的规模变小了,一家一户生产出来的农产品需要迅速销售出去,以实现其价值;而另一方面,农产品消费也主要是以一家一户为单位,规模小而且分散。如果没有农产品批发市场这一中间环节,就会出现交易次数极多,批量极小,交易成本极高,效率极低的情况,从而使农产品的"卖难"和"买难"交替出现,造成严重的社会和经济问题。

(2) 价格形成功能 改革开放以前,农产品购销价格都由国家统一规定,既不反映产品的质量和品种差价,也不反映供求关系。改革之初,农产品纷纷进入各地集贸市场,而集贸市场交易规模小、辐射力不强,因此,其形成价格也就难以反映出更大范围内供求关系的真实情况。而且这种不真实的价格在传播当中还会出现误差,这就难免对生产者产生错误导向,我国农产品生产在20世纪80年代的几次大起大落就说明了这个问题。农产品批发市场建立之后,由于它具有在较大范围内集散农产品的功能,来自全国各地的商品同场竞争,同一种农产品就可以通过比较按质论价,从而形成一种能真实反映农产品价值的市场均衡价格。

(3) 信息中心功能 信息对于农产品生产者和经营者都极为重要。如果信息使用者收集到的信息是错误的,将会对生产、经营活动产生不良影响。由于批发市场连接着产需两头,信息来源比较多,加之批发市场拥有多样化的信息传递手段,因此,它是一个良好的收集、整理、发布信息的场所,因而可以起到信息中心的作用。

(4) 调节供求功能 由于农产品受自然条件影响大,它的生产和供给比其他商品具有更多的不确定性,而农产品消费则是比较均衡的。因此,保持农产品供求平衡是一件非常困难的事情。人们能够努力做到的是尽量避免供求的严重失衡和剧烈波动。而农产品批发市场正是一个可以调节市场供求的良好场所。批发市场的大批量、大规模集散农产品的特点将能很好地调节农产品的供求关系。同时,还可以通过市场均衡价格等信息来平衡生产与消费。

(5) 综合服务功能 综合服务功能是指批发市场通过自身的运营为交易者提供各种方便

于交易过程的功能。批发市场的各项服务可以由批发市场本身提供,也可以吸纳一些企业单位进场提供。交易者进入批发市场后,批发市场能提供交易场地、通信、邮电、结算、信息、装卸搬运、包装、加工、分级、贮藏等各项服务。批发市场是否能提供全面、周到的服务,是批发市场能否兴旺发达的关键因素。

上述农产品批发市场功能的充分发挥,在促进农产品生产发展、改善城乡人民生活、推动农产品流通体制改革和流通组织创新等方面都能起到重要的作用。

2. 农产品批发市场的作用

(1) 农产品批发市场是农产品流通的中心环节。在计划经济体制条件下,主要农产品都实行统购统销制度,粮、油、棉、糖、肉、蛋等基本生活必需品都按指令性计划进行生产,按照行政区域,经过几级批发机构收购,然后由行政化的商业部门定量凭票组织统一供应,从根本上排斥市场机制的作用,结果致使农产品流通效率低,严重制约了农村经济发展。20 世纪 80 年代后,全国大量批发市场的出现,拓宽了农产品的集散渠道,成为按商品经济形成的多种经济成分参与的新型交易中心,发展为面向全国的开放式农产品流通网络。由于批发市场适应了商品自然属性和商品经济的需要,较好地解决了分散生产与集中消费、季节生产与全年消费的矛盾,能吸引和汇集更多的商品和客商,使大量的商品在尽可能短的时间内完成交易,促进了农产品的商品化。

(2) 满足买卖双方扩大运销规模和交易空间的要求,节约交易成本。农产品批发市场是一种或多种专项商品及其系列商品集中进行现货批发交易的场所,是解决生产的大批量与消费形式多样化之间客观矛盾的有效交易形式,可明显地节约交易成本。批发市场的高劳动效率和低交易费用是零售市场所无法比拟的。

(3) 利用市场机制,充分发挥价值规律的作用,调节生产和流通,推动商品经济发展。由于批发市场吸引了众多的生产者和消费者,具有买卖的广泛性,市场竞争较为充分,成交价格能较好地反映市场供求关系的变化,从而能促进生产者和消费者的效用最大化。各地农产品供应要放眼全国,通过发展各地具有特色的批发市场,既能节约成本、减少政府补贴,又能加快区域生产专业化分工的进程,搞活全国市场。

(4) 便于为农产品生产者提供综合服务,特别是信息服务。农产品批发市场的交易结果,客观地反映了包括供给、需求和价格等市场信息的变动情况,从而可以为生产经营和决策提供信息指导,尽量避免农产品生产和经营上的盲目性。比如,我国最大的两个肉类批发市场,分别设立在成都和上海,现正在逐渐实现信息、交易和政策的“三通”。信息通是指两个市场都安装了传真设备,能实现两大市场计算机运程通信联网,对全国肉类市场起信息导向、价格指导作用;交易通是指两个市场内会员单位,可由双方会员自行选定签约地点成交,双方市场互转合同副本;政策通是指两大市场在政府的支持下,给予各自一些配套扶持优惠政策,双方会员在对方市场成交,同样享受该市场的各项优惠政策。批发市场发挥效用最大的方面,在于它能打破地域上的限制,从而最大程度地发挥信息的综合效率。

(5) 能够合理地进行流通,节约交易时间。农产品批发市场这一新型流通形式,具有开放性、灵活性特点,因此,建立起的横向经济联系,有利于按照商品的自然流向和运动规律进行流通,促进产销直接见面,取代了原来封闭式的多层次批发,既节约了时间,又提高了经济效益。

(四) 农产品批发市场的建设与完善

为了适应社会主义市场经济发展的需要,我国必须向多渠道、多成分、多形式、少环节、开放式、高效率、规范化的大市场、大流通、大贸易的农产品市场体系的目标方向迈进，要实现这一目标，必须建立健全以商品集散面广、容量大、功能全、交易规范的农产品市场组织体系。

以批发市场为依托的农产品市场体系，既是农产品价格形成的依托，也是国家进行宏观调控的依托。因此，应当把以批发市场为中心的农产品市场体系建设作为发展市场经济的大事来抓，根据经济区域和农产品流向的要求，建立若干中央级的大型农产品批发市场，并通过现代信息系统与农产品初级市场、零售市场以及大型批发市场、期货市场连接起来，形成开放式和运行高效有序的市场网络，充分发挥批发市场在全国农产品流通中的决定作用。重点可以从以下几个方面做起：

(1) 继续加强有形市场建设，统筹规划，优化布局结构，构建完善的市场体系。

(2) 着力培育市场内有活力的经营主体，激活农产品批发市场。这包括：①纵向一体化，以贸工农一体化的组织形式，将农产品生产者和加工者、营销者之间的市场关系内部化，实现风险共担、利益共享。②横向一体化，发展销售合作组织。发展农村流通中介组织，提高农民参与流通的组织化程度，已成为解决小生产与大市场之间矛盾的当务之急，也是完善批发市场、优化价格形成机制的实际要求。

(3) 鼓励交易方式的变革和创新，积极稳妥地推行拍卖制、销售代理制、配送制和电子商务等，健全农产品价格形成机制。

(4) 强化软件建设，提高市场管理水平。一是坚持建设标准化；二是坚持交易规范化；三是坚持品种和包装标准化；四是坚持管理法制化。

(5) 健全农产品质量标准体系和农产品市场信息网络，提高市场交易效率。

(6) 逐步完善市场监测体系，建立有权威的农产品供给、需求、市场价格变动的预测、预报系统和信息发布制度。

(7) 加强农产品市场的法制化建设。

相关链接

北京新发地批发市场每周市场动态

1. 猪肉价格走势分析

2012年1月6日，新发地市场白条猪的批发平均价是11.13元/斤，比2011年同期的8.25元/斤上涨了34.91%；比2011年12月6日的10.30元/斤上涨了8.06%；比12月30日的11.00元/斤上涨1.18%。周环比涨幅较小；月环比继续上涨；年同比涨幅较大。

2012年1月5日和6日，节日效应的现象在新发地市场猪肉消费中开始显现，商户们普遍反映，现在猪肉销售的速度有所加快，市民买肉的意愿逐渐强烈，猪肉销售大厅的人气比较兴旺。市民节日期间喜欢消费的猪前肘、排骨的销售明显加快，甚至在白条猪价格基本平稳的情况下，猪前肘、排骨的价格小幅上涨。

本周，国内大部分地区毛猪的价格都比较平稳，个别地区价格在上涨，也有小部分地区价格在下降，无论是上涨还是下降，涨跌的幅度都很小。说明目前猪肉的供求关系大体平衡，节前价格不可能连续大幅冲高。

2. 鸡蛋价格走势分析

2012年1月6日,新发地市场鸡蛋的批发价是3.88元/斤,比2011年12月30日的3.90元/斤下降了0.51%;比2011年12月6日的3.82元/斤上涨了1.57%;比去年同期的4.14元/斤下降了6.28%。总体上说,鸡蛋价格的走势进入了调整期。周环比下降的幅度较小(-0.51%),月环比上涨的幅度略大(1.57%),年同比下降幅度仍然较大(-6.28%)。年同比下降幅度较大的主要原因是2011年同期价格较高造成的。同时,在2012年饲料价格、人工费用上涨的情况下,鸡蛋价格同比仍然下降,能有这个降幅也是实属不易了。

3. 蔬菜价格走势分析

蔬菜的价格走势呈现出波动上行的趋势。2011年12月30日的加权平均价是1.08元/斤,2012年1月6日是1.225元/斤,周环比大幅上涨13.43%。2012年1月6日的价格比2011年同期(1.265元/斤)下降3.16%,价格同比下降的幅度比上周(8.86%)继续收窄。这一方面说明目前蔬菜的供应总体形势仍然好于2011年,同时,也说明目前蔬菜的供应状况不太乐观。

(资料来源:http://web.xinfadi.com.cn/news/show.php? itemid=1420,2012年3月19日浏览)

三、农产品期货市场

(一) 期货市场的概念与构成

1. 期货市场的概念

期货交易是与现货交易相对应的一种交易方式,是商品交换的一种特殊方式,其最早始于农产品期货合约。是指按照一定的条件和程序,由买卖双方在交易所内预先签订产品买卖合同,而货款的支付与货物的交割则要在约定远期进行的一种贸易形式,属于信用交易范畴。

期货市场是进行期货交易的场所,它是按照"公开、公平、公正"原则,在现货市场基础上发展起来的高度组织化和高度规范化的市场形式。既是现货市场的延伸,又是市场的又一个高级发展阶段。从组织结构上看,广义上的期货市场包括期货交易所、结算所或结算公司、经纪公司和期货交易员;狭义上的期货市场仅指期货交易所。

2. 期货市场的构成

期货市场主要由以下四个部分组成:

(1) 期货交易所 它是为期货交易提供场所、设施、服务和交易规则的非营利机构。

(2) 期货结算所(结算公司) 它的功能和作用主要是:①负责期货合约买卖的结算;②承担期货交易的担保;③监督实物交割;④公布市场信息。

(3) 期货经纪公司(经济所) 它是代理客户进行期货交易,并提供有关期货交易服务的企业法人。在代理客户期货交易时,收取一定的佣金。作为期货交易的中介组织,在期货市场构成中具有十分重要的作用。

(4) 期货交易者 根据参与期货交易目的划分。基本上分为两种人:套期保值者和投机者。

套期保值者,这种人从事期货交易的目的是利用期货市场进行保值交易,以减少价格波动带来的风险,确保生产和经营的正常利润。做这种套期保值的人一般是生产经营者、贸易者、使用户等。

投机者,或称风险投机者,投机者参加期货交易的目的与套期保值者相反,他们是愿意承担价格波动的风险,其目的是希望以少量的资金来博取较多的利润。期货交易所的投机方式可以说是五花八门,多种多样,其做法比套期保值者复杂得多。在期货市场上,如果没有投机者参与,其回避风险和发现价格两大功能就不能实现。投机者参加交易可增加市场的流动性,起到"润滑剂"的作用。

(二) 农产品期货市场的概念以及农产品期货市场的特性

1. 农产品期货市场的概念

农产品期货市场作为市场制度的一种创新,有其自身质的规定性,并且有狭义和广义之分。狭义的农产品期货市场是指进行农产品期货交易的场所,通常特指农产品期货交易所。广义的农产品期货市场是指市场经济发展过程中围绕农产品期货合约交易而形成的一种特殊的经济关系,是一种特殊的交易活动,或者说广义的农产品期货市场是指农产品期货合约交易关系的总和。这种特殊的交易活动必须按照特定的规则和程序、在特定的场所内集中进行。因此,广义的农产品期货市场应该是由相互依存和相互制约的期货交易所、期货交易结算所、期货经纪公司和期货交易者组成的一个完整的组织结构体系。

2. 农产品期货市场的特性

(1) 交易对象的特殊性　在农产品期货市场中交易的是一种特殊的"商品",即农产品期货合约。农产品期货合约是一种由期货交易所统一制定、在交易所内集中交易、受法律约束并规定在未来的某一特定时间和某一特定地点交割一定数量和一定质量的某种特定农产品的标准化合约。标准化的农产品期货合约本身不是实货,而只是实货的象征或者代表。

农产品期货合约与现货合同的相同之处在于两者都是交易中的一种契约,两者的主要联系在于农产品期货合约是在现货远期合同基础上逐步标准化的结果。但是,农产品期货合约与现货合同有着显著的区别:第一,标准化与非标准化的区别。第二,价格决定方式的区别。第三,有无签约者的区别。

(2) 交易商品的特殊性　农产品现货市场中交易的商品包括所有进入流通领域的农产品。农产品期货市场中交易的商品是一些具有代表性并且需要具备一定条件的特定农产品。

一方面,需要进入农产品期货市场交易的农产品本身应具备两个基本条件或特征:一是品质等级易于标准化,二是能够长期贮藏而且适于运输。另一方面,需要进入农产品期货市场交易的农产品现货市场应具备两个基本条件或特征:一是特定期货农产品现货市场接近完全竞争市场,二是特定现货市场环境发达完善,使得现货市场交易和投资主体不仅需要而且能够利用期货市场回避现货价格波动风险或获得风险利润。

(3) 交易目的的特殊性　农产品期货市场交易的目的是通过农产品期货合约交易转嫁与这种所有权有关的农产品价格波动所带来的风险,或者获得风险投资利益。具体来说,进入农产品期货市场的交易者的目的是为了利用农产品期货市场进行套期保值,以避免现货价格波动的风险(套期保值者),或是为了利用期货市场价格的上下波动来投机获利(风险投机者)。

(4) 交易场所与交易方式的特殊性　交易场所的特殊性表现为:农产品期货市场中的交易必须在高度组织化的期货交易所内依照期货法规集中进行,即不能分散地进行交易。交易方式的特殊性表现为,在农产品期货市场上,所有的交易都要集中在期货交易所内以公开、公正、公平竞争的方式进行交易。

（5）交易保障制度的特殊性　农产品现货市场中的交易主要以《合同法》等法律为保障，合同不兑现或违约时要借助法律或仲裁的方式解决。农产品期货市场中的交易虽然也有基本的法律保障，但更为重要的交易保障制度是由会员制度、保证金制度、无负债结算制度等构成的规则制度来保障期货交易的正常运行。

（6）交易机制的特殊性　农产品期货市场交易机制的特殊性主要表现为双向交易和对冲机制。双向交易是指期货市场交易者既可以买入期货合约作为交易的开端（称为买入建仓），也可以卖出期货合约作为交易的开端（称为卖出建仓），也就是通常所说的“买空卖空”。对冲机制是指期货市场交易者通过与建仓时的交易方向相反的交易来解除履约责任，而不是通过期货合约到期时进行实物交割来履行责任。具体来说，就是买入建仓以后可以通过卖出相同合约的方式解除履约责任，卖出建仓后可以通过买入相同合约的方式解除履约责任。

（三）农产品期货市场的功能与作用

1. 农产品期货市场的功能

（1）规避风险功能　这是指生产经营者通过在期货市场上进行套期保值业务，有效地规避、转移或分散现货市场上价格波动的风险。套期保值之所以能有助于规避价格风险，其基本经济原理就在于某一特定商品的期货价格与现货价格在同一时空内会受相同的经济因素影响和制约，因而一般情况下两个市场的价格变动趋势相同。

（2）发现价格功能　这是指在期货市场通过公开、公正、高效、竞争的期货交易运行机制形成具有真实性、预期性、连续性和权威性价格的过程。期货市场形成的价格之所以为公众所承认，是因为期货市场是一个有组织的规范化的市场，期货价格是在专门的期货交易所内形成的。期货交易之所以具有发现价格的功能，主要是因为：第一，期货交易的参与者众多；第二，期货交易中的交易人士大都熟悉某种商品行情，有丰富的经营知识和广泛的信息渠道以及一套科学的分析、预测方法；第三，期货交易的透明度高，竞争公开化、公平化，有助于形成公正的价格。期货市场是集中化的交易场所，自由报价，公开竞争，避免了现货交易中一对一的交易方式容易产生的欺诈和垄断行为。

（3）风险投资功能　主要是针对期货投机者来说的。一般情况下，期货风险投资包括两层含义：一是投资者拿出一定数额的货币资金用于期货交易项目，即买卖期货合约；二是投资者参加期货交易的目的主要是取得以货币表示的经济收益。所以，期货风险投资是一个含义广泛的概念。只要特定的投资主体为了获取经济收益而用一定数额的货币买卖期货合约，都属期货风险投资行为，而无论投资主体是为了获取转移风险的经济收益，还是为了获得超额利润。

（4）资源配置功能　期货市场资源配置功能的发挥是通过启用期货市场杠杆的作用，间接调配商品物资在期货市场体外流转，而不是通过直接实物交割来体现的。根据同品种异地期货市场的差价，结合运输、损耗等因素，调整该商品乃至上游产品或原材料和下游产品或副产品的异地流动。

2. 农产品期货市场的作用

（1）调节市场供求，减缓价格波动　从宏观上看，开展农产品期货交易，有利于防止市场价格过度波动，避免社会资源的浪费。农产品期货价格是由供需双方根据各自对将来某一时点市场供求状况的预测，既能预先反映未来市场供求状况，也能对未来各个时间的供求进行超前调节。通过增加或减少市场供给量，使市场供求基本平衡，抑制市场价格剧烈波动。

（2）能增强企业经营的计划性，提高管理水平 期货合约的签订，使商品的供应或销售有了保障，也稳定了产品价格和利润水平。因此，企业通过期货市场可以有计划地安排生产和经营，而国家也因此可以通过期货市场实现对微观经济的宏观调控。

（3）可节约社会劳动和资金占用 期货交易所涉及的主要是期货合约的买卖，一般并不发生实际的商品流转，从而实现了物流和商流的合理分离。因此，期货交易这种特殊的交易方式，能使生产企业方便地、快捷地以竞争性的价格在期货市场获取其所需要的原材料，从而大量减少商品生产出来以后所固有的大量实物的运输、储藏活动，因而能够大幅度降低资金占用水平，节约费用开支，提高社会经济效益。

（4）能提高市场的交易效率 农产品期货交易是按标准的期货合约进行的，每张合约的交易数量、质量标准一致，交易人不必考虑对方的商业信誉，可以根据需要（套期保值、保本或获取差额利润），在合约规定的实物交割之前进行合约转让。这就扩大了交易的空间范围，促进物质流的流转，使交易效率大大提高。

（5）有助于政府对宏观经济运行的调控 期货市场波动与现货市场既有密切联系又有很大区别。从某种意义上讲，期货市场的波动更是对某种经济形势的一种预示，这种波动所预示的问题如被政府及时发现并采取适当措施加以解决，那么它对现货市场运行的不利影响就可以避免。

（6）有利于促进农产品市场向国际化发展 进入20世纪80年代以后，期货交易已经跨越了国界。从交易人员看，发达国家的交易所一般都不限制境外会员的发展。目前，美国有20%～30%的境外会员，而伦敦国际期货交易所则有高达73%的境外会员。从交易所之间的联系看，交易所跨国界、跨地区的联网已经实现。随着我国国际地位的不断提高，农产品期货市场对中国农产品向国际市场发展的指导意义将越来越大。

（四）我国农产品期货市场的规范与完善

国家在“十五”计划纲要中明确提出了“稳步发展期货市场”的方针，这说明，中国政府充分重视期货市场对社会经济发展作用。而2011年做的“十二五”规划中非常重要的一个部分是中国期货市场的国际化发展。因此，我国农产品期货市场需要从影响农产品期货市场发展的期货业自身因素和外部环境两个大方面做大量工作，来促进中国农产品期货市场的规范、发展与成熟。

1. 从外部环境规范农产品期货市场

（1）加快期货市场的法规建设，重视期货市场的国际化。

（2）完善期货市场监管体制。

（3）不断规范现货市场。

2. 从内部完善农产品期货市场

（1）尽快推出一批可供选择又迫切需要的农产品期货品种，配合加入WTO后相关市场的改革，降低现货市场的风险。

（2）推进交易所体制创新和机制创新，增强国际竞争力。

（3）大力开拓和培育期货市场的投资群体。

相关链接

棉花期货市场分析

1. 2012 年 3 月 14 日计划收储 90 700 吨，实际成交 17 990 吨，成交比例 20%。其中，新疆库点计划收储 24 800 吨，实际成交 4 400 吨，成交比例 18%；内地库计划收储 65 900 吨，实际成交 13 590 吨，成交率 21%。截止 14 日，2011 年度棉花临时收储累计成交 2 871 420 吨，新疆累计成交 1 600 320 吨，内地累计成交 1 271 100 吨。

2. 据中国海关统计，2 月我国进口棉花 61.60 万吨，较上月增加 28.96 万吨，增幅 88.70%；同比增加 43.18 万吨，增幅 234.4%；2012 年 1—2 月，我国累计进口棉花 94.25 万吨，同比增加 36.69 万吨，增幅 63.8%。

3. 2 月，我国纺纱产量为 236.9 万吨，同比增加 48.0 万吨，增长 25.41%；环比增加 29.5 万吨，增幅 14.22%。

现货方面：棉花指数 328 价格为 19 575 元/吨，与上一交易日上涨 5 元。

仓单库存：交易所注册仓单为 1 834 张，较上一交易日增加 124 张，有效预报为 1 163 张。（每张对应棉花 40 吨）。

观点总结：ICE 期棉下跌，受投资者卖盘打击。中国 2 月棉花进口增长 234% 至 61.6 万吨，股市剧烈调整打压商品市场人气。国内棉花收储成交量维持在 2.13 万吨左右，截至 14 日，2011 年度棉花临时收储累计成交 287.14 万吨。现货价格小幅上涨，市场成交清淡，纺企资金紧张制约了企业采购。郑棉 1 209 合约收跌，期价触及 21 700 一线后承压下挫，短线测试 21 200 一线支撑，延续震荡走势。操作上，日内短线交易。

（资料来源：http://futures.cngold.org/c/2012-03-15/c1050305.html，2012 年 3 月 19 日浏览）

第二节 农产品价格

一、农产品价格的形成

（一）农产品价格的含义

农产品价格，是指农产品与货币交换比例指数，是农产品价值的货币表现。

农产品价格形成与运行的基础是农产品价值。货币的价值、市场供求关系、市场竞争、国家政治与经济政策、人们的消费偏好等是农产品价格形成与运动的重要条件。在我国，农产品价格按管理形式划分，可分为国家定价、国家指导价和市场调节价；按流转过程中的环节划分，可分为农产品收购价格、农产品批发价格、农产品调拨价格、农产品零售价格等。

农产品的价格同一切商品一样，由生产中消耗的生产资料的价值、劳动者的必要劳动所创造的价值和劳动者的剩余劳动所创造的价值3个部分构成。但农业中由于优质地和中等地的有限性，不能不将劣质地也纳入生产，农产品的社会价格是由生产资料和劳动报酬费用较高的劣质地的农产品价值决定的。同时，农产品价格实际上还受供求关系的影响。农产品价格是否合理，不仅影响农业生产的发展，农产品的流通、消费和农民的收入水平，而且影响工业品的成本和价格，影响国家同农民之间、城乡人民之间以及农民内部的物质利益关系，对整个社会经济生活的安定也关系重大。

（二）形成

农产品价值的形成包括物化劳动消耗之后转移的价值，即生产过程中各种生产资料物化劳动消耗转移到产品中的价值(C)、活劳动新创造的价值(V)、为社会创造的价值即纯收入(m)。就是说，农产品的价值是由C、V、m三部分构成的。

农产品价值构成中的$C+V$在货币形态上转化的农产品生产成本，它是形成农产品价格的基础。所以，正确地核算农产品的生产成本，是制定农产品价格的科学依据。

形成农产品价格的主要经济因素有：

1. 成本

这是价格形成的主要部分，也是制定价格的最低经济界限。成本包括产品中物化劳动消耗和活劳动的货币表现。农产品成本的具体内容，包括种子、种苗、肥料、饲料、农药、燃料和动力、工资和管理费等。在目前我国农业中，成本构成价格因素占一半到三分之二左右。

2. 税收

税收也是价格形成的重要因素之一。税收不仅是国家财政收入的重要来源，也是国家调整农业生产单位收入的重要杠杆。

3. 利润

利润也是价格形成的重要组成部分。农产品价值构成中的m，是劳动者为社会创造的价值，它的货币表现为盈利(或收入)。农业生产单位的盈利包括税金和利润，前者转化为国家积累资金，后者进行再分配，用作扩大再生产基金、奖励基金或集体福利事业。

4. 价格

价格构成或称为价格组成，是指价格中包含的要素及其所占的比重。一般由生产成本、流通费用、利润、税金构成。其中，生产成本是价格中的基本要素，生产成本基本上决定价格水平。不同类型的价格，其构成是不同的。如农产品收购价格构成，是指农业生产成本、利润、税金等要素在农产品收购价格中的组成情况。再如农产品批发价格是由农产品的收购价格加批发企业的流通费用和利润等构成。国家征缴各种农产品的税收情况不尽相同，这要依据各种农产品价格构成中m这部分所占比重的大小以及该项产品的消费性质而定。正确地计算和分析各种农产品的价格构成，是制定农产品价格的依据。

由于农业生产力的发展和劳动生产率的提高，农产品成本构成中的C和V的比重是常常发生变化的。随着农业生产力的发展，物化劳动耗费中的比重将日益增大，活劳动的耗费将日益减少。由此，有人提出我国现阶段的农产品成本应由物化劳动构成，即只计算C的消耗，其理由之一是对我国农业中的活劳动进行货币估价的难度很大，主张农产品价格可以由物化劳动(C)加上m即$C+m$构成。显然，这是很值得商榷的问题。因为①制定和调整农产品价格，必须以农产品生产成本为基础。农产品价格对农产品生产成本的补偿，是促进再生产的起码条件。如不计算活劳动消耗，就不能说是核算农产品成本。②商品市场是一个统一的整体,有工业品和农产品的比价。在现实生活中,既然工业品价格是由$(C+y)+m$构成,那么,农产品价格也应该由$(C+y)+m$构成。

二、农产品差价和比价

为了使农产品的价格大体上反映其价值,需要正确处理不同农产品的差价和比价。

(一) 差价

同一商品由于生产成本、流通费用、包括储存以及商品质量不同等原因而形成的价格差额。主要有以下几种:

1. 农产品购销差价

农产品购销差价是指同一种农产品在同一地区的收购价格与销售价格之间的差额。适当的购销差价除补偿农产品运销各环节上的流通费用外,还有助于调节农产品的市场供求关系。反之,购销差价不合理,则会挫伤农民生产、出售农产品或商业部门经营农产品的积极性,并影响消费。中国对于粮食等关系广大人民生活的主要农产品,自1978年底实行经济体制改革以来,为了鼓励生产又不致增加消费者的经济负担,国家不断提高了收购价格,同时,用财政手段对商业部门实行补贴,以保持销售价格不变。现正向相应提高销售价格,同时对消费者实行补贴过渡。但过多的价格补贴将会增加国家的财政负担,对整个国民经济的发展产生不利影响。

2. 农产品地区差价

农产品地区差价是指同一时间、同一商品的收购价格在不同地区之间的差额。地区差价的形成,主要是由于不同地区的自然、经济条件存在差别,因而产生同一种农产品在不同地区消耗的劳动量不同,成本不一。合理的地区差价有利于促进条件较差的地区发展农业生产,又不致影响条件较好地区的积极性。

3. 农产品季节差价

农产品季节差价是指同一商品在同一地区的收购价格或销售价格在不同季节之间的差额。季节差价存在是由于某些农产品的季节性生产同常年的消费需求之间存在矛盾,因而从生产到消费的时间差中,增加了储存、保管、自然损耗和利息等费用。此外,同种农产品在不同季节生产,产量和费用的差别也很大,如蔬菜温室生产费用高,提早上市产量低。实行季节差价以补偿由于上述原因而增加的生产、流通费用,还有利于平衡淡旺季的农产品供应。

4. 农产品质量差价

农产品质量差价是指同一商品因质量不同而形成的价格差额。优质优价、劣质低价,拉开品质差价的档次,有利于促进农产品品质的提高和保护生产者、消费者双方的利益。

(二) 比价

比价指同一时间同一地区不同商品价格之间的比例关系。中国由于粮食在农产品中的特殊重要地位,各种农产品的比价大多以粮食价格为中心来确定,如粮棉比价、粮油比价、粮肉比价等。农产品比价的合理调整,可以扩大或限制某种农产品的生产,因而是形成合理的农业生产结构的重要手段。关于工业品和农产品的比价,在工业劳动生产率高于农业的条件下出现工业品价格高于价值,而农产品价格低于价值的情况,在发展中国家由于农业劳动生产率的提高仍慢于工业等原因，在一定历史时期内仍不可能完全消除。

三、工农产品比价和剪刀差

（一）工农产品比价的内涵

工农产品比价是指在同一市场、同一时间工业品与农产品交换的价格比例关系，即一定数量的农产品的价格相当于多少工业品的价格，或者说，用一定数量的农产品可以换得多少工业品。它一般用工业产品的销售价格指数的变动幅度同农产品收购价格指数的变动幅度的对比来加以反映。工农产品比价体现的是工业与农业两大经济部门之间以及工人与农民、城市与乡村的经济关系，其合理与否是关系工农业生产能否协调发展，工农差别、城乡差别能否逐步缩小的重要经济问题和政治问题。如果农产品价格水平的提高快于农用工业品价格水平的提高，就会更加有利于农业的发展和农民收入的增长；反之，则有利于工业的发展和工人收入的增长。

（二）工农产品比价的类型

工农产品比价有单项比价和综合比价两种类型，每一种类型又有不同的指标结构。

1. 工农产品单项比价

（1）工农产品单项比价的种类　工农产品单项比价主要有三种：①农产品与以该农产品为原料的工业品的比价，如棉花与棉布、粮食与白酒等的比价关系；②主要农产品与农业生产资料的比价，如粮食、棉花、油料与农业机械、化肥、农药等的比价关系；③主要农产品与日用工业品的比价，如粮食与棉布、粮食与食盐等的比价关系。

（2）工农产品单项比价的计算

① 定时单项比价，是指在某一个时点上，某种农产品收购价格同某种工业品零售价格的比例。它分为两种：

a. 农产品对工业品定时单项比价，是指以某种农产品为交换品，某种工业品为被交换品，表明农民用一定数量的某种农产品可以换回多少数量的某种工业品。其公式为：

农产品对工业品定时单项比价＝某种农产品收购价格/某种工业品零售价格

b. 工业品对农产品定时单项比价，是指以某种工业品为交换品，某种农产品作为被交换品，表示国家用一定数量的某种工业品可以交换到多少数量的某种农产品。其公式为：

工业品对农产品定时单项比价＝某种工业品的零售价格/某种农产品的收购价格

② 动态单项比价，是指报告期与基期相比，某种农产品换某种工业品的交换率的变化动态。它也分为两种：

a. 农产品对工业品动态单项比价，是指报告期农产品换工业品的交换率与基期农产品换工业品的交换率之比，表示报告期与基期相比，一定数量的某种农产品换回某种工业品数量的增减幅度。其公式为：

农产品对工业品动态单项比价＝报告期农产品换工业品的交换率/基期农产品换工业品的交换率

b. 工业品对农产品动态单项比价，是指报告期工业品换农产品交换率与基期工业品换农产品交换率之比，表示一定数量的某种工业品在报告期交换到某种农产品数量与基期相比的增减幅度。其公式为：

工业品对农产品动态单项比价＝报告期工业品换农产品的交换率/基期工业品换农产品的交换率

2. 工农产品综合比价

工农产品综合比价指某一时期的农产品收购价格指数与同一时期农村工业品零售价格指数之间的比例关系。它主要有两种：

（1）农产品对工业品综合比价，是指农产品收购价格总指数与农村工业品零售价格总指数之间的比例关系，它反映农产品对工业品交换率的变化，说明报告期同基期相比，农民用同等数量的农产品交换到的工业品数量是增加了还是减少了。其公式为：

农产品对工业品综合比价＝农产品收购价格指数/农村工业品零售价格指数×100％

（2）工业品对农产品综合比价，是指农村工业品零售价格总指数与农产品收购价格总指数的比例关系。它又称为逆指标，反映工业品对农产品交换率的变化，说明报告期与基期相比，同一数量的工业品所换到的农产品的增减幅度。其公式为：

工业品对农产品综合比价＝农村工业品零售价格总指数/农产品收购价格总指数×100％

相关链接

工农产品交换比价

工农产品交换比价是指农村中一种农副产品收购价格和一种工业品零售价格之间的比例关系，它反映了农民同国家的交换关系，也反映了工农关系和城乡关系。

1. 生猪与工业品交换比价

1930 年百千克生猪可换食盐 151.71 千克，1936 年为 135.78 千克，比 1930 年减少 15.93 千克；1930 年可换红糖 99.22 千克，1936 年可换 69.57 千克，比 1930 年减少 29.65 千克；1930 年可换白布 68.6 米，1936 年可换 96.59 米，比 1930 年增加 27.99 米；1930 年可换火柴 620.80 封，1936 年为 608.14 封，比 1930 年减少 12.66 封；1930 年可换煤油 80.28 千克，1936 年为 63.8 千克，比 1930 年减少 16.48 千克。

2. 鸡蛋与工业品交换比价

1930 年百千克鸡蛋可换食盐 246.35 千克，1936 年为 169.24 千克，比 1930 年减少 77.11 千克；1930 年可换红糖 133.34 千克，1936 年可换 78.88 千克，比 1930 年减少 54.46 千克；1930 年可换白布 105.68 米，1936 年可换 116.85 米，比 1930 年增加 11.17 米；1930 年可换火柴 987.8 封，1936 年为 743.62 封，比 1930 年减少 244.18 封；1930 年可换煤油 123.5 千克，1936 年为 77.5 千克，比 1930 年减少 46 千克。

（资料来源：http://www.infobase.gov.cn/bin/mse.exe? K＝a&A＝60&rec＝17&run＝13，所列数字是根据农村市场典型调查平均价格计算）

（三）工农产品剪刀差的内涵

工农产品剪刀差是指在工农产品的交换中，工业品的价格高于其价值，农产品的价格低于其价值，两者的差额呈剪刀状的变化趋势。

剪刀差的实质是工农产品的不等价交换。价值是价格的基础。在工农产品的交换中，只有当二者都按照其价值进行交换才是等价交换。"商品的价值与生产这些商品消耗的劳动时间成正比，"劳动生产率越高，消耗在一定量商品上的劳动就越少，其价值量就越小；反之，则价值量越大。如果工业劳动生产率的提高速度快于农业劳动生产率的提高速度，则工业品价值量的降低速度快于农产品。在这种情况下，如果工农产品价格不因其价值量的变化而进行相应的调整，工业品的价格就会高于其价值，农产品的价格则低于其价值，二者的交换就是不等价的。这种不等价交换的趋势扩大，就形成工农产品交换的剪刀差。

（四）剪刀差的表现形式

剪刀差有两种表现形式：一是以价格背离价值表现的剪刀差，也称作比值剪刀差，是工农产品价值不等量交换及其发展趋势。但由于工农产品的价值不能精确决定，只能用其转化形式近似地表示，故计算较为复杂。二是以价格动态即工农产品综合比价表现的剪刀差，也称作比价剪刀差，是不合理的工农产品交换比价及其发展趋势。它虽不能反映工农产品价格与其价值相符或背离的程度，但计算简单，它有相对量和绝对量两种计算方法：

1. 比价剪刀差相对量的计算

（1）正指标计算公式

剪刀差相对量＝100－（农产品收购价格指数/农村工业品零售价格指数）×100

如果计算结果为正，则是剪刀差扩大的相对量；若为负，则为缩小的相对量。

（2）逆指标计算公式

剪刀差相对量＝（农村工业品零售价格指数/农产品收购价格指数）×100－100

同样，如果计算结果为正，则是剪刀差扩大的相对量；若为负，则为缩小的相对量。

2. 比价剪刀差绝对量的计算

（1）正指标绝对量　表示农民用同等数量的农产品时少得到的工业品数量或金额。其公式为：

剪刀差绝对量＝按计算期价格计算的农用工业品零售额×以正指标计算的剪刀差相对量

（2）逆指标绝对量　表示农民在交换同等数量的工业品时多付出的农产品数量或金额。其公式为：

剪刀差绝对量＝按计算期价格计算的农产品收购额×以逆指标计算的剪刀差相对量

（五）剪刀差对农业发展的影响

由于剪刀差的实质是工农产品的不等价交换，它违背了价值规律和供求规律，如果长期存在，幅度过大，势必会给农业生产乃至整个国民经济的发展带来不良后果。

（1）剪刀差过大，会削弱农业扩大再生产的能力，阻碍农业正常发展；

（2）剪刀差过大，农民生活水平得不到提高；

（3）过大的剪刀差，直接制约着轻工业的发展，并给整个国民经济的发展带来一定的困难，我国的轻纺工业，大部分以农产品为原料；

（4）过大的剪刀差不利于城乡差别的缩小，是造成城乡之间二元经济结构的原因之一；

（5）由于剪刀差的存在，农产品商品化、社会化的进程缓慢，阻滞市场经济的发展。

第三节　WTO与我国农业

一、WTO的基本原则

世界贸易组织的基本原则是非歧视贸易原则，包括最惠国待遇、透明度和国民待遇条款；可预见的和不断扩大的市场准入程度，主要是对关税的规定；促进公平竞争，致力于建立开放、公平、无扭曲竞争的"自由贸易"环境和规则；鼓励发展与经济改革。

（一）互惠原则

尽管在关贸总协定及世贸组织的协定、协议中没有十分明确地规定"互惠贸易原则"，但在实践中，只有平等互惠互利的减让安排才可能在成员间达成协议。

世贸组织的互惠原则主要通过以下几种形式体现：

第一，通过举行多边贸易谈判进行关税或非关税措施的消减，对等地向其他成员开放本国市场，以获得本国产品或服务进入其他成员市场的机会，即所谓"投之以桃，报之以李"。

第二，当一国或地区申请加入世贸组织时，由于新成员可以享有所有老成员过去已达成的开放市场的优惠待遇，老成员就会一致地要求新成员必须按照世贸组织现行协定、协议的规定缴纳"入门费"——开放申请费方商品或服务市场。

第三，互惠贸易是多边贸易谈判及某一成员贸易自由化过程中与其他成员实现多边经贸合作的主要工具。关贸总协定及世贸组织的历史充分说明，多边贸易自由化给某一成员带来的利益要远大于一个国家自身单方面实行贸易自由化的利益。因为一国单方面自主决定进行关税、非关税的货物贸易的货物贸易自由化及服务市场开放时，所获得的利益主要取决于其他贸易伙伴对这种自由化改革的反映，如果反映是良好的，即对等地也给予减让，则获得的利益就大；反之，则较小。相反，在世贸组织体制下，由于一成员的贸易自由化是在获得现有成员开放市场承诺范围内进行的，自然这种贸易自由化改革带来的实际利益有世贸组织机制保障，而不是单边或双边贸易自由化利益那么不确定。因此，多边贸易自由化优于单边贸易自由化，尤其像中国这样的发展中大国。

（二）透明度原则

透明度原则是世贸组织的重要原则，它体现在世贸组织的主要协定、协议中。根据该原则，世贸组织成员需公布有效实施的、现行的贸易政策法规有：

（1）海关法规，即海关对产品的分类、估价方法的规则，海关对进出口货物征收的关税税率和其他费用；

（2）进出口管理的有关法规和行政规章制度；

（3）有关进出口商品征收的国内税、法规和规章；

（4）进出口商品检查、检疫的有关法规和规章；

(5) 有关进出口货物及其支付方面的外汇管理和对汇管理的一般法规和规章；

(6) 利用外资的立法及规章制度；

(7) 有关知识产权保护的法规和规章；

(8) 有关出口加工区、自由贸易区、边境贸易区、经纪特区的法规和规章；

(9) 有关服务贸易的法规和规章；

(10) 有关仲裁的裁决规定；

(11) 成员国政府及其机构所签订的有关影响贸易政策的现行双边或多边协定、协议；

(12) 其他有关影响贸易行为的国内立法或行政规章。

透明度原则规定各成员应公正、合理、统一地实施上述的有关法规、条例、判决和决定。统一性要求在成员领土范围内管理贸易的有关法规不应有差别待遇，即中央政府统一颁布有关政策法规，地方政府颁布的有关上述事项的法规不应与中央政府有任何抵触。但是，中央政府授权的特别行政区、地方政府除外。公正性和合理性要求成员对法规的实施履行非歧视原则。透明度原则还规定，鉴于对海关行政行为进行检查和纠正的必要，要求各成员应保留或尽快建立司法的或仲裁的或行政的机构和程序。这类法庭或程序独立于负责行政实施的机构之外。除进口商在所规定允许的上诉期内可以向上级法庭或机构申诉外，其裁决一律由这些机构加以执行。

透明度原则对公平贸易和竞争的实现起到了十分重要的作用。

二、WTO 农业协议

(一) WTO 农业协议的基本框架

WTO 农业协议即乌拉圭回合农业协议。乌拉圭回合谈判达成的农业协议由 4 个部分构成：

(1) 农业协议主文件；

(2) 各谈判方在市场准入、国内支持和补贴方面做出的减让和承诺；

(3) 关于卫生和植物卫生措施的协议；

(4) 关于最不发达国家和净粮食进口发展中国家的决定。

(二) 农业协议的主要内容

概括而言，农业协议允许各国政府对农业给予支持，但最好是采取那些对农业协议扭曲程度小的政策。协议还允许在实施承诺的方式上可以有一些灵活性。发展中国家削减补贴和降低关税的程度不必等同于发达国家，发展中国家被给予更多的时间完成义务。针对食品供应依赖进口的国家和最不发达国家的利益，协议做了特殊的规定，即：

(1) 市场准入条款——关税化、关税减让、保证最低市场准入、维持现行市场准入、特殊保障条款、实行特殊和差别待遇。

(2) 国内支持条款——绿箱政策、“黄色”(要求予以减让承诺)的政策范围。

(3) 出口补贴条款——减让基础、列入减让承诺的出口被贴措施范围、出口补贴减让承诺、控制补贴的扩大、对农产品加工的规定，对发展中国家的特殊与差别待遇。

第四节　农产品物流

一、农产品物流的含义和特点

（一）农产品物流的含义

农产品与工业品不同，是有生命的动物性与植物性产品。因此，农产品在物流过程中对及时、保鲜的要求特别高。同时，农产品价格较低，这使农产品物流更难。所以，搞好农产品物流必须了解农产品物流的特性。

农产品物流是指为了满足用户需求，实现农产品价值而进行的农产品物质实体及相关信息从生产者到消费者之间的物理性经济活动。具体地说，它包括农产品生产、收购、运输、储存、装卸、搬运、包装、配送、流通加工、分销、信息活动等一系列环节，并且在这一过程中实现了农产品价值增值和组织目标。

农产品物流也是一个包含着存储、加工、包装、运输、销售以及伴随的信息收集与管理等一系列环节的系统。

1. 农产品有储存的要求

任何农产品都不是同时生产同时消费的。农产品在生产出来以后，总要经过或长或短的一段时间才能进入消费。这段时间是由生产与消费在时间、空间、集中与分散上发生矛盾而形成的。因此，这就要求农产品存储环节从各个方面积极为农产品储存创造条件，建立和发展农产品仓库，提高农产品储存的物质技术基础和技术水平，加强仓储的组织与管理，建立与健全农产品储存保管制度等，提高农产品储存效率。

2. 农产品有加工的要求

农产品加工是用物理、化学和生物的方法对农副产品进行再生产的活动，是农产品从生产领域进入消费领域的重要环节。一方面，农产品生产和需求的特点要求农产品供销紧密结合，流通渠道畅通，产品采摘收获后及时送至加工企业，再把加工品及时运达销售地，送到消费者手中；另一方面，以往我国农产品主要是以出售初级产品为主，尽管近些年逐步认识到加工增值的重要性，也有少量农产品经过加工，但由于加工技术落后致使加工深度不够，农产品附加值较低，诸如棉花、油料、甘蔗、蔬菜、水果等农产品，在品种、质量、品级根本不能适应目前较高消费的需求，最终导致农业的比较利益低，农民收入无保证。因此，现在农业经济迫切需要农产品加工业的发展与其同步。

3. 农产品有包装的要求

农产品包装是对即将进入或已经进入流通领域的农产品或农产品加工采用一定的容器或材料加以保护和装饰。农产品包装是农产品流通的重要条件。在流通过程中，粮食、肉类、蛋类、水果、茶叶、蜂蜜等农产品，不加包装则无法运输、贮存、保管和销售，无法送达消费者手中，也不便于包装机械的运用。农产品包装是按照目标顾客的需求、包装原则、包装技术要求进行的，从而可以保护农产品，减少损耗，便于运输，节省劳力，提高仓容，保持农产品卫生标准，便于消费者识别和选购，美化商品，扩大销售，提高农产品市场营销效率。

4. 农产品有运输的要求

农产品地区之间的流通与运输，主要是由农产品生产地区性决定的。一方面，各地生产有不同的土特产，需要互通有无，不同地区同类农产品的生产有集中或分散，多余或匮乏，需要长短互补。另一方面，农业生产专业化和商品化程度的提高，势必冲破地方性市场，要求农产品进行地区之间或全国性的流通，城乡居民生活水平的提高，要求农产品必须满足不同需求和提高经营效益。因此，就要求农产品运输环节依农产品区供应的可能和销区实际的需求来合理组织农产品运输。

5. 农产品有信息的需求

传统农产品在流通过程中，由于信息网络技术应用水平较低，出现了农户"卖难"和消费者"买难"的信息不对称矛盾。在市场经济即是信息经济的今天，只有获取和掌握充分的市场信息，在农产品生产结构上做出合理的规划和布局，才能有效地解决部分地区的结构性剩余和部分地区存在不足的矛盾。

（二）农产品物流的特点

与工业品相比，农产品具有独特的自然属性和供求特性，从而使农产品物流表现出明显不同于工业品物流的特征：

1. 农产品物流的数量大、品种多、范围广

如今不管是粮食、经济作物还是畜牧产品和水产品，都大量转化为商品，商品率很高，它们不仅要直接满足人们的生活需要，而且还要向食品工业、轻纺工业、化工业提供原料。因此，农产品物流的需求量大，物流量大，范围广。

2. 农产品物流要求高

一是由于农产品与工业品不同，它是有生命的动物性与植物性产品。所以，农产品的物流特别要求"绿色物流"，在物流过程中做到不污染、不变质。二是由于农产品价格较低，一定要做到低成本运行。三是由于农产品流通涉及保证与提高农民的收入。因此，在农产品物流的实际运作过程中，一定要做到服务增值，即农产品加工转化，农产品加工配送。

3. 农产品物流环节的风险较大

一方面，农产品的易腐易烂使其在物流中的存储、运输等环节要承受较大的风险；另一方面，农产品生产具有地域分散性和季节性的特点，而农产品消费却是全年性和普遍性的，这就使农产品的供给与需求之间产生矛盾，准确掌握供求信息及时进行调整比较困难，从而导致农产品物流环节风险较大。

4. 农产品物流的来源比较单一

农产品生产的地域性和相对集中性与消费的普遍性的矛盾，是造成这一特点的主要原因。一方面，农产品的生产地多数是在农村，而绝大多数的消费者却生活在远离农村的城市之中，因此，农产品绝大多数是由农村流向各个城市；另一方面，由于自然条件的差异，有些农产品只适合在某些地方生长，这就决定了某些特殊农产品只能从特定的地点流出。

5. 不均衡性

农产品运输与一般产品的运输相比，具有运输的不均衡性、对运输的技术性要求高等特点。首先，由于农产品生产的季节性，在农产品的收获季节及其以后的一段时间是农产品的运输高峰期，需要足够的运输能力，而在其他时间农产品的运输量则相对少得多。其次，农产品多是有生命的有机物，多数易损易腐，这就要求对不同农产品要根据它们的物理化学性质采用合适的运输方式，如粮食的散装运输，水产品的保鲜运输，牛奶恒温运输等。

6. 农产品物流难度大

一是包装难，二是运输难，三是仓储难。虽然我国农产品物流活动出现得比较早，但无论是在农产品物流理论研究还是在实际操作上，我国农产品物流的发展都很缓慢。

二、农产品物流的类型和功能

（一）农产品物流的类型

根据农产品物流的具体对象不同，农产品物流大致可划分为以下几类：

（1）粮食作物物流　粮食是人类生存的最主要的物质资源。

（2）经济作物物流　经济作物是指除满足人们食用需求外的、用于工业尤其是轻纺工业和食品工业原料的农产品，经济作物商品率大大高于粮食作物，物流需求大。

（3）畜牧产品物流　畜牧产品不但向人们生活提供肉、蛋、奶等食物，还向轻化、化工、制革、制药工业提供原料，对物流需求量大。畜牧产品物流可进一步分为肉类流、蛋类流、奶类流等。

（4）水产品物流　水产品物流大致来自 3 个方面：一是居民家庭消费；二是水产品加工食品、方便食品、旅游食品、餐饮等社会消费；三是出口。

（5）林产品物流　林产品是重要的工业原料，营林和竹木采伐对物流需求大，主要体现在林产品的运输、装卸和搬运物流上。

（6）其他农产品物流　不能归入上述几类的农产品物流，统称为其他农产品物流。

（二）农产品物流的功能

农产品物流系统是由相互联系的各要素所组成的，是在一定时间、空间里由所需要运转的农产品、包装设备、装卸搬运的机械、运输工具、仓储设施、运输交通加工设施等物质、能量、人员和通信网络（情报信息）等相互作用、相互依存和相互制约的动态要素所构成的具有包装、装卸搬运、运输、储存保管、流通加工及废弃物的回收处理、情报信息的收集、加工、整理等功能的有机整体，并处于整个农村经济系统环境之中。因此，只有用系统的理论和方法分析农产品物流系统的功能，才能更好地发挥其在农村经济中的作用，实现农产品物流的经济效益。农产品物流系统包括六大子系统，即六大功能要素，它们分别为包装系统、装卸搬运系统、运输系统、储存保管系统、流通加工系统和咨询服务系统。各个系统各有其独特的功能，又相互联系、相互作用。

1. 包装功能

包装是指采用适当的材料，制成与物品相适应的容器，以便进行装卸、搬运、运输、保管和销售，使之不受外来因素的影响，顺利地实现商品的价值和使用价值而采用的一种综合性的经济措施，主要包括包装物体的容器和对物体施加包装行为的工艺操作过程。现代包装不仅是商品在生产领域的延续，又是消费领域里“无声的推销员”。从物流的角度看，包装是生产的终点，但却是物流的起点。包装在农业物流系统中具有独特的功能：①保护的功能，即保护农产品价值和使用价值在流通过程中不受外界要素的损害，主要包括外部自然环境因素的影响（如温度的变化导致肉类、蛋类、水产品等新鲜农产品变质)和外力因素的影响(如农产品运输中剧烈的震动冲击、粮食产品在装卸搬运过程中的跌落等)。因此,搞好农村物流的包装环节,充分发挥其包装功能,既能防止农产品本身性能发生变化,又可保护农产品在流通及消费过程中免受外界环境及外力的破坏。②方便的功能,即农产品的包装标准化可方便物流的其他环节,如装卸、搬运、储存、运输时能提高仓库的利用率,提高运输工具的装卸能力。③销售的功能,它是我国农业加入 WTO 后逐渐走向商品化、市场化的,国内国际竞争日益激烈的必然产物。在农产品质量相同的条件下,精致、美观、大方的包装可以激发消费者的购买欲望和购买动机,从而产生购买行为,因为农产品的包装往往给消费者形成“第一印象”,在很大程度上决定消费者的购买决策。包装的这种销售功能在农产品的出口中更加重要而且要求也更高。随着我国农产品加工队伍的扩大和市场化程度的提高,必然迫使农民、农业企业改变传统的营销观念,转向从顾客的多方面需要出发,注重从产品的不同品位的包装来取得更多的市场份额,从而得到更多的收益。

2. 装卸搬运功能

装卸搬运是指物品从一种状态到另一种状态的活动。强调存放状态的改变时称之为装卸,强调空间位置的改变时称之为搬运。它存在于生产和流通过程中,为生产、流通创造商品的时间效益和空间效益,在整个农村物流过程中占有很重要的位置。其基本功能是改变农产品的存放状态和空间位置,具体体现为:①衔接的功能,农产品从生产向流通的转换、从流通再向消费的转换以及农业企业加工各阶段的转换和交通运输方式的转换只有由装卸搬运来衔接,才能顺利实现。因此,装卸搬运既是伴随生产过程和流通过程各环节所发生的活动,又是衔接农业生产各阶段和流通各环节相互转换的桥梁。②保障和服务的功能,即装卸搬运活动是保障农产品生产和流通顺利进行的条件,其本身是一种劳务,这种劳务质量的好坏决定着农业生产所需的生产资料能否通畅、生产能否正常进行,或者农产品流通过程是否通畅。所以,它为生产和流通提供了一种保障和服务。搞好我国农村物流的装卸搬运环节,可以避免农产品“跑在中间,窝在两边”现象的发生,提高流通效率,还可以减少农产品的跌落损失,提高农民收入水平。其合理化程度对改善我国农村物流环节的基础设施建设,提高农村物流技术,降低农村物流费用,加快农村物流速度,发挥农村物流整体功能,都具有十分重要的意义。

3. 运输功能

运输是指物品借助于运力在空间上所发生的位置移动。农业生产产前的种子、化肥、农药等生产资料的采购,农业企业生产过程中初级农产品等原材料的供应以及农产品的销售或配送等都要借助于农村物流的运输功能来完成。其功能是创造农产品的空间效用,消除农业商品的生产与消费之间在空间位置上的背离,实现农业商品的使用价值和满足社会对其各种不同的需要。因为在市场经济条件下,市场对农产品的需求量和需求品种越来越多,带动农民对产前农业生产资料的需求也越来越多,而农业生产基地又大多远离消费和供应群体,即生产和消费在农业中存在着空间位置上的很大背离。因此,只有通过运输活动才能把商品送达用户手中,才能消除商品在空间位置上的背离,进而实现其使用价值。农村物流系统中运输功能的充分发挥可以提高农产品流通速度和效率,降低农产品物流费用,扩展农产品流通渠道,增加农产品销售路径和农民收入,进而促进农村经济的稳定发展。因此,农业运输环节是所有过程的一个中心环节,是物流系统中的一项重要作业活动。在我国,加强农村交通运输基础设施的建设和统筹规划、合理布局,可以改进和转变农村交通运输的落后现状,促进具有地方特色的农副产品的开发利用,避免农产品出现“不合理迂回运输”等现象。

4. 储存保管功能

储存保管是指从接受储存物品开始,经过储存保管作业,直至把物品完好的发送出去的全部活动过程,包括储存保管的对象、储存保管的工具及储存保管的技术。农业上的储存保管是用一定的储存保管技术将农业生产资料、大宗农副产品、加工农产品等存放在适合的储存设施中,并使其保持原有状态直至对其进行另一种行为的处理为止。储存存在于生产、流通、消费领域,保管是储存的继续,只有两者结合起来,才能更好地发挥其功能,即储存保管可以保障社会生产的连续进行和物流各环节的顺畅进行,同时保证农用品和农产品实现价值和使用价值不受损害及本身性能不会变化。为了满足农业生产对种子、化肥、农药等生产资料的需要,就必须在生产过程中储存一定量这样的物品。如果没有这样的储存保管,农业生产资料就得不到及时的供应,则会使生产受到严重影响,甚至生产过程中断。从流通领域来看,只有保持一定数量的流通储存,才能保证正常的农产品市场供应,满足消费的各种需求。从国民经济系统来看,国家每年都存有储备粮,以便国家根据农产品市场上的供求变化及时吞吐或收购粮食。因此,储存保管起到了加强宏观调控和协调农村经济发展的作用。从物流过程来看,它与运输环节共同构成农村物流的两大支柱,是农村物流系统的一项重要功能,与其他环节一起为物流提供了时间效用。合理有效的储存保管既可以保证农产品的及时供应,又可保持最小限度的库存,还可以保证产品的完好无损。因此,加强农产品的储存保管的管理,引进先进的储存保管技术,完善储存保管设施的建设,可以在很大程度上避免我国农产品因储存保管上的不足而造成的农产品“积压”、“供应不足”及“腐烂变质”等现象的发生,降低生产成本,提高效益。

5. 流通加工及废弃物的回收与处理功能

流通加工是指在物流过程中,对农产品进行一些辅助的加工活动。废弃物的回收与处理是指在物流过程中,对生产与消费中产生的大量排泄物进行收集、加工、处理等一系列活动。两者都对物品进行加工处理,创造物品的加工价值。不同的是前者是生产、消费之前的加工处理,或为了向消费者提供更有效的商品,或为了弥补加工,或为了合理利用资源,从而更有效地衔接产需。后者是生产、消费之后的加工处理,或使废旧物转化为新的生产要素,重新返回到生产过程或消费过程,或对不能成为新的生产要素的废弃物采取销毁、填埋等方式予以处理。因此,通过农产品物流的流通加工环节,对生产企业所需的农业原料进行简单的初级加工,既可以为生产企业节省进行初级加工的人力、物力、财力,又可以提高设备利用率和加工效率,还能合理地组织输送和配送,提高农村物流效益。通过对农业生产和消费中的废弃物进行回收、处理,既可提高农业资源的再利用率,提高农民收益,又可以为农民的生产和生活创造良好的生产条件和清新的生活空间。

6. 增值服务功能

农产品物流的增值服务功能主要体现为提供物流信息情报。农产品物流信息情报是指在一定时期内对农村物流各环节运动变化情况及一定范围内其他活动变化情况的反馈。完整高效的信息情报系统是采用计算机网络系统、自动化控制系统对信息情报进行收集、加工、传递、存储、检索、使用以及管理信息系统的开发与应用研究等一系列工作的综合。目的是保证信息情报的可靠性和及时性,以达到促进物流整体功能的发挥。在农产品物流中,及时、准确、全面的农业信息是农产品物流的生命。信息情报系统对整个系统起着融会贯通的作用,只有通过信息系统的指导才能保证物流系统各项活动的灵活运转和物流系统的有机统一。从农村经济发展来看,它有“引导”和“预测”的功能,即引导农户利用市场信息来指导有效生产,及时准确地调整生产结构和品种结构,面对随机波动因素给出相对稳定的预测。因此,需要建立专业化的农村物流系统,通过其信息情报子系统功能的发挥,一头连接市场,一头连接农户。在流通过程中收集相关供需信息,既可保障信息的真实性,又可保障信息的及时性,从而增强农民的市场驾驭能力。

三、我国农产品物流的发展趋势

目前,我国农产品物流的发展趋势是多方面的,具体如下:

(一) 规模化

农产品市场化、专业化、商品化、工业化农产品市场应适应我国工业化、市场化、专业化、商品化等发展趋势,农产品的流通规模会进一步提高,农产品物流规模也会增大。

(二) 链条化

农产品向生产性服务业发展随着农产品生产性服务业的发展,产前、产中、产后的系列化服务将成为一个发展的趋势,产供销一条龙,农工商一体化将使农产品的产业链联系得越来越紧密,农产品产业链条延长加粗。

(三) 现代化

农产品流通现代化建设农产品流通包括农产品的商流、物流、信息流以及与之相适应的资金流、消费流,农产品流通现代化既包括其多流合一,又包括其多流的分离,形成相互联系。又相互分离的统一体系。

(1) 农产品商流的现代化　农产品商流过程用计算机,网络技术来支撑完成,形成一个有机的整体。

(2) 农产品物流的现代化　采用多种现代化物流技术,如运输技术、库存技术、装卸技术,包装技术、集装箱化技术、物流信息技术等、采用多种配送技术,如电子票签拣货技术、自动识别技术、EDI技术、GIS技术、交叉配送技术、准时制配送技术、ABC配送技术、配送管理系统、JIT技术、GPS技术、RFID技术等。

(3) 农产品信息的现代化　农产品信息系统和交易平台建设,使之成为真正引导农产品生产、交易、消费的作用。

(4) 农产品资金融通的现代化　主要是农产品交易的电子结算、商品交易市场的电子化管理等。

(四) 标准化

农产品消费现代化农产品标准是农产品消费升级的基础,标准、行业标准、企业标准做到无缝连接,同时需要有一个逐步完善的过程。农产品标准的建立和健全,使国家标准、地方由于农产品的多种多样,需要采取有多种标准。

(五) 促进“三品”化

农产品物流现代化将会促进“三品”(无公害农产品、绿色食品、有机食品)生产，据统计，目前全国已有3 044家企业的7 219个产品获得了绿色食品标志使用权，实物总量达4 988万吨，产地监测面积611万公顷；全国已有14 088个无公害农产品通过认证，认定有规模的无公害农产品基地达16 679个。我国已组建214个全国农产品标准化生产综合示范区，100个标准化生产示范区、创建了200个无公害农产品生产示范基地县、20个出口示范基地。建设各类省级农产品标准化示范区近3 500个，示范面积8 000万亩。据统计，目前全国获得有机认证的企业已达1 164家，批准的认证机构139家，认证咨询机构756家。

(六) 快速的农产品冷链的信息系统

充分发挥现有国家和部门相关检测机构的作用，根据农产品物流的要求，补充完善检测项目和内容，并鼓励在大型超市、批发市场建立相应的检测平台，为农产品物流提供快速检测服务。此外，要建立健全检查与监督机制，积极推行专业认证和市场准入制度，建立农产品冷链物流质量和安全屏障。建立有农产品冷链物流企业具体运作、政府资金扶持并对农产品物流安全监控、督导、监测的信息平台。

(七) 全面的农产品组织的质量认证体系建设

一是继续加强农产品物流运输主干线及其附属场站的基础设施改造，尽快形成与多式联运相适应的配套综合运输网络及完善的仓储配送设施；二是鼓励GPS、自动识别等技术的应用，通过网络平台和信息技术将农产品承运人、用户、制造商、供应商及相关的银行、海关、商检、保险等单位联结起来，实现对农产品的全程监控和资源共享、信息共享，提高全社会整体运输效率。

相关链接

山东聊城农产品物流交易中心

山东聊城农产品物流交易中心是2010年山东省重点建设项目，是聊城市委、市政府“十二五”规划对三农工作转方式调结构的重点工程。项目整体建成后，充分体现出现代化农产品物流交易中心规模大，规格高，功能优，配套全，效益好的可持续发展愿景。聊城农产品物流交易中心以有机绿色农产品为特色，将发展成为全国影响力最大的有机绿色农产品交易中心、服务中心和研发中心；本项目致力于以市场营销和科技研发为抓手，通过加厚加长有机绿色农业产业链，将聊城农产品物流交易中心打造成为中国“有机农产品城”，将聊城建设成中国“有机农产品之都”。

本章小结

农产品市场体系，是流通领域内农产品经营、交易、管理、服务等组织系统与结构的综合，是沟通农产品生产与消费的桥梁与纽带，是现代农业发展的重要支撑体系之一。是由市场主体、市场客体、市场机制与市场组织构成。

农产品批发市场，又称中心集散市场，是指将来自各产地市场的农产品进一步集中起来，经过加工、储藏与包装，通过销售商分散销往全国各地。它是“有形市场”的一种较高级的市场形式。

农产品期货市场，狭义的是指进行农产品期货交易的场所，通常特指农产品期货交易所。广义的是指市场经济发展过程中围绕农产品期货合约交易而形成的一种特殊的经济关系。其组成包括期货交易所、期货结算所(结算公司)、期货经纪公司(经济所)、期货交易者(套期保值者和投机者)。

农产品价格，是指农产品与货币交换比例指数，是农产品价值的货币表现。

差价，同一商品由于生产成本、流通费用、包括储存以及商品质量不同等原因而形成的价格差额。包括农产品购销差价、农产品地区差价、农产品季节差价、农产品质量差价。

比价，指同一时间同一地区不同商品价格之间的比例关系。

工农产品比价工农产品比价是指在同一市场、同一时间工业品与农产品交换的价格比例关系。

剪刀差是指在工农产品的交换中，工业品的价格高于其价值，农产品的价格低于其价值，两者的差额呈剪刀状的变化趋势。剪刀差的实质是工农产品的不等价交换。

世界贸易组织的基本原则是非歧视贸易原则，包括最惠国待遇、透明度和国民待遇条款。

农产品物流是指为了满足用户需求，实现农产品价值而进行的农产品物质实体及相关信息从生产者到消费者之间的物理性经济活动。具体地说，它包括农产品生产、收购、运输、储存、装卸、搬运、包装、配送、流通加工、分销、信息活动等一系列环节，并且在这一过程中实现了农产品价值增值和组织目标。其功能包括包装功能、装卸搬运功能、运输功能、储存保管功能、增值服务功能。

探索与实践

一、名词解释

1. 农产品市场 2. 农产品市场体系 3. 农产品批发市场 4. 农产品期货市场 5. 农产品价格 6. 农产品差价 7. 农产品比价 8. 工农产品比价 9. 剪刀差 10. 农产品物流

二、填空题

1. 农产品市场体系是由(　　　)、(　　　)、(　　　)(　　　)构成。

2. 按照农产品批发市场的地域特点进行分类，将农产品批发市场分为：(　　　)(　　　)和(　　　)。

3. 农产品批发市场的功能包括：(　　　)(　　　)(　　　)(　　　)(　　　)。

4. 农产品期货市场的功能包括：(　　　)(　　　)(　　　)(　　　)。

5. 农产品差价的包括：(　　　)(　　　)(　　　)(　　　)。

三、选择题

1. 下列为农产品市场的特点有(　　)。

A. 农产品市场具有明显的季节性　　B. 农产品市场流通具有从分散到集中的特点

C. 农产品市场经营具有明显的地域性　　D. 农产品市场具有不开放性

2. 按照农产品批发市场的规范化程度进行分类，将农产品批发市场分为(　　)。

A. 中央批发市场　B. 地方批发市场　C. 产地批发市场　D. 自由批发市场

3. 按照农产品批发市场的交易范围大小进行分类，将农产品批发市场分为(　　)。
A. 中转地批发市场　B. 综合性批发市场 C. 销地批发市场　D. 专业性批发市场
4. 按照农产品批发市场的交易时间进行分类，将农产品批发市场分为(　　)。
A. 常年性批发市场　B. 季节性批发市场
C. 自发形成的批发市场　D. 规范化的批发市场
5. 比价剪刀差绝对量的计算包括(　　)。
A. 单价计算量　B. 正指标绝对量　C. 逆指标绝对量　D. 综合价计算量

四、判断题

1. 农产品批发市场不具备综合服务功能。(　　)
2. 套期保值者，这种人从事期货交易的目的是利用期货市场进行保值交易，以减少价格波动带来的风险，确保生产和经营的正常利润。做这种套期保值的人一般是生产经营者、贸易者、使用户等。(　　)
3. 农产品交易市场的交易对象与交易商品等都区别于其他商品市场，具有一定的特殊性。(　　)
4. 剪刀差过大，会增强农业扩大再生产的能力，促进农业正常发展。(　　)
5. 农产品物流在实行过程中没有对农产品进行包装的要求。(　　)

五、简答题

1. 什么是农产品市场？农产品市场的特点有哪些？
2. 农产品市场体系的概念与构成是什么？
3. 农产品批发市场的类型有几种？作用和功能是什么？
4. 简述农产品期货市场的特性。
5. 简述农产品期货市场的功能与作用。
6. 农产品价格的涵义以及农产品价格是如何形成的？
7. 简述剪刀差的内涵以及剪刀差的表现形式。
8. 简述 WTO 农业协议的主要内容。
9. 简述农产品物流的类型和功能。

六、论述题

1. 论述如何规范与完善我国农产品期货市场。
2. 论述剪刀差对农业发展的影响并思考缩小剪刀差的措施。
3. 论述加入 WTO 与我国农业发展趋势分析。
4. 论述目前我国农产品物流的发展趋势。

第四章　现代农业与农业现代化

内容梗概

中国最大的问题是农业问题，中国现代化的实现，最难的是农业的现代化。加快推进建设现代农业，实现农业现代化是我国农业发展的基本方向，是一项长期而艰巨的任务，必须从实际出发，遵循客观规律，有重点、有计划、有步骤地扎实推进。这就要求要把农业建立在现代科学基础上，用现代科学技术和现代工业技术装备武装农业，用现代科学管理方法来管理农业，加快现代农业建设的进程。

学习目标

了解传统农业向现代农业转变的过程；掌握现代农业的内涵和基本特征；熟悉实现农业现代化发展战略的条件、现代农业建设评价指标体系和发展模式的实施。

学习提示

现代农业和农业现代化是两个容易混淆的概念，在学习过程中要从世界农业和国内农业发展的历程来认识现代农业和农业现代化的区别和联系。

第一节 现代农业概述

一、从传统农业向现代农业转变

从农业发展史的角度看，农业的发展经历了原始农业、传统农业和现代农业三个发展阶段。原始农业是人类早期以渔猎和采集获取食物的农业生产方式；传统农业是在原始农业基础上发生和发展起来的、以种植谷物和养殖家禽为主的农业生产方式；现代农业是18世纪工业革命后发生和发展起来的、以现代技术武装的农业生产方式。

传统农业是指在自然经济条件下，采用人力、畜力、铁器等生产工具为主的手工劳动方式，它依靠世代积累下来的传统经验得以发展，是以自给自足的自然经济居主导地位的农业。美国著名经济学家西奥多·W. 舒尔茨把传统农业定义为："完全以农民世代使用的各种生产要素为基础的农业可称为传统农业"。

传统农业主要有以下表现形式：

从劳动工具来看，传统农业的金属农具和木制农具代替了原始的石器农具，铁犁、铁锄、铁耙、耧车、风车、水车、石磨等得到广泛使用，畜力成为生产的主要动力。

从生产的组织形式来看，传统农业的生产单位是分散的农户或小规模的家庭农场，属于自然经济或半自然经济的性质，它更多的属于劳动密集型农业。

从经济结构来看，传统农业一般表现为明显的"二元经济"结构。这种"二元经济"结构不但反映了城乡之间和工农业之间的分割，而且还表现出农村经济非单一的农业经营，也就是农村中农业和非农产业的并存。然而，农业部门结构较单一，生产规模较小，经营管理和生产技术仍较落后，抗御自然灾害的能力差，农业生态系统功效低，商品经济较薄弱，基本上没有形成生产地域分工。

从农业生产技术来看，传统农业有一整套农业技术措施逐步形成，如选育良种、积肥施肥、兴修水利、防治病虫害、改良土壤、改革农具、利用能源、实行轮作制等，但是长期以来没有改进，也可以说传统农业的特点是精耕细作。

迄今为止，只有少数发达国家通过把现代科学技术大规模应用于农业生产领域，使农业达到较高水平，即发展到"现代农业"的状态。而大多数发展中国家的农业仍然沿袭着古老的农业生产方式，即用着常规的生产技术手段，主要还是人畜耕作、人工收种、人背马驮、靠天吃饭。有时，虽部分采用了一些现代技术和实用技术，包括使用一些现代技术或实用技术，包括使用一些农业机械、水利设施、化肥农药等，但它并未使以手工劳动为主的局面改变，劳动生产率的提高还很有限，大量劳动力仍被束缚在土地上，还基本是自己生产自己消费，那就仍然属于"传统农业"的范畴。就我国目前农业整体情况而言，农业既不完全是传统农业，也没有进入现代农业，而是处在传统农业向现代农业转变的阶段。

二、现代农业的内涵

关于现代农业的概念目前国内外还未见统一的定义，现代农业的研究多数还是以中国学者为主，加拿大把现代农业定义为“农业及农产食物产业”，美国定义为“食物和纤维体系”，日本定义为“农业、食物关联产业”。现在看来，国外把农业或者现代农业的概念定义为生产食物和纤维类物质等关联的产业，这只是农业作为一种和工业、电子、信息等产业在生产资料方面的本质区别而已，这显然不是现代农业的定义，不能说明究竟什么是现代农业。

中国工程院和中国科学院院士石元春2002年在《世界科技研究与发展》第四期发表文章指出：现代农业是以生物技术和信息技术为先导的，现代技术高度密集的科技型产业；是面向全球经济和农工贸一体化经营的现代产业；是正在拓展中的多元化和综合性的新型产业；是资源节约和可持续发展的绿色产业。这只是现代农业的特点，不能涵盖现代农业的全部内涵。

2007年1月29日，《中共中央国务院关于积极发展现代农业　扎实推进社会主义新农村建设的若干意见》指出，发展现代农业是社会主义新农村建设的首要任务，要用现代物质条件装备农业，用现代发展理念引导农业，用培养新型农民发展农业，提高农业水利化、机械化和信息化水平，提高土地产出率、资源利用率和农业劳动生产率，提高农业素质、效益和竞争力。这只是中国政府发展现代农业的战略思想和指导方针，并不是现代农业的确切定义。

现代农业是继传统农业之后，农业生产力发展的一个新的历史阶段。现代农业发展是个相对的过程，在不同时期的社会、经济和科技发展水平条件下，我国对现代农业的内涵有不同的探索。

综合国内外研究结果，现代农业是指以保障农产品供给和提高农民收入为目标，通过集中投入现代化的生产要素（包括现代农业科技、现代物质技术装备等），采用科学的组织和管理方式，以提高农业生产效率，优化产业结构，并实现可持续发展的农业发展阶段。

随着时代的前进、社会的进步、科学技术的发展，现代农业的内涵和衡量标准将会不断丰富、完善和提高。与传统农业相比，现代农业的核心是科学化，特征是商品化，方向是集约化，目标是产业化。它具有相对性、多功能性、开放性等特征。现代农业与传统农业的本质区别就在于，它们各自由不同的生产要素组成不同水平的生产力系统。具体来讲主要有六方面的差异：

（一）社会经济的外部性差异

传统农业是一种技术状态和资源要素水平长期内大致保持稳定不变的农业状态，经过世代适应，各种生产要素已达到最佳配合，但由于其物质和能量的低层次循环，其内部发展的潜力有限。由于其生产工具以手工操作为主，劳动力、畜力、土地等传统要素是其主要生产资源，新的生产要素对生产的促进作用微乎其微，从而造成了土地生产率及劳动生产率的双重低下。因此，传统农业不能成为社会经济增长的动力源泉。与传统农业相比，现代农业的特征是开放式循环，是一种商品化、社会化、科学化、资金和技术集约化的农业形式，它的优势在于可以充分利用现代科技和先进物质装备，尤其是运用高新技术，大幅度提高土地生产率和劳动生产率，成为现代经济增长的动力源泉之一。

（二）技术进步的差异性

在传统农业中，使用的是传统农业技术。传统农业技术是在缺乏生物学、化学和物理知识，又无法获得工业所提供的生产要素的情况下发展起来的。它的最大特点是固定不变，长期停滞不前，技术革新这一新的生产要素往往受到忽视。而现代农业恰恰相反，它不断吸取和应用最先进的科技成果，使生产要素配置日益得到改善。在现代农业中，技术变革已成为农业生产要素不可分割的重要部分，由技术革新所产生的新生产要素是农业增产增收的主要来源。如现代农业生产中采用生物高新技术，可以培育大量农作物和畜禽优良品种，大大提高了农畜产品的产量和质量。

（三）劳动者文化素质的差异性

在传统农业中，农民主要靠祖辈沿袭、身教口传的方法传授技术，祖传的经验组织生产。大部分农民没有受过系统、正规的农业教育和职业培训，因而缺乏现代科技知识和基本技能。现代农业主要依靠科学技术，因此，必然要求农业劳动者掌握大量的知识和技能。在现代农业中，农业劳动者一般都受过中等农业教育和职业培训，具有良好的科学文化素质，对先进的农业技术很感兴趣，并千方百计地把先进技术应用到生产中去。

（四）生产经营规模性差异

传统农业是一种小农经济的生产方式，小农经济的一个主要特点就是农民占用土地少、生产资料单薄，经济实力脆弱，农户土地经营规模太小。狭小的经营规模使农户陷入贫困状态，并且严重阻碍了农业新技术和新农艺的采纳和应用，尤其是对那些综合性较强、系统配套，需要区域连片应用的新技术成果，农户的有效需求就更低。与传统农业相比，现代农业是一种规模农业，它具有较大的生产经营规模，因而具有较高的生产效率和规模效益。

（五）对外部环境的依赖差异

传统农业是一种“自然依赖型”农业，对大自然依赖程度高，农业生产受到大自然的束缚。如农产品生产的季节性很强，抵御自然灾害的能力弱，传统农业难以摆脱“靠天吃饭”的被动局面。而现代农业是一种设施农业，对大自然的依赖程度减弱，抵御自然灾害的能力增强，对外部环境的调控能力也比较强。如温室、塑料大棚的使用，使农产品一年四季均能生产，尤其是现代高科技农业的发展，可以用现代科技和机电设施来控制水分、肥料、光照、温度，可以不受和少受外部环境的影响。

（六）对外开放性差异

这主要表现在物质流动是否均有循环性和交换性。传统农业在生产过程中，投入的生产要素大部分来自农业内部系统。如种子从农民储备的口粮选留，用的肥料是农民自产的农家肥，而生产的大部分用品用在自身系统的消费上，几乎没有什么剩余产品拿到市场去交换，其生产过程表现出明显的自身循环和自给自足的特点。

现代农业在生产过程中，投入的生产要素大部分来自外部系统，如农业机械、化肥、农膜、混合饲料等来自工业系统，而生产的大部分产品通过市场出售到其他系统，这是一种社会物质交换过程。循环性和交换性深刻地提示了传统农业与现代农业的一个本质区别，传统农业在系统上表现为强烈的封闭性，与其他产业间的关联效应很弱；而现代农业表现为强烈的开放性，与其他产业的联系很紧密，产品具有很高的商品率。

三、现代农业的基本特征

“现代农业”是“大农业”，是一个系统工程，其中包括现代种植业、现代养殖业、现代流通加工业和现代休闲农业等方面。

现代农业包含的内容十分广泛，概括起来具有以下几个方面的基本特征：

（一）现代农业首先是科技支撑型农业

现代农业的发展过程，实质上是先进科学技术在农业领域广泛应用的过程，是用现代科技及装备改造传统农业的过程，是用现代农业科技知识培养和造就新型农民的过程。它在生产、加工、运销各个环节均采用先进的科学技术。随着以自然科学为基础的现代农业技术体系的形成和推广，农业生产中大规模采用以现代科学技术为基础的生产工具和生产方法，使农业生产和经营的科学化程度越来越高。近年来的基因技术、生物工程技术、遥感遥测技术、精准农业技术、电子计算机技术以及激光技术等最新科学技术方法在农业生产过程中的应用，使各国的现代农业生产水平又向前迈进了一大步。

（二）现代农业是生产领域广阔的农业

现代农业将由动植物向微生物，农田向草地森林，陆地向海洋，初级农产品向食品、生物化工、医药、能源等多种产品方向拓展。单细胞蛋白、海洋农牧场、生物能源、农副产综合和多层次开发、生物反应器等都将成为农业新的经济增长点，传统农业的领域和内涵在拓展，工农业将融为一体，其界限变得模糊。

（三）现代农业是生产要素投入集约型的农业

现代农业在生产要素的投入上注重集约性和生产要素的配置上的高效率。它主要通过增加资本投入、应用现代科技和装备、适度集中土地和强化组织管理来提高农业效益和农民收入。集约化的投入要素，改变农业粗放经营状况，实现粗放型增长向集约型增长的转变，有效地提高资源产出率，从而实现不仅土地的产出率高，水和其他资源产出率也很高。特别是资金与技术的集约投入，取代了资源和劳动的粗放投入，使现代农业具有明显的集约化特征。

（四）现代农业是资源配置市场化的高生产率和高效益农业

现代农业坚持以市场需求为导向，合理调整农业结构和生产布局，健全农产品现代流通体系，提高农产品市场的占有率。因而，它需要具有充满活力的市场主体和完善的市场体系，市场机制对农业资源配置起主导作用。农业现代化水平较高的国家，农产品商品率一般都在90％以上，有的区域和领域几乎所有农产品全部用于出售，商品率接近100％。

（五）现代农业是经营一体化的产业

现代农业是以一体化的经营方式来进行资源配置和利益分配的。在农业的产前、产中、产后紧密衔接，产加销、农工贸环环相扣，农业生产的专业化、农产品的商品化、农村服务的社会化全部纳入经营一体化的轨道之中。农户通过各种形式的一体化经营变成市场的主体，从各个生产经营环节获得利益。经营的一体化使农村和城市的生产得到有机组合，能促进农村工业化和城市化的发展，打破城乡分割的二元结构，促进农村与城市协调发展，也就是说现代农业体现的是经营企业化、生产规模化、产品标准化和效益最大化。

现代农业的最显著特征主要表现在它的世界先进性。现代农业的一个显著标志是，市场成为农业经济运行的载体。而且农业生产的专业化、生产组织的合理化、流通范畴的洲际化，是建设现代农业要刻意追求的发展方向。

第二节　农业现代化概述

一、农业现代化的内涵

所谓农业现代化，实际上就是由传统农业向现代农业转变的过程，是现代集约化农业和高度商品化农业相统一的发展过程。农业现代化分为广义和狭义两种，狭义的农业现代化仅指农业生产技术上的变革，而广义农业现代化包括协调发展的工农业关系、经济体制和组织管理的现代化及人的现代化。广义的农业现代化既要采用现代工业的物质技术，也要采用现代科学方法、管理方法，还要发展农村文化教育。因此可以认为，广义农业现代化的概念更多地从现代化角度考虑(不仅指生产过程，不仅仅是农业技术和农业经济的现代化，而是与农业相关的包括农业生产者观念与文化、农业制度与农村社会组织等方面的现代化)；而狭义农业现代化则主要指农业科技和生产手段的变化。正如徐更生(1993)所认为，农业现代化就是用现代科学技术和生产手段装备农业，以先进的科学方法组织和管理农业，提高农业生产者的文化、技术素质，把落后的传统农业逐步改造成为既具有高度生产力水平，又能保持和提高环境质量的持续发展的现代农业的过程。对于农业现代化，可以从两个方面去把握内涵。

(一) 农业现代化是从传统农业向现代农业转变的过程

从这个意义上讲，农业现代化必须具体包括两个方面的内容：第一，它是从直观经验和手工工具为基础的传统农业转变为以现代科学技术、生产资料和经营管理方法为基础的农业过程。因此，农业现代化的内容主要包括机械化、电气化、化学化、水利化、良种化、土壤改良等。其中，尤以农业机械化和良种化最为重要，农业现代化的物质技术基础正是由这两者奠定的。第二，它是从自给自足农业向商品农业大发展的过程。具体说，它要经历农民商品意识的提高、商品农业的初步形成、无序市场向有序市场的转变，以及商品农工业大发展等过程。因此，农业现代化是一个农业生产率不断提高和农业市场不断发展的过程。

(二) 农业现代化是农业减负和保护程度不断提高的过程

在经济发展的初级阶段，农业承担着为国家工业化提供资本原始积累的重任，农业扩大再生产的能力有限，甚至难以实现扩大再生产。农业中虽然有现代化生产要素的投入，但发展非常缓慢。只有当国家的工业化基本实现以后，国家由负保护的农业政策转变为正保护的农业政策，农业具备了自我发展的条件和能力，并且国家出于整个社会利益不断增加对农业的投入。农业现代化水平的提升过程，就是国家农业发展战略转变的过程，特别是农业保护程度不断提高完善并走向科学化的过程。

二、农业现代化的基本特征

（一）农业现代化实现过程的动态性

从传统农业到现代农业的转变即农业现代化并不是一朝一夕就可以实现的，是一个长期动态变化的过程。人类社会是不断向前发展的，在不同发展阶段上，由于现代化的动力和源泉的变化，农业现代化的内容和标准也必然有所差别。在 20 世纪 50—60 年代，农业现代化主要强调的是农业的机械化、电气化、水利化和化学化。在 20 世纪 70—80 年代，农业现代化主要强调的是农业生产技术的现代化、农业生产手段的现代化和农业经营管理的现代化。在 20 世纪 90 年代以后，在原有农业现代化内容的基础上，农业的可持续发展已成为农业不可缺少的内容；进入 21 世纪以后，农业现代化又增添了农业标准化和信息化的内容。可见，随着社会经济的进步，农业现代化是不断发展变化的。

（二）农业现代化内容的广泛性

农业现代化建设不仅仅是农业生产过程的现代化，而且包括农业生产手段、农业产出水平和农业调控机制实现现代化；农业现代化不仅要求农业内部各主要环节实现现代化，也要体现在农民生活水平、农村社会和环境建设等支撑环境实现现代化。由此可见，农业现代化建设有着突出的广泛性特征。

（三）农业现代化的地域性和阶段性

所谓农业现代化的地域性，是指农业现代化的具体内容和标准在不同的国家和地区存在差异。这主要是自然条件和社会经济基础的差异造成的。美国的农业现代化之所以首先是从提高劳动生产率的农业机械化开始的，是因为美国土地资源十分丰富，而劳动力资源相对不足。日本的农业现代化首先是从提高土地生产率的良种化、化学化开始的，原因在于日本土地相对稀缺，而劳动力相对充足。当然，美国和日本的农业现代化随着社会经济的发展，其提高土地生产率和劳动生产率的技术手段也分别得到了相应的发展。中国地域辽阔，各地的经济发展水平和自然条件差别巨大，这就决定了各地农业现代化的发展必须充分考虑本地的自然经济特点。

（四）农业现代化的历史继承性

农业现代化是由传统农业向现代农业转化的过程，所以，现代农业作为对传统农业扬弃的产物，具有深刻的历史继承性。农业现代化的内容随着社会经济的发展和科学技术的进步，不断增加新的理念和内容，但不是对传统农业的全面否定。在农牧结合、在处理人与自然的关系等方面，传统农业有很多值得总结的经验和提升的精华。

三、农业现代化的主要内容

（一）生产条件现代化

生产条件现代化即用现代工业来武装农业，实现机械化、电气化、水利化、化学化、良种化、设施化（工厂化）等。机械化和电气化是非生命动力源泉对有生命动力源泉——人畜力的替代，它不仅解放了人畜力，而且成倍数地扩大了农业劳动力对土地等自然资源的利用率，极大地提高了农业劳动生产率。农业用地总的趋势是逐步减少，而工业化和城市化发展的结果是农业用水份额逐步下降，要提高土地生产率必须通过水利化提高农业水资源的利用率。化学化主要表现为化肥、农药、兽药、除草剂、添加剂、塑料薄膜的广泛应用，这些工业物质引用到农业以后，极大地提高了动植物产品的产量和品质。农业良种必须由专门的种子公司或科研机构来提供，它成为农民在生产决策之前必须考虑的重要问题之一，对于提高动植物的产量和改善品质起到决定性的作用。通过现代化温室和畜禽圈舍的建设，减少了自然环境对农业的影响，提高了人类对农业自然环境的控制能力。因此，生产条件的现代化成为农业现代化的物质基础。

（二）生产技术现代化

生产技术现代化即用现代科学技术武装农业，在农业生产上广泛采用农业机械和电子信息技术、生物技术、化学技术、耕作与栽培技术以及饲养技术等，包括不断培育出性能更高的优良品种，建立并不断改进高产、优质、省工、节本的饲养技术体系，逐步实现生育进程模式化、诊断测试仪表化、农艺技术规范化。生产技术现代化是农业现代化的关键，因为提高土地产出率、资源转化率以及农业生产的经济效益，最根本的还是要靠农业生产的技术进步。农业现代化的核心内容就是不断地用现代生产要素替代传统的生产要素，事实上农业现代化是现代科学技术在农业生产领域的扩散过程，现代科学技术在农业生产领域应用的越广泛，现代化的程度就越高。

（三）经营管理现代化

经营管理现代化即用科学方法管理农业。生产手段和生产技术的现代化必然要求经营管理的现代化，如果经营管理方式滞后，必然阻碍生产的发展，影响整个农业现代化进程。因为农业生产的经营管理涉及农业的产前、产中、产后各个方面，经营管理不善，必然影响农业的投入产出率和市场化进程。经营管理的现代化可以在不增加投入或少增加投入的情况下，使各种生产要素得到更科学合理的配置，提高农业的投入产出效率。通过市场信息的收集分析，选择生产投资项目和产品，寻找良好的销售时机、销售地点和销售对象，做到丰产丰收。

（四）集约化、可持续化

为了解决土地面积有限性和人类对农产品需求不断增长的矛盾，现代农业必须走集约化经营的道路。在科学技术没有进步的条件下，集约经营会产生两个方面的问题：一是随着投入物的不断增加，可能会带来收益的递减。二是投入物的不断增加肯定增加生态环境的负担，甚至会造成恶化。因此，农业集约化必须建立在农业科学技术不断进步的条件下，通过科学技术创新提高农业投入要素的性能和配比，建立不断优化的农业投入产出系统，在实现农业高效率的同时，保护环境和自然资源的永续利用，即保持农业的可持续发展。

（五）商品化、专业化、社会化

商品化、专业化、社会化是同等程度的概念，农业现代化是以农业商品经济为纽带的，是社会分工和社会协作相结合的社会化大生产，而产品的商品化则是农业社会化、专业化的体现，是农业生产力向更高层次发展的必然结果。商品生产以社会分工为前提，商品生产又要求不断提高劳动生产率，这就推动社会内部和农业内部社会分工越来越细，要求农业实行专业化。生产专业化优势必带来生产的社会化，因为实行专业化生产，使生产过程的各个环节相互联系愈加密切，这就要求社会提供产前、产中、产后服务。社会化服务程度越高，专业化生产越发达。可见，商品化、专业化、社会化是一体的，三者相互作用，互相促进。因此，要实现农业现代化，建立完善的市场体系，促进农业的社会化、专业化、商品化是必然选择。

（六）标准化、信息化

农业标准化包括农业标准的制定与修订、发布与实施以及对实施过程的监督活动的全过程。因此，农业标准化是在统一、简化、协调、优选的原则指导下，对农业的产前、产中和产后的全部活动，组织制定与修订标准、发布与实施标准以及对农业标准的实施进行监督的一系列活动过程。通过这一活动过程，促进先进的农业科技成果和经验的迅速推广，确保农产品的质量和安全，促进农产品的流通，规范农产品市场秩序，指导生产，引导消费，从而取得良好的经济、社会和生态效益，以达到提高农业竞争力的目的。农业信息化是指利用现代信息技术和信息系统为农业产供销及相关的管理和服务提供有效的信息支持，并提高农业综合生产力和经营管理效率的农业现代化过程。农业信息化即在农业领域全面地发展和应用现代信息技术，使之渗透到农业生产、市场、消费以及农村社会、经济、技术等各个具体环节，加速传统农业改造，大幅度地提高农业生产效率和农业生产力水平，促进农业持续、稳定、高效发展的过程。进入21世纪以后，农业标准化和农业信息化的程度如何，成为农业现代化的标志和关键。

第三节 农业现代化的发展战略

一、农业现代化的条件

（一）农地规模经营是现代农业发展的基础

农地适度规模经营是农业现代化的基础条件，是现代农业实现规模经济的要求。农地规模经营对农业现代化具有多方面的作用：第一，可以帮助农户实现农业规模化、集约化生产，提高规模经济水平。第二，农民购买农业机械和应用生物化学技术具有规模经济，有利于农民吸收现代农业机械技术和生物化学技术，提高劳动生产率和土地生产率。第二，农业生产具有一定的市场规模，农业产前、产中、产后配套服务的市场容量规模，有利于农业生产过程的分工化和专业化，可以推进农业产业组织化，提高农业产业组织的效率。

西方国家农业现代化首先都经历了一个农地规模化经营的阶段。19世纪初，美国农业经营规模小、水平低、分布分散，处于自给自足传统农业阶段。之后开始实施《农地法》，鼓励大量农民到西部开垦土地，农地经营规模得到扩大，推动了美国农业经营专业化和分工化发展，服务产前、产中、产后的种子、农业机械、农产品加工和销售等服务公司营运而生，有力促进了美国农业的机械化、科技化和市场化发展。日本是人多地少的国家，人均耕地少成为日本农业现代化的重要障碍。为此，日本制定法律限制土地分散，并采用政府强制竞买竞卖方式让土地集中于专业化经营农民手中，逐渐形成了农地规模经营，为农业现代化铺平了道路，各式农民合作组织相继发展，推进了农业机械化、生物化学技术等产业的发展。

我国人多地少，农村存在大量富余劳动力，许多农民还需要依赖土地生存，扩大农地经营规模任务艰巨。因此，我国应该将提高农地规模经营作为一项长期工程来抓，除了继续推进工业化和城市化，转移农村富余劳动力，提高农户户均农地规模外，还需要通过农地流转制度创新和农户农业合作经营，提高农地经营规模，解放农业生产力，提高农业经济效益。

（二）农业科技化是现代农业发展的核心内容

农业科技化包括农业机械化、生物化学化和水利化，是现代农业发展的重要特征。农业机械化可以提高农业劳动生产率。农业生物化学化可以提高土地生产率和农产品质量。农业水利化可以提高突破自然环境对农业发展的限制，改善农业生产条件。

西方国家在农业现代化过程中都经历了农业机械化、生物化学化和水利化的过程，并根据各自国家的自然环境特征，发展重点有所侧重。美国是一个人少地多的国家，农业机械化技术对美国农业现代化发挥了重要作用。日本是一个人多地少的国家，生物化学技术对日本在有限土地产出更多粮食，提高粮食自给率作出了重要贡献。以色列是一个水资源非常短缺的国家，农业水利化技术克服了以色列气候条件对现代农业发展的影响。

中国是一个人多地少的国家，中国农业技术化应该重点发展农业生物化学技术，提高单位土地产量，丰富农产品品种，提高农产品品质，解决国家粮食安全问题，提高农业国际竞争力和增加农民收入。中国也是一个人均水资源少的国家，发展农业水利化不仅能改善农业生态环境，扩大可耕地面积，实现农业增产，同时也是农业规模经营的必要条件。随着我国工业化和城市化的发展，现代农业发展对农业劳动力要求的提高，我国农村劳动力面临着数量和质量的短缺，开发各种类型的农业机械，推进农业机械化，提高农业劳动生产率，也是我国农业现代化的重要内容。

（三）新型农民是农业现代化的主导力量

农民是农业现代化的主体，一个国家农业现代化的过程实质是农民现代化的过程。因此，农业现代化关键要培育新型农民，把传统农民培育成为知识化、市场化、技术化的农民，适应农业现代化发展的需要。农民知识化是农民现代化的基础，提高农民知识素养有利于农民接受现代农业信息、掌握现代农业技术、制定科学经营决策。农民市场化是现代农业发展的动力，提高农民市场意识有助于提高农民决定生产什么、生产多少、为谁生产等农业经营问题，有利于农民农业经营合作化和农业经营产业化，提高农业经营组织效率。农民技术化是现代农业发展的重要保证，农民技术化有利于农民吸收现代农业生物化学技术、有利于农民使用现代农业装备，提高农民生产效率和农业经济效益。

西方国家在农业现代化过程都非常重视农业科技研发、农民教育和农业技术推广。美国20世纪40年代爆发了“知识替代资源”的农业革命，耕地面积、土地生产率、农业劳动生产率得到成倍增加，农业产业化水平也得到大幅提高。日本采取以工补农方式，以工业积累的雄厚资本和财政收入发展农业教育和农业科技，建立了完备的农业教育体系，培养现代化的农民，使日本农业产量获得历史上的大丰收，为国民经济快速发展创造了良好的条件。

中国由于工业化和城市化的快速发展，近些年大量青壮年劳动力转移到第二、第三产业，农业劳动力整体素质有所下降。因此，增加财政投入，加强农业技术开发、农民教育和农业技术推广，在年轻一代中培养知识化、市场化、技术化的新型农民，显得尤为紧迫和重要。

（四）农业保护是农业现代化的保障

许多国家在工业化初期，都经历了一个“以农哺工”的工业化发展阶段。同样，一个国家由传统农业向现代农业转型发展过程也需要一个“以工补农”过程。通过工业化和城市化发展，吸收农业中富余劳动力，提高农地经营规模；通过工业发展所积累的资本和财政收入支持农业机械化、生物化学化和水利化；通过城市化产生的农产品巨大需求市场，促进农业市场化和商品化，强化农业现代化发展的基础、动力，推动现代农业发展。

西方发达国家农业现代化都非常重视国家政策法律农业保护和以工补农的作用。日本是最重视农业保护的国家，不仅围绕农业生产振兴、农业合作组织、农业金融和农业灾害保险、农用土地权益、农产品流通和价格保护、农产品质量和农资供应等方面制定一系列农业保护政策和法律，而且每年投入大量的扶持资金用于日本农业机械化、生物化学化、水利化和农业科技研究、教育和推广。美国也是一个农业保护体系比较完善的国家，在农业信贷、农产品储存、农业保险、农产品价格保护、农产品出口等方面制定完善的法律政策和财政金融支持措施。

我国处于工业化发展中期阶段，开始具备以工补农的条件和能力。增加财政投入，推进社会主义新农村建设，通过改善农村交通、水利、水电等基础设施，减免农村各种税费，扩大九年义务制教育，实施农产品销售价格保护，资金补助农业经营大户等政策和措施，有力地推动了我国农业现代化进程。

二、农业现代化的战略目标

（一）建设起一个发达的有市场竞争力的农业

随着人口的增长和人们生活水平的提高，社会对农产品量的需求将越来越多，对质的要求越来越高，而农民增加农产品供给、提高农产品质量的目的都是为了经济收益，因此，两者必须结合起来，即建成一个高产、优质、高效的农业。在中国加入了 WTO 以后，随着农产品贸易自由化的推进，中国的农业将面临越来越激烈的国际竞争，因此，中国农业现代化的推进必须有利于农业国际市场竞争力的提高。

（二）建设起一个富裕的农村，提高农民收入水平

农业现代化必须使农民日益富裕起来，使农民的物质生活和文化生活不断改善，达到较富裕的水平。为此，农业现代化建设必须同建设富裕文明的新农村结合起来，全面地发展农村经济，增加农民的收入，提高农民的文化水平，不断地缩小城乡差别和工农差别。

（三）建设起一个良好的生态环境

随着农业现代化的推进，农业的集约水平也将逐步提高，必然会对环境造成更大的压力，而环境的好坏决定着农业能否可持续发展。因而农业现代化必须维持一个良好的生态环境。

三、农业现代化的指标体系

农业现代化的评价指标体系现在还处于研究和发展中，现代农业是一个复杂概念，难以用指标完全概括其内涵。本书在借鉴了前人研究成果的基础上，利用 AHP 理论和相关数理分析方法建立了针对现代农业评价体系。在综合考虑了指标综合性、层次有序性、独立性、可比性、信息可取性等原则的基础上，编者设计出了包括目标层（一级指标）、准测层（二级指标）和辅助指标三个层次的指标体系。

一般把农业现代化的评价指标确定为 14 项：

(1) 劳均农业投入　是指单位农业从业人员所能支配的财政支农资金，反映了发展现代农业的资金保证力度。其计算如下：

劳均农业投入＝地方财政对农业的投入/农业从业人员数量

(2) 劳动力受教育程度　是指初中以上文化程度农业劳动力所占比重，反映了现代农业经营管理者素质的高低。

(3) 劳均耕地面积　是指单位农业从业人员所占有的耕地面积的数量，反映了现代农业生产规模的大小。其计算如下：

劳均耕地面积＝耕地总面积/农业从业人员数量

(4) 单位耕地面积农机总动力　是指每一单位耕地所分配的农机动力总数，反映了农业生产经营机械化水平的高低。其计算如下：

单位耕地面积农机总动力＝农业机械总动力/耕地总面积

(5) 有效灌溉率　指有效灌溉耕地在总耕地面积中的比重，反映农业生产的水利化程度。其计算如下：

有效灌溉率＝有效灌溉面积/耕地总面积

(6) 单位耕地有效施肥量　是指每一单位耕地所分配的化学肥料的数量（以折纯量计算）。其计算如下：

单位耕地有效施肥量＝有效施肥量/耕地总面积

(7) 人均 GDP　是指一定时期内（通常是一年）一个区域实现的国内生产总值与该区域内常住人口（目前使用户籍人口）的比值。

(8) 劳动生产率　是指在一定时期内创造的劳动成果与其相应的劳动消耗量的比值。

(9) 土地生产率　是指一定时期内（通常是一年）单位面积土地上产品数量或产值。

(10) 农民人均纯收入　是指农民从当年各项生产经营项目中取得的生产经营收入及利息、租金等非生产性收入。

(11) 城镇人口比重　是指一定区域内城镇人口总数在总人口中的比重，反映城镇化水平的高低。

(12) 农村劳动力就业率　是指农村劳动力中已就业的劳动力所占的比重。

(13) 农业成灾率　是指一定时期内，农业生产经营过程中成灾面积（或产值）与受灾面积（或产值）的比值，反映受灾程度的大小。其计算如下：

农业成灾率＝农业成灾面积/农业受灾面积

(14) 森林覆盖率　是指一个地区森林面积占土地面积的百分比，反映地区森林面积占有情况或森林资源丰富程度及实现绿化程度。

下表是由农业现代化的物质装备要素、科技支撑要素、劳动力素质要素、产业化发展要素和产出效能要素等4个一级指标和14个二级指标组成的农业现代化发展综合评价指标体系(表4-1)。

表4-1 现代农业评价指标体系权重

准测层	权重	指标	权重
投入水平	0.1947	劳均农业投入	0.0414
		劳动力受教育程度	0.0258
		劳均耕地面积	0.0230
		单位耕地有效施肥量	0.0211
		有效灌溉率	0.0415
		单位耕地面积农机总动力	0.0419
产出水平	0.5094	人均GDP	0.1378
		劳动生产率	0.1797
		土地生产率	0.1919
社会发展	0.1474	农民人均纯收入	0.0618
		城镇人口比重	0.0498
		农村劳动力就业率	0.0358
可持续发展	0.1485	农业成灾率	0.0439
		森林覆盖率	0.1046

四、农业现代化发展战略的实施

(一) 工业化战略

尽管各国在气候、技术和产品组合方面存在巨大差别,但可以明显看出,各国土地和劳动生产率的变动主要是与可以消除由基本要素(劳动和土地)供给缺乏弹性引起的各种限制的工业产品投入水平相联系的,海亚密和拉坦将其概括为受工业化影响,即农业生产率的增长必然是农业部门适应新的机会的过程,这些新的机会是由于知识的进步和伴随着工业化的分工创造的。工业化以复杂的方式影响农业生产率的增长,工业部门提供的技术投入是农业生产率增长的主要原因。同样,农业生产和生产率的增长导致对工业部门产品需求的提高,同时游离出工业增长所必要的劳动力。工业化可以在许多方面影响农业。非农业部门的发展增加对农产品的需求,较有利的要素——产出价格比率,增加农业生产者对机械和生物投入的需求。工业化对要素市场的影响更加显著,工业发展增加非农业部门对劳力的需求,由于工业专业化和分工的进一步发展,新知识应用的结果,使工业部门生产的现代化农业投入,如肥料、化学品、机械的成本不断降低。不断发展的工业经济还通过提高支持农业研究的能力,扶持农村普通教育和生产技能教育的能力,支持发展更有效的交通和通信系统的能力,从而为农业生产率的提高做出贡献。

(二) 城市化战略

经验表明,城市化发展有利于加速农业现代化的进程。舒尔茨对此作过深入研究,梅尔对此给予高度肯定,认为城市化对农业发展通常产生有利的影响。推进城市化对农业现代化和农村发展的促进作用主要表现在以下几个方面:①在城市地区,收入一般上升很快,这就促使对农产品的需求迅速扩大。②城市化可以提高资本的使用效率,进而有助于农场的扩张和现代化,市场条件的改善增加了农民收入,为资本积累提供了坚实的基础。③城市中心为普及教育、增加旅游交往提供了机会,使农村人口更多地接触到新鲜事物、新概念,扩宽了农民的活动面,使他们更容易接受新的变化。④城市市场为农村提供了范围广泛、日益增加的各种工业消费品,刺激了农业生产的发展。这就为农业发展提供了有力的环境,通过一种特定的努力促进城市周围的农村地区的发展指明了一条理想的途径。

(三) 市场化战略

现代农业是在市场经济高度发达的基础上产生和发展起来的,因而是一种市场化农业。随着工业化和城市化的推进,现代工业的大发展为农业生产率的提高提供了极大的可能性,从而为农业生产和经营的市场化打下了坚实的基础。与传统农业不同的是,在现代农业阶段,进入农业交换领域的,除了农业的最终产品及各种农产品以外,还有各种中间产品、劳务和消费品以及其他各种农业生产要素,包括各种农业机械、化学肥料、农用化学品、良种以及各种服务等,形成了农产品市场与要素市场共同发展的景象。现代农业是一种市场化农业,这不仅表现在国内农业生产及其关联产业的高度发展上,而且表现在现代农业的外向型上。也就是说,现代农业赖以运作的市场基础不仅包括了国内市场,而且也包括了国外市场。现代农业已经发展成为深深卷入世界农业生产体系和交换体系的农业。它既不是单纯的出口农业,也不是单纯的进口农业,而是在社会生产力高度发展、居民消费达到很高水平情况下形成、实行资源配置全球化的现代化大农业。这种农业以农产品的高度商品化为前提,以合理的国际分工和国际专业化为依据,是一种国内市场与国外市场高度一体化的开放型农业。它表现为国内外农产品大规模交叉流动,农业生产卷入了具有相对稳定的国际分工格局之中,是农产品和农业市场的国家化达到了很高的程度。在市场化的基础上来配置各种农业资源,才使得农业现代化建立在经济可运行和可持续的基础之上。

(四) 农业保护战略

农业本身所固有的一系列特征和弱点,要求政府在经济发展达到较高水平以后,要实施农业保护政策。农业保护政策的大目标是要解决农业的公平性发展与外部性问题,因而必然会带来效率的损失。乌拉圭回合之前发达国家的农业保护政策以农产品价格保护政策为核心,这种政策不仅带来了资源配置的扭曲,政策成本增加和效率降低,而且还带来了新的不公平问题。因而正如乌拉圭回合农业协议所规定的那样,这类"黄箱"政策要消减和限制使用。对农业实行保护政策是经济发展到一定阶段以后的必然要求和选择,然而农业政策手段的选择在解决农业公平发展和外部性的同时,必须考虑尽量减少农业保护政策为实现公平目标所引起的效率损失。这样的农业政策就是以"绿箱"政策为主的农业政策组合。这类政策在促进农业现代化实现的同时,不仅降低了农业保护政策的成本,而且也有利于提高农业的市场竞争力。

(五) 可持续发展战略

在市场经济条件下,随着农业现代化的推进,不仅农民之间和农民与非农产业人员之间的收入差距会扩大，而且由于农业集约度的提高，农业发展所面临的环境问题会变得更为尖锐。也就是农业现代化必须坚持经济、社会和环境可持续发展的战略。农业现代化过程中的经济问题主要靠市场来解决，而社会和环境问题则主要靠政府的政策来解决，但市场和政府的政策不是截然分离，而是需要相互配合，互为前提。

相关链接

中国农业现代化的战略和政策

为了实现中国农业现代化未来发展目标，我们必须审慎地选择适合中国不同发展阶段的现代化战略和政策。

1. 农民生活消费现代化——实施引导消费的政策

未来中国农业现代化的不同发展阶段，居民的食物与营养将会达到相应的水平。2000年，食物消费和营养结构已达到小康水平，2020—2030年，食物消费和营养结构模式将基本形成，此后主要是结构调整和质量改善。

从中华民族的传统饮食文化习俗和发达地区现代食物消费结构来看，中国的食物结构模式具有鲜明的中华民族和东方膳食模式特征和优点：从整体上看，我国人民长期以来形成了以粮食为主，搭配适量蔬菜和一定肉食的膳食结构。这种基本的食物结构将在今后较长时期存在下去。与此相应，营养结构的平衡是重点解决优质蛋白质和一部分微量营养缺乏问题。

要按照合理的膳食结构原则，确定各地的具体食物消费和营养结构目标，作为各地农业现代化的目标之一。按照食物消费结构目标，实施相应的引导食物消费的系列化政策，一方面要普及膳食与营养科学知识，实施正确的舆论导向；另一方面要采取相应的消费经济政策和行政干预手段，有效地引导居民的食物消费，实现预期的膳食营养目标，增强人民体质，保障人民健康。

2. 农业经济结构现代化——稳步推进农业产业化

实现农业现代化的一个重要标志是国民经济产业结构的升级换代。在中国的特定条件下，要实现双重二元经济结构的转变，第一个层次是国民经济产业结构的调整，即一、二、三产业的发展速度和比例结构。基本实现农业现代化阶段的农业和非农业的比例一般为10∶90；完全实现农业现代化阶段的比例一般为3∶97。在这个阶段的农业产值虽然下降到3%左右，但农业的产前、产中和产后的累加产值却达到20%左右，仍然占有相当重要的份额和地位。

农业产业化经营的实质是产业结构的调整。种养加工、产供销、贸工农一体化的经营，以加快二、三产业的发展。在农业产业化经营中，人们通常强调了“龙头企业”是关键，十分重视加工业的作用。但是，第三产业，即销售和各种服务业同样起着带动或制约的作用。产业化经营可以加快产业结构升级换代，加快产业的现代化进程。

3. 农业基础设施现代化——加强基础设施的建设

实现农业现代化的物质基础是农业基础设施。这是农业现代化建设和农业综合生产能力的物质基础。它包含了农田、水利、鱼塘基本建设，养殖棚舍基础设施，仓储基础设施，农产品加工设备，农业机械设备等。2010年，农田有效灌溉面积由目前的55%先后上升到61%和80%，农业机械化综合水平由目前的接近30%先后上升到50%和80%。同时要建设一批吨粮田和高产稳产田，分期分批实现中低产田改造的升级，到2030年，中国的大部分农田基本上达到目前的高产稳产农田水平。

中国的农业现代化建设主要依靠提高单位资源的生产力，特别是单位土地资源的生产力，这就需要实现高投入、高产出、高效益，实行可持续集约经营，也就必须相应增加农业基础设施的投入，特别是应在立法上保证农业基本建设投资的可靠性，不能因为领导人或管理者的变动而任意变动，以确保农业综合生产力的提高，适应农产品生产供给的需求。

4. 农业科学技术现代化——加快科学技术产业化

农业现代化的关键，是必须加快把农业现代化建设转移到主要依靠科技进步的轨道上来。今后中国农业增长方式的转变，农业生产效益和农产品质量的提高，农业生产成本的降低，主要依靠科学技术的进步。

要按照党的十五届三中全会的要求，进行一次新的农业科技革命，坚持实施科教兴农战略，依靠农业生物工程技术和农业信息技术等高新技术，使农业生产和农业科技发生质的飞跃。在各地农业现代化试点县、试验区、高新技术园区，都要把农业科学技术的产业化作为关键领域和重点项目安排，成为高新技术产业化的基地。

5. 农业经营管理现代化——促进经营管理的创新

未来中国农村的经营模式可能的选择，是“家庭经营和合作服务”。农业经营管理是我国农业现代化的一个薄弱环节，要加快建设农业供销、运输、加工、金融等合作服务组织，逐步形成完善高效的服务体系。采取有效措施促进管理体制和机制的创新，使农民有更多的自我管理和监督的权力，既能充分发挥管理者的管理作用，又能充分调动广大农民群众的积极性。在延长土地承包期30年和完善家庭承包责任制的基础上，要加快合作服务体制的建设，逐步建立和完善多种形式的供销、生产、加工、金融、市场合作服务组织，并采取有效政策支持各种合作服务组织活动。

6. 农业资源环境现代化——坚持可持续发展战略

中国农业现代化要实现双重目标。要在注重合理利用自然资源和保护生态环境的同时，加快农业经济的高速发展。要基本扭转水土流失面积的增长大于治理的危险状况，争取每年平均减少水土流失面积1 330万公顷。

实现可持续发展必须制定和实施一整套可持续的政策和措施。在实施耕地保护地政策的同时，对于渔业捕捞和草原放牧都应当制定定量目标管理责任的制度和法规。实施自然资源的定价政策和有偿使用政策。把生态环境的被动保护逐步变为积极的生态经济环境工程。在治理和保护环境的同时，与环境工程的经济效益密切结合起来，增强生态环境工程的自我发展能力，以确保自然资源的合理利用和生态环境保护与农业经济高速增长的平衡发展。

我们现在正在探索的中国农业现代化的道路和模式是一条跨世纪的道路和模式。应当吸收国内外前人已有的经验教训，在明确农民生活现代化目标和生态环境目标的同时，坚定不移地探索可持续发展的现代化道路和模式，实现中国农业的长期发展战略。

（资料来源：梅芳权．中国农业现代化的发展阶段和战略选择．中国乡村发现网，2010－8－8）

本章小结

从农业发展史的角度看，农业的发展经历了原始农业、传统农业和现代农业三个发展阶段。现代农业是在现代世界范围内农业生产效率达到现代世界先进水平的农业，处于领先地位和水平的农业状态。现代农业是科技支撑型农业、是生产领域广阔的农业、是生产要素投入集约型的农业、是资源配置市场化的高生产率和高效益农业、是经营一体化的产业。农业现代化则是由传统农业向现代农业转变的过程，是现代集约化农业和高度商品化农业相统一的发展过程。具体包含生产条件现代化；生产技术现代化；经营管理现代化；集约化、可持续化；商品化、专业化、社会化；标准化、信息化。

确定现代农业发展水平需要综合考虑劳均农业投入、劳动力受教育程度、劳均耕地面积、单位耕地面积农机总动力、有效灌溉率、森林覆盖率等因素的影响度，并建立相应的指标体系进行综合测评。

从战略的高度发展现代农业就离不开农地规模经营、农业科技化、新型农民的培养、农业保护等战略的制定和实施，并充分实现工业反补农业，城市支持农村。发展现代农行是一项系统工程，必须常抓不懈。

探索与实践

一、简答题

1. 简述现代农业的概念与特征。
2. 简述农业现代化与实现的必要性。
3. 简述农业现代化和现代农业的关系。
4. 尝试利用层次分析法（AHP）构建现代农业评价指标体系。

二、论述题

1. 通过文献调查法了解农业发展阶段的划分。
2. 了解现代农业发展的模式和类型。
3. 论述培育新型农民对于发展现代农业的促进作用。

第五章　循环农业与农业可持续发展

内容梗概

可持续发展是当今世界各国对长期以来传统经济增长方式所引起的人口、资源、环境问题的反思提出的一种崭新的发展战略，循环农业是秉承农业可持续发展理念的新型农业发展模式。本章在系统阐述循环农业基本理论的基础上，对农业可持续发展从思想的产生、理论体系的形成作了深入阐述，并结合我国实际，系统分析了中国农业可持续发展的影响因素和发展模式。

学习目标

1. 通过对本章的学习，掌握循环农业的基本概念、原则和运行模式，了解循环农业的特征，使学员树立用循环经济的思想指导农业生产的理念。

2. 掌握农业可持续发展的资源经济学含义，通过学习树立通过资源配置方式的转换实现可持续发展的理念。

学习提示

本章主要是理念性学习，通过学习，要树立可持续发展观念，要结合改革开放以来，我国经济建设中，人口、资源、环境的变化来理解和认识循环经济和可持续发展的理论。结合案例学习，来理解如何实施可持续发展，以及实施循环经济所带来的经济、社会、环境效益，使可持续发展的理念更加具体化，理解更加形象化。

第一节 循环农业概述

一、循环农业的内涵

循环是指事物周而复始地运动或变化。循环的概念运用于经济领域，人们得出了循环经济的概念。传统经济是一种单向流动的线性经济，即资源—产品—废弃物，其特点是高强度地开采、消耗资源和高强度地破坏生态环境(图 5-1)。

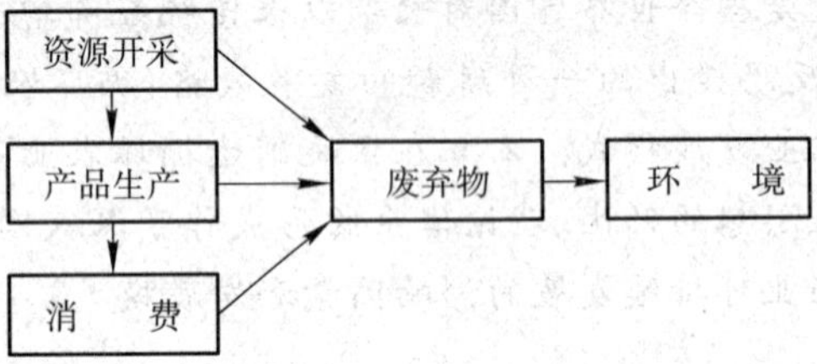

图 5-1 传统线性经济运行模式图

循环经济运用生态学规律把经济活动组织成一个“资源—产品—再生资源”的循环式流程(图 5-2)，实现“低开采、高利用、低排放”，以最大限度利用进入系统的物质和能量，提高资源利用率，最大限度地减少污染物排放，在增加经济运行效益的同时，也提升了生态环境和社会生活质量。

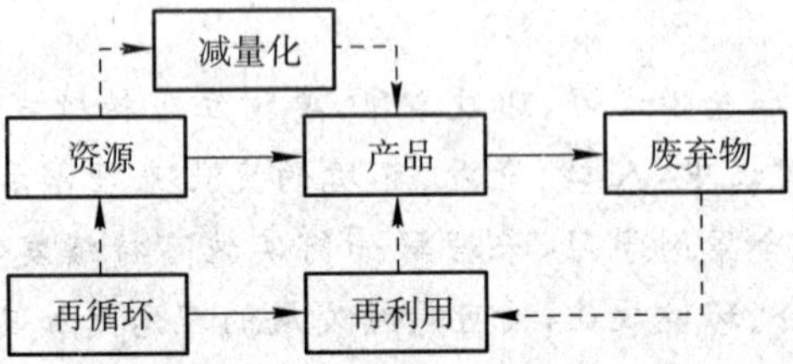

图 5-2 循环经济运行模式图

循环经济的思想与方法为农业的发展提供了一种新的思路。受到循环经济的启发，人类试图模拟和遵循自然生态系统物质循环和能量流动规律重构农业生产和生态系统，使得农业系统能和谐地融入到自然生态系统的物质和能量循环过程中，于是提出了一种新的农业模式——循环农业。

循环农业是循环经济理念在农业生产领域的延伸和运用，其核心是运用可持续发展思想、循环经济理论与产业链延伸理念，通过农业技术创新，调整和优化农业生态系统内部结构及产业结构，延长产业链条，提高农业系统物质能量的多级循环利用，最大程度地利用农业生物质能资源。循环农业产业链条是由种植业、林业、渔业、畜牧业及其延伸的农产品生产加工业、农产品贸易与服务业、农产品消费领域之间，通过废弃物交换、循环利用，要素偶合和产业连接等方式形成呈网状的相互依存、密切联系、协同作用的农业产业化网络体系，各产业之间通过中间产品和废弃物的相互交换而互相衔接，从而形成一个比较完整和闭合的产业网络，其资源得到最佳配置，废弃物得到有效利用，从而把环境影响减少到最低水平。

循环农业在农业资源投入、生产、产品消费及其废弃的全过程中，把传统的依赖农业资源消耗的线性增长的经济体系，转变为依靠生态型农业资源循环来发展的经济体系。它本质上是一种生态经济，它要求运用生态学规律而不是机械论规律来指导人类社会的农业经济活动。与传统农业经济发展相比，循环农业的不同之处在于传统农业经济的流向形式是单一向的，即“资源——农产品——废弃物排放”，其特征是高开采、低利用、高排放。在这种经济中，人们高强度地把地球上的农业资源提取出来，然后又把污染和废物大量地排放到水系、空气和土壤中，对农业资源的利用是粗放的和一次性的。而与此不同，循环农业倡导的是一种与环境和谐的经济发展模式，它要求把经济活动组成一个“农业资源—农产品—再生资源”的反馈式流程，其特征是低开采、高利用、低排放。所有的农业资源都能在这个不断进行的农业经济循环体系中得到合理和持久的利用，从而把农业经济活动对自然环境的影响降低到尽可能小的程度。因此，循环农业是把农业资源的低开采、高利用，实现农业清洁生产，将生态农业建设和提倡绿色消费融为一体，运用生态学规律来指导农业生产活动，是符合可持续发展理念的经济增长方式，是对传统农业经济的否定，是对农业经济传统增长方式的根本变革。

循环农业的基本内涵是：在既定的农业资源存量、环境容量以及生态阈值综合约束下，把清洁生产、资源及其废弃物综合利用、生态设计和可持续消费等融为一体，对各种资源要素进行统筹规划，不断优化农业生产及消费过程的产业链整体结构，通过末端物质能量的回流形成物质能量循环利用的闭环农业生产系统。

循环农业表现为一种新型的农业发展模式，对循环农业的基本内涵可从以下几方面理解：

(1) 循环农业表现为一种新型的农业发展模式，是运用生态学、生态经济学、生态技术学原理及其基本规律作为指导的农业经济形态，通过建立农业经济增长与生态系统环境质量改善的动态均衡机制，将农业经济活动与生态系统的各种资源要素视为一个密不可分的整体加以统筹协调的新型农业发展模式，是采用农业资源减量消耗、农产品多级利用和农业有机废弃物资源化的闭合循环生产模式的工业型农业。

(2) 循环农业是在生产流程中，运用可持续发展思想和循环经济理论与生态工程学的方法，在保护农业生态环境和充分利用高新技术的基础上，调整和优化农业生态系统内部结构及产业结构，提高农业系统物质能量的多级循环利用，严格控制外部有害物质的投入和废物的产生，使农业生产活动真正纳入农业生态系统循环中。采用清洁生产方式，从源头上控制污染物质的产生，从终端上表现为对农业生产流程中的废弃物进行无害化处理和资源化利用。重点体现在：农业生产环境的改善、农业的产业化经营、农业系统结构的优化、农业产业链条延伸四个方面。

(3) 在产业体系构建中，循环农业体现生态化、科技化、产业化、精确化、循环化五个方面，在宏观、中观、微观层次上分别体现为农业循环经济的国民经济体系、生态产业化体系、生态农业生产体系。其中，产业链条是由种植业、林业、渔业、畜牧业及其延伸的农产品加工业、农产品贸易与服务业、农产品消费领域之间，通过废弃物交换、循环利用、要素偶合和产业联结等方式形成网状的相互依存、密切联系、协同作用的农业产业化网络。农业高新技术是农业循环经济发展的支撑，而农业循环经济发展要依靠科技进步和创新，不断提高农业经营水平和循环增值。

(4) 在产业目标上，是遏制农业污染，提高农业资源有效利用的机制创新，是我国实现农业可持续发展的必由之路，是我国现代农业发展的一种现实选择。它也是以可循环资源为来源，以环境友好的方式利用资源，把农业生产活动纳入自然循环过程中，所有原料和能源都能在不断进行的经济循环中得到合理的利用，从而把经济活动对自然环境的影响控制在尽可能小的程度，消除环境不安全因素和环境危机。发展农产品精深加工是解决日益增长的农产品供给与市场对初级农产品有限需求之间矛盾的最为有效途径。其产业目标最终体现为形成完整和闭合的产业网络，农业产业附加值提高，资源得到有效配置，农民的收入提高和生活得到改善。

相关链接

鱼塘经济

在我国的实践中，循环经济的一个很好的典型，如南方地区已有的“鱼塘经济”。大家都知道，我国广东省珠江三角洲地势低洼，长闹洪涝灾害，严重威胁着人民的生活和生产活动。当地人民便根据地区特点因地制宜，把低洼的土地挖深为塘，饲养淡水鱼；将泥土堆砌在鱼塘四周成塘基，可减轻水患，这种塘基的修筑可谓一举两得。后来，随着农业生产的发展和市场经济的影响，珠江三角洲便出现了新的生产结构方式——“果基鱼塘”、“桑基鱼塘”。这里的“果基鱼塘”，就是把低洼的土地挖深为塘养鱼，堆土筑基，填高地势，相对降低地下水位来种植果树（如栽植荔枝、柑橘、龙眼等果树）。后来由于国际贸易对丝绸需求的扩大，种桑养蚕的获利大大超过了水果的收益，不少地区便从原来的果基鱼塘生产形式，大量改为桑、塘专业性生产。“果基鱼塘”的生产方式，逐渐演变为鱼塘里养鱼，塘基上种桑树的“桑基鱼塘”，这样就较好地解决了低洼地积水内涝的问题。“桑基鱼塘”的生产方式是：蚕沙（蚕粪）喂鱼，塘泥肥桑，使栽桑、养蚕、养鱼三者有机结合，形成桑、蚕、鱼、泥互相依存、互相促进的良性循环，避免了洼地水涝之弊。这样，就营造出了十分理想的生态环境，减少了环境污染，也使得人们改变了传统的耕作方式，充分利用了土地的空间与轮作的时间，收到了理想的经济效益。

随着社会经济的发展，现在珠江三角洲地区的“桑基鱼塘”已经比较少见了，其中一些被改造为了“花基鱼塘”、“菜基鱼塘”等，原来的桑树被花卉、蔬菜所取代。这样虽然打断了过去桑、蚕、鱼之间的小循环圈，但仍从社会范围内构筑了新的大循环圈，那就是发展生态农业，形成循环经济。当然，这里需要提醒读者的是，我们在看到循环经济好处的同时也要看到，循环经济方式如果组织得不好，也有可能酿成灾难。

二、循环农业的特征

循环农业是一种全新的理念和策略，是针对人口、资源、环境相互协调发展的农业经济增长新方式，是采用农业资源减量消耗、农产品多级利用和农业有机废弃物资源化的闭合循环生产模式的工业型农业，其最主要特征是产业链延伸和资源节约。

循环农业强调农业产业间的协调发展和共生偶合，调整产业之间的相互联系和相互作用方式，构建合理而有序的农业生态产业链，以发挥农业多功能性。循环农业主要特征包括四个方面：

1. 循环农业是遵循循环经济理念的新生产方式

循环农业要求经济活动按照“投入品—产出品—废弃物—再生产—新产出品”的反馈式流程组织运行；强调在生产链条的输入端尽量减少自然资源与辅助能的投入，中间环节尽量减少自然资源消耗，输出端尽量减少生产废弃物的排放，从而真正实现源头预防和全过程治理。循环农业模式是在现代农业生产经营组织方式下，由新型的农业生产过程技术范式、优化的农业产业组合形式构成的，集安全、节能、低耗、环保、高效、可持续发展特征于一体的现代农业生产经营活动的总称。

2. 循环农业是一种资源节约与高效利用型的农业经济增长方式

循环农业把传统的依赖农业资源消耗的线性增长方式，转换为依靠生态型农业资源循环来发展的增长方式。提高水资源、土地资源、生物资源的利用效率，开发有机废弃物再生利用的新途径，探索微生物促进资源循环利用新方法。运用农业高新技术及先进的适用技术，最大限度释放资源潜力。

3. 循环农业是一种产业链延伸型的农业空间拓展路径

循环农业实行全过程的清洁生产，使上一环节的废弃物作为下一环节的投入品，在产品深加工和资源化处理的过程中延长产业链条，通过循环农业产业体系内部各要素间的协同作用和共生偶合关系，建立起比较完整、闭合的产业网络，全面提高农业生产效益及农业可持续发展能力。

4. 循环农业是一种建设环境友好型新农村的新理念

循环农业遏制农业污染和生态破坏，在全社会倡导资源节约的增长方式和健康文明的消费模式，使农业生产和生活真正纳入到农业生态系统循环中，实现生态的良性循环与农村建设的和谐发展。最终形成资源、产品、消费品与废弃物之间的转化与协调互动，合理布局，优化升级农村产业，构建农村区域人民共同参与的循环农业经济体系。

相关链接

河北天露糖业有限公司循环农业实践

河北天露糖业有限公司（以下称“天露公司”）坐落在河北省张家口市张北县的207国道旁。该公司是一家以甜菜为主要原料的制糖企业，年加工甜菜能力50万吨，所用甜菜由公司周边河北、内蒙古的几个旗县的十多万农户种植提供。该公司从农民手中收购甜菜用于制糖，制糖副产品甜菜丝过去都当做垃圾倒掉，不但污染环境，而且每年倒垃圾费用高达40多万元。后经技术改造，将这些甜菜丝制成颗料粕饲料，可年产饲料1.3万吨并出口到日、韩等国，创汇210万美元。在制糖生产期，利用场区120 ℃废水余热建设了2万平方米高标准温室，种植了蔬菜、花卉和苗木；将每日排放的1 200吨污水经处理后用于灌溉40亩农田；将制糖过程中产生的4 000方滤泥，加工处理成优质肥料用于200亩农田，同时节省清淤费60多万元；制糖副产品的糖蜜，作为生产酵母的主要原料，销售给河北马利食品有限公司用于制造酵母，创收900多万元，同时也使马利食品有限公司收益大增，并发展成亚洲最大的酵母生产基地。马利食品有限公司再与当地的瑞泰饲料公司合作，把酵母生产中产生的废酵母液与当地的牧草苜蓿混合制成饲料，可年产饲料15万吨，创收9 000万元。甜菜的菜叶与块根产量相当，只有块根能用于制糖，菜叶以往都被丢弃，而现在菜叶经青储后，成为营养成分很高的优质饲料用于养殖肉牛、奶牛、羊、猪等，而牛、羊、猪的粪便又成为优质肥料用于农田，支持了种植业的发展。

在这一案例中，河北省的农民构建了一条"甜菜种植—甜菜块根制糖—副产品糖蜜生产酵母—废甜菜丝及废酵母液生产饲料发展养殖业—养殖业肥料还田"的循环农业产业链，实现了资源的循环利用、综合利用，实现了"种植业—加工业—养殖业—种植业"相互支持的良性循环，是一个发展循环经济、循环农业的典型案例和成功经验。

日本菱镇资源循环型农业生产模式

1. 基本现状

日本宫崎县菱镇是发展循环型农业较早，并且较成功的地区。1988 年 7 月，该镇首次发起并通过了《发展自然农业条例》，镇政府规定禁止使用农药、化肥和其他所有的非有机肥料，从而有效地阻断了毒素向粮食传播的途径，保证了农业发展的安全性和长期性。菱镇所有的有机农产品在销售前都要根据《发展自然农业条例》来划分等级，在给每一种农产品定出等级前，管理委员会的委员们要亲自去视察农产品和产出农产品的农田。除此之外，菱镇还对厨房垃圾进行统一收集和处理，厨房垃圾通常被收集后制成有机肥。镇民花 100 日元可以买 10 千克有机肥，或者交付 1 吨有机肥可得到 3 000 日元。

2. 模式分析

菱镇以有机农业为主的资源循环型农业生产模式见图 5－3。图 5－3 介绍了日本菱镇以有机农业为主的资源循环型农业生产模式。该模式通过将小规模下水道污泥、家禽粪便以及企业的有机废物作为原料进行前处理后投入到甲烷气体发酵设备，产生的甲烷气体用于发电，剩余的半固体废渣进行固液分离后，固态成分进行堆肥和干燥，液态成分处理后再次利用或者排放，排放的废物已基本对环境无害，实现了废物的高度资源化和无害化。

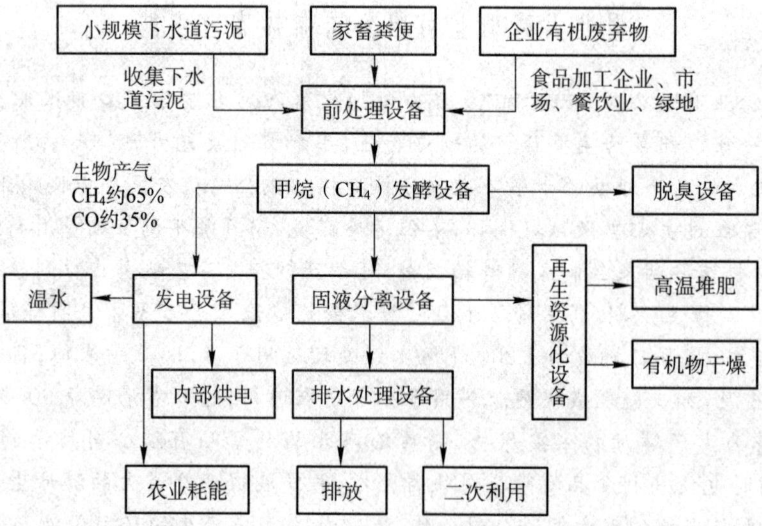

图 5－3 日本菱镇资源循环型农业生产模式图

3. 取得成效

16年来,发展以有机农业为主的资源循环型农业使菱镇的生态环境大大改善,经济稳步发展,农民生活逐渐富裕,社会秩序安宁。

三、循环经济的主要理念

循环经济的理念是在全球人口剧增、资源短缺、环境污染和生态蜕变的严峻形势下。人类重新认识自然界,尊重客观规律,探索新经济规律的产物,其主要观念变化如下:

(一) 新的系统观

循环是指在一定系统内的运动过程。循环经济的系统是由人、自然资源和科学技术等要素构成的大系统。循环经济要求人在考虑生产和消费时不再把自身置于这一大系统之外,而是将自己作为这个大系统的一部分来研究符合客观规律的经济原则。将"退耕还湖"、"退耕还林"、"退耕还草"等生态系统建设作为维持大系统可持续发展的基础工作来抓。

(二) 新的经济观

在传统工业经济的各要素中,资本在循环,劳动力在循环,唯独自然资源没有形成循环。循环经济要求运用生态学规律,而不是仅仅沿用自19世纪以来机械工程学的规律来指导经济生产。不仅要考虑工程承载能力,还要考虑生态承载能力。在生态系统中,经济活动超过资源承载力的循环是恶性循环,会造成生态系统蜕化,只有在资源承载能力之内的良性循环,才能使生态系统平衡地发展。

(三) 新的价值观

循环经济在考虑自然资源时,不再像传统工业经济那样将土地视为"取料场"和"垃圾场",将河流视为"自来水管"和"下水道",也不仅仅视其为可利用的资源,而是需要维持良性循环的生态系统。在考虑科学技术时,不仅要考虑对自然的开发能力,而且要充分考虑到它对生态系统的维系和修复能力,使之成为有益于环境的技术。在考虑人自身发展时,不仅要考虑人对自然的征服能力,更要重视人与自然和谐相处的能力,促进人的全面发展。

(四) 新的生产观

传统工业经济的生产观念是最大限度地开发自然资源,最大限度地创造社会财富,最大限度地获取利润。而循环经济的生产观念是要充分考虑自然生态系统的承载能力,尽可能地节约自然资源,不断提高自然资源的利用效率,循环使用资源,创造良性的社会财富。在生产过程中,无论是材料选取、产品设计、工艺流程还是废弃物处理,都要求实行清洁生产。要实行3R原则:资源利用的减量化原则,即在生产的投入端尽可能少地输入自然资源;产品的再使用原则,即尽可能延长使用周期,并在多种场合使用;废弃物的再循环原则,最大限度地减少废弃物排放,力争做到排放的无害化,实现资源再循环。同时,循环经济还要求尽可能地利用可循环再生的资源替代不可再生资源,如利用太阳能、风能和农家肥。使生产合理地依托在自然生态循环之上，尽可能地以知识投入来替代物质投入，以达到经济、社会与生态的和谐统一，使人类在良好的环境中生产生活，真正全面提高人民生活质量。

（五）新的消费观

循环经济要求走出传统工业经济“拼命生产，拼命消费”的误区，提倡物质的适度消费，层次消费。在消费时就考虑到废弃物的资源化。建立循环生产和消费的观念。同时，循环经济要求通过税收和行政等手段，限制以不可再生资源为原料的一次性产品的生产与消费。

相关链接

国外循环经济的主要模式

国外循环经济发展主要有四种模式，分别为杜邦的单个企业模式、丹麦卡伦堡工业园区模式、德国DSD回收再利用体系以及日本的循环型社会模式，这四种模式可概括为点、块、线、面四个特点。

1. 单个企业模式——杜邦的企业内部循环经济

20世纪80年代末，当时居世界大公司500强第23位的杜邦公司，开始循环经济理念的实验。通过组织厂内各工艺之间的物料循环，延长生产链条，减少生产过程中物料和能源的使用量，尽量减少废弃物和有毒物质的排放，最大限度地利用可再生资源；提高产品的耐用性等。杜邦公司创造性地把循环经济三原则发展成为与化学工业相结合的“3R制造法”，通过放弃使用某些环境有害型的化学物质、减少一些化学物质的使用量以及发明回收本公司产品的新工艺，到1994年已经使该公司生产造成的废弃塑料物减少了25%，空气污染物排放量减少了70%。

2. 工业园区模式——丹麦卡伦堡工业园区

按照工业生态学的原理，通过企业间的物质集成、能量集成和信息集成，形成产业间的代谢和共生偶合关系，使一家工厂的废气、废水、废渣、废热或副产品成为另一家工厂的原料和能源，建立工业生态园区。典型代表是丹麦卡伦堡工业园区。这个工业园区的主体企业是电厂、炼油厂、制药厂和石膏板生产厂，以这4个企业为核心，通过贸易方式利用对方生产过程中产生的废弃物或副产品，作为自己生产中的原料，不仅减少了废物产生量和处理的费用，还产生了很好的经济效益，形成经济发展和环境保护的良性循环。园区内有一支十分精干的管理人员队伍，在4个厂之间包括和园区以外的厂进行协调、组织、结算、监督工作，还对新的废物利用项目予以资金和技术的支持，使物流、能流和信息流优化配置，使循环生产有序进行。

3. 德国DSD回收再利用体系

德国的废弃物处理法最早是于1972年制订的，但当时只是强调废弃物排放后的末端处理。1986年的修正将其改称为《废弃物限制及废弃物处理法》，发展方向从“怎样处理废弃物”的观点提高到了“怎样避免废弃物的产生”。在此基础上，德国于1991年颁布《包装废弃物处理法》，规定对废物管理的首选手段是避免产生，然后才是循环使用和最终处置。于1992年通过了《限制废车条例》，规定汽车制造商有义务回收废旧车。在主要领域的一系列实践后，1996年德国提出了新的《物质闭路循环与废弃物管理法》，把废弃物提高到发展循环经济的思想高度，并建立了配套的法律体系。《物质闭路循环与废弃物管理法》不仅要求在生产过程中需要避免废物的产生，同样要求生产者、销售方与使用者都承担起避免废物产生、再回收、再利用与环境友好处置的责任。由此，《物质闭路循环与废弃物管理法》也清楚地引入了污染者付费的原则。这一法令标志了闭合循环的真正开始，是跨向循环经济的重要一步。

德国的包装物双元回收体系(DSD)是专门组织回收处理包装废弃物的非营利性组织，1995年由95家产品生产厂家、包装物生产厂家、商业企业以及垃圾回收部门联合组成，目前有1.6万家企业加入。它将这些企业组织成为网络，在需要回收的包装物上打上绿点标记，然后由DSD委托回收企业进行处理。任何商品的包装，只要印有它，就表明其生产企业参与了“商品包装再循环计划”，并为处理自己产品的废弃包装交了费。“绿点”计划的基本原则是：谁生产垃圾谁就要为此付出代价。企业交纳的“绿点”费，由DSD用来收集包装垃圾，然后进行清理、分拣和循环再生利用。

4. 日本的循环型社会模式

日本的循环型社会建设方面主要体现在3个层次上。一是政府推动构筑多层次法律体系。2000年6月，日本政府公布了《循环型社会形成促进基本法》，这是一部基础法。随后又出台了《固体废弃物管理和公共清洁法》、《促进资源有效利用法》等第二层次的综合法。在具体行业和产品第三层次立法方面，2001年4月，日本实行《家电循环法》，规定废弃空调、冰箱、洗衣机和电视机由厂家负责回收；2002年4月，日本政府又提出了《汽车循环法案》，规定汽车厂商有义务回收废旧汽车，进行资源再利用；5月底，日本又实施了《建设循环法》，到2005年，建设工地的废弃水泥、沥青、污泥、木材的再利用率要达到100%。第三层次立法还包括《促进容器与包装分类回收法》、《食品回收法》、《绿色采购法》等。二是要求企业开发高新技术，首先在设计产品的时候就要考虑资源再利用问题，如家电、汽车和大楼在拆毁时各部分怎样直接变为再生资源等。三是要求国民从根本上改变观念，不要鄙视垃圾，要把它视为有用资源，废弃物堆在一起是垃圾，分类存放就是资源。

第二节　农业可持续发展概述

一、农业可持续发展的内涵

可持续发展(sustainable development)作为一个明确的概念在1980年国际自然和自然资源保护联盟(IUCN)发布的文件《世界自然保护战略》(The World Conservation Strategy)中第一次提出，到1987年世界环境与发展委员会通过的《我们共同的未来》的报告对“可持续发展”明确定义后，这个理论便很快得到了全世界不同经济水平和不同文化背景国家的普遍认同。“可持续发展”理论形成之后，立即得到迅速传播，从生态环境研究领域扩展到整个经济发展研究领域，从学者书斋的议论走向各国政府和国际社会的论坛，并成为左右发展决策的强有力理论体系。其中，农业可持续发展思想也同样受到世人关注。20世纪80年代末，农业可持续发展思想反映在一些主要国际组织的文件和报告中。1987年，世界环境与发展委员会提出了“2000年可持续农业的全球政策”；1988年，联合国粮农组织(FAO)制定了“可持续农业生产对国际农业研究的要求”的政策性文件；1991 年，FAO 与荷兰政府共同组织了“农业与环境”国际会议，该次会议制订了《关于可持续农业与农村发展(SARD)的丹波斯宣言和行动纲领》，并提出了对各国 SARD 行动的主要要求。

“可持续农业”(sustainable agriculture)是“可持续发展”概念延伸至农业及农村经济发展领域时而生成。在此之前，若干国家的一些有远见的学者早已开始了对常规农业现代化，即大量和集约采用现代农业投入，如：商品能源、农机、化肥、农药等通过大型规模经营，获得高产出模式的反思，提出了侧重面有所不同的替代模式。

“可持续发展”概念的提出，本身就带有强烈的对常规经济发展模式进行了批判和反思的时代色彩。农业可持续发展的定义，最初农学家多从农业特别是粮食的产出考虑，认为就是粮食产量的持续稳定增加；环境学家则认为就是农业发展与生态环境的协调发展，实现资源的永续利用；经济学家则关注农业短期经济效益与长期效益的统一；社会学家则更多地关心农业传统文化和技术的保存与发展等。随着实践和理论的发展，对可持续发展的定义逐渐统一起来，主要集中在两方面：一是保护人类及其后代能够在地球上继续生存与发展；二是保持资源的供需平衡和生态环境的良性循环。

1991 年，联合国粮农组织(FAO)提出了可持续农业的概念，即“可持续农业是使用和保护自然资源的基础方式，包括实行技术变革和机制性变革，以确保当代人类及其后代对农产品的需求能被得到满足。这种可持续的发展能够保护土地、水资源和动植物遗传资源，并且不会导致环境退化，在技术使用上要实用适当，经济上要可行，而且能被社会所接受”。

综合上述各种思想，本书在从系统学的角度提出关于农业可持续发展的定义：农业可持续发展是一个由农业经济、农业技术、农业生态环境和农村社会四个方面相互作用、相互影响所组成的有机整体系统，其实质是实现上述四个方面之间及其内部的高度协调。

具体内容表现为：在确保食物安全、发展优质高产高效农业、促进农业经济不断增长的同时，维护资源的合理利用。建设良好的生态环境，逐步形成一个不造成环境退化、技术上适当、经济上可行、社会能普遍接受的保持农业经济、技术、生态环境和农村社会协调平衡的农业发展体系。

“不造成环境退化”是指人类与自然之间、社会与自然之间达到和谐相处，建立一种非对抗性的关系；“技术上适当”指的是并不主要依靠最优、最先进的技术，而是以最为适用、合理的技术为导向；“经济上可行”是指控制投入成本，提高经济效益，避免国家财政难以维持和农民难以承受的局面；“社会能普遍接受”是指由生态环境变化、技术变革所引起的社会震荡应当控制在可以忍受的范围内。

因此，农业可持续发展是一种能够保护和维护土地、水和动植物资源、不会造成环境退化；同时，在技术上适当可行、经济上有活力、能够被社会广泛接受的农业”。它包括几层基本的意思：①可持续农业强调不能以牺牲子孙后代的生存发展权益作为换取当今发展的代价；②可持续农业要求兼顾经济的、社会的和生态的效益。

农业与农村的可持续发展是一个十分广泛的领域。在《中国 21 世纪议程——中国 21 世纪人口、环境与发展白皮书》中，农业与农村的可持续发展设立了 7 个方案领域：①推进农业可持续发展的综合管理；②加强食物安全和预警系统；③调整农业结构，优化资源和生产要素组合；④提高农业投入和农业综合生产力；⑤农业自然资源的可持续利用和生态环境保护；⑥发展可持续农业科学技术；⑦发展乡镇企业和建设农村乡镇中心。

二、农业可持续发展的基本特征

不少国内外学者对农业可持续发展的某些特征作过概括和描述，但大多没有全面而细致地进行过具体阐述，并且存在的分歧也不少。我们认为，农业可持续发展模式起码应具有下列六个方面的重要特征。

（一）农业发展的公平性

农业发展的主要目标是满足人类的消费需求，但人们消费需求方面存在着很多不公平因素，比如，目前占全球人口 26%的发达国家，却消耗了全球能源的 80%。因此，可持续发展要求公平分配有限的资源，给世界以公平的分配和公平的发展权，要满足全体人民的基本需求，以及给全体人民平等的机会以满足他们要求较好生活的愿望，特别要把消除贫困作为可持续发展进程中的重要问题进行优先考虑。除了发达国家和发展中国家的居民存在不合理的资源分配和不公平的消费以外，在一个国家内部不同的地区之间，由于生产力水平、自然资源禀赋、文化传统、人口数量和劳动力素质等方面的差异，人们占有消费品的质和量也不一样，甚至是在同一区域内不同居民的消费水平也会各异。因此，农业可持续发展要求社会公平分配有限的农业资源，给农村居民公平的发展权和消费权，以满足他们要求较好生活的愿望，特别要努力消除农村中的贫困现象。同时，也要注意代际间的公平，当代人不要为自己的发展与需求而损害下代人满足需求的自然资源与环境，要给后代以公平利用土地、水源、生物等农业资源和环境的权利。

（二）农业发展的持续性

（1）农业可持续发展要求不损害支持人类生存的自然系统。大气、水、土壤、生物链等，核心是人类谋求农业经济发展不能超越自然资源与环境的承载能力，反对滥采滥伐、盲目开垦和过度开发而造成水土流失、土地沙化、环境恶化和生态失衡等后果；强调农业发展速度与发展效益的协调统一，反对片面地追求发展速度和经济效益而忽视社会效益和生态环境效益等。

（2）农业可持续发展排斥农业经济的大起大落和极不稳定性现象，为了追求眼前的、局部的和短期的利益而牺牲了长远的和整体的利益，或者为了取得一时的发展速度而造成农业经济发展的极大波动，这种短期行为是违背可持续发展原则的。同时，农业可持续发展还要求尽可能地克服农业生产因受自然因素的制约而表现的弱质性，追求平稳、健康和持久的良性循环与发展。

（3）农业可持续发展不仅要求生产经营方面的可持续性，而且也要求分配、流通、消费的持续性，以及有关农业决策和政策方面的可持续性等。

（三）农业发展的开放性

（1）可持续发展作为全球发展的共同目标，以及实现这一共同目标必须采取共同的联合行动，必然要求各国从全局着眼，打破封闭与分割的界限，“世界生态环境系统”已经形成，保护环境和珍惜资源是全人类共同的任务，要求各国之间交流经验、传播技术、相互合作和共同发展，保证农业持续稳定发展及其对全人类生存的基本保障。

(2) 农业生态经济系统是典型的具有耗散结构的开放系统，它与周围环境不断地交换着物质和能量。由生物因素、水土资源因素、光热气候因素、环境因素、技术因素、经济因素、劳动力因素和政策因素等组成的农业开放性循环系统，时刻存在着相互促进、相互配合、相互影响和相互制约的关系；其中一个因素或多个因素的变化都会引起其他因素的改变。

(四) 农业发展的协调性

农业可持续发展要以保护自然资源可持续利用和生物多样性为前提，农业生产发展要与土地资源、水资源、动植物资源和环境的承载能力相协调。因此，发展农业经济的同时必须注意合理开发使用和节约资源，积极保护环境，控制环境污染和改善环境质量，保护生物多样性，保持地球生态的完整性，保证以持续的方式使用可再生资源，积极实现人与自然的协调发展。同时，发展农业、保护环境也和工业经济的发展密切相关，正是人类社会在工业化过程中，由于工业“三废”以及化肥、农药、塑料等工业产品，造成了严重的环境污染和对土壤、水、生物等农业资源的破坏。所以，还要积极防止工业污染，努力实现工业与农业经济的协调发展。

(五) 农业发展的系统性

可持续发展把当代人类赖以生存的地球及区域环境看成是由社会、自然、经济、文化、人口等多因素组成的复合系统，它们之间相互联系和相互制约。这种系统论的观点是持续发展理论的核心，并为人与资源环境问题的分析提供了整体理论框架。农业生产所依赖的社会、自然环境条件是一个不可分割的有机整体，农业活动的全部内容也是一个丰富多彩的体系，而且现代农业生产所追求的目标也是由多要素构成的系统，包括低消耗、无污染、无毒害、高产、优质、高效等。农业经济的发展包括农、林、牧、副、渔各业以及农业内部各部门之间的协调发展，任何一个行业和部门出现问题或者发生失衡现象，都会影响农业经济的持续和健康发展。同时，农业经济又是有农业生产以及农产品加工、储藏、包装、运输、流通和消费等多环节组成的整体，如果农业产业链条发生中断现象，农业经济就会遭受严重的损失。而且农业产业本身就是一个由多要素组成的、开放循环的生态经济系统，如果农业系统中的任何一个环节或者生态平衡遭到破坏，农业各个部门的比例关系就会失衡，农业资源就会浪费，农业的经济效益、生态环境效益和社会效益就会下降。总之，农业系统中任何一个元素出现问题，农业都难以实现可持续发展。

(六) 农业发展的技术性

农业可持续发展离不开现代农业科技的支撑，农业经济稳步发展的推动力是农业技术的不断进步。例如，利用农业高新技术生产高效、低毒、低污染的化肥和农药，以及改良土壤、实施节水灌溉、改良农产品品种、发展绿色农业和效益农业等。同时，实现农业的集约化、产业化和现代化，也离不开先进的农业技术。可持续农业不仅要求人们重视增加农产品数量，而且要求积极改善农产品的质量，提高农业的综合效益，以及节约能源、减少污染，实施清洁生产和文明消费，提高人们的生活质量和健康水平，而这一切都离不开科学技术的进步。因此，只有充分利用现代科学技术，才能保证农业经济稳定增长和效益的不断提高，从而实现农业可持续发展。

三、农业可持续发展的目标

可持续发展已成为当今人类共同追求的目标，也成为各国所普遍接受的理想发展模式。由于各国或不同地区自然、文化、社会、经济发展的差别，其内涵又如此丰富，以至于不同背景的地区和国家对可持续发展的理解差异很大。然而，以 1992 年世界环境与发展大会通过的《21 世纪议程》为标志，人们已跨出理论探讨的范畴，把可持续发展推向人类共同追求的实际目标。

由布伦特兰夫人主持的世界环境与发展委员会发表的《我们共同的未来》报告不仅提出了可持续发展的准确定义，而且从可持续发展定义出发提出了可持续发展要实现的七大关键目标：①恢复经济增长；②改变增长质量；③满足必需的工作、食物、能源、水和卫生的需要；④保持人口的可持续发展水平；⑤保持和巩固资源基础；⑥技术和管理风险的重新定向；⑦将环境与经济因素共同融入决策之中。

1992 年，联合国环境与发展大会通过《21 世纪议程》后，要求各国根据本国情况，制定可持续发展战略。中国政府随即着手编制“中国 21 世纪议程”，1994 年 3 月，国务院常务会议通过的《中国 21 世纪议程——中国 21 世纪人口、环境与发展白皮书》，规定了我国可持续发展的战略目标和行动框架。

《中国 21 世纪议程》把经济、社会、资源与环境视为密不可分的以人为中心的复合系统，不仅论及在发展中如何解决环境问题，还论及了经济可持续和社会可持续的问题，提出了经济可持续、社会可持续和环境可持续三大目标，将三者不可分割地结合在一起。

众所周知，中国是一个农业文明古国，中国有 3/4 的人口生活在农村，城市化水平不高，农村经济在整个国民经济发展中起着举足轻重的作用。因此，确立我国农业与农村可持续发展目标，无疑具有重要的战略意义。

农业可持续发展目标的实现是以现代工业和科学技术为基础，利用我国传统农业的有效技术精华，实现持续增长的生产率、持续提高的土壤肥力、持续协调的农村生态环境、持续利用的农业自然资源，实现高产、优质、高效、低耗，逐步建立起一个采用现代工业装备、现代科学技术和现代经营管理方法的农业综合体系。具体内容包括：①积极增加粮食产量，确保粮食安全，消除饥荒；②促进农村综合发展，增加农民收入，消除贫困；③合理利用、保护和改善自然资源，创造良好环境，以利于子孙后代生存和发展；④发展多种经营方式、多种生产类型、多层次的农业经济结构和发展模式；⑤进一步依靠科技进步，实现我国传统农业技术的精华与现代高科技相结合。

中国农业可持续发展目标体现在以下几方面：

(1) 农村经济增长目标　发展现代农业，建设社会主义新农村是当前农业发展的主要目标。改革开放以来，在农业取得巨大成就的同时，中国农村发生另一个巨大变化，就是农民从事工业、建筑业、运输业、商业等非农产业兴起。特别是 20 世纪 80 年代中期以后，各地乡镇企业的蓬勃发展，大大改变了农村经济面貌，甚至改变了中国的经济格局，农村经济在整个国民经济中的比重也出现了上升的势头，它的发展也在很大程度上决定着国民经济的发展。中国的城市和乡村的二元经济结构也正在逐步向一元结构转化。特别是随着我国加入 WTO，农村经济也要面临国际化的新环境、新机遇和新挑战。因此，当前我国的农村经济发展如何达到一个合理的增长目标，既不至于过高而忽视经济质量、忽视持续性，又不至于过低而影响整个国民经济，将是今后农村经济工作的一个重要课题。

(2) 农民收入目标 增加农民收入历来是农村经济发展的目标。但在以前，我们强调增加收入，主要是解决农民的温饱和贫困问题。而现在不同了，在新时期，农民收入的增加与否，增加幅度如何已经成为日益关系农业和农村能否顺利发展，关系国内市场，从而关系整个国民经济能否顺利发展的前提性问题，而且随着社会物质的日渐充裕，人民生活水平的日渐提高，市场结构的逐步变化，出现了增产不增收，甚至会减少的新情况；农民收入来源也日趋多样化。收入问题的决定因素也日益复杂化。因此，在新时期，农民收入问题也是农村经济、社会持续发展的主要目标。

(3) 农村生态环境目标 农业和农村的发展，与自然环境密切相关，一方面，农业和农村经济的发展离不开良好的生态环境和自然资源的支撑，另一方面，不适当的发展方式又对生态环境和自然资源产生消极的影响。在新中国成立几十年的发展中，由于不适当的生产方式，我们已经严重地损害了生态系统的平衡，对自然资源进行了掠夺式的经营。如前所述，造成了森林破坏、耕地退化、地下水位下降、水土流失、土壤风化、沙化等一系列恶果。不仅影响当代的经济发展，而且关系子孙后代，严重地制约了农业和农村的可持续发展。因此，在新阶段，注意保护资源和环境，维护生态平衡，实现资源的持续高效利用，实现农业的可持续发展，将是农村发展中的又一重要目标。

(4) 农村社会目标 实现农村的安居乐业和社会安定，为农业和农村经济发展创造一个良好的农村社会环境。中国的农村有7亿多人口，农村的稳定与否是关系整个社会安定团结的大事。自1978年底改革开放以来，我国农村就开始了重大的社会制度变迁过程，由于“阶级敌人”的消失，农村土地的家庭承包，以及“民工潮”的出现，政府官员中腐败分子的滋生，官方权威在农村明显削弱，代之而起的有重新抬头的宗法权威、宗教权威、新兴富裕阶级，也有地痞、村霸等流氓恶势力(党国印，1997)。这些力量都利用具体的环境条件在某些方面行使权威，并对农村的社会稳定产生复杂的影响。经济的发展离不开稳定的外部社会环境，因此，如何重新树立官方(包括法律)在农村的权威，确保农村的社会稳定，发展农村的文教科卫和基础设施建设，为农村发展创造良好的社会环境，将是今后农村持续发展的新目标。

第三节 中国农业可持续发展战略

一、中国农业可持续发展的问题

(一) 中国农业可持续发展的必要性

实施农业可持续发展战略是由中国的国情决定的。从总体上看，我国农业生产力水平还比较低。今后在相当长的一段时期内，我国农业面临着庞大人口对农产品数量和质量日益增长的需求同落后的农业生产力之间的矛盾。中国人均农业资源相对紧缺，人均耕地、人均水资源占有量都远远低于世界平均水平。为满足社会对农产品不断增长的需求，靠大规模增加新的资源尤其是自然资源的投入显然是不现实的，同时，我国资源浪费还相当严重，化肥有效利用率只有 30%，灌溉用水有效利用率不到 40%，农产品加工率只有 30%，农业副产物资源有效利用率不足 20%，远远低于发达国家的水平。在资源投入方面，如果不改变这种高耗低效的生产方式，农业发展将难以为继。

此外，中国农业科技水平和劳动者素质都比较低，直接影响了农业生产率的提高。解决这些矛盾的根本出路在于依靠科技进步，大幅度提高土地生产率、农业劳动生产率、资源产出率和环境净化率，加速传统农业向现代农业的转变，促进资源、环境和现代生产要素的优化配置，实现农业的可持续发展。

农业可持续发展是国民经济和社会可持续发展的基础。注重农业资源的合理开发和保护，使有限资源得以永续利用，是我国农业发展进程中必须始终坚持的一项重大战略方针。我国要实现 21 世纪第一个十年、2030 年以及到世纪中叶基本实现现代化的目标，必须坚持把农业放在经济工作的首位，把农业可持续发展放到突出的地位。

实现农业可持续发展，最重要的是合理开发、利用、保护和管理农业资源，改善生态环境。要统筹规划国土资源的开发和整治，依法保护并合理利用土地、水。草原和海洋资源，面向全部国土广辟食物来源。坚持粮食生产与多种经济作物生产相结合，发展种植业与养殖业、饲料业相结合，发展农业与第二、第三产业相结合，利用我国传统农业的精华和现代科学技术，协调发展农业和农村经济。形成生态上和经济上的良性循环。实现农业可持续发展，应当着眼长远，兼顾当前，统筹规划。按照有所为、有所不为的原则，把农业可持续发展作为经济、社会发展的优先领域，紧紧围绕农业可持续发展急需解决的重大课题，集中力量攻关突破，进一步培育和保护资源、优化生态环境、提高综合生产能力，走有中国特色的可持续发展道路。

（二）中国农业可持续发展现状

中国农业历史悠久，具有重视自然资源用养结合的优良传统。自 20 世纪 70 年代以来，国家进一步深化了对农业与人口、社会、资源、环境协调发展重要性的认识，并在实践中进行了农业可持续发展的试验、示范，并取得了积极效果，积累了工作经验。1992 年，联合国环境与发展大会后，中国政府制定了《中国 21 世纪议程》(1994 年)，提出了实行可持续发展战略规划，把可持续发展作为国家发展 462 的基本战略。在具体措施中，各地正在实施旱作农业和退耕还林、还牧、还湖等，努力改善农业生态环境；研究、推广保护耕地和各种农业技术措施，以形成巨大的生产力，等等。这些都为农业可持续发展战略的实施打下了良好基础。

1. 中国农业可持续发展的指导思想

根据国情和已有的实践经验，我国农业可持续发展的指导思想应当是：以改善生产条件，提高农业综合生产能力和增加农民收入为主要目标，针对干旱、水土流失、土壤贫瘠、滥垦乱开、经营粗放等突出矛盾，实行农艺与农机、生物与工程措施相结合，生态环境建设与高效农业开发相结合，加强农田水利建设，加快生态农业示范基地和草原建设等重点工程建设；大力推广先进实用技术，积极研制开发和引进优良品种，调整优化产业结构，在退耕(田)还林、还草的同时，保持农业综合生产能力的稳定与提高；把经济、社会和生态三大效益统一起来，逐步实现生态与经济的良性循环，确保农业持续发展。

农业生态环境建设应当坚持以下原则：①坚持区域规划、分类指导的原则。我国农业生态环境问题比较复杂，各地治理建设的模式、标准不可能千篇一律，在建设中既要坚持分区规划，统一标准、质量要求，又要结合不同类型区域的实际情况，搞好区域布局，因地制宜，实行分类指导。②坚持综合治理、突出重点的原则。农业生态环境的建设过程，实质上就是水土流失和荒漠地的治理过程。必须坚持山、水、田、林、路综合治理，林、草、果、粮、菜全面开发建设；农艺、生物与工程措施相结合，种草与造林相结合，经济林与用材林相结合，治坡与治沟相结合，水土流失治理与产业开发相结合。不同的地区要突出重点，从全国看，要突出抓好黄河中上游、长江中上游及其源头地区、三北风沙区、草原区及南方诸流域的石山区，淮河和海河流域的土石山区的治理。在措施上，要侧重应用投资少、见效快、效果好的小微型工程技术，充分发挥耕作技术措施对水土保持的作用。③注重科技、政策等支撑作用的原则。农业可持续发展和生态环境建设要在加强基本农田、水利设施、农业机械化等建设的同时，着力抓好科研、技术推广和生态环境保护法规等软件建设，充分发挥科技进步和法制对农业生态环境建设与保护的重要作用。在项目建设中，要十分重视科学技术的推广应用，并有相应的配套投资和政策。④坚持建设与管理并重的原则。农业可持续发展和生态环境建设要实行建设项目法人责任制和招标投标制度，推进农业投资体制改革，加强对农业资源的管理。加快农业增长方式的转变，实行集约经营，提高土地、水资源利用率，确保在退耕还林还草的情况下，农业生产能力持续稳定提高。⑤坚持综合利用与保护并重的原则。对新开发的农业资源，既要综合利用，又要保护，防止新的农业生态环境恶化，在这方面我们有过深刻的教训。农业综合开发要坚持工程措施与生物措施并举，确保农业资源的有效利用、永续利用。⑥坚持生态环境建设与经济社会发展相结合的原则。生态环境建设的目标总体上与广大农民的利益和要求是一致的，但是在短期内、在局部利益上有时不完全一致。因此，必须按照市场经济的原则，把生态建设与经济发展有机结合起来，大力发展高效农业，发展具有优势、特色的主导产业和产品，千方百计地增加农民收入，以充分调动农民积极性，形成生态环境建设与经济发展良性循环的运行机制。

2. 中国农业可持续发展的目标和任务

（1）总体目标。充分利用现代科学技术和中国传统农业技术精华，实现持续增长的生产率、持续提高的土壤肥力、持续协调的农村生态环境以及持续利用保护的农业自然资源，实现农业优质、高产、高效、低耗，逐步建立起以良好生态环境为基础、采用现代科学技术、现代工业装备和现代经营管理方式的农业和农村经济发展的综合体系。

具体又可分解为三个子目标：

① 经济可持续发展目标 农业发展与整个国民经济发展相协调。今后几十年随着人口的增加，粮食产量再上三个台阶，粮食产量近期保持 5 亿吨，到 2030 年左右达到 6.5 亿吨以上；畜牧业保持旺盛的增长势头，人均畜产品拥有量全面达到中等发达国家水平；逐步缩小城乡经济差异，在中等发达地区，基本实现城乡一体化，乡镇企业有一个大的发展。

② 资源环境可持续发展目标 完善资源利用和保护法规，建立农业资源持续高效利用的管理保护体系；实现全国耕地总量动态平衡；遏制草地过牧，森林超采，渔业过度捕捞；防治农田和水源的污染，使农业生态环境不断得到改善等。

③ 社会可持续发展目标 消除农村贫困，全面实现农村小康，发展农村小城镇，解决农业富余劳动力的就业问题，有效提高农民科技文化和健康素质，提高农村的社会主义精神文明程度。

（2）农业可持续发展的主要任务。实现上述目标，农业可持续发展的主要任务是：

① 构筑可持续农业技术系统 加强农业科技体制建设，保持基础研究、应用研究、开发推广三支梯队的合理比例。合理开发利用和保护农业自然资源，探索中国农业资源供需总体平衡途径和不同区域农业资源潜在价值估算方案。综合开发各种食物资源，发展豆类作物，大力发展畜禽和各种水产品，改善人民的膳食结构。加强种质资源收集、保存和研究、利用，选育各类农作物、畜禽、水产新品种，提高育种技术水平和育种效率，改善良种繁育体系，提高良种普及率。研究开发各种农作物综合增产配套技术，畜禽集约化饲养技术，大水面水产增殖、精养技术和远洋捕捞技术，促进农、林、牧、渔业持续快速发展。研究开发农产品贮藏保鲜技术，深层加工和综合利用技术，以减少农产品损失，提高品质，增加效益。研究确立以发展高产优质高效农业为目的，形成以农艺措施为基础，机械技术为手段，符合中国农村经济发展的农业机械化生产技术体系。研究开发高新技术，特别是能够发展形成新的生产力的生物技术。加强种质资源起源、遗传基础、光合作用机理、化学控制、免疫机理、群落生态等农业基础性研究工作，提高农业科学理论水平。

② 构筑可持续农业经济系统 完善农业政策机制，对农业结构进行战略性调整和优化。重视发展名优特稀特色农业。发展经济作物和饲用作物，构建“粮食作物、经济作物、饲料作物”三元种植结构；发展养殖业，延长生物链。促进农产品多次转化增值。发展农业产后部门，加快农产品产供销体系的建设，改变第三产业发展滞后的状况。

③ 构筑可持续农业生态与环境系统 严格保护现有耕地，提高耕地综合生产能力，改造中低产田，提高耕地的生产水平。改变草地非持续生产形态，治理退化草地，保护草地资源，采取有效措施制止过牧、滥垦、樵采与滥挖药材等掠夺式利用方式，加强人工草地建设等措施，释放草地生产潜力。加快造林步伐，保护天然林。统一调度水资源，多方开源，调水补源，发展节水农业，提高水资源的利用效率。治理农业污染，改善农业生态环境。

④ 构筑可持续农业社会系统 严格控制农村人口；积极发展农村第二、第三产业，使农业劳动力向非农产业转移。发展农村教育，提高农村人口素质。探索有中国特色的农村社会管理的机制和体制，实现村民自治，使农民在农村管理中的民主权利得以充分体现。积极发展农村小城镇，加强村庄建设与规划，逐步实现城乡一体化。

3. 中国农业可持续发展的地区布局和建设重点

中国地区差异大，发展不平衡，必须逐步打破地区封锁，按市场经济规律和社会化大生产的要求配置资源，实现地区优势互补，发挥资源潜在能力。应当实行地区倾斜的政策，重点扶持中西部、特别是西部地区农业资源开发，优先安排中、西部地区农业资源开发、生态环境保护和基础设施建设项目。大力发展生态农业，逐步形成支柱产业和新兴产业，使农民尽快脱贫致富。提倡跨省、跨地区、跨行业的联合开发和异地开发，促进沿海与内地、东部与中西部之间资源、人才、科技的双向流动，建立稳定的粮食、棉花、副食品及畜牧业生产基地，发展农副产品加工业。拓宽农产品流通渠道，形成统一开放、竞争有序的流通体系，促进农业资源和农副产品区域间交换和产销平衡。充分发挥区域资源优势：东部地带是中国农业综合开发的重点，包括东北区、黄淮海区、长江中下游区、华南区。土地面积占全国 1/4，人口占全国 70%，耕地面积占全国 60%，粮食和畜产品产量皆占全国 3/4 以上。自然、经济条件均较优越，生态相对稳定，土地承载力高，是中国主要农区，区域发展战略应为：以节约资源和内涵挖潜为主，提高农业综合生产能力，加大农业资源综合利用。在黄土高原和华北山区等重点水土流失区，实行生物措施与技术措施相结合，按流域进行综合治理。

二、中国农业可持续发展的影响因素

虽然新中国成立以来我国的农业发展基本上是可持续的，但同时，我们不能不看到形势严峻的一面，即非持续因素在增强，持续发展的因素在弱化。为此，必须从深层次探讨农业可持续发展的影响因素，寻求农业可持续发展的正确途径。

（一）农村人口快速增长对农业可持续发展的影响

2011 年，我国农村人口已经超过 7.37 亿，占全国总人口的 56%。农村人口的快速增长对农业的可持续发展将带来难以预测的不良后果：一是人均资源占有量减少，给现有不断减少的资源加大了承载能力，使不可更新和可更新资源的合理开发与有效利用，新增了难以克服的制约因素；二是迫使食物和纤维生产的发展速度一定要超过人口的增长速度，否则，难以满足新增人口的需求，这样很可能造成对生物资源和其他自然资源多样性的破坏和生态环境的污染；三是农村的绝对贫困不但不能减轻，而且还很可能滋生新的相对贫困，造成更加严重的农村社会问题。

（二）工业化进程对农业可持续发展的影响

1. 工业化、城市化倾向使农业的发展受到压制

新中国成立初期，恶劣的国际政治环境和经济理论指导上的失误，中国选择了工业化资本积累的道路。当时，农业在整个国民经济中占绝对地位，为工业提供资本积累的任务责无旁贷地落到农业身上。但是，对农业的持续发展却产生了极为不利的影响，主要表现在以下方面：

（1）农业剩余劳动力转移严重滞后　在工业化进程中，农业劳动力应该根据比较利益进行择业和迁移。但是，政府为降低劳动的机会成本，以维持农产品的低成本—低价格—工人的低工资—工业的低利润—财政的高收入—工业的高投入，就通过城市的户籍制度，人民公社的口粮制度、工分制度和户籍制度等，把农民固定在土地上，使其不能流转，从而导致新中国成立后的 30 多年里，中国的农业人口占总人口的比重变动微小。

（2）农民生活水平十分低下　由于收入水平低下，农民的消费结构中自给性消费占绝大比重，商品性消费增长缓慢。自给性、商品性及文化、住房消费增长缓慢。农业经济利益的流失具有较大的制度惯性，由农业挤压政策形成的工业和城市居民的既得利益集团必然会对现状的改变加以阻挠。减少农业挤压政策导致的经济利益大量外流必须借助于农业保护政策。

2. 工业化、城镇化使农业耕地面积日益减少

近 10 年，我国人均耕地占有量由 0.09 公顷下降到 0.08 公顷。其中，除了灾害毁地、农业内部结构调整即退耕改渔、退耕改果外，24.8%～33.2%是由于工业化、城镇化的建设占用，如兴建开发区、修路、搞房地产等。随着社会经济的发展，这部分占地越来越多。如果政府不立即采取有效措施对耕地占用加以规范，任其自由发展下去，本来已相当有限的耕地资源如何能维系不断增长的国人的生存？农业如何能够持续发展？

3. 城市工业、乡镇企业的发展对农村环境的污染破坏日益严重

随着城市工业、乡镇企业的迅速发展，“三费”排放量持续增加。目前，我国乡镇企业废水

COD 和固体废物等主要污染物排放量已占工业污染排放总量的 50%以上。国家应该通过制定相应的法律、法规，制止、控制工业、乡镇企业的某些行为，否则，农业的持续发展将无以为继。

4. 城乡间居民收入差距愈来愈大，不但影响农业的可持续发展，也不利于整个社会的繁荣与稳定

由于农业改革政策释放的巨大能量，20 世纪 80 年代初期，农民收入高速增长，使农民与城市居民的收入比例由 1980 年的 1∶2.14 缓解到 1985 年的 1∶1.72。1996 年、1997 年、1998 年、1999 年城市居民人均可支配收入与农民人均纯收入之比分别为 2.27∶1、2.5∶1、2.53∶1、2.64∶1，并且收入差距有继续拉大趋势。2010 年为 3.23∶1。在工业化的进程中，城乡间居民收入存在一定差距是必要的，可以使工业企业在市场上以较低价格获得所需劳动力，有助于加快工业化进程。但是，如果差距过大，会严重挫伤现有农民的生产积极性，使他们弃农从工、从商。离开了农民也就没有了农业，更谈不到持续发展的问题，整个社会经济将陷于瘫痪。

（三）农业的弱质性对农业可持续发展的影响

农业的弱质性是指在完全的市场经济条件下，随着经济的发展，农业作为一个产业和其他产业特别是工业相比具有比较利益逐渐变低的特性。比较利益是指两个部门按价值衡量的每单位投入的边际产出之比，亦即资金报酬率之比，农业的弱质性主要体现在以下方面：

1. 农业对资金的吸引力较工业弱

农业吸引资金乏力的原因如下：

第一，农业的自然风险较大，气候的不确定性和病虫害的发生使农业生产具有明显的不稳定性。农产品产量和收益波动性很大，使得投入产出经常不成比例，而工业则很少受自然力的影响，基本上不存在自然风险。

第二，农产品需求收入弹性较低。由恩格尔定律可以得到证明。恩格尔定律：随着家庭收入的增加，食物开支的份额在家庭开支中所占的比重会下降。随着收入的增加，食物支出在收入中所占的比重越来越小。而工业品则不同，工业品多为奢侈品，满足人类高层次的需求。随着人们收入水平的提高，需求量会大幅度的增加，由此决定了人们热衷投资于工业而忽略了农业。

第三，农业市场风险大。我国农业生产规模小，农户数量极多，每户能出售的农产品都只占市场农产品总供给的极小部分，而且不同农户生产的同一种农产品之间几乎不存在质的差别，这就决定了农业不可能形成垄断，任何农户都只能是市场价格的接受者。而工业企业由于规模大，效率高，不同厂商的产品存在一定差异，容易形成垄断。因此，农业的市场风险大于工业。

第四，农业较工业容易出现边际报酬递减。土地是农业生产中第一性的生产资料，土地是不可再生的稀缺资源。在一定量的土地上，随着投资的不断增加，其边际报酬是递减的。而工业中的生产要素几乎都是可再造的，出现边际报酬递减时，可以通过转产或增加限制性因素来加以消除。农业较工业易出现边际报酬递减，这一事实，阻碍了人们对农业的投资。

第五，农业的生产周期较长，农业生产资本周转速度较慢，投资回收期长。以上原因使得农业在吸引资金投入方面无法与工业竞争。

2. 农业科技进步速度慢

农业生产受生产周期长的限制，使得农业科研从投入研究到取得最终成果需要一个漫长的时期。而且投入生产中应用，还要根据土壤、气候等环境条件加以调试，这无疑阻碍了农业科技进步的速度。此外，农业科研条件差，工作人员待遇低，环境艰苦，极大地影响了研究人员的积极性，进而影响了农业科技进步的进程。鉴于此，政府必须积极引导和增加农业投入，依靠科技进步，加速发展高产、优质、高效农业，提高农业的市场竞争能力，增加农民收入。同时，加快农村税、费改革的步伐，减轻农民负担，提高农民发展农业生产的积极性。

三、中国农业可持续发展的模式

（一）中国农业可持续发展的基本模式

农业可持续发展模式选择促进我国农业可持续发展战略的实施，必须选择切实可行和有效的模式。

1. 生态农业模式

为了发展优质、高效、低消耗的农业，我国已于20世纪80年代初正式提出了发展生态农业模式的构想，并取得了显著成效。生态农业把人类的生产活动纳入到自然环境的生态循环链内，充分利用土地、空间、日光、时间，实现由人参与的生态系统的生物共生、能量交换和物质循环，以相对较低的投入，获取多目标的高产出效益。这是一种集约型的立体农业模式，它以农业可持续发展为长远目标，一改过去传统的单纯追求粮食高产的一元目标为既重视粮食生产，又重视林、牧、副、渔的综合经济效益的多目标，有利于农民脱贫致富，提高有限土地的利用率和自然环境的良性循环。

2. 高技术农业模式

发展高技术农业解决粮食问题的核心是遗传工程与技术。高技术农业是以农业可持续发展为目标，以生态农业为基础，以高新技术为手段的产业化的农业。高技术农业利用遗传技术，设计和培育适于水上、盐碱地、荒漠、高纬度高海拔地带种植的农作物品种，扩大可耕地面积，弥补耕地的不足，扩大粮食产量。可有选择地设计和培育具有优良性状，又有抗病虫害能力的农作物品种；利用生物工程设计组配适合于不同土壤、水分和气候条件下的农作物群体，提高各种条件下的复种指数。从而提高单位面积产量，利用生物固氮技术让农作物直接利用空气中的氮作氮肥，减少氮肥施用量。发展高技术农业必须保护生物多样性。保护生物多样性是提高技术农业的一项基础性工作。保护生物多样性，即包括保护物种资源、基因资源、生态系统资源，它是高技术农业发展中的重要生物技术之一，对于农业可持续发展有着举足轻重的作用。

3. 集约型可持续农业技术模式

集约型可持续农业技术模式，适合于人多地少、资源稀缺等基本国情的发展中国家，尤其宜于在我国推广。它所包含的内容与形式主要体现在如下几个方面：

（1）集约型可持续农业的目标　一是持续提高土地生产率、农产品自给率和商品率；二是持续提高劳动生产率和增加农民收入；三是持续改造农业基础条件，建造相对良好的生态环境和发展基础；四是持续地提高智能收入，优化劳动者队伍；五是构建发达的商品化经济结构；六是优化培植可持续农业政策体系。

（2）集约型可持续农业技术特征　主要包括：集约农作，持续高产；高产高效，提高效率；改善生态，持久发展。

（3）集约型可持续农业技术模式形式

① 常规式可持续高产农业技术就是以提高单产（单位土地、水域或畜禽个体）为主攻目

标，在集约化投入和科学管理条件下，重点抓好高产复熟间套种技术、规模化集约式饲养技术、高产淡水养殖技术、"吨粮田"技术开发、高产超高产新品种开发等。

② 节水高产高效农业技术。针对我国水土资源时空分布特征，从不同区域水资源可持续利用制约因素入手，大力研究开发以省水高产为主线的生物和工程节水技术。包括：北方干旱半干旱丘陵地区集水补灌技术，北方限水灌溉地区农田节水灌溉工程技术、耐旱省水高产品种或生物资源开发、标准化节水灌溉水利工程及农田基本建设等。

③ 节肥节药低耗高效农业技术，即尽可能减少农业系统外部投入物质，如化肥、农药、种产、劳力等的使用量，降低投入成本，减轻农产经营负担和环境压力。主要包括：新型长效释放肥料品种与应用技术开发、精密平衡施肥技术、低耗农药型抗病虫转基因品种、生物农药开发等。

④ 耕地保护与中低产田改良技术，主要解决保护宝贵的农田土地数量，以及不断地提高其质量并满足持续高产的需要。主要包括：水土保持技术、小流域综合治理、荒地利用以及废弃土地复退技术等。

⑤ 资源多级循环与再生利用技术，是运用生态学原理和资源经济学原则指导农业可持续发展的适用技术。包括：农林复合系统、沼气技术、秸秆还田、种养加一体化、农副产品深加工等。

⑥ 生物工程技术它是促进农业可持续发展的最为值得推广的技术，包括：运用转基因手段培养抗病大米、抗虫棉花、多抗或双抗型农作物品种以及动物新品种；利用该技术培育高光合效率新品种；利用该技术攻克稻瘟病、棉花枯萎病、小麦锈病等重大病害的防治机制与技术；运用该技术挖掘杂交水稻、杂交小麦和棉花以及畜禽杂种优势等方面的生物潜力，实现生物生产力在遗传上的突破。

（二）我国农业可持续发展模式的区域性探索

我国农业地域辽阔，各地条件千差万别，农业生态千奇百异，由此产生的农业发展模式各不相同，实施农业可持续发展战略必须强调一切从实际出发，坚持解放思想、实事求是的原则，充分体现农业可持续发展的区域性，把我国分为几个农业可持续发展的生态区域实施不同的发展模式。在此基础上，各地、县乃至乡、镇都应有自己独特优势的可持续发展模式及科技体系，保证我国农业可持续发展。我国可按不同模式区，采用不同的农业可持续发展的模式。

1. 沿海经济发达地区农业可持续发展模式

这一地区经济较发达，综合实力强，技术先进，对农业投入较高，农业可持续发展起点较高，在农业发展速度上应是最快的，在技术上是最先进的，代表我国可持续发展的最高水平与发展方向。这一地区对外开放程度最高，外向型农业发展条件最好，创汇能力最强，应充分发挥社会资源优势，完善技术与资金集约高效农业，当务之急是加强水土资源管理和生态环境污染治理，促进农业生态和经济的良性循环；此外这一地区各省、市均处沿海地区，开展农业的"蓝色革命"最容易，是今后农业可持续发展中高效农业的热点所在，这是经济欠发达地区发展中所没有的。

2. 经济中等发达地区农业可持续发展模式

这个地区在我国所占的区域较广，农业生态条件较复杂，又可分为北部草原区、东北垦区、中北部平原区、南部丘陵区等不同的可持续发展模式，各模式的差异也很大，但整个区域由于经济在中等水平对农业投入相对较大，是我国农业可持续发展模式的代表，是连接我国农业先进地区与落后地区的关键，起到不断吸收先进地区的经验与技术，带动欠发达地区的农业可持续发展的作用。

3. 经济欠发达地区农业可持续发展模式

欠发达地区农业发展的首要任务是加快主要农产品商品生产基地的现代化建设，大力发展立体农业，实行农林牧综合经营，提高农业集约化水平和防治生态环境恶化。贫困地区则应加强生态和环境建设，发挥当地资源优势，摆脱贫困等。西北、西南地区经济欠发达，农业投入较少，先进的农业科学技术一般不易为群众接受，科技成果转化难度也较大，可持续发展在这些地区的重点是科技文化知识的培训，转变群众中落后的观念，提高群众科技水平，并结合该地区的特色重建三高农业生态，形成人与自然的协调发展。西北地区农业可持续发展模式重点应在防治水土流失、节水农业上，建立新的可持续发展的农业生态，在此基础上发展养殖业，提高农民生活水平。在高原区发展高原农业、林业、中草药业等应是新的发展点。在西南考虑立体农业、农林业结合、种养结合等很重要，水果的生产储运加工等也是极其重要的内容。

本章小结

本章从理论上阐述了农业循环经济和循环农业的基本概念与内涵，以及循环经济的主要理念，为农业可持续发展的学习做思想基础。在循环经济思想的基础上，本章对农业可持续发展思想的形成过程、概念内涵、特征、发展目标进行了详细阐述。并结合我国实际，系统介绍了中国农业可持续发展的实践和技术要点深入分析了我国农业的可持续发展战略。

探索与实践

一、名词解释

1. 循环农业　2. 农业可持续发展　3. 循环经济 3R 原则

二、填空题

1. 传统线性经济运行模式：(　　)、(　　)、(　　)；循环经济运行模式：(　　)、(　　)、(　　)。

2. 循环农业的核心是运用(　　)思想、(　　)理论与(　　)理念，通过(　　)创新，调整和优化(　　)内部结构及产业结构，延长产业链条，提高农业系统物质能量的(　　)利用，最大程度地利用农业(　　)能资源。

3. 循环农业在产业体系构建中，主要体现为(　　)、(　　)、(　　)、(　　)、(　　)五个方面。

4. 农业可持续发展是一个由(　　)、(　　)、(　　)、(　　)四个方面相互作用、相互影响所组成的有机整体系统。

5. 循环经济的 3R 原则是指：(　　　　)、(　　　　)、(　　　　)。

三、选择题

1. 中国农业可持续发展的模式主要有(　　)。

A. 生态农业模式　　B. 高技术农业模式

C. 集约型可持续农业技术模式　　D. 循环农业模式

2. 循环农业最主要特征是(　　)。

A. 最大限度地开发自然资源　　B. 最大限度地创造社会财富

C. 最大限度地获取利润　　D. 产业链延伸

E. 资源节约

3. 循环经济的3R原则是指(　　)。

A. 生态经济学　　B. 资源利用的减量化原则

C. 产品的再使用原则　　D. 废弃物的再循环原则

E. 工业型农业原则

4. 现代农业生产所追求的目标也是由多要素构成的系统,包括(　　)等。

A. 低消耗　B. 无污染　C. 高产　D. 无毒害　E. 优质、高效　F. 可持续

5. 以下可持续发展的正确叙述是(　　)。

A.《世界自然保护战略》中第一次把可持续发展作为一个概念提出来

B.《我们共同的未来》对可持续发展作了明确定义

C.《2000年可持续农业的全球政策》是联合国粮农组织(FAO)指定的

D.《可持续农业生产对国际农业研究的要求》是世界环境与发展委员会提出的

E.《关于可持续农业与农村发展(SARD)的丹波斯宣言和行动纲领》由"农业与环境"国际会议制定

四、判断题

1. 传统线性经济运行模式是:资源—产品—资源。(　　)

2. 循环经济运行模式:资源—产品—再生资源。(　　)

3. 循环经济本质上是一种生态经济。(　　)

4. 农业生态经济系统是典型的具有内敛结构的开放系统。(　　)

五、简答题

1. 简述循环农业的基本内涵。

2. 简述循环农业的基本特征。

3. 简述循环农业的基本理念。

4. 简述农业可持续发展的基本特征。

5. 简述我国农业可持续发展的区域模式。

六、论述题

结合国情,论述我国农业可持续发展的发展战略。

第六章　农业生产结构与布局

内容梗概

本章首先简单说明农村产业结构的概念、特征和影响因素，接着在介绍农业产业结构内涵的基础上，分析农业产业结构的影响因素，提出农业产业结构的评价标准；然后阐述农业生产布局的概念原则以及影响因素；最后较系统地阐述中国农业产业结构优化调整的原则，并在此基础上介绍中国农业产业结构现状，着重说明中国农业产业结构优化的原则和对策。

学习目标

通过本章的学习，使学生了解农业产业结构的内涵、特点，充分理解农业产业结构的形成条件和变化的影响因素，并结合实践掌握农业产业结构的调整的规律性，理解相应的优化原则，掌握农业产业结构合理化评价的维度和方法。

学习提示

本章的内容理论与实践结合较强，建议在学习的过程中，要注意以下几点：一是根据国内外农业产业结构演变路径，把握农业产业结构变化规律；二是注重农业产业结构与布局的理解，注意不同地区有不同的农业产业结构与布局；三是要结合中国的国情，理解农业产业结构的演变和调整。

第一节　农业生产结构

科学地认识和正确地确定农业生产内部的比例及其相互关系，是保证农业生产健康发展的重要问题。合理的农业结构，有利于发挥农业内部各部门之间相互促进的关系；保持农业生态系统各因素之间的相对协调和稳定，充分合理地利用自然资源和经济资源；满足国民经济对农产品的需求。

一、农业生产结构的概念和特点

（一）农业生产结构的概念

农业生产结构是指农业中各生产部门或各生产种类所占的比重及其相互关系，亦称农业产业结构，是农业经济总体结构中的主要组成部分。

从广义来讲，农业产业结构应包括两个方面：

1. 横向结构

所谓农业产业的横向结构，是指农林牧渔业及其内部的组合比例和相互关系，具体包括以下 6 个层次：

（1）农林牧渔各业的比重，主要是指种植业、林业、牧业、渔业所占的比重；

（2）各业内部的各类生产之间的比重，如农业内部谷物生产和经济作物生产的比重，牧业内部牲畜养殖和活畜禽产品的比重等；

（3）农产品的产品结构，即不同农产品在同类产品中各自所占的比重；

（4）同一农产品的品种结构，即在同一种农产品中不同品种所占的比重，如小麦的不同品种构成，绵羊的不同品种构成等；

（5）同一品种农产品的品质结构，如红富士苹果中优质产品所占比重等；

（6）同一农产品的上市时间结构。

2. 纵向结构

所谓农业产业的纵向结构，是指农产品生产和加工、流通之间的比例关系。农业作为一个完整的产业，应当是生产、加工、流通等环节紧密联系在一起所形成的产业体系。在农业发达国家，农业早已不是指单纯的农产品生产，而是指包括农产品加工和流通在内的完整产业体系。

农村产业结构是一个与农业产业结构容易混淆的概念。

农村产业结构是指在农村这个特定经济区域内，各个经济部门及其所属各门类、各生产项目的比例关系、结合形式、地位作用和运动规律等。它包括三层含义：一是在一定的农村区域中，农村经济是由哪些产业部门组成的；二是这些产业部门是按什么方式组合在一起的；三是各个产业部门在总体中的地位，即各占多少比例。

农村产业结构一般包括三大产业，即：第一产业，包括产品直接取自自然界的生产部门，主要是有生命的物质生产部门，如种植业、林业、牧业、渔业等，基本上是指传统的农业生产部门；第二产业，包括工业、建筑业等，主要是指加工业的物质生产部门；第三产业，包括为生产和生活服务的交通运输业、邮电通信业、商业、金融服务业、科学技术、文教卫生以及其他公用事业等服务业部门。

（二）农业生产结构的特征

1. 农业产业结构的整体性

农业产业结构是各种自然再生产过程和经济再生产过程的交织，尽管农业产业结构也可以适应各种需要而分解为许多侧面和层次，但仍然是一个有机整体。孤立研究某个侧面只会获得局部的片面结果，农业产业结构的整体性，要求从整体观念出发，加强对农业产业结构进行系统性的研究。

2. 农业产业结构的多层次性

农业产业结构总体上划分为“狭义”农业的内部结构和“广义”农业的内部结构，开展这两个层次的结构研究，对于促进农业经济发展具有十分重要的实际意义。农业产业结构的多层性研究，对于充分利用多种多样的自然资源和经济资源，发挥地区优势，合理利用各业的中间产品和副产品，提高劳动生产率和土地生产率以及提高经济效益都有重要意义。

3. 农业产业结构的路径依赖性

某一时间、特定地区的农业产业结构不是一蹴而就形成的，也不会转瞬即逝。农业产业结构是在长时间的自然（温度、湿度、自然灾害等气候变化）、经济、社会、文化、人文习惯变化基础上形成的，并随着这些外部环境的变化随时发生调整、优化和变更。因此，特定的农业产业结构都是在内外部环境综合作用下经过一定历史沉淀形成的。按照新制度经济学的观点，一个国家或地区经济发展与其原有经济基础、制度环境、社会结构和技术特点的密切相关，具有类似于物理学中的惯性，即对既有路径产生依赖，容易沿着既定的好的或者坏的方向不断得以“自我强化”。依据路径依赖①理论，农业产业结构这种较强的历史性提示我们在未来的农业产业结构调整工作中，一定要立足实际，结合历史，充分意识到路径依赖的存在，不仅要考虑将要采取的决策的直接效果，还要研究其长远影响；要随时研究改革是否采取了正确的路径，如果发现了路径偏差要尽快采取措施加以纠正，使它回到正确的轨道上来，以免积重难返的状况出现。事实上，目前已经出现了很多对无效率制度的路径依赖问题，这主要是因为前期改革不规范，改革措施不彻底造成的。

4. 农业产业结构的动态性

多种多样的农业产业结构受一定的时间、空间条件的影响，随着时间、空间条件的运动变化，农业产业结构也时刻在发生着变化，一成不变的农业产业结构是不存在的，研究农业产业结构的动态规律是农业经济学的基本研究任务之一。但是，农业产业结构总是具有一定的相对合理性和相对稳定性。它的形成和发展与当时各种经济因素、自然环境因素有着直接关系。因此，调整农业产业结构，要从客观实际出发，因势利导，既要注意农业产业结构的整体性、多层次性、动态性，又要保持农业产业结构的相对稳定性。这样，才能使农业产业结构经常处于良性循环之中。一般来说，随着经济的发展和人民生活水平的提高，农业生产的横向结构中畜

---

① 经济学上的“沉没成本”是路径依赖的主要原因，对组织而言，一种制度形成后，会形成某个既得利益集团，他们对现在的制度有强烈的要求，只有巩固和强化现有制度才能保障他们继续获得利益，即使新制度对全局更有效率。对个人而言，一旦人们做出选择以后会不断地投入精力、金钱及各种物资，如果哪天发现自己选择的道路不合适也不会轻易改变，因为这样会使得自己在前期的巨大投入变得一文不值。

牧业的发展会快于种植业，其中，畜牧业和种植业内部结构变动都将趋向于居民生活质量的提升和国民消费习惯的变化；农业生产的纵向结构中加工、流通环节所占的比例会逐渐上升，生产环节比例适当下降。

二、农业生产结构的影响因素

研究农业生产结构，与确定农业发展的方针和道路有密切关系。例如，一个地区或一个国家，在农业发展方针上以种植业为主，或以畜牧业为主，就是农业生产结构的形成与变革的问题。一般说，种植业、畜牧业与林业的比例，是农业生产结构的基本问题；但某些农作物生产种类结构的比例调整，也可以成为关系整个国民经济发展的重要问题。

农业生产结构的形成与变更受多种因素制约，主要有：

（一）自然资源条件——农业产业结构演变的客观基础

农业生产本质上属于一种资源型产业，它的主要对象是有生命的动植物，与自然资源条件的关系极为密切。首先，它们对自然环境条件有着一定的要求。如，没有水资源，难以发展渔业和水稻种植；没有牧草场，养牛业和养羊业的发展就会受到制约，因此，农业产业结构总是同一定的自然资源联系在一起的。其次，一个国家或地区的人口、劳动力、地理位置、经济发展水平、资本等条件也在一定程度上制约和影响着农业产业结构的形成和发展。

（二）社会需要——农业产业结构演变的导向

社会需求对一个国家或地区的农业产业结构有一定的诱导作用。古典经济学家亚当·斯密曾指出，不是因为市场上有许多酒店，我们社会上有饮酒的风尚，而是社会上由于种种原因而产生了好饮酒的风尚，才使市场上有许多酒店。

农产品是用来满足人们基本生理需要的，这一特性决定了人口的数量和消费构成均对农业产业结构产生重要影响。

一般说来，在同等条件下，人口越多对粮食的需求就越大，为了解决吃饭问题，就容易形成以粮食为主的农业产业结构。消费构成是居民生活需求水平的质态表现和习惯，在居民收入水平不断提高的情况下，消费活动符合恩格尔定律[①]，消费构成由以食物为主转向其他，食物支出比重减少。农业是国民经济的基础部门，也是出口创汇的重要部门，随着工业结构的调整和国际贸易的扩大，对农副产品需求的种类和数量也在不断变化，相应的农业产业结构也随之发生变化。

（三）科学技术进步和生产力发展水平——农业产业结构演变的决定性力量

首先，通过科学技术的发展，可以开发新的农业资源，拓宽自然资源的利用范围，使新的产业或产品生产可以突破原有资源的制约而得以更好地发展，使不能成为可能；其次，科学技术的进步，可以为农业内部有限发展的产业提供先进的技术与设施使其得以更快发展；再次，农

---

① 19世纪德国统计学家恩格尔根据统计资料，对消费结构的变化得出一个规律：随着家庭和个人收入的增加，食品方面的支出占总收入的比例将逐渐减小，这一定律被称为恩格尔定律。

业科学技术可以不断地为农业提供新的优良品种和先进的种植技术，从而不断推动农业内部结构、产品结构、品种结构、品质结构以及产品上市时间结构的优化；最后，我国农业产业结构的变化，在相当程度上要受粮食生产水平的制约，而粮食生产水平的提高，最终也要取决于农业科学技术水平的提高。

另外，农业产业结构的形成和发展，以及合理化程度主要是由社会生产力发展水平决定的。因为自然资源条件可以在先进的生产力水平下得到更合理利用，同时，它又是构成生产力的一个物质要素；社会需求状况同样也取决于生产力的发达程度；社会经济制度和政府经济行为，也必须适应生产力发展状况和依据生产力发展的要求来调控。因此，影响和作用农业产业结构的众多因素中，决定因素是生产力发展水平。实践证明，生产力发达的国家和地区，能够充分合理地利用资源优势，形成良性循环的农业产业结构。而生产力不发达的国家和地区，一般农业比较落后，农业产业结构基本上是单一的或“小而全”。

（四）政府的经济行为——农业产业结构演变的政策保证

在既定的社会经济制度下，作为国家主体的代表——政府，将会根据经济发展的规律性，通过自身的行为，利用经济的、法律的、行政的手段来调控农业生产过程，以实现其既定的经济发展目标。比如，当农产品和畜产品的比价政策有利于生猪生产时，由于比较利益的诱导，农民就会把有限的资源转移到养猪业上，生猪的产量就会上升、比重就会增加，农业产业结构就会发生变化。政府的产业政策及其相关决策是国家对农业产业结构调整进行宏观调控的重要手段。国家为落实既定的产业政策和相关决策，可以通过财政、信贷、税收等经济手段和行政手段，按照产业政策的要求，促进或抑制农业内部某一产业或某种产品的发展，从而使农业产业结构向合理的方向发展，实现优化和升级。

综合看来，农业生产是利用植物和动物的生物学特性进行生产的，自然条件对于农业生产结构的形成有重要制约作用。但是，社会经济条件变化，特别是工业发展也会引起社会对农产品需求的变化。一个国家的社会经济发展战略，特别是农业发展的长远方针与农业政策，都往往要求适当调整农业生产结构，但是这些要求都只是影响着农业生产结构的变更。农业生产结构的重大改变，主要取决于科学技术的进步和生产力发展水平，它使人类有可能改造自然条件来改善动物和植物的生长条件，或者改造动物和植物的生物学特性去适应自然条件。

三、农业生产结构的评价

农村产业结构的合理程度是农村经济发展水平的标志之一。实现农村产业结构的合理化、科学化，无论是“量”的方面，还是“质”的方面，都必须遵循其客观规律，把握住农村产业结构的内在特性。

（一）建立合理农业产业结构的重要意义

1. 影响着农业自然资源能否合理利用

任何一个国家或地区的农业自然资源都是多种多样的，但是，由于不同的资源所适应的农业生产部门和项目是不同的，所以农业产业结构只有同资源的特点相适应，才能提高农业生产的经济效果，促进农业生产的发展。

2. 影响着农业内部各个生产部门和生产项目之间的物质能量相互转化

农业产业结构合理与否关系能否充分发挥农业内部各个生产部门、生产项目之间存在着物质能量的相互转化、相互利用关系。合理的农业产业结构就可以促进这种关系，从而有利于农业生产的发展。

3. 影响着农村中劳动力资源能否充分合理利用

农业劳动力资源能否充分合理利用同农业产业结构的状况关系十分密切。因为不同的农业生产部门、不同的农业生产项目能够经济合理地容纳劳动力的数量是不同的。

4. 影响着国民经济的发展对各种农产品的需求是否能按比例得到满足

国民经济的发展需要农业按比例地提供各种农产品。农业生产能够满足这些需求，就能推动社会生产力的发展。而农业能否做到这一点，以及能在多大程度上做到这一点，都同农业产业结构是否合理有着密切联系。

由此可见，农业产业结构合理与否，对于农业生产的发展和整个国民经济的发展都具有十分重要的意义。

（二）农业产业结构合理化评价标准

农业生产结构的形成及其发展趋势受多方面因素的制约，衡量农业生产部门结构合理与否，需要从全局、多方面进行定性与定量分析。具体说来，需要从以下几方面做出判断：

1. 农业资源利用情况

农业生产结构是否合理要视其对农业资源利用情况是否合理，主要包括各类土地资源、生物资源、水资源及其他自然资源的利用率、劳动力利用率、农业副产品利用率等。通过以上指标，可以看出资源利用的深度和广度，应该和可能利用的资源是否得到了利用。农业自然资源、经济资源对农业生产中物质和能量的变换影响很大。充分而合理地利用有限的农业资源，是发展农业生产特别重要的一个问题，如果资源利用不充分，浪费很大，农业生产部门的结构自然就不合理。

2. 生态环境状况

通过包括森林覆盖率、自然灾害发生率、土壤有机质含量、土质水质中有害物质含量等指标的考核，可以看出是不是进行了掠夺式经营，农业再生产能否呈良性循环。农业生产结构直接影响生态系统，合理的农业生产结构能够保持和建立生态平衡，使生态系统呈良性循环，农业生产中物质和能量变换也就比较顺利；反之，如果破坏了生态平衡，生态系统呈恶性循环，农业生产中物质和能量变换受阻，农业生产结构肯定不合理。因此，生态环境状况是评价农业生产结构合理性的一条重要标准。

3. 经济效益大小

经济效益是衡量农业生产结构的重要指标之一，主要包括农业劳动生产率、单位农产品成本、投入产出比、单位投资收益率、单位面积净产值、人均纯收入等。合理的农业生产结构，农业内部之间的比例协调，农业生产中物质和能量转换的效率必然较高，经济效益也必然较大。

4. 满足社会需要的程度

农产品是否满足社会需要是衡量农业生产结构的重要指标，包括主要农产品人均占有量、农产品商品率、农产品商品量、商品农产品总值、主要农产品人均消费水平等。通过以上指标不仅可以看出农业中商品经济的发展程度，农业生产的专业化水平，各地的优势是否得以发挥；而且，可以从中分析农业生产结构是否符合国民经济发展的要求，在多大程度上满足了社会对农产品的需要。随着国民经济的发展和人民生活水平的提高,社会对农产品的需求不断增长,对各种农产品需求的数量和比例还会发生变化。在一定的农业生产水平下,农业生产结构合理与否对于满足社会对农产品的需求具有重要作用。

5. 农业各部门协调发展

合理的农业产业结构应是农业各部门获得协调发展的结构。只有遵循农业各部门间相互促进、相互补充的关系,才能实现相互间的协调发展。例如,林业能对其他各生产部门的正常生产提供保护,但这种保护只有当森林覆盖率达到一定比例时才能真正有效。因此,任何破坏农业各部门间有机联系的行为,均将导致农业产业结构趋向不合理。

以上评价和衡量农业产业结构的标准是相互联系、相互制约的。在评价农业产业结构时,应该从以上几个方面进行综合的考察。同时,评价一个地区、一个企业农业生产部门结构的合理性,不能只看其微观经济效果,要把这个地区、这个企业放在全局中来考察,看看它对宏观经济带来了什么影响,只有这样才能得出正确的结论。

(三) 农业产业结构合理性化的评价方法

衡量农业产业结构是否合理,通常有四种方法:比重法、类比法、速度法和协调法。

1. 比重法

比重法是根据各次产业产值在产业结构中的百分比确定其合理程度。

2. 类比法

我们通常用一个地区的产业结构同另一个地区相比,从而说明这个地区产业结构的合理程度。

这种类比法在条件大体相同的国家和地区之间进行一些比较是可行的。但是,形成产业结构是由许多因素促成的,既有自然因素,也有社会因素,还有历史因素,因此,类比法有一定的局限性。

3. 速度法

一个部门的发展速度同另一个部门的发展速度比较,或者用一个部门现在的速度同过去的速度比较,以此说明结构是否合理。

速度法也有局限性,因为速度快慢只反映结构在一定时期的发展状态,并不能确切说明产业结构的合理化程度。因此,单一地用发展速度说明农业产业结构是不全面的。

4. 协调法

协调法就是从系统的观点出发,研究农业产业结构运动的内在规律性,综合考察部门之间在一定时期的合理比例关系,使产业结构在生产、分配、流通、消费各个环节不受阻碍地和谐进行。

要做到这一点,就要对产业部门的内部因素和外部环境做深入细致的研究。在研究方法上吸收比重法、类比法和速度法等方法的优点,综合进行研究。

(四) 农业生产结构评价指标体系

1. 反映农业生产结构状况的指标

综合来看,衡量和评价农业产业结构的指标主要有以下三类:

(1) 产出结构指标

① 价值量结构,即产值结构,它是以货币形式表现的农业生产成果中各产业(部门)或

各类产品所占的比重，可用来衡量和评价横向结构中第一、第二层次的结构和纵向的农业产业结构。

② 实物量结构，它是以实物计算的某类或某种农业产出中某种或某类农产品所占的比重，可用来衡量和评价农业内部各业的产品结构、品种结构、品质结构和产品上市时间结构。

（2）投入结构指标

① 农业劳动力就业结构，它是指在全部农业从业人员中，农业内部各产业或某类、某种农产品生产经营所占用劳动力的比重，这是衡量和评价农业产业结构的另一个重要视角。

② 农业生产用地的使用结构，主要是指各类、各种农作物播种面积比重，各类、各种林木的生产用地比重等结构指标，主要是用于衡量与评价种植业与林业的生产结构状况。

③ 资产结构，通常以农业内部各业（部门）的固定资产存量比重和固定资产投资比重来反映，主要用于衡量和评价农业内部各产业（部门）的结构状况。

④ 科技投入结构，主要包括：不同文化水平的劳动力投入农业内部各产业（部门）的比重、农业技术人员投入农业内部各产业（部门）的比重、科技投资在农业内部各产业（部门）间的分配比重；科技成果推广项目在农业内部不同产业（部门）的实施比重。

（3）结构变化值指标

前述结构指标都是说明农业产业结构的静态指标，农业产业结构变化值指标则是反映农业产业结构变化程度的动态指标。

① 结构变化总值，是指一定时期内农业内部产业结构变化的总量，说明农业产业结构总的变化程度。计算公式为：

$$JBZZ = \sum_{i}^{N} | X_{ji} - X_{bi} |$$

式中，$JBZZ$ 为结构变化总值，X_{bi}、X_{ji} 为第 i 部门报告期和基期所占比重的百分比；N 为部门数。

② 结构变化平均值，是指农业产业结构变化总值与计算期长度的比值，反映一定时期内农业产业结构的平均变化程度。计算公式为：

$$JBBZ = \frac{JBZZ}{N}$$

式中，$JBBZ$ 为结构变化平均值。

应该指出，结构变化值指标只能综合表明农业产业结构变动的程度，从其数值大小不能判断变动趋向及其合理与否。因此，实际应用中需要把这个指标同结构变化的具体方向结合起来，并根据上述标准和原则进行分析，才能得出正确的结论。

2. 反映经济效益的指标

反映经济效益的指标主要包括单位面积产量（产值、净产值、纯收入）、劳动生产率、单位产品成本、资金投入产出率（如投资利润率、成本利润率等）等。

3. 反映社会效益的指标

反映社会效益的指标主要包括农产品商品量及其构成、农产品商品率、主要农产品的人均消费水平等。

4. 反映生态效益的指标

反映生态效益的指标主要包括森林覆盖率、自然灾害发生率、土壤有机质含量、土壤和水资源中有害物质含量等指标。

第二节 农业生产布局

一、农业生产布局的概念

（一）农业生产布局概念

农业生产布局（allocation of agricultural production），是农业生产发展的一个重要侧面——农业生产发展的一种地域表现形式，是人类社会自出现农业生产活动以来即存在的一种社会经济现象，是指各国各地区的农业各部门（农、林、牧、副、渔）及其各个生产门类、项目（农耕业中的粮食作物与经济作物；粮食作物中的水稻、小麦、玉米、高粱、薯类等；经济作物中的棉花、麻类、甘蔗、甜菜、油料等）的地域分布，以及农业各部门及其各门类、项目的生产在一定地域范围的组合，又称农业配置。它包括农业各部门在地区内的分工和在一个地区内农业各部门的结合。前者反映农业生产的区间关系，表现为不同地区农业生产的专业化；后者反映一个地区的农业结构。

任何社会，只要存在农业生产，就会形成一定的农业生产布局。封建社会因生产力水平低下，利用改造自然的能力很薄弱，故农业布局表现为分散性和自给自足性。资本主义社会时期，随着社会生产力的高度发展，人们利用改造自然的能力大大增强，交通运输发达，农业布局往往表现为农业生产地域专业化和商品化。在社会主义条件下，通过国家计划和市场调节，农业布局趋向各地区的合理分工和农业各部门的合理结合，并逐步由自给、半自给性生产转向较大规模的商品性生产，由单一农业经营转向农工商相结合的综合经营。现代农业生产布局的重要任务是适应国民经济发展对农业提出的要求，研究地区的自然、经济和技术条件，根据农业生产部门或某一项目对生产条件所提出的特殊要求，遵循客观规律，因地制宜地安排农业生产，在提高经济和社会效益的基础上，实现合理的地域分工，使中国农业生产逐步实行区域化、专业化、社会化和现代化。

（二）农业布局的基本内容

1. 农业生产条件评价

影响农业生产的条件主要有农业自然条件与农业自然资源、技术条件和社会经济条件等方面。缺少对这些条件的评价，就无所谓安排农业生产，进行农业布局。因此，分析、评价农业生产条件对农业布局的影响是研究农业生产布局的一个重要方面。

2. 农业部门布局

农业部门布局是在分析农业现状的基础上，从各农业部门的生产特点出发，根据它们所需要的环境，结合各地区的生产条件，选择适宜区；并通过研究各部门的分布状况、发展变化特点和存在问题，确定农业各部门的发展方向、规模、水平、分布与增产途径的布局方案。

3. 区域农业总体布局

它是以地区为基本单位，研究农业区域的总体布局问题。着重确定区内农业主导部门和次要部门，以建立合理的农业部门结构体系，实现农业生产的区域化和专业化。

（三）合理农业生产布局的意义

根据国内国际形势发展的需要，按照因地制宜的原则，进一步调整区域农业结构和生产力的地区布局，充分发挥各地的区域比较优势，提高农产品质量，降低生产成本，提高农业的整体素质和竞争力，满足经济、社会发展和人们生活提高的需要。农业的合理布局对于促进农业发展和实现农业现代化具有重要意义：

（1）可以按照国民经济有计划按比例发展的要求，在全国范围内实现地区的分工协作，充分利用当地的农业资源，以最少的投入生产出丰富的农产品。

（2）可以逐步实现农业生产的专业化和区域化，提高土地生产率和农产品商品率，提高科学技术和经营管理水平，提高设备利用率，从而加快农业现代化的进程。

（3）可以促进工业更快发展，使工农业相互协调，减少和消除不合理的运输，降低成本，节约社会劳动，提高社会效益。

（4）可以协调经济发展和生态环境的平衡，保持农业生态系统的良性循环。

（5）可以促进全国各地区经济的平衡发展，促进边疆和少数民族地区的经济繁荣，加强民族团结。

（6）可以使各地区农业生产有明确的发展方向和奋斗目标，从而有利于充分发挥各地区、各单位的积极性和主动精神，推进农业的更快发展。

二、农业生产布局的原则

农业生产是在广阔的空间中进行的，由于农业生产的经济再生产与自然再生产交织在一起，农业生产与自然环境的密切联系决定了农业生产具有强烈的地域差异。然而，自然条件是农业合理布局的自然因素或自然基础，对农业生产布局起决定性作用的另一个因素是社会分工。因为社会分工促进了商品经济的发展，商品经济的发展促进了农业的专业化和地域分工。农业生产布局是自然环境、地理位置和社会分工共同作用的结果。因此，在具体的农业生产布局中要考虑到以下几个基本原则：

（一）充分合理利用自然经济资源原则

充分合理地利用自然资源、经济资源，是农业生产合理布局的首要原则。农业生产的劳动对象是有生命的生物体，它们都有着自然生长和繁育的规律，因此，农业生产的配置离不开地域特征与自然环境特征的研究和开发。只有因地制宜，才能趋利避害，建立合理的生物生态系统，提高自然资源的利用率和生产率，也才能提高劳动的社会生产率。在一定的自然条件下，经济条件对农业生产布局也有着重要的作用。因为经济资源或经济条件对自然资源或对发展农业生产有着主动的促进。农业生产的合理布局也是一个不断发展的过程，它以自然条件为基础，也受到经济条件和技术条件的制约。经济的发展和科学技术的发展，使人们对开发自然资源、确定合理布局不断产生新的认识，不断调整布局，使之不断发展而进入相对合理状态。

（二）市场需求牵动原则

社会经济联系的整体性决定农业生产布局不能仅从农业部门发展出发，还必须考虑一定时期市场的需求,特别是一定地区城市的需求,即非农业的需求。农工商一体化的思想、城乡一体化的思想对于农业生产的布局是很重要的。在当前经济全球化趋势越来越明显的国际条件下,农产品市场越来越广阔,国际国内市场的牵动使农业生产布局越来越市场化。生活消费品市场、生产资料需求市场、交通运输条件的共同作用,使农业生产布局更具农工商一体化、城乡一体化特色,国际市场和国内市场牵动,以城市和市场为中心成为市场经济条件下农业布局的鲜明特点。

(三) 地区均衡布局原则

农业生产要突出地区特色,也要均衡布局,要实现全国农业生产的平衡发展。积极开发边远地区和贫困地区的农业资源,既是一个农业经济问题,也是一个国民经济发展的战略问题。特别是山区、少数民族地区、边远地区农业的发展,涉及经济的发展,也涉及政治的稳定和国家的安定。这些地区,虽然人口不多,但地域广阔、资源丰富,只是交通等生产条件较差,从国民经济发展战略高度认识这些地区的农业发展问题,从资金、人才、技术等方面支持其农业生产和商品经济的发展是一件大事。

三、农业生产布局的影响因素

(一) 自然因素对农业生产布局的影响

1. 自然环境

自然环境直接影响农业生产布局的选择。在各种自然条件中,降水、气温、日照等要素,往往能够决定某种农产品的布局区域。例如,棉花生产对日照的要求很高,日照时数低的地区就无法进行种植;茶叶对气温的要求很高,气温达不到的地方基本上无法种植。热带作物、亚热带作物和温带作物在生产地域上的区别等,都反映出自然条件是寻找合适种植地域的最主要标志。在农业区划中进行农作物适宜区选择时,主要依据的也就是这几种自然条件的情况。

2. 自然资源

农业生产的产品直接取自于自然资源,它的分布必须与自然资源完全一致。农业的发展主要取决于土地的情况。但是,这并不意味着资源对人类的重要性在减弱,而是恰恰相反。由于人口的增加,生产总规模的不断扩大,人类所消耗的自然资源的总量与日俱增,而资源存量又十分有限,使许多种类的资源面临枯竭。因此,农业生产的合理布局,应充分体现出资源的合理利用和合理配置。

(二) 社会经济因素对农业生产布局的影响

任何一个国家或地区的农业产业结构都不是一成不变的,影响农业产业结构发展变化的因素有自然条件的变化、人口及其消费习惯的变化、粮食供应情况的变化、社会经济制度的变化、交通运输和商品交换的发展、农业科学技术的发展应用等。有时这一因素起支配作用,有时另外一些因素起决定作用。因此可以说,一定的农业产业结构是一定的生产力发展水平的结果。从这一点来看,归根到底是社会生产力发展起决定作用。人们不可能脱离生产力的发展施以重要的影响，或者推动农业生产的发展，或者阻碍农业生产的发展。由于生产力是经常发展变化的，而农业产业结构一经形成就会有一种惰性，因而常常会出现农业产业结构不适应农业生产发展要求的现象。于是便要求人们根据生产力发展的要求，经常注意去调整、改革过时的农业产业结构。这也就是我们之所以要研究农业产业结构问题的重要意义所在。

进行农业生产布局时，一般在符合国家或地区的经济发展需要的前提下，以农业区划为依据，充分考虑下列原则：①扬长避短，因地制宜，根据国家需要和不同地区的自然和社会经济条件，部署最适宜的农业生产部门。②生产同原料来源和产品的加工消费地区相结合，农业布局同工业相结合。如建立为工业和城市服务的工业原料、商品粮和副食品供应基地；在原材料产地建立相应规模的农产品加工工业等，以利农业的专业化和商品化。③促进农业生产地区间的平衡发展，在农业发达和较发达地区生产发展的同时，扶持不发达地区的农业，使之尽快赶上生产水平较高的地区。

四、农业生产布局的分析与评价

为了使农业生产布局合理化，常需对原有的布局进行分析、评价。其方法除通过定性的分析、研究来揭示原有生产布局中的矛盾，提出改进方向外，还常借助于定量分析，如用函数分析法来分析农业生产和布局中各种因素同农业生产效果的函数关系，并以此预测生产发展的前景，为制定新的布局方案提供依据。其他常用的方法还有投入产出法、线性规划法、系统动态分析法以及与之相应的各种数学模型，如计量经济模型、投入产出模型、数学规划模型、系统动态学模型等。评价农业生产布局方案合理性的指标则包括产量指标（单位土地面积产量、总产量、商品产量）、产值指标（总产值、单位土地面积产值、商品产值）、成本指标（单位土地面积成本和单位产品成本）、劳动生产率指标等。此外，还要考虑生态效益与社会效益等方面的指标。

第三节　中国农村产业结构的优化与调整

一、中国农业产业结构的特点

改革开放三十多年来，在党中央、国务院的正确领导下，我国农村进行了一系列具有重要意义的改革，对促进农业农村经济发展发挥了巨大作用，也为农业结构调整营造了良好氛围。全国各地把农业结构调整作为促进农业和农村经济发展的重大举措，优化农业生产布局，统筹农业农村各业协调发展，提升农业发展水平，农业结构调整取得了巨大成就，但同时也暴露了一些难以回避的问题。

（一）农业生产结构不断优化生产布局更趋合理

农业部有关负责人介绍说，改革开放三十多年来，我国农业生产结构逐步优化，粮食作物和经济作物实现协调发展，养殖业发展迅速。

从种植结构看，1978—2007 年，粮食面积占农作物总播种面积的比重由 80.3%下降到 68.9%，经济作物比重上升。特别是 2004 年以来，粮食生产扭转了前 5 年持续下滑的局面，实现连续四年增产，粮经作物发展打破了过去“粮上经下、粮下经上”的怪圈。

从农业结构看，种植业比重不断缩小，畜牧业、渔业比重持续上升。1978 年至 2010 年，在农业总产值中，种植业比重由 80%下降到 53.3%；畜牧业比重由 15%提高到 30.0%；渔业比重由 1.6%增加到 9.3%。

同时，长期以来形成的“大而全、小而全”农业生产格局不断打破，农业区域化布局、专业化分工的趋势逐步显现，主要农产品生产逐步向优势区域集中，农产品集中度不断提高，一批各具特色的优势农产品产业带逐步形成。13 个粮食主产省粮食产量占全国的比重由 1978 年的 69.3%提高到 2007 年的 75%。

据农业部统计，水稻、小麦、玉米、大豆的集中度分别达到 80%、90%、66%、59%。棉花已形成长江流域棉区、黄河流域棉区和西北内陆棉区“三足鼎立”格局，面积和产量分别占全国的 99.9%和 99.9%。苹果基本形成渤海湾和西北黄土高原两大优势产业带，面积和产量分别占全国的 50.7%和 63%。甘蔗优势区生产面积和总产量占全国的 63%和 72.4%。

（二）主要农产品产量稳定增长，品种和品质结构不断优化

农业部的统计数字显示，改革开放以来，各地在推进结构调整中不断加强农业综合生产能力建设，主要农产品产量实现稳定增长。粮食产量从 1978 年的 30 477 万吨增加到 2010 年的 54 647.7 万吨，增幅达到 79.3%，取得了历史性进步。

同时，经济作物发展迅速，棉花、油料、糖料的产量分别由 1978 年的 217 万吨、522 万吨和 2 387 万吨增长到 2010 年的 596.1 万吨、3 230.1 万吨和 12 008.5 万吨。养殖业发展迅速，2010 年，肉类、奶类和水产品产量分别达到 7 925.8 万吨、3 748.0 万吨和 5 373.0 万吨。

各地适应市场需求，积极淘汰劣质品种，压缩普通品种，发展优质专用品种，农产品品种和品质结构得到极大改善。

此外，农产品质量安全水平不断提高，无公害农产品、绿色食品和有机食品快速发展，蔬菜、水果、茶叶和畜产品、水产品药物残留专项治理工作成效明显。

（三）产业化经营快速发展，农村产业结构不断优化

在推进农业结构战略性调整中，各地注重完善农村基本经营制度和经营方式，积极发展农业产业化经营和农产品加工业，农业产业化经营不断发展壮大。

同时，产业化经营的组织方式呈多元化发展态势。以“公司＋农户”、“公司＋基地＋农户”为主的龙头企业带动型，以“合作社＋农户”、“专业协会＋农户”为主的中介组织带动型和专业市场带动型经营模式蓬勃发展。龙头企业与农户的利益连接方式日益紧密，合作方式多种多样。

各地还根据资源禀赋和区位优势，围绕本地优势产品、特色产品和市场需求，引导各类龙头企业将基地建设和加工项目向优势区域转移，大力发展农产品加工，延伸产业链条，提高产业带建设水平。

目前，全国已初步形成一批特色鲜明的农产品加工带，内蒙古的乳品、肉类和羊绒加工，河

南、河北的小麦和肉类加工，吉林的玉米和肉牛加工，黑龙江、湖南的水稻加工，江苏、浙江、福建的茶叶加工，新疆的葡萄和番茄加工，山东、山西的果品加工，沿海各省的水产品加工，京津沪等大城市郊区的畜禽、果蔬、乳品的精深加工等发展势头旺盛。

不难看出，在国家宏观调控下我国农业产业结构已经走上良性的发展道路，在产品结构、品质和质量方面都有了一定的优化和提升，但几年来的农业经济研究和管理实践发现，我国现阶段的农业产业结构还普遍存在着农业资源利用率不高（土地、人、财、物），农业生态环境严重恶化（农业生态布局有所改善，但仍存在水土流失加剧、自然灾害频繁、森林覆盖率低、土地沙化、大气污染、水资源等问题环境恶化），专业化水平不高，难以较好地满足社会需求等诸多问题，因此，有的放矢地进行农业产业结构优化和调整工作显得异常紧迫。

相关链接

调整和优化农村产业结构——河北华龙面集团

河北华龙面集团有限公司创建于 1994 年 3 月，经过十年的坚苦创业，华龙集团已经发展成为占地面积 100 多万平方米，员工 12 000 余人，总资产达 30 多亿元，而且华龙商标荣获中国驰名商标，并且荣誉中国民营企业 500 强中的第 31 位，产销量居全国同行业的前三位。华龙是一家依托全国优质小麦生产基地，大力发展农业经济，以面业为龙头的综合性民营企业，并且，华龙的发展直接带动了当地农业的发展，致使当地涌现出了多家小型方便面厂，面粉加工厂等，并且使华龙所在地莲子镇乡连续数年成为隆尧县的纳税大户。

华龙集团的发展说明了调整、优化农村产业结构的重要方法，它因地制宜，利用当地有着大量优质小麦，综合利用资本，本着最大限度满足社会和人民的重要原则，有计划、有步骤地建立起合理的产业结构，协调各产业，部门之间的横向联系，优化各种经济关系，使资金、劳力、技术、信息等要素在产业环境中畅通无阻，使农村经济在生产、交换、流通、消费等各环节协调发展，适地、适宜地推动产业结构演进的转换能力。

华龙的发展，适应了新经济形势，转换增长方式。在以往商品短缺时期，主要靠增加产量以求发展，在华龙的幼年期，农业产业已告别短缺，出现激烈的市场竞争，农村各类产业的发展都必须转移到依靠科技进步和提高劳动者素质的轨道上来，在增加产量的同时，必须提高产品质量为条件，农村的各类产品也要实施“名牌战略”。

华龙作为一方的龙头企业，在组织体系中居于率先、核心的地位，它组织和指导农业品的生产、加工和销售，形成一体化生产体系，而且吸收了大量农村的劳动力，使农村居民一些时间从事农业生产活动而另一时间从事非农业生产活动，当他们的生产为了获得利润时，农业生产开始成为产业行为，从而以市场为导向进行资源配置，然后经过一系列发展和演化，日益形成现代农业产业系统和产业化经营体制，这是一个历史的过程，从农业开始向现代产业转化，到现代农业产业体系的形成，可以称它为农业的产业化。

华龙的发展为我国农业的产业化，调整和优化产业化结构提供了一个成功的范例，它不断优化农村产业结构，严格遵守自然规律的经济规律，因地制宜，综合利用并保持生态平衡，它的成功更加坚定了走农业产业化的道路。

二、中国农业产业结构优化目标和内容

(一) 中国农业产业结构优化目标

1. 提高质量

农产品品质方面存在的问题对经济、社会和生态方面造成的负面影响很大。首先是严重影响消费者的利益;其次是严重影响农民利益;再次是严重浪费资源;最后是污染环境,增加了社会成本。大量研究和实践表明,农产品品质与产量一般有此消彼长的关系。如高油玉米的产量就比普通玉米的产量低20%。因此,鼓励生产优质农产品,不仅可以解决供求不相适应的矛盾,还可以引起产量的下降,使供求总量趋于平衡。当前,农业结构的调整实际上也是优化农业生产结构,要根据市场需求的不断变化,积极开辟新的市场,扩大农产品的市场容量,并把农产品市场结构调整当作提升农业结构调整深度的一项重要内容。

2. 提高效益

效益是市场经济的核心。只有农业的比较效益提高,它在国民经济中的基础地位才能得以巩固,也才能提高农业资本的收益水平,吸引传统农业以外的资本进入农业,农业才能与其他产业更紧密地联结起来。提高农业的效益,除了通过提高科技、实行专业化生产、扩大生产规模等措施以降低成本以及政府提供直接的支持以提高其收益外,调整结构也是一个重要方面。通过调整结构,会产生一种"结构效应",即不需增加任何要素的投入而只是调整其配置的方向,就会产生比原来更多的产出。

3. 提高收入

提高农民收入,长期以来一直是中国农业政策的重要目标之一。农民收入问题已不是农业自身的问题,它不仅受国民经济宏观经济状况的影响,而且也已成为影响国民经济全局的问题。调整农业结构,不但能直接增加农民收入,而且还能促进相关的非农产业发展,间接地为农民创造就业机会,同时促进小城镇的发展。

4. 提高国际竞争力

所谓国际竞争力,是指一国的特定产业通过在国际市场上销售其产品反映出的生产力。它是受一个国家要素条件、需求条件、相关辅助产业的状况、企业策略、机遇、政府行为等因素的共同影响而形成的。也就是说,国际竞争力虽然主要以资源禀赋条件为基础,但也受到诸如相关产业、产品营销、产业组织以及政府政策等因素的影响。

中国农业发展的首要任务是提高农业的效益。随着农业的对外开放,中国农业如果能在更大的范围内配置资源,就可以使中国农业的比较优势更好地发挥出来。提高中国农业国际竞争力的策略一是出口竞争,二是进口替代。中国农产品在分级、包装、促销以及深加工等方面比较落后,影响了产品的国际竞争力,应加以改进。

(二) 中国农业产业结构调整的内容

农业产业结构调整的基本思路,是在继续改善农业产业条件、稳定提高农业综合生产能力的前提下,适应农业发展新阶段的要求,面向国内外市场,依靠科技进步,着力改善农产品的品

种和质量，发挥区域比较优势，大力发展高产优质高效农业，变粗放经营为集约经营，提高农业的综合效益。

1. 种植业结构调整

种植业要坚持产量、质量、结构、效益的统一，改良品种，提高质量。特别要增加适销对路产品的生产，大力发展优质作物品种，建立优质农产品基地，提高种植业生产的经济效益。逐步形成粮食作物、经济作物和饲料作物的三元种植结构。

2. 林业结构调整

（1）扩大木本粮油作物的生产，增加木本粮油产品的供给量。可在长江以南的广大地区建设油茶、核桃为重点的木本粮油生产基地。

（2）在继续重视林木产品的生产和发展速生丰产林的同时，加强对各种林特产品、林副产品的开发和综合利用，以更好地满足社会对林产品质量和林产品多样化所提出的要求，增加林产品总量，提高林业的经济效益。

（3）草、灌、乔结合，长、中、短周期林产品生产结合，加强林业资源的多层次利用。多发展投资短、见效快的工业原料和各种名特优新经济林、森林药材、香料等生产，以改变长期以来林业投资周期长、见效慢、占用资金多、经济效益低的格局。

3. 畜牧业结构调整

根据中国人多地少、非粮食饲料资源丰富的国情，大力发展耗粮少、转化率高的畜禽产品生产，特别是增加秸秆和草料转化利用率高的牛、羊、兔、鹅等品种，大幅度提高食草性动物的商品产量。适应中国居民的肉类消费特点和需求变化，稳定发展传统的大宗消费畜产品猪、鸡、鸭等肉类和禽蛋生产，加快品种改良速度，重点发展优质猪肉和禽肉生产，提高优质产品所占的比重。根据区域资源特点，建立不同类型的畜牧业专业化生产区。东部发达地区和大中城市郊区，突出发展集约化程度高的现代化养殖，重点发展产品科技含量高、品质好、市场竞争力强的外向型畜牧业；中西部欠发达的传统农区，重点发展饲料工业和开发非粮食饲料资源，在发挥传统养殖优势的同时，积极采用现代先进科学技术，实现饲养品种和养殖方式的突破，建成中国畜产品生产基地和主产区；中西部欠发达的牧区及半农半牧区，大力改良草场和改革落后的养殖方式，全面提高草地生产力，重点发展特色优势畜产品和生态型畜牧业。大力发展畜牧业的后向及前向产业。前向产业重点是要调整饲料工业布局，促进原料基地与养殖基地的协调布局，优化饲料生产结构，合理开发利用各种资源。后向产业要针对畜产品加工业发展滞后的突出问题，加快畜产品加工业的发展，推进畜牧业的产业化经营，实现畜产品的多次转化增值，提高畜牧业的综合效益。

4. 渔业结构调整

加快发展水产养殖业，保护和合理开发滩涂、水面等宜渔资源，加速品种更新换代，发展名特优新品种养殖。调整养殖模式，重点发展高效生态型水产养殖业，积极发展高科技工厂化养殖，因地制宜地发展水库和稻田养殖。稳定近海捞，加强保护近海渔业资源，完善休渔制度，严格控制捕捞强度，减少捕捞量。大力发展远洋渔业，不断扩大国外作业海域，加强国际渔业合作。大力发展水产品的精加工、深加工和综合利用，重点抓好大宗水产品的保质和低值水产品的深加工，提高水产品质量和附加值。

相关链接

主要发达国家农业生产结构的调整

1. 农牧业生产结构变化

第二次世界大战以后的50年间，不少国家的农牧业产业结构，在不同的年度均发生了明显的变化，美国的农牧业产业结构，也根据世界市场对粮食需求的变化进行了调整。20世纪50—70年代，畜牧业的比重大于种植业，但基本保持平衡。

第二次世界大战以前，法国为了解决粮食问题，种植业占60%以上，畜牧业约占40%。20世纪50年代以后，种植业和畜牧业均衡发展，在解决粮食问题以后，大力发展畜牧业，到80年代畜牧业的比重已超过种植业，在农业生产总产值中的比重大体保持在55%的水平，畜牧业已成为农业产业的重要支柱。90年代以来，法国的牛肉、奶酪、黄油及禽肉、鸡蛋等不仅能自给、而且有大量出口，谷物及谷物制成品也有大量出口。

德国农业的显著特点是畜牧业十分发达，农业生产结构以畜牧业为主，畜牧业产值占农业产值的60%以上，这种产业结构是在经历了漫长时间的调整才逐步建立起来的，这是因为，一是德国的自然条件适宜发展畜牧业，不利于耕种，发展畜牧业是提高能量转换率的最佳选择，同时也有利于生态环境保护，增加绿地覆盖率，涵养水土，净化空气；二是这种生产结构大大提高了农产品的附加值，在改善人们的饮食结构，提高生活水平的同时，也增加了农业产值；三是这种农业结构有利于走农业良性循环和农业持续发展的道路。

畜牧业的迅速发展，也有力地推动了种植业生产结构的调整。随着世界畜牧业的发展，饲料玉米要求量激增，这有力地推动了德国玉米生产的迅速发展，种植面积从1951年的3.4万公顷增加到1985年的186万公顷，30年内猛增近55倍；产量从3.1万t增至493万t，增加近160倍。

2. 种植业生产结构变化

从第二次世界大战到1999年，美国种植业结构发生了很大变化。谷物的比重从1961年的76.61%，降到1999年的60.16%；大豆所占的比重逐年上升，从1961年12.89%，上升到1970年的20%，1980年的25.3和1999年的30.12%。政府鼓励农民生产大豆，可以满足出口的需要。另外，利用种植大豆可以固氮的特性，提高土壤肥力。蔬菜包括瓜类所占的比重略有下降，水果的比重多年来变化不大，稳定在1.1%～1.3%。棉花收获面积所占的比重从20世纪70年代以后相对稳定。

3. 畜牧业生产结构变化

90年代以来，美国畜牧业生产结构发生了明显变化，牛肉产量所占比重不断下降，禽肉比重不断上升，猪肉比重基本稳定。

法国畜牧业生产结构的调整直接受欧盟农业政策的影响，养牛业是法国畜牧业的主体。在肉类和奶类产量中，牛肉和牛奶分别占37%和95%。1984年欧共体实行配额生产，这对法国养牛业生产影响很大，主要表现在：牛存栏头数大量减少，牛肉总产量下降。

德国近十年来，受市场导向和政策调节的影响，畜群数量逐年递减。例如：1991—1998年肉牛屠宰头数从760.2万头减少到459.1万头，8年期间减少了39.6%；同期奶牛从601.6万头减少到502.4万头，减少了16.5%；猪肉、羊肉等产量逐年也是下降趋势，主要原因是受欧盟生产限额的影响。

4. 生产的专业化、集约化发展

随着农业科学技术的迅速发展，50 年来，农业专业化、集约化生产发展很快。

目前，美国农场的平均规模已经达到 176 公顷，其中，大的农场已经达到 1 215～1 620 公顷。

在农业发展过程中，行业分工越来越细，产业化程度越来越高，农场规模的扩大促进了专业化程度的提高。棉花农场专业化比例为 79.6%，蔬菜农场 87.3%，大田作物农场 81.1%，园艺作物农场 98.5%，果树农场 96.3%，肉牛农场 87.9%，奶牛农场 84.2%，家禽农场为 96.3%。

80 年代以来，法国养猪生产越来越趋向大型化和专业化。近年来大型猪场增加了 55% 以上，但占 4.5% 的大型猪场的养猪头数却占全国养猪头数的 68% 以上。

澳大利亚草地畜牧业具有高度的专业生产、集约经营的特色，而且劳动生产率很高。由于充分发挥了牧羊犬的重要作用和机械化程度的不断提高，平均每个人可管理 100 头奶牛或 4 000只绵羊。蛋鸡生产方式主要是集约化（密闭式和开放式）农场型体系。牧场经营规模越来越大，平均每个牧场拥有的土地近 20 年增长了近 15%，饲养牲畜量增长约 25%。

随着国际市场竞争的加剧，澳大利亚畜牧业已走出一条向集约化、专业化发展之路，在畜牧业生产发展过程中，形成了高度专业化的服务体系。

三、中国农业产业结构优化原则

农村产业结构调整必须有明确的目标和原则，否则就会使整个调整工作陷入盲目性，会给社会经济发展带来不良后果。调整农村产业结构的目标是要以最少的人力、物力、财力、能源的投入，取得最大的社会、经济、生态的综合效益，并执行联合国粮农组织与荷兰政府向全球发出倡议的《关于可持续农业与农村发展（SARD）的丹波斯宣言和行动纲领》所确立的三个基本目标，即：稳步增加粮食生产，确保食物安全；促进农村综合发展和增加农民收入，消除农村贫困状况；合理利用和保护自然资源，维护和改善生态环境。在这个前提下，使农村产业结构日趋合理，促进农村经济的全面协调发展，不断改善人民的物质文化生活，调整农村产业结构。鉴于此，结合上述农业产业结构现状以及暴露出来的相关问题，我们在未来的产业结构优化和调整工作中，要注意把握好以下基本原则：

（一）因地制宜原则

合理的农村产业结构必须符合当地自然经济条件特点的要求，不同地区农村产业结构能否与当地的资源、地理、生态环境、技术进步、经济发展和市场状况相适应是农村产业结构是否具有长期合理性的基础。衡量农村产业结构是否优化的首要标志就是能否充分有效地发挥当地资源优势，并使其优势长期保持，资源永续利用。因此，农村产业结构在进行调整时，要坚持因地制宜原则，以保证各种资源得到更好地利用，以最大限度地提高经济效益为目标，使各种不同地区的产业结构各有侧重，各有特色，发展自己的优势产业和拳头产品。既强调发挥资源优势，又要强调将资源优势转化为经济优势、区域优势，针对实地情况“有所为有所不为”。

（二）坚持二元导向原则

在农村产业结构调整中，不少地方将过去的以政策主导型急转为现在的以市场主导型，这是从一个极端走向另一个极端。其实，在农村产业结构调整中，政策导向和市场导向同等重要，特别在目前农村经济结构调整的过渡时期，更应兼顾政策主导与市场主导作用的适宜发挥。国家为了粮食安全采取限量、限质的高价保护收购政策，在欧盟、日本等市场经济发达的国家均已采用，我国更应如此。政策导向还体现在农业投资政策、信贷政策、税收政策等方面，对农村产业结构调整起着非常重要的作用。市场导向是农业商品生产的必然趋势，也是建立社会主义市场经济体制的必要措施，它对商品性生产、农村工业和农村非政府性服务业的结构调整都起着导向作用。调整农村产业结构时必须坚持以市场导向为主兼顾政策导向。

（三）协调发展原则

目前，我国农村第二、第三产业发展相对比较落后，第一产业发展水平也不平衡，各产业之间、各产业部门内部生产项目之间未能配套，协调发展，综合效益差。合理的农村产业结构应能做到产业部门之间和产业内部对资源利用和配置的优化组合，互相促进，以实现农村中的农、林、牧、渔、工、商、运、建、服务等各个产业全面发展，共同提高。农业产业结构的调整是一个循序渐进协调发展的过程，盲目追求高科技，贪大求洋都会给农村产业发展带来不利的影响。比如，盲目建立工业小区，划定大面积耕地造成土地浪费现象比比皆是。

（四）综合效益最佳原则

农业产业结构的调整过程，也要与增长方式的转变结合起来，要由粗放型转向集约型，要重视劳动密集型产业的发展，以增加劳动力就业机会，既有经济效益又产生社会效益。效益最佳的标志就是经济效益、社会效益和生态效益的完美统一。

经济效益是农民、农业、农村赖以存在和发展的物质基础，农村各项新兴产业的形成，农村各种基础设施的建设，农业新产品的开发等表现为现实的经济活动。作为一项有投入的经济活动，必须讲究投入产出比，即讲究经济效益，宏观的与微观的，直接的与间接的，眼前的与长远的经济效益都应追求。按照经济发展的根本目的要求，合理的农村产业结构应能促进各业生产经济效益的不断提高。而农村经济又是个多功能的生态经济系统，发展农业生产和农村各种产业，还必须有良好的生态环境，合理的农村产业结构必须能够保护和促进生态平衡，实现农村自然生态良性的物质与能量循环。社会效益同样是农村产业结构调整中不可忽略的问题，农村产业结构的基本目标是增加农民收入，满足农民物质文化的需要。结构调整应正确处理经济效益与社会效益、生态效益的关系，努力提高结构的社会效益，在保证生态效益和社会效益不断提高的基础上实现全社会经济效益的最大化。

（五）整体性原则

在全球化背景下，我国农村产业结构调整必须树立整体性观念：一是农村产业结构，必须从全国整体性出发，实现专业化生产布局；二是农村产业的经营必须实现一体化和大市场化；三是要从整体性角度创新农村金融组织制度，建立农村户业结构调整基金；四是要从农村产业组织整体性出发，大力发展中介组织建立农村社会化服务体系；五是要站在市场经济整体性高度，加快农地产权制度改革，构建独立的农村产业市场化微观主体；六是要从农村产业整体发展的角度，加快农村科技产业化发展；七是要从城乡产业整体性、一体化角度推动乡镇企业和小城镇建设相结合，加快小城镇发展。在新的历史时期调整农村产业结构，必须自始至终贯彻整体性原则。整体性是我国全球化背景下调整农村产业结构的基点和归宿。

（六）粮食安全自主原则

粮食是人们生活的基本消费品，我国有13亿人口，对粮食有着巨大的需求，如果这一需求得不到基本满足，就难以保证社会政治经济生活的安定，就难以保持国民经济稳定、持续的发展。因此，在农业产业结构调整中我们必须要保证粮食生产的安全。必须强调，我国的粮食供应一定要建立在自主的基础上，如果完全或绝大部分要依赖国际市场的话，我们务必要受制于人，要承受较大的国际市场风险，难以对我国巨大的消费需求提供保障。我国农业结构战略性调整的重要前提是粮食生产能力提高，如果在调整过程中不注意保护和提高粮食生产能力，破坏了这个前提条件，粮食出了大问题，不仅调整过程会中断而且还会造成更为严重的后果。

（七）主体自主原则

农民是农业经济和农村经济的主体，也是农业产业结构调整的主体。我们要充分尊重农民的生产经营权，如何进行农业产业结构调整应由农民自主决策，绝不能由别人包办代替，结构调整的目标最终要靠农民去实现，政府只能通过制定和完善有关政策法规，提供信息、技术等各种服务，引导、帮助和支持农民自主调整农业产业结构。

（八）动态渐进原则

产业结构的演进和提高是一个动态过程。农业产业结构的调整和优化要取决于多方面条件的配合，要受多方面因素的影响。因此，我们必须要充分认识农业产业结构调整的复杂性和长期性，要采取积极稳妥的步骤，有计划地逐步推进，而不能操之过急，企图一步到位，否则，只能是适得其反，事与愿违。

总之，农村产业结构调整必须有明确的目标和原则，否则就会使整个调整工作陷入盲目性，会给社会经济发展带来不良后果。调整农村产业结构的目标是要以最少的人力、物力、财力、能源的投入，取得最大的社会、经济、生态的综合效益，并执行联合国粮农组织与荷兰政府向全球发出倡议的《关于可持续农业与农村发展(SARD)的丹波斯宣言和行动纲领》所确立的三个基本目标，即：稳步增加粮食生产，确保食物安全；促进农村综合发展和增加农民收入，消除农村贫困状况；合理利用和保护自然资源，维护和改善生态环境。在这个前提下，使农村产业结构日趋合理，促进农村经济的全面协调发展，不断改善人民的物质文化生活，调整农村产业结构。

四、中国农业产业结构优化调整对策

（一）注重市场导向，拓宽流通渠道

在农业产业结构调整中，要注重市场导向，指导农民根据市场的需求合理安排产业结构和生产规模，充分发挥资源优势，并且使资源优势转化为商品优势和市场优势；要发挥政府宏观

调控的作用，以市场为导向，加强农产品市场体系建设；要通过深化农产品流通体制改革，搞活农产品流通，解决农产品生产与市场脱节、销售不畅的问题；要统一规划、合理布局，完善配套设施，提高农产品市场体系建设和管理水平；要加强产地批发市场建设，进一步完善销地批发市场；要加强农产品储运、加工、分级分类、包装及信息服务等市场配套设施建设；要规范批发市场，积极培育代销商、批发商等中介组织，改进交易方式，逐步向公开竞价拍卖、样品交易等方式过渡。有条件的地方，可以发展生产基地与连锁经营、配送中心等紧密结合的新型流通方式，拓宽农产品流通渠道和市场；要进一步推广"绿色通道"的做法，清除各种关卡和杜绝乱收费、乱罚款现象，保证农产品特别是鲜活农产品的运销通畅。

（二）加强体制创新，转变政府职能

要通过各产业产品的订购政策、价格政策、投资政策、产业政策、奖励政策和税收政策，促进农村各产业的全面发展。同时，政府应在规划、指导、扶持和服务等方面发挥应有的作用。另外，政府还应转变战略，由政府主导型向市场主导型过渡。在过渡时期，农业结构调整仍需政府的行政推动和引导。实践证明，仅靠群众零星地、分散地调整往往形不成规模、特色，也难以有强大的市场竞争力。但政府职能部门必须准确定位，即应从管制变成服务，为农村和农民提供充分的市场信息和营销服务。

（三）依靠科技创新，促进产业升级

农业结构调整应加大新的生产技术和管理技术的推广，全面提高农产品的科技含量，大幅度提高商品质量，以此提高市场竞争能力和商品增值能力。同时要实施科技引进，围绕优势特色产业开发，加强技术引进、消化、吸收和创新。加强科技攻关，以市站所和县（市）、区农业中心为龙头，积极同科研部门及龙头企业合作，解决生产中存在的问题。还要加强农业科技的转化力度，充分发挥好农业科技示范园（片、带）的窗口作用、基地作用、示范作用、导向作用，及时推广农业新科技，抓好种子优化工程、技术更新工程、设施农业工程、创新品牌工程、绿色食品工程、人才培养工程等。总之，要推进科研和生产的有机结合，把有比较优势的农业整合成有竞争优势的产业。

（四）加快农业产业链建设，提高农业产业链管理水平

目前中国农业产业链管理还处在初级阶段，需要大力倡导，加强管理。农业产业链管理的主要内容涵盖 4 个方面：即价值链管理、组织链管理、信息链管理和物流链管理。要通过加强农业产供销或农产品上下游之间的组织、信息、价值和物流的沟通与协调，拉长并加强产业链条，增加农产品的附加值和竞争力。

（五）加大培训力度，调整农村劳动力就业结构

提高农民科技素质是提高农业产业竞争力的重要基础工作，各级政府应针对农村劳动力的转移安置，搞好农民科技培训，要重点开展"跨世纪青年农民科技培训"、"绿色证书培训"、"农村劳动力转移培训阳光工程"和"农村妇女培训"，从本地区农业产业状况和农民实际需求出发，安排培训内容，提高培训的针对性和实用性。要结合科技之冬、科技之春活动，举办各种类型培训班，搞好农民适用技术培训。同时要拓展非农产业的就业增收空间，如加快小城镇建设、有组织的对内、对外劳务输出等。

本章小结

本章主要讲了农村产业结构、农业产业结构、农业生产布局、农业产业结构的特点、判断农业产业结构是否合理的主要标准、农业生产合理布局的原则、中国农业产业结构优化和调整应当遵循的原则等内容。

探索与实践

一、名词解释

1. 农村产业结构　2. 农业产业结构　3. 农业生产布局

二、填空题

1. 农业产业结构具有(　　　)、(　　　)、(　　　)、(　　　)的特点。

2. (　　　)是农业生产合理布局的首要原则。

3. 农业生产合理布局的原则是(　　　)、(　　　)、(　　　)。

4. 中国农业产业结构调整的目标(　　　)、(　　　)、(　　　)、(　　　)。

三、简答题

1. 简述农业产业结构的影响因素。

2. 简述判断农业产业结构是否合理的标准。

3. 简述农业生产布局的影响因素。

4. 简述农业产业结构优化的原则。

5. 通过统计数据,理解新中国成立前后农业产业结构的巨大变化。

6. 应用所学知识,对你所在地区的农业产业结构进行分析,看其是否合理?若不合理请提出调整办法。

第七章　农业微观组织

内容梗概

本章主要对农业中的家庭经营、合作经济组织、农业产业化经营及农业产业集群四种农业微观组织的基本概念和基本理论进行了介绍和阐述。首先，通过对农业家庭经营产生的原因及发展历程进行介绍，说明了农业家庭经营的概念及特点，并在分析农业家庭经营存在问题的基础上，重点阐述了对农业家庭经营进行建设的建议；其次，在介绍农业合作经济组织产生原因的基础上，系统阐述了农民专业合作经济组织的概念、作用及主要类型，并对农民专业合作社的内涵、特点及专业合作社建立的条件、程序、运作原则等进行了详细说明；再次，在介绍了农业产业化经营基本内涵的基础上，详细阐述了农业产业化经营的组织形式（龙头企业带动型、市场带动型、合作经济组织带动型、中介组织带动型等）和运行机制（利益分配机制、营运约束机制、基本保障机制等）；最后，介绍了农业产业集群的内涵及特点，并在系统分析农业产业集群效应的基础上，重点说明了农业产业集群的发展模式。

学习目标

通过本章的学习，使学生了解农业中的家庭经营、合作经济组织、农业产业化经营及农业产业集群四种农业微观经济组织产生的原因，掌握其基本概念及特征，理解农业家庭经营存在问题、农民专业合作经济组织的作用及主要类型、农业产业化经营的运行机制和农业产业集群的各种效应；重点掌握农业家庭经营建设的建议、农民专业合作社建立的条件及运作原则、农业产业集群的发展模式等内容，并能应用农业微观组织的相关理论，结合中国农业经营的现状，对存在的问题和发展进行分析。

学习提示

学习本章内容首先要清晰各种农业微观组织的内涵与基本特征，注意每种微观组织的产生原因、共性和不同点；其次，要注意区别农业合作经济组织的功能、农业产业化经营的优势、农业产业集群的不同效应，注意它们之间的异同，并予以全面理解；再次，对农民专业合作经济组织的类型、农业产业化经营的组织形式、农业产业集群的发展模式要很好理解和掌握，注意其适用性；最后，对我国各种农业微观经济组织的建立，要理论结合实际来理解。

第一节 农业中的家庭经营

一、农业家庭经营的产生和发展

在农业中，家庭经营是最基本的微观经济组织形式，它成为农业微观经济组织的基础。农业家庭经营是一种弹性很大的经营方式，可以与不同的所有制、不同的社会制度、不同的物质技术条件、不同的生产力水平相适应，农业家庭经营在很长的历史阶段中占据主要地位。因此，农业家庭经营是农业生产比较适宜的经营形式。

（一）农业家庭经营广泛存在的原因

历史和现实都表明，家庭经营是最普遍的农业经营形式。家庭经营在农业中广泛存在，是由农业生产的特点决定的，主要表现在以下几方面：

（1）农业生产的特殊性决定了农业生产与家庭经营结合的必然性。农业生产的季节性、同期性、有序性决定了农业生产只能按季节约束的生长过程依次进行各种作业。农业生产过程中的协作大多是简单协作，同一时期的作业比较单一，不同时期的不同作业多数可以由同一个劳动者连续完成，独立劳动具有一定的优越性，这也决定了农业家庭经营是一种比较适合的形式。

（2）农业自然环境的特点决定了家庭经营是农业生产中更为合适的组织形式。农业生产劳动很少有中间产品，成果大都表现在最终产品上，劳动者在农业生产过程中的劳动付出只能在最终产品表现出来。而这一劳动付出对于最终产品的贡献是难以计量的，只有将农业生产者在生产过程中的劳动付出与最终劳动成果及其分配直接联系起来，才能有效调动劳动者的生产积极性。

（3）家庭成员利益的一致性决定了农业家庭经营是监督成本最小的经营方式。农业是一个监督激励费用极高的行业。家庭建立在最紧密的血缘和姻缘关系的基础上，是具有完整经济和社会功能的组织形式，同时是一个无须专门构建、自带激励的特殊性组织。由于家庭成员利益的一致性使家庭作为农业生产经营的基本单位，表现出了较强的激励作用。节约了监督成本，减少了利益分配中的摩擦，实际上克服了农业生产经营活动的核心障碍，满足了农业生产对经营形式的基本要求。

（4）家庭经营能够适应农业技术进步和充分利用技术进步的最新成果。农业技术一般包括农业机械技术和农业生物化学技术。农业生物化学技术一般可以由单个人来完成，多数农业机械也可以由单个人来操作，很好地适应了农业生产和家庭经营的需要。农业机械技术的小型化，不仅使大农户能够利用，小农户也能够利用。家庭经营并不与技术进步以及农业技术的利用相矛盾。

（二）农业家庭经营的发展历程

农业微观组织的最重要特点是农业家庭经营形式在很长的历史阶段中占据主要地位。农业的家庭经营是一种弹性很大的经营方式，可与不同的所有制、不同的物质技术条件相适应，可以与不同的生产力水平相适应。

作为社会经济单位的家庭，在漫长的历史时期中经历了许多变化，其农业的家庭经营也在各个历史阶段中多次改变其发展条件和经营内容，表现出不同的特点。

在原始社会末期，父权制时代出现了夫妻制小家庭经营，开始从属于氏族公社的公有制，以氏族公社经济为主，小家庭经营为辅。随着私有财产的增多，小家庭经营活动也逐渐增多，成为独立的经营单位。

在奴隶社会时期，起初是家长奴隶制，家庭生产经营首先表现为作为奴隶主的家长支配着全部家产，支配着妻子、儿女和奴隶，家长自己也参加生产劳动。随后是社会范围内的奴隶制，奴隶主大规模地使用奴隶进行生产劳动，成为占统治地位的组织，但农户家庭经营仍普遍存在。

进入封建社会以后，个体家庭成为社会范围内普遍的生产形式。但由于封建生产方式的统治，所谓劳动者自己的家庭经济和经营权，仍然是十分有限的。此外，多数农民的家庭经营并不是完全占有生产资料，耕种的土地大部分不属于自己，产品也不能完全归自己支配。他们和地主之间除了单纯的租佃关系之外，还保留着宗法式的主仆关系。总的来说，这时的农业家庭经营是自给自足式的，农民在土地上的收获除向地主纳租以外，余下来的主要是供家庭消费，但在封建社会也存在独立的自耕农。

进入资本主义社会以后，农业家庭经营的高级形式——家庭农场开始在欧美出现。家庭农场是以家庭为单位经营，是一种农民拥有生产资料的所有权或使用权，能自行决策、人身上不依附于地主的独立经营农场的经济组织。它是独立自营的农民所经营的农场，农场主既是所有者、经营者，又是劳动者，主要依靠家庭劳动力。随着家庭农场分化，以雇工为主的家庭农场发展起来，逐渐在农业生产中占据主要份额。时至今日，家庭农场在西方发达国家的农场构成中仍占有绝对优势。

社会主义制度在苏联诞生以后，苏联首先在农村普遍建立了集体农庄，中国等其他社会主义国家也纷纷效仿。但在农业合作化的过程中，采取单一的模式来组织合作社，取消了农民家庭经营，结果却不甚理想，农产品的供给难以满足社会日益增长的需要。各国纷纷进行改革，以寻求农业发展的新出路。

20 世纪 70 年代末中国开始在农村中实行家庭承包制，即在土地集体所有的前提下，使农户获得的土地所有权和使用权分离，采取集体统一经营与农民家庭分散经营相结合的双层经营体制。确立了农户自主经营的市场主体地位，鼓励农民面向市场发展商品生产，进入流通领域；改革农产品流通体制，主要由市场形成价格，在国家宏观调控下发挥市场对资源配置的基础性作用。从此，中国农业走上了坚持市场化改革的道路，农业家庭经营的外部环境逐渐得以改善，《中华人民共和国农村土地承包法》的颁布，“延长土地承包期三十年”政策的实施进一步稳定了农业的家庭经营。由于农民有了经营自主权，家庭经营在中国农村有了长足的发展，农产品的产量、质量迅速提高，品种不断增多，就全国来说，农产品从总体上来说已经从供给不足转变为供给有余。这说明家庭经营在农业中具有巨大的潜力、广泛的适应性和旺盛的生命力。

二、农业家庭经营的概念

家庭是整个社会组织的基本细胞，是指以婚姻和血缘关系为基础的一种社会生活组织形式。因此，农业家庭经营就是指农民家庭独立或相对独立地从事农业生产经营活动，并享有经营成果的组织形式。农业家庭经营的最高形式是家庭农场。

农业的家庭经营不仅在传统农业生产和经营中是最基本的组织形式，而且在现代农业生产和经营组织中处于主导地位，这是由农业的生产特点和农业家庭经营的优越性决定的。

现代农业家庭经营的主要特点表现为：

（1）农业家庭经营的商品化　即农户的经济活动由自给自足向商品经济转化的过程。农业家庭经营起始于自给自足的自然经济，随着社会分工的发展和生产力水平的提高而逐步走向商品化。

（2）农业家庭经营的企业化　即农户从自给自足、不进行经济核算的单位向提供商品大产品、追求利润最大化、实行自主经营和独立核算、具有法人资格的基本经济单位转变的过程。

（3）农业家庭经营的专业化　即农户之间实行明显的社会分工，各农户逐步摆脱小而全的生产结构，生产项目由多到少，由分散到集中，由自给自足转变为专门为市场生产某种（类）农产品的过程。

（4）农业家庭经营的社会化　即农户由孤立的、封闭的自给性生产，转变为分工细密、协作广泛、开放性的社会化生产的过程。这一过程是通过农业企业专业化、农业作业过程专业化、农业商品化以及农业社会化服务体系的发展与完善来实现的。各个农户都建立在社会分工和商品交换的基础之上，其再生产过程只有依靠在市场上的商品交换和与其他企业之间的密切协作才能完成。

三、农业家庭经营存在的问题

中国的农业经营以家庭经营为主，尽管目前存在着国有农场中的家庭农场经营、一部分坚持集体经济的农村集体统一经营以及部分公司或企业租赁农村土地从事的企业经营，但占支配地位的依然是农业的家庭经营。不过，中国的农业家庭经营有别于其他国家的家庭经营，被称为家庭承包经营，即家庭联产承包责任制。家庭联产承包责任制是我国农村集体经济的主要实现形式，是农村经济体制改革的产物，其最先是由安徽省凤阳县小岗村 18 位村民发起。党的十一届三中全会以后，在党中央的积极支持和大力倡导下，家庭联产承包责任制逐步在全国推开。家庭联产承包责任制实行的结果是取消了人民公社，又没有走土地私有化的道路，而是实行家庭联产承包为主，统分结合，双层经营，这样既发挥了集体统一经营的优越性，又调动了农民生产积极性，是适应我国农业特点和当前农村生产力发展水平以及管理水平的一种较好的经济形式。由于这种形式适应了当时的农业发展形式，使得中国农业生产和农业经济得到迅猛发展。

家庭承包经营在中国实施了 30 多年，极大地调动了农民的积极性，使中国的农业迈上了一个新的台阶。但随着时代的发展，社会形式的变化，这种一家一户的小家庭式生产与当今的形式不适应了，已经在某种程度上阻碍了中国农业的进一步发展，其具体表现在如下几个方面：

（一）家庭承包经营不能进一步提高农民的积极性

家庭联产承包责任制把土地的经营权交给农民，在实施之初，能极大地激发其种粮和发展农业的积极性。正是这种积极性的调动加上现代农业科学技术的进步，使得中国农业突飞猛进的发展。但随着时代的发展，以及中国长久以来工农业产品剪刀差价格政策的实施，一方面，工业产品如农药、化肥、种子、农业器具等这些生产资料价格的不断飞涨，另一方面，农产品价格的长期稳定，使农民种田的积极性受到很大的打击。

（二）家庭承包经营不便于农业机械化和现代化的实施

农业机械化水平是衡量现代农业发展程度的重要标志。现代农业靠科技，而农业机械是推广应用先进农业技术的重要载体。深耕深松、化肥深施、节水灌溉、精量播种、高效收获技术（如割晒、收割、脱粒、烘干等联合作业）等新技术的推广应用，只有以农业机械为载体，通过机械的动力、精确度和速度才能达到。农业机械化推动了农业生产的标准化、规模化、产业化，提高了农产品的竞争力，提高了农业综合生产能力，是促进传统农业向现代农业转变的关键要素。但现阶段这种一家一户的经营模式却阻碍了农业机械化的实施，现代农业机械一般较大，成本也比较昂贵，购买和使用的费用较高，单个的农户难以承担。即使能买得起，在使用时也有难题，因为一家一户的土地面积较小而且较为分散，在农业机械的使用上非常不方便，导致使用率较低，造成资源的浪费。由于土地分散经营，农业机械的使用率也比较低，造成很多时候机械处于闲置状态。

（三）家庭承包经营不便于农业的综合治理

与工业相比，农业对外界的自然环境的依赖更强。而现阶段由于全球气候的变化，导致局部地区极端性气候的频繁出现，使得农业的生产面临一个更加复杂的环境，在大涝和大旱面前，个人或小集体的力量是非常渺小的，因此需要集体的统一领导，统一规划和统一的治理，才能战胜自然灾害，将自然损失降低到最小。在面临大旱时，如果没有集体和村干部的介入，是绝对不可能战胜灾害的。但在实行了家庭联产承包责任后，村民更加关心的是个人自家的田地，而对于修建一些公共水渠和抗旱水坝等水利设施积极性不高，由于这些基础设施的缺乏，结果又加剧了自然灾害的严重性。另外，由于土地分散经营，各自为政，在对于水源的利用和病虫害的防治方面也存在一些弊端。

（四）家庭承包经营造成了人力资源浪费，降低了农业的竞争力

家庭联产承包责任制分散了土地的经营权，使得中国的农业效率非常低下。美国一个种田的人可以养活大约100个不种田的人，而在中国一个种田的人只可以养活0.5个不种田的人。一家一户几口人，围绕自家的几亩耕地转，一亩田地上困住了一家的大部分劳动力，使得他们不能去从事农业以外的其他产业，影响生活水平的提高。一家人种几亩田地的土地经营模式，造成了人力资源的极大浪费。在国外一个人就能做好的事情，就能种的田地，到了中国却需要几个人，甚至几十个人来完成，这样的低效率自然造成了农民的贫苦。另外，一家一户的家庭联产承包责任制，还增加了农产品的成本。在现代市场经济条件下，物价飞涨，导致劳动力的成本越来越高，在我国农业生产中，劳动力效率又非常低下，让几个青壮年劳动力去侍弄几亩田地，跟国外几个人就可以去种植几千亩田地相比，这种经营方式自然就增加了粮食的成本，使得中国农产品在与国外竞争中处于成本的劣势。

四、农业家庭经营的建设

以家庭联产承包责任制为基础的统分结合的双层经营体制的确立是农户家庭经营适应我

国国情下的具体应用和特定表现,其制度安排和框架设计是我国农村改革中的一次积极尝试,在其释放经济能量和提高经济效益的同时,也存在一些不足和问题。如家庭承包经营没有解决土地流转问题,没有赋予农民以永久经营使用权和土地处置权,承包农户只是半自主的经营主体,土地的调动、划拨和出让控制权牢牢掌握在农村集体和国家政府手里;所谓农户和集体的双层经营机制,由于农民组织和农村治理机构职能的缺位,只剩下农户的单一经营,集体经营成为一种空壳,农村的双层经营机制还没有真正建立。

随着社会主义市场经济体制的逐步确立,市场化程度的深入、工业化水平的提高和现代化进程的加快,我国现有以农户家庭经营为基础的各项制度进一步创新势在必行。党的十七届三中全会指出了明确方向:家庭经营要向采用先进科技和生产手段的方向转变、统一经营要向发展农户联合与合作,形成多元化、多层次、多形式经营服务体系的方向转变。必须在坚持以市场为导向,以农民为主体的基础上,以提高农民收入为最终目的;其方向是扩大户均农业规模,进行现代规模化经营,由此决定的核心任务是要解决两个问题,即有效减少农民数量和扩大农户经营规模。具体来说,在目前这个阶段,一方面要通过城镇化逐步减少农民数量,另一方面通过发展合作化、社会化服务解决一家一户解决不了的事情,实现生产的社会化,这才是中国实现农业现代化的必由之路。围绕现代农业家庭经营的建设,需要做好以下几点:

(一)稳定并完善以家庭承包经营为基础、统分结合的双层经营体制

坚持最严格的耕地保护制度,制定完备有效的征地制度、土地流转制度。明确集体组织在农户生产和经营的职责和权利,引入市场机制,利润机制承担相应的公共义务,确实有效发挥集体组织在农业生产和经营的作用。坚持最严格的耕地保护制度,完善耕地保护法,严格限制耕地数量减少。制定完备的征地制度,集约、节约用地,切实给予被征地农民以合法、合理的补偿,并对被征地农民的生活保障、社会就业加以政策性安置,确保被征地农民的合法利益不受侵害。制定有效的土地流转制度,包括三类:一是不同主体所有权之间的流转,主要是指在集体和国家之间进行有效流转,这主要出于公众需要的道路、水利工程等公共物品建设;二是所有权主体与使用权个体之间的流转,主要指在集体与个体单位如农民、工厂主、房地产开发商等之间使用权的流转,应遵守合法程序,防止集体单位贱卖土地的使用权;三是不同个体使用权之间的流转,主要是指农民个体之间发生的土地使用权流转,要根据自愿、有偿的原则依法流转土地承包经营权,使耕地向种田能手集中,适时发展多种形式的适度规模经营。

(二)积极推进农业产业化进程,加快农业经济组织制度创新

农业的适度规模经营是农业经济发展的必然趋势。十七大报告中指出,坚持农村基本经营制度,稳定和完善土地承包关系,有条件的地方可以发展多种形式的适度规模经营。大力发展农业产业化和农业合作经济组织是农业适度规模经营的有效途径。

农业产业化是经济发展的内在动力,推动和引致的自发性制度创新,具有客观必然性,是生产关系适应生产力发展的在特定历史阶段的具体表现。在尊重农民意愿的基础上,借鉴发达国家农业产业化经验,采取农工综合体、合同制等积极、灵活形式,培育具有市场开拓能力、能进行农产品深度加工、为农民提供服务和带动农户发展商品生产的龙头企业,把农业与相关加工、物流等产业有机结合起来,扩大社会分工,降低交易成本,取得产、供、销和加工一体化的纵向规模优势,以有效解决分散的小农户与大市场的矛盾。

由于合作经济组织的出现顺应了市场经济发展的客观规律,是农民自愿、自助、自我服务的产物,20 世纪 80 年代以来,随着农村经营体制的创新和市场经济的发展,我国农村涌现出大量农业合作经济组织。由于农业合作经济组织的发展,有利于提高农民组织化程度,提升其市场竞争力,促进生产发展,带动农民增收。今后,我国应大力发展和完善农村股份合作企业、农民专业合作社等多种形式的农业合作经济组织,促进农业适度规模经营。

(三) 加强农村公共物品制度建设,完善农村公共物品的供给制度

家庭承包责任制下的乡村公共物品供给制度是人民公社时期公共物品供给制度的延续,具有制度外供给、供给主体与受益主体分离等特征,导致农村公共物品供给严重匮乏,引发农民负担加重、乡村政府债务危机以及城乡之间的差距进一步拉大。在建设社会主义新农村时期,应全面贯彻和落实科学发展观,按照“多予、少取、放活”的方针,加大政府对农业生产和农村生活基础设施、科技、义务教育等公共物品的财政投入,扩大公共财政覆盖农村的范围,强化政府对农村的公共服务,确保农村公共物品的制度内供给。建构新型乡村治理模式,培育多元化治理主体,积极发展农村集体经济组织和民间合作性服务组织,真正反映农民的心愿,代表农民的利益,保障公共物品的制度外供给。

(四) 加快建立城乡统一的劳动力市场和公平竞争的就业制度,建立健全与经济发展水平相适应的多种形式的农村社会保障制度

积极发展劳动密集型产业,促进农村剩余劳动力转移,逐步转变农民的职业身份;实行严格的计划生育政策,降低农村人口增长率。总之,要减少农业中实际就业人数,扩大农户实际经营规模,最终提高农民收入。

第二节 农业中的合作经济组织

农业的特点与家庭的社会经济特性使得家庭经营具有旺盛的生命力。面对国内、国外的大市场,农户必须组织起来,通过合同制、合作制、公司制等产业化组织形式联合起来,才有利于农业家庭经营的生存和发展。

一、农业合作经济思想的起源

合作经济组织是一种特殊类型的经济组织。普遍公认的一种说法是,发展市场经济要注意区分市场和政府的不同功能,市场着眼于效率和利润,追求效用最大化,而维护社会公平则是政府的责任。但在现实经济生活中,市场竞争并不完全,资源所有者在市场体系中的地位也并不平等。面对这些问题,政府不愿干预或无力干预,这就导致了合作经济组织的诞生。合作经济组织的由来与发展说明,市场机制与政府体系都不是万能的,市场经济越发展就越需要有合作经济组织这类非常规的经济性组织来弥补市场机制的缺陷及补充政府部门的功能。也正因此,国际合作社联盟将合作经济组织的目标定义为“满足共同的经济和社会需求”,并在 1995 年的代表大会上增加一条原则,规定合作经济组织在满足社员需求的同时,要推动所在社区的持续发展。由于合作经济组织在注重公平时往往会影响其组织效率，因此，许多国家的政府通过给予合作经济组织各种形式的财政支持（如纳税优惠、贷款担保等）来补偿其效率上的损失。将以上合作经济组织产生的原因具体化为以下四个方面：

（1）社会分工与生产专业化需要农业合作制。社会分工是商品生产存在的基本前提之一，农业生产越专业化、商品化，就越要求进行各种形式的合作与联合。如果农业生产是建立在自给自足的自然经济的基础之上，各个农户生产出来的农产品，除了满足自给性需要以外，几乎没有什么剩余，那么，他们之间就没有实行合作的必要。如果利用非经济手段强行地把不同的农户捏合到一起，就会阻碍生产力的发展。只有在各个农户之间，出现了相当的社会分工和专业化，生产的各个不同环节、阶段由不同的生产组织去完成的情况下，彼此之间才有进行合作的必要。

（2）为了抗御高层风险和自然风险，农业需要合作制。市场经济的发展，把众多的农户推向了市场，而市场则由价值法则这只看不见的手来诱导资源的配置，通过价格围绕价值上下波动来引导生产。分散的农户面对变化莫测的市场，风险陡增。农业还是受自然灾害影响最严重的产业，单家独户几乎无力抗御自然灾害。为了减少和避免市场与自然所带来的风险，农民迫切需要合作制。

（3）在激烈的市场竞争中，小规模经营的农户需要合作制。一般来说，农户的经营规模狭小，单独采购生产资料难以获得价格优惠，单独出售农产品也难以卖上好价钱，在生产中单独使用某种大型的机械或采用某项先进的生产技术措施就可能变得不经济。农民在激烈的市场竞争中，为了降低成本，提高盈利，就需要通过合作制联合起来，借助外部交易规模的扩大来节约交易成本，提高在市场竞争中的谈判地位，提高产品的售价，通过扩大经营规模提高机械设备等的利用率，寻求规模经济。

（4）农业合作制与市场经济相伴而生。市场经济的发展是农业合作制发展的基础和社会条件，市场经济的扩张是农业合作制不断发展的土壤，并为它的进一步协调发展起推动作用。农业合作制作为联结农民与市场的中介，对于推动市场经济的发展，维持农产品市场和农业要素市场的稳定与均衡，改善农民的社会与经济地位起到了极其重要的作用。

二、农民专业合作经济组织概述

（一）农民专业合作经济组织的概念

合作经济组织是一个全球性的经济组织现象。合作经济组织是人们自愿联合、通过共同所有和民主管理的原则，来满足共同的经济和社会需求的自治组织。农民专业合作经济组织是农民自愿参加的，以农户经营为基础，以某一产业或产品为纽带，以增加成员收入为目的，实行资金、技术、生产、购销、加工等互助合作的经济组织。

农民专业合作经济组织的主要特征有以下五个方面：一是不改变成员的财产所有权关系；二是退社自由；三是专业性强；四是民办、民营、民受益；五是可以突破社区界限，在更大的范围内实行专业合作。目前，我国农村有各类农民专业合作经济组织 140 多万个，其中，较为规范的有 14 万多个，广泛分布于种植业、畜牧业、水产业、林业、运输业、加工业以及销售服务行业等各领域，成为实施农业产业化经营的一支新生的组织资源。

（二）农民专业合作经济组织的作用与功能

农民专业合作经济组织在农业产业化经营中的作用与功能主要表现在以下四个方面：

1. 组织功能

专业合作经济组织在农业产业化经营中，其组织功能作用十分明显，一是按照国家产业政策，组织成员进行生产与销售，促使农业生产由行政管理过渡到由合作经济组织协调管理；二是根据国家产业规划以及市场信息，组织和协调农户进行专业生产；三是根据市场需求和农民意愿，把分散的专业户、专业村，通过专业合作，组织起各种类型的专业农协，以参与市场竞争；四是在经济发达的地区，通过各类合作经济组织，直接组织农业劳动力有序地流动到二、三产业，实现农业规模经营，为农业产业化经营奠定基础。

2. 中介功能

大公司、大市场不可能都直接面对千家万户，同样，分散经营的农户，也不可能直接加入大公司的经营序列或纷纷进入大市场销售农产品。在市场需求与市场竞争中，农户为避免自然与市场风险，需要“合作经济”这一中介组织。同样，公司（企业）也需要一个中介组织，以节约交易成本，无论哪一种农业产业化经营模式，都需要一个中介组织，使公司与农户、市场与农户对接。

3. 载体功能

所谓载体功能，是指农民专业合作经济组织从单纯的组织功能、中介功能中“跳”出来，逐步向产前和产后延伸，兴办各种经济实体。逐步将自身的组织演变成社区性的产业一体化组织或专业性的产业一体化组织。

4. 服务功能

向农户提供产前、产中、产后有效服务，是实施农业产业化经营必不可少的手段。由于农民专业合作经济组织的根扎在农民之土壤中，因此，它对农户的服务最直接、最具体，从而成为农业社会化服务体系中不可取代的重要组成部分，成为维系农业产业化链条各环节得以稳固相连并延伸的生命线。

（三）农民专业合作经济组织的主要类型

农民专业合作经济组织的组织形式和活动方式多种多样，按照农民合作的紧密程度，归纳为以下三种主要类型：

1. 专业合作社

专业合作社作为农民专业合作经济组织的典型形式，可以认为是农民联合、自助组织的目标模式。其基本特征是从事专业生产的农民自愿入社、退社自由、平等持股、自我服务、民主管理、合作经营的经济组织。这类合作组织一般是实体性的，内部制度比较健全、管理比较规范、与农民利益联系紧密，形成劳动者约定共营企业和社会利益的共同体。农民入股需交纳一定股金，合作社除按股付息外，主要按购销产品数量向社员返还利润。专业合作社也是企业，有的在工商管理部门登记为企业法人。专业合作社在东部地区较多，中部地区次之，西部极少。山东省莱阳市就是以这种类型为主，有专业合作社 420 多个，基本社员 17 万户，占全市总农户的 80%。

2. 股份合作社

股份合作社是在合作制基础上实行股份制的一种新型合作经济组织。基本特点是实行劳动联合与资本联合相结合、按劳分配与按股分红相结合。与一般专业合作社不同的是，资本在股份合作企业的生产经营活动和收益分配中，占有比较重要的地位。这类组织一般也是实体性和紧密型的，全国各地都有，尤其在东部较多，近年发展较快。农民在兴办龙头企业或龙头企业牵头兴办合作组织，进行农产品加工、销售、运输、储藏、资源开发和水利建设等方面多采取这种形式。山东、北京等省市都有超过30%农民专业合作经济组织为这种形式。

3. 专业协会

专业协会是一种较为松散的合作形式，包括农业服务协会和专业协会等。农业服务协会为农户提供综合性系列化服务。专业协会主要从事专项农产品生产、销售、加工的农民，按照自愿互利的原则，以产品和技术为纽带，组建的社团性合作经济组织。着重为会员提供技术和运销服务，并在民政部门登记，注册为社团组织，其前途是向具有实体的合作社方向发展。凡是从事专业生产并达到一定规模的农民都可以加入协会，协会对会员进行无偿和低偿服务，入会农民根据协会的要求进行生产销售。

三、农民专业合作社

近年来，我国农民合作组织数量增长迅速，截至2008年年底，全国已有22.1%的村庄成立了农民合作组织，这些组织有三分之二成立于2007年和2008年。农民合作组织飞跃式的增长得益于2007年颁布的《中华人民共和国农民专业合作社法》，它为农民合作组织发展提供了法律保障，创造了良好氛围。各地县及以上各级政府高度重视，乡镇政府和村两委积极参与。截至2011年6月底，我国已有工商登记在册各类农民专业合作社43万多家，入社农户占总农户13%，在未来可以预测的是，农民专业合作社每年依然会成倍增加，合作社的涉足领域将以种植、养殖主导拓展丰富开去，很多创新的组织形式也层出不穷。

（一）农民专业合作社的内涵与特点

1. 农民专业合作社的内涵

我国在《中华人民共和国农民专业合作社法》在第一章总则第二条对农民专业合作社进行了简要的定义。农民专业合作社是在农村家庭承包经营基础上，同类农产品的生产经营者或者同类农业生产经营服务的提供者、利用者，自愿联合、民主管理的互助性经济组织。

农民专业合作社以其成员为主要服务对象，提供农业生产资料的购买，农产品的销售、加工、运输、贮藏以及与农业生产经营有关的技术、信息等服务。农民专业合作社与以公司为代表的企业法人一样，是独立的市场经济主体，具有法人资格，享有生产经营自主权，受法律保护，任何单位和个人不得侵犯其合法权益。

2. 农民专业合作社的特点

农民专业合作社不改变农户的独立经营地位，有利于家庭承包经营制度的长期稳定。现阶段，绝大多数参加专业合作社的农民在生产各环节仍然以户为单位，在流通、加工等环节进行合作，将农民生产的农产品和所需要的服务集聚起来，以规模化的方式进入市场，提高农民在市场中的地位。农民群众总结的“生产在家，服务在社”，形象地说明了现阶段农民专业合作社的特点。实践表明，农民专业合作社可以很好地解决家庭经营与市场经济的衔接问题，有效地解决政府“统”不了、部门“包”不了、单家独户“干”不了的难题，是对农村经营体制的丰富、发展、完善和创新。具体特点可以归结为以下几个方面：

（1）农民专业合作社是一种经济组织。《中华人民共和国农民专业合作社法》明确规定农民专业合作社是互助性经济组织。合作社须依法登记，取得法人资格。它的运行对内是以为社员提供有偿、低偿或无偿的服务，力求经营成本最小化为目的；对外是以盈利为目的，追求利润最大化。

（2）农民专业合作社建立在农村家庭承包经营基础之上。农民专业合作社区别于农村集体经济组织，是由依法享有农村土地承包经营权的农村集体经济组织成员，即农民为主体，自愿组织起来的新型合作社。加入农民专业合作社不改变家庭承包经营。

（3）农民专业合作社是专业的经济组织。农民专业合作社以同类农产品的生产或者同类农业生产经营服务为纽带，来实现成员共同的经济目的，其经营服务的内容具有很强的专业性。

（4）农民专业合作社是自愿和民主的经济组织。任何单位和个人不得违背农民意愿，强迫他们成立或参加农民专业合作社；同时，农民专业合作社的各位成员在组织内部地位平等，并实行民主管理，在运行过程中应当始终体现“民办、民有、民管、民受益”的精神。

（5）农民专业合作社是具有互助性质的经济组织。农民专业合作社是以成员自我服务为目的而成立的。参加农民专业合作社的成员，都是从事同类农产品生产、经营或提供同类服务的农业生产经营者。

（二）农民专业合作社建立的条件与程序

1. 建立农民专业合作社的条件

成立农民专业合作社，应当具备下列条件：

（1）有5名以上符合规定的成员。具有民事行为能力的公民，以及从事与农民专业合作社业务直接有关的生产经营活动的企业、事业单位或者社会团体，能够利用农民专业合作社提供的服务，承认并遵守农民专业合作社章程，履行章程的入社手续的，可以成为农民专业合作社的成员。但是，具有管理公共事务职能的单位不得加入农民专业合作社。

（2）有符合相关法律规定的章程。

（3）有符合相关法律规定的组织机构。

（4）有符合法律、行政法规规定的名称和章程确定的住所。

（5）有符合章程规定的成员出资。

2. 农民专业合作社建立的程序

建立农民专业合作社一般需要经过以下程序：

（1）发起筹备　发起人就是发起并创办农民专业合作社的创始人。在农民专业合作社的筹备阶段，主要工作由发起人来做。农民专业合作社的发起人可以是自然人，也可以是企业法人、社团法人。

（2）进行可行性分析论证　可行性分析论证是组建农民专业合作社的基础性工作。发起人要对本地区、本行业农民群众专业合作的需求状况、专业生产的现状、市场前景、竞争对手等进行认真调查研究，确定所要组建合作社的活动和经营范围。

（3）起草农民专业合作社章程　它是为规范农民专业合作经济组织内部关系，统一开展生产经营活动的原则和办事程序而制定的规程。章程的制定要由发起人根据农民专业合作社示范章程，结合合作社实际起草，合作社章程应当载明下列事项：名称和住所；生产经营服务范围；成员资格及入社、退社、除名的规定；社员权利、义务；组织机构及其产生办法、职权、议事规则;注册资金、社员出资方式、出资可及退出、转让、继承的规定;财务及资金管理;盈余分配、亏损处理的规定:章程修改程序;变更、解散、清算办法;公告事项及发布方式;社员认为需要规定的其他事项等。

(4) 吸收成员　凡从事与合作社同类或相关产品,有一定的生产规模或经营、管理能力,具有完全民事行为能力的农民、组织或相关事业的个人,承认并遵守专业合作社章程,自愿提出入社申请,认购股金、经筹备小组讨论通过,就可以成为合作社的成员。

(5) 确定合作社名称,向工商局取得企业名称预先核准通知书。

(6) 召开第一次社员大会,通过章程,选举产生法定代表人、理事会、监事会;确定股本结构及社员出资情况;确定委托代理人。

(7) 报经农业、农经主管部门审核确认,并由其出具审核确认。

(8) 登记注册,取得法人资格　发起人持农业、农经主管部门出具的审核确认文件、合作社章程、企业名称预先核准通知书、法定代表人签署的登记申请书等有关材料向市县工商管理部门申请注册登记(图 7-1)。

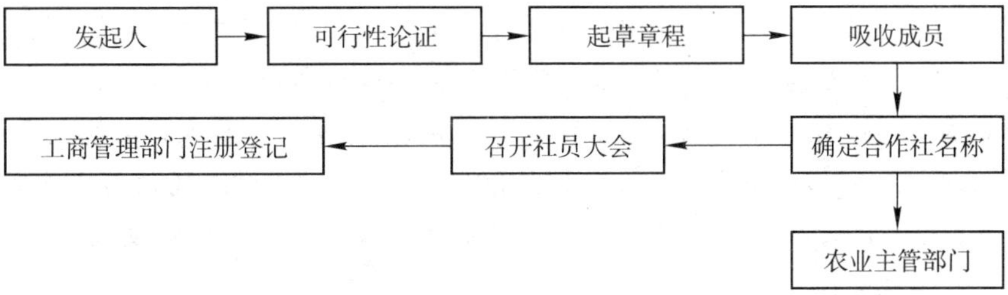

图 7-1　农民专业合作社建立的程序

(三) 农民专业合作社的运作原则

农民专业合作社应当遵循下列原则:

1. 成员以农民为主体

农民专业合作社的成员中,农民至少应当占成员总数的 80%,成员总数 20 人以下的,可以有企业、事业单位或者社会团体成员;成员总数超过 20 人的,企业、事业单位和社会团体成员不得超过成员总数的 5%。

2. 以服务成员为宗旨,谋求全体成员的共同利益

农民专业合作社是以成员自我服务为目的而成立的。参加农民专业合作社的成员,都是从事同类农产品生产、经营或提供同类服务的农业生产经营者,目的是通过合作互助提高规模效益,完成单个农民办不了、办不好、办了不合算的事。

3. 入社自愿、退社自由

农民专业合作社是互助性经济组织,凡具有民事行为能力的公民,能够利用农民专业合作社提供的服务,承认并遵守农民专业合作社章程,履行章程规定的入社手续的,都可以成为农民专业合作社的成员。农民可以自愿加入一个或者多个农民专业合作社,入社不改变家庭承包经营;农民也可以自由退出农民专业合作社,退出的,农民专业合作社应当按照章程规定的方式和期限,退还记载在该成员账户内的出资额和公积金份额,并将成员资格终止前的可分配盈余,依法返还给成员。

4. 成员地位平等，实行民主管理

农民专业合作社必须设理事长，也可以根据自身需要设成员代表大会、理事会、执行监事或者监事会；成员可以通过民主程序直接控制本社的生产经营活动。

5. 盈余主要按照成员与农民专业合作社的交易量（额）比例返还

盈余分配方式的不同是农民专业合作社与其他经济组织的重要区别。可分配盈余中按成员与合作社的交易量（额）比例返还的总额不得低于可分配盈余的60%，其余部分可以依法以分红的方式按成员在合作社财产中相应的比例分配给成员。

相关链接

国外农业合作经济组织的类型

国际上，农民合作经济组织的发展已经有150多年的历史，它被认为是市场经济条件下发展农村经济的一个重要组成部分，在世界各国都有程度不同的发展。在美国，由合作社加工的农产品占农产品总量的80%，合作社提供的化肥、石油占44%，贷款占40%。在法国，由合作社收购的农产品中，牛奶占50%以上，谷物占71%。法国食品出口中，通过合作社出口的谷物占45%，鲜果占80%，肉类占35%，家禽占40%。在日本，市场销售农产品绝大部分是由农协提供。其中米面占95%，水果占80%，家禽占80%，畜产品占51%，提供的生产资料，肥料为92%，饲料为40%，农机为47%，农药为70%。由于各国合作经济组织发展的背景和途径有别，大体可分为三种类型。

1. 以美国、加拿大、巴西为代表的农场主合作组织

这是国外早期农民合作组织的主要形式，是在农业商品化过程中，为了抵制中间剥削，加强自我保护，提高市场谈判地位，由小规模家庭农场主自发建立，以从事农产品购销联合为主要内容的合作经济组织。拥有生产资料所有权和独立经营权的农场主，在不改变家庭经营的基础上，自愿入股组成合作社。合作社的财产属集体所有，盈余按社员交易额返还入社社员，投资入股也给一定的报酬。作为农场主，没有改变财产所有关系，保持了完全独立的生产经营决策权。作为合作组织的成员，通过合同形式连接到农业产业一体化组织体系中。合作组织提供农业生产资料供应和农产品生产、加工、销售等产前、产中和产后各个环节的系列化服务，既可满足分散农户的需要，也可以在经济上做到有利可图。随着社会经济条件变化，尤其是受经济全球化的影响，加上农业成本的上升、效益的下降，一些农场主被迫放弃土地，农场数量随之减少。自20世纪60年代以来，农业发达国家的合作组织突破了一些经典性的约束，呈现以下发展趋势：一是引入现代企业因素，发展股份合作制；二是拓展功能，发展加工业，增加农产品附加值；三是通过组织间的合作与合并，逐步向联合型、开放型、多功能型的企业型组织方向发展。

2. 以德国、法国为代表的专业性合作组织

这类合作组织的专业性很强，是以某一产品或某种功能为依托，通过成立行业协会或专业性合作社而加以组建的，如奶牛合作社、小麦合作社、销售合作社、农机合作社等。专业性合作组织一般只围绕一、二种农产品展开合作业务，具有严密的组织体系，并且有政府制定的法律法规保证其健康的发展。在欧洲，从小麦、玉米、大豆、牛肉到胡萝卜、马铃薯等等，几乎每个农产品都有一个行业协会。专业性合作组织不受社区限制，基本上都是跨区经营的，有些专业性

合作组织形成了覆盖全州，直至全国的网络。一些大的合作组织本身就是经济实体，有的实力特别强，已发展成为规模巨大的跨国集团。但是，农业的比较效益毕竟不高，专业性合作、单一性经营使得农产品的商品率较低，只有综合经营才能维持盈余和可持续发展。为了形成规模优势保证合作组织利益，合作组织之间呈现联合或兼并的趋势，专业性合作组织逐渐演变为综合性合作组织，基本包含了与当地农业生产有关的所有经营业务，多功能的经营方式为农民提供了有效服务，满足了农民从事商品生产的种种需求。有的专业性合作组织通过大力发展农产品的深加工和精加工，大幅度增加农产品的附加值，以增加合作组织收入。在北美地区称之为“新一代合作社”，实行交易份额制或限制会员制，只接收事先商定好的特定数量和种类的农产品，无论是运行机制，还是制度特征，更接近于普通股份制企业。

3. 以日本、以色列和我国台湾为代表的社区性合作组织

社区性合作组织是指在一定的区域内，由当地农户自愿联合建立的多功能、综合性服务组织，广泛存在于发展中国家，比较成功的有日本的农协和以色列的莫沙夫。日本农协的最大特点是与政府关系密切，是在政府的控制和农业政策干预下活动的，为政府经办各种重要的农业业务，实施结构调整等各种农业政策，是上联国家、下联农民的合作组织，具有组织上的严密性、参加者上的广泛性、服务功能上的全面性。日本农协分为中央、县、单位三级组织，从事信用、贩卖、购买和共济四种基本事业及农业种植技术、食品加工技术、病虫害防治、住宅改建、医疗保健等生产与生活服务，不仅是农民经济利益的代表，也是政治利益的代表，是行政辅助机构和政治团体。由于生产的专业化和农民的分化导致了农民生产经营的差异性，社区事业的公益性和对外盈利性出现了矛盾，产权的不明晰影响了社员劳动经营的积极性。同时，由于社员的多元化引起需求的多元化，一部分大户认为贡献多，收益少，出现离会倾向。为适应经济社会环境的变化，许多社区合作组织不断进行组织创新，开始合并、重组、改良，并且引入企业化经营机制，出现了社区合作组织向专业合作组织过渡的发展趋势。

第三节 农业产业化经营

农业产业化经营是继家庭联产承包制之后，我国农村经营体制的又一次创新，是适应社会主义市场经济的生产经营方式和产业组织形式。我国的农业产业化经营源于20世纪90年代，是我国的一种独特叫法，是“农工商、产供销一条龙”经营的简称。它与20世纪50年代初发达国家开始的农业一体化(agricultural integration)过程中形成的农业综合经营(agribusiness)本质上很相似，只是起源的背景条件、历史作用、具体形式等存在着差别。农业产业化经营带动了农业结构调整，较好地适应了市场需求的变化，大大减少了结构调整的盲目性，提高了农户的经济效益，促进了农业经济的健康发展。

一、农业产业化经营的概念

农业产业化经营是以市场为导向，以农户经营为基础，以“龙头组织”为依托，以经济效益为中心，以系列化服务为手段，通过实行种养、产供销、农工商一体化经营，将农业再生产过程

的产前、产中、产后诸环节联结为一个完整的产业系统的经营方式。它是引导分散的农户小生产转变为社会化的大生产的组织形式，是多方参与主体自愿结成的经济利益共同体，是市场农业的基本经营方式。

农业产业化经营一般具有以下几个方面的特征：

1. 生产专业化

生产专业化主要指工艺专业化、企业专业化、部门专业化和区域专业化。实施农业产业化，是要从大农业到小农业，逐步专业化，专业到一个产品、一个要素上来。只有专业化，才能投入全部精力围绕某种商品生产，形成种养加、产供销、服务网络为一体的专业化生产系列，做到每个环节的专业化与产业一体化相结合，使每一种产品都将原料、初级产品、中间产品制作成为最终产品，以商品形式进入市场，从而有利于提高产业链的整体效率和经济效益。

2. 经营一体化

以市场需求为导向，围绕某一主导产业或主导产品，按产业链进行开发，把农业生产的产前、产中、产后诸环节有机地结合起来，实行商品贸易、农产品加工和农业生产的一体化经营。这样，既能把千千万万的“小农户”、“小生产”和复杂纷繁的“大市场”、“大需求”联系起来，又能把城市和乡村、现代工业和落后农业联结起来，使农产品的生产、加工、运输、销售等相互衔接，相互促进，协调发展，实现农业再生产诸方面、产业链中各环节之间的良性循环，从而降低交易成本，提高农业的比较利益。

3. 布局区域化

通过调整农产品生产结构，形成与资源特点相适应的布局。按照区域比较优势原则，突破行政区划的界限，配置资源要素，确立主导产业，实行连片开发，建立生产基地，形成有特色的作物带和动物饲养带。将一家一户的分散种养，联合成千家万户的规模经营，形成区域生产的规模化，以充分发挥区域资源的比较优势，实现资源的优化配置。

4. 服务社会化

通过一体化组织或各种中介组织，利用有关科技机构，对共同体内各个组成部分提供产前、产中、产后的信息、技术、经营、管理、人才培训等全过程的全方位服务，实现资源共享、优势互补、联动发展。促进各种生产要素直接、紧密、有效地结合。农业生产者一般只从事一项或几项农业生产作业，其他工作均由综合体提供的服务来完成。

5. 企业规模化

农业生产专业化的效率是通过大生产的优越性表现出来的。农业生产经营规模的扩大，有利于采用先进的农业科学技术，降低农产品单位成本，为农产品的批量生产、加工、销售奠定条件。企业规模化不仅包含生产经营规模扩大，更包括农产品生产、加工和运销的农户和企业生产要素的组成比例的匹配，避免或减少某种生产要素的不足或浪费，为农业产业化经营的高效运行奠定基础。

6. 管理企业化

管理企业化就是用管理工业、企业的办法经营和管理农业，以市场为导向，科学制定生产经营计划，把农业生产当作产业链的某一环节或“车间”来组织和管理，从生产资料组织供应，到产品收获、分类筛选、储存保鲜、加工包装、运输销售等各个环节做到统筹计划、合理安排，实现全程社会化、规范化、标准化，从而降低生产成本，提高产品质量，扩大销售范围，实现优质、高产、高效的目标。

二、农业产业化经营的组织形式

农业产业化经营要依靠一定的组织形式来维系、运行。组织形式是一种重要的资源，是管理的一大要素。具体的农业产业化组织形式，各地区会因历史、自然、社会条件差异和生产力发展水平的不同而有所不同。近年来，国内发展起来的农业产业化组织类型很多，综合各地情况，主要有："龙头"企业带动型、市场带动型、中介组织带动型、合作经济组织带动型、主导产业带动型等多种类型。

（一）龙头企业带动型（公司＋基地＋农户）

龙头企业带动型是以农产品加工、运销企业为龙头，重点围绕一种或几种产品的生产、销售，与生产基地和农户实行有机联合，进行一体化经营，形成风险共担，利益共享的经济共同体（图7－2）。在实际运行中，龙头企业联结基地，基地联结农户，进行专业协作。

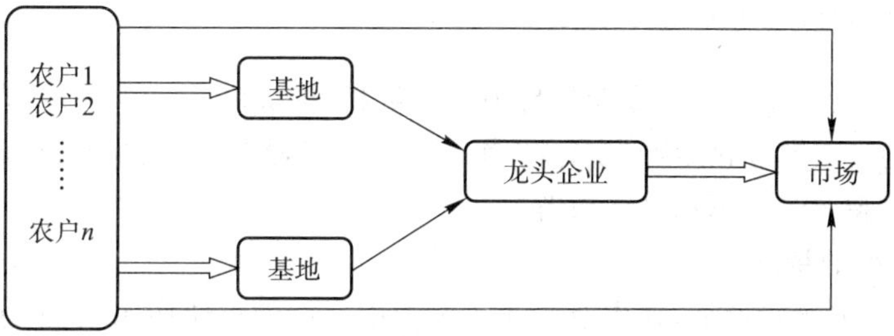

图7－2　龙头企业带动型的组织形式

1. 龙头企业带动型的特点

龙头企业带动型的主要特点是企业在农业产业化经营中发挥主导作用，与农产品生产基地和农户结成紧密的贸工农一体化生产体系。主要特点表现为：

（1）强化农业资源开发　龙头企业以资源调查和市场调查为前提，充分合理地开发利用农村一切自然资源和社会资源，组织、帮助农户提高第一产业的生产水平，增加基础产业的产出。

（2）发展农副产品加工　龙头企业以充足的资金为基础，以先进技术和高新技术为先导，发展高技术水平、高产出率、高附加值的资金技术密集型的第二产业，即农副产品加工业，生产名、特、优产品，使第一产业的产品增值。

（3）统一销售涉农产品　龙头企业以人才技术优势，提高农、副产品及其加工产品在市场上的适应性，拓宽销售渠道，统一组织运销，成为嫁接市场的桥梁，使第一、第二产业与第三产业紧密相连，使涉农产品在国内外市场顺利畅销，实现商品向货币的转化，提高经济效益。

2. 企业与基地、农户的联结方式

在"公司＋基地＋农户"发展类型中，龙头企业与基地、农户之间，有以下几种联结方式：

（1）合同订购　企业与农户签订产销合同，明确规定收购产品的质量标准、价格、时间、数量、结算方式，对完成任务好的，企业每年可拿出一定的资金予以奖励。

（2）保护价收购　企业对农户生产的农产品根据生产成本、市场行情制定最低保护价，让农民获得平均利润。市场价高于保护价时，按市场价收购。

(3) 建立服务体系 企业承担按优惠价提供生产资料、免费进行技术指导、提供信息、提供低息或无息贷款、及时上门收购产品等产前、产中、产后系列服务，还可以把生产资料定时定量先期发放给农户，待产品回收时扣还款项。

(4) 利润返还 企业将所获利润，按一定比例返还分配给农民，以提高广大农民生产和学习科技文化知识的积极性。

(5) 提供风险保障 对所有签订了合同的农民，由企业出资投保，使农民因自然灾害所受损失得到一定的补偿，解除农民的后顾之忧。

(6) 返租倒包 龙头企业先以向农户租赁土地的方式，取得土地的使用权；再以新的条件承包给农户或雇用农户。这种联结方式，企业承担更大的风险，但提高了对第一产业生产的调节、控制能力；农户获得最基本的经济保障，从而能够使企业与农户结成较紧密的产业一体化关系。

(7) 互相参股 农户向龙头企业参股，或龙头企业以股份形式向开发新项目的农户投资，以资金为纽带建立企业与农户之间较紧密的产业关系。

(二) 市场带动型(专业市场＋农户)

市场带动型是以专业市场或专业交易中心为依托，形成商品流通中心、信息交流中心和价格形成中心，带动区域专业化生产，实行产销一体化经营，从而扩大生产规模，形成产业优势，节省交易成本，提高运营效率和经济效益。

1. 市场带动型的特点

市场带动型的主要特点是，在农业产业化经营中发挥的枢纽作用，它上连专业生产基地或农户，下接广大消费者和客户，拓宽了实现农业产业化经营的流通渠道。具体表现为：

(1) 为农副产品提供直销场所 建立专业市场使农副产品有专门的销售场所，使客户有专门的进货渠道。专业市场与生产基地或农户直接沟通，以合同形式或联合体形式，将农户纳入市场体系。它以销定产，从而做到一个市场带动一个支柱产业，一个支柱产业带动千家万户，形成一个专业化区域经济发展带。

(2) 为农副产品生产提供信息 专业市场的建立吸引了大量客户，带来了丰富的供求信息、技术信息，形成农副产品生产、经营信息的交流中心，从而使种植业、养殖业向专业化、规模化、集约化方向发展，使特种植物采集发展为人工种植，特种动物狩猎发展为人工养殖，特种微生物采集发展为人工培养，提高了生物的生产能力，提高了第一产业的生产效率和生产效益。

(3) 稳定和控制农副产品的市场价格 建立专业市场形成某类农副产品的大型集散地，并辐射全国，在大中城市建立销售网点，从而成为某类农副产品的供货中心和价格形成中心。专业市场可根据市场供求信息，制定经营计划，与基地或农户签订购销合同，保持供销平衡，以便稳定和控制该种农副产品价格，稳定生产农户的经济效益。

2. 专业市场与农户的联结方式

市场带动型的发展形式，主要以专业市场与生产基地及农户签订农副产品购销合同方式建立产业化经营关系。同时，专业市场与客户也通过签订农副产品购销合同的方式建立供销关系。

专业市场带动型发展形式，具有广阔的发展前景。目前，出现这种形式的地区，市场发育较完善，竞争充分，农民素质较高，有能力把握市场动向和保护自己的合法权益，批发商无法左右市场。

相关链接

专业市场带动型

山东寿光从抓商品流通、发展蔬菜批发市场入手，推动支柱产业的形成和专业化、规模化、一体化经营的发展。山东寿光蔬菜批发市场有限公司位于著名的“中国蔬菜之乡”——寿光市，始建于1984年3月，是首批151家“农业产业化国家重点龙头企业”、“全国农副产品综合批发市场五十强”、“全国蔬菜批发市场十强”、“农业部首批定点鲜活农副产品中心批发市场”之一，是全国农产品市场协会常务理事单位。

市场以规模大、档次高、品种全闻名全国。现占地面积600亩，年成交蔬菜15亿千克，交易额28亿元。年上市蔬菜品种300多个，全国20多个省、市、自治区的蔬菜来此大量交易，在全国180多个大中城市设立了销售网点，并出口日、韩、俄等10多个国家和地区，是中国最大的蔬菜集散中心、价格形成中心和信息交流中心。在国家开通的四条主要蔬菜运输绿色通道中，其中“寿光—北京”、“寿光—哈尔滨”两条绿色通道的源头就是寿光蔬菜批发市场。“买全国，卖全国”、“没有买不到的菜，没有卖不出去的菜”是各级领导和社会各界人士对市场的评价。

市场配套设施完善，建有近10万平方米的交易服务大厅和大棚，设有冷冻、冷储、电视监控、计算机信息联网、市场管理中介经营等配套机构和设施；市场交易方式领先，交易流程实行“一卡通”结算方式，蔬菜交易实现了全程电子化。从专业市场上，农户能够快捷地接受市场信息，灵敏地做出反应。批发市场的发育不仅带动了生产基地，而且促进了加工企业的发展，建立起蔬菜加工企业10多家，年加工蔬菜3万吨，出口2万吨。

（三）合作经济组织带动型（专业合作社或专业协会＋农户）

合作经济组织带动型，是农民自己创办专业合作社或专业协会等合作经济组织，使其在农业产业化经营中为农民提供产前、产中及产后的多种服务，从而解决农民分散生产与大市场之间的矛盾。农民合作经济组织是农民在自愿的基础之上组织起来的，具有群众性、专业性、互利性和自治性的特点。专业协会一般以某产业的协会为依托，创办各类农产品的生产、加工、服务、运销企业，组织农民进入大市场。专业合作社都是生产经营实体，在某种产品的生产上为入社农民提供生产资料、资金、信息以及产中环节各种服务，有的还建立起加工、运销企业，直接组织农民走向市场。

1. 合作经济组织带动型的特点

合作经济组织带动型最显著的特点是农民专业协会和专业合作社按合作制的原则和机制组建和运作，在农业产业化经营中发挥重要的作用。具体表现为：

（1）组织专业团体，形成规模生产。专业合作社或专业协会主要是由相同经营项目的分散的、弱小的个体农户集合而成的产业化经营团体。个体农户组织起专业团体后，能够形成一定的生产规模，增强适应千变万化市场环境的能力。

（2）完善服务体系，追求总体效益。专业合作社或专业协会为团体成员的专业生产活动，提供生产资料供应、生产技术指导、产品收购、储存运输、加工、销售等一系列产前、产中、产后服务，对外追求经营利润，讲求总体经济效益；对内不以营利为目的，实行盈余返还。

(3) 逐步向纵深发展，扩大经营项目。专业合作社或专业协会是有关专业农户自己的团体，农民是产业化组织的主体和主人。在产业化经营的过程中，专业合作社或专业协会根据市场情况和生产经营的发展，从扩大服务范围、增加服务项目、提高服务功能着手，不断深化改革经营管理方式，不断积累资金，使团体产业化经营不断地发展和完善，成为农民自己的农工商综合企业。

2. 合作经济组织与农户的联结方式

合作经济组织带动型，通过股份的形式，把农业产业化组织中企业与农户两个独立的利益主体变成一个利益主体。在合作组织中，所有成员都拥有各自明晰的产权，在集中某些共有权利的基础上，统一进行某些生产、销售活动或其他活动安排，成员的加入、退出、权利、义务及决策机构、程序都在组织章程中明确。企业和农户真正结成风险共担、利益共享的经济共同体。

由于合作经济组织是广大农民联合自治性组织，能够有效地调节和实现成员之间的合法权益，真正体现农民的切身利益，所以，它将成为农业产业化经营的主要组织形式。

(四) 中介组织带动型("农产联"+企业+农户)

中介组织带动型，是以中介组织为依托，在某一产品的经济再生产全过程的各个环节上，实行跨区域联合经营和生产要素大跨度优化组合，并逐步形成市场竞争力强、经营规模大，生产、加工、销售相联结的一体化企业集团。目前，这种类型的中介组织主要是行业协会。

1. 中介组织带动型的特点

中介组织是按照自愿互利的原则，通过政府推动、市场带动、企业联动，谋求整个区域专业化生产的发展而成立的农产品生产加工销售联席协会或产业联合会(农产联)。中介组织带动型的显著特点是"农产联"引导和组织多方(企业+农户)参与在营销中的一致行动。具体表现在如下几个方面：

(1) 沟通信息 "农产联"通过沟通信息，为县市政府和企业及时提供国内外市场、原料生产、加工企业、科学技术、经营管理等方面的动态信息，避免在生产、加工、销售中的盲目性和无序竞争；避免种子、技术、设备和产品的重复引进，以减少企业和农民的损失。

(2) 协调关系 通过协调与上级、县市政府之间的关系，一方面争取省(市、自治区)和国家有关部门的支持；另一方面避免不正当竞争以扬长避短，发挥各自优势，加快市场农业的发展。

(3) 合作开发 "农产联"致力于市场、产品、人才和生产企业四个方面的合作开发，以期进一步提高企业的人才素质和产品素质，更高效地开拓国内国际两个市场。

2. 中介组织与农户的联结方式

山东省农产品生产加工销售联席协会(农产联)及云南省花卉产业联合会(花产联)为该类型的代表。"农产联"在功能上近似欧佩克组织。目前，山东"农产联"、云南"花产联"是政府推动、企业联动成立的松散型组织。这种松散型组织在促进农业产业化发展方面的有益尝试，对政府如何发挥其对农业的适度调控职能提供了重要借鉴。

(五) 主导产业带动型(主导产业+农户)

主导产业带动型是以主导产业为基础，根据当地资源优势发展产业，逐步扩大经营规模，提高产品档次，组织产业群和产业链，形成区域性的主导产业和主导产品，具有很大的连锁效应。对于经济不发达和基础条件较差的地区，依靠主导产业的发展，也可以发挥当地的资源优势，形成经济优势。

由于我国各地生产力水平及地域、资源、技术上的差异，农业产业化经营的类型多种多样，一个地区农业产业化的发展可能包含其他类型的发展模式，并且在一定条件下各类型可以相互转化。同时，随着经济的发展和各地实践的拓展，农业产业化经营的类型还将得到进一步发展和丰富。

三、农业产业化经营的运行机制

农业产业化经营的运行机制是指组成农业产业化组织系统的各构成要素之间相互联系、相互制约、共同推进农业产业化经营运转的条件和功能，包括利益分配机制、营运约束机制和风险规避机制等。

（一）利益分配机制

1. 公司型龙头企业与农户之间的利益机制

第一种是松散机制，按照市场交换原则相互进行交易，与一般市场买卖关系类似，但在农业产业化经营系统内部，这种交易关系更趋稳定；第二种是紧密机制，龙头企业按照系统内非市场安排与市场机制相结合的方式，对农户实行低偿和无偿服务，按内部合同保护价格收购农户产品，农户不仅获得交售产品的一般利润，还从龙头企业得到利润返还。

2. 合作经济组织内部的利益机制

农民采取联合自助方式发展农业产业化经营，多以专业合作社或专业协会的组织形式为载体。合作经济组织内部的利益分配，按合作社或协会章程和合作合同规定进行。农户作为专业合作社或专业协会成员，从合作经济组织中得到信息、科技、加工、运销服务。农户既是农业共营系统中的生产者，又是合作经济财产共有人。他们一方面按合同价格将其产品交售给合作经济组织，另一方面又按合同约定从中得到利润返还。

3. 股份合作制经济组织与农户之间的利益机制

许多地方的合作经济组织和集体经济组织，实施农业产业化经营，引入了股份制，形成股份合作制经济或股份制集体经济。其中，农户既是生产者又是股东，一方面获得作为生产者的利益，同时又按股分红，得到投资回报。农民自办的股份经济组织与此类似，农民以入股形式进入二、三产业，不但得到生产者的利益，还以股东身份分享股份经济组织从事二、三产业的部分利润。

（二）营运约束机制

1. 市场约束机制

农业产业化经营各参与主体面对千变万化的大市场，都有原料供应或产品销售方面的风险。市场从需求、价格和设置等方面约束农业产业化经营。

（1）市场需求对农业产业化运营的约束　农业产业化经营组织始终面临着原料供应和产品的销售问题。同样，分散的农民也面临着生物产品的销售和农业生产资料的供应等问题。市场竞争日趋剧烈的环境使农业产业化经营组织和农民面临的风险和危机日趋严重。只有当农业产业化经营实体生产的产品能不断满足国内外的市场需求时，其发展才大有前途。

（2）市场价格对农业产业化经营的约束 随着市场需求状况变化，有关产品的价格会随之发生变化。市场上某生物产品的加工产品滞销、价格下降，其生物产品的价格将随之下降。供、产、加、销各生产经营环节联成一体，有计划地生产，可以有效地控制市场价格的波动。

（3）市场设置对农业产业化经营的约束 以市场为导向是农业产业化经营的出发点，所有生产经营者面对的都是客观存在的国内外大市场，每一个具体生产经营者能否走进市场，并与市场建立紧密的联系，与每个生产经营者的主观能动作用有关，与具体的市场硬、软件情况也有关。经营者可在当地建立专业市场、召开供货会、发布网络信息，招引天下客户，也可以走遍天下，建立销售点、连锁店。

农业产业化经营系统与系统以外的市场主体进行交易，必须适应客观大市场的客观规律，按照国内外大市场运行的共同法则进行经营，这一点在我国加入 WTO 后尤为重要。

2. 合同约束机制

合同或协议一经签订就具有连续性与稳定性，就具有法律效力。合同（契约）约束机制是农业产业化经营普遍采用的运行方式。

（1）产销合同约束机制 龙头企业与基地（村）和农户签订具有法律效力的产销合同、资金扶持合同和科技成果引进开发合同等，明确规定各方的责权利，以契约关系为纽带，进入市场，参与竞争，谋求发展。合同一经签订，应当保持其连续性、稳定性。基地、农户接受龙头企业的指导，搞好农产品的生产，按合同规定向龙头企业交售其产品；龙头企业为基地、农户提供服务，按照让利原则保护性地收购签约农户的产品。

维系龙头企业与农户契约关系的核心是合同保护价格。实行合同保护价，就要建立风险基金，由龙头企业及其他参与者主体共同承担风险，使签约企业和农户的利益得到切实保证。

（2）租赁合同约束机制 这种机制是指农业产业化经营实体之间通过签订租赁合同来维系生产、经营活动的正常进行。一些地方实行的“返租倒包”是其中的一种租赁方式。龙头企业将已经分包给农户的土地返租回来，作为企业的生产基地再倒包给农户经营，农户生产的产品全部由企业收购。

（3）专业承包约束机制 有的地方将其一体化经营分为两大部分：一部分是农产品加工和运销，实行公司制经营，向国内外市场出售其制成品；另一部分是种植业初级产品生产，在坚持家庭联产承包经营体制的前提下实行专业承包经营，以所属公司为甲方，专业承包大户为乙方，签订专业承包合同，规定甲乙双方在种植业生产中的责权利。甲方为乙方提供各种服务，包括机械化服务，乙方实行科学种田，保证完成生产任务。在此种情况下，专业承包合同便成为约束所属公司和承包大户在种植业生产方面的行为机制。

3. 管理约束机制

无论是股份制还是合作制，都要建立民主管理体制。企业决策要体现多数职工的意愿，并符合章程的规定。

（1）股份合作约束机制 在产业化经营系统中，企业与企业之间、企业与农户之间实行股份合作制，互相参股；有的农户和其他单位以土地、资金、技术、劳动力向企业参股，形成新的资产关系。龙头企业演化成为股份合作制法人实体，而入股农户则成为企业的股东和企业车间型经营单位，他们相互依存、共兴共荣。入股农户不仅可以凭股分红，而且还能从龙头企业以低于市场价购到生产资料。

（2）民主管理约束机制　龙头企业要按照现代企业要求实行公司制，以法人身份在社会上出现，与其他市场主体打交道、做生意。公司依法设立董事会负责制，总经理按有关法律法规、公司章程和董事会决议行事，向董事会负责。实行民主管理和民主监督，使农户不仅参与企业经营，同时参与民主管理和监督。为了实现这个目标，就要造就一支精明懂行的、具有敬业、开拓、创新、奉献精神的经理阶层，建立健全企业内部经营管理机制和调控机制，以保证全部业务营运高效，从而促进产业化新机制的形成和发展。

（三）风险规避机制

风险规避机制是农业产业化经营组织就如何抵御自然风险、市场风险等问题，在各利益主体间意见协调一致的基础上，实现达成的解决问题的程序安排和措施体系。它是农业产业化健康、稳定发展的前提。

1. 自然风险规避

农业产业化组织中的各利益主体应根据组织契约，按规定分担因不可预测、突发等自然因素导致的经营损失。农户主要担当生产者的角色，农业生产中不可避免的自然灾害对其造成的损失相对于其他利益主体更为严重。所以，农户在产业化经济组织中应成为风险规避机制重点服务的对象。龙头企业或公司在自然灾害发生时，应从其他经营收益中提取部分资金以协助农户恢复生活、缓解他们的生活压力，这些规定应事先反映在组织缔结的契约中。

2. 市场风险规避

无论是普通农户还是龙头企业，在遵守契约的基础上还应坚守信用原则。当因市场行情波动、农产品价格滑落小于合同价时，龙头企业应按合同价收购产品，而不应以此为由压低农产品的收购价。反过来，当行情看好，产品价格上涨时，农户应遵守契约，将产品按合同价供给龙头企业，而不能借机敲企业的竹杠，另寻其他出价高的买主。各利益主体间的合作应着眼于长远利益，而不是短视考虑，缺乏信用的合作纵然有再完备的契约，也将是无效率的。

鉴于农业产业化经营所面临的诸多风险，为防范这些风险，将风险损失控制在最低程度，对风险损失能有所补偿，农业产业化经营系统必须建立风险基金制度，如：龙头企业自建、企业与农户共建、政府与企业共建等。另外，国家作为宏观调控者，还应从农业产业化外部环境着手，给予防范、规避风险的制度支撑。

第四节　农业产业集群

农业产业集群是农业经济发展的重要产业组织形式，是现代农业发展的重要方向，对促进国家和地区经济的发展都具有重要意义。产业集群是有效的区域发展战略，是提高区域经济竞争力的有效途径，产业集群对国家和地区经济增长具有重要的作用。早期的产业集群理论中主要指工业产业，农业仅作为传统部门，仅作为工业的辅助产业。随着分工的细化和经济的发展，随着技术的进步、信息的发达和农业产业化的发达，农产品企业越来越多，为农业服务的部门和组织也越来越多，这就为农业产业集群创造了良好的条件。涉农的企业逐步在一个地方积聚，围绕当地特色农业行业形成了一批具有代表性的地方农业产业集群，如广东东安的农林牧渔产业集群、广东竹器编织产业集群、广西贵县糖业产业集群、江苏赣榆水产苗种产业集群、宁夏马铃薯产业集群、美国加州葡萄酒产业集群、荷兰的花卉产业集群、丹麦的养猪产业集群、比利时的养鸡产业集群、智利的苹果产业集群等。农业产业集群是大农业发展的一种趋势，是具有优势农业资源的区域经济实现飞跃发展的一条新捷径。

一、农业产业集群概述

(一) 农业产业集群的概念

农业产业集群是从产业集群延伸分化出来的，其定义应从属于产业集群的概念。目前，有多种关于产业集群的定义，但缺乏统一完整的定义，比较权威的定义有：美国哈佛大学教授迈克尔·波特认为，产业集群是指在某一特定领域中(通常要以一个主导产业为核心)，大量产业联系密切的企业以及相关支撑机构在空间上集聚，并形成强劲、持续竞争优势的现象。克若曼斯科等提出，产业集群是指在所有经济产业中，一群在商品和服务联系上比国民经济其他部门联系强，并在空间上相互接近的产业。总之，产业集群是一群在地理上集中且有相互关联性的企业、机构组成的群体，同时，还是一个经济、社会、文化等多层面的区域复合体。产业集群作为区域经济发展的强大载体，是提高区域经济竞争力的有效途径，是增强区域经济竞争力的必然要求。

根据前人研究产业集群的成果，结合农业的特点，宋玉兰(2005)将农业产业集群定义为："在接近农产品生产基地的一定区域范围内，同处或相关于某一特定农业产业领域的大量企业和关联支撑机构，由于具有共性或互补性而与农产品生产基地相对集中在一起，从而形成的一个有机群体"。向会娟和曹明宏(2004)结合产业集群的概念将农业产业集群定义为"以农业经济活动为中心，大量专业化的企业及相关支撑机构，由于共性和互补性而在农村社区范围内柔性组合，为共同推动农村经济发展而形成的密集合作网络"。王龙锋、张良成和张瑞卿(2005)认为"特色农业产业集群是指在特色农业领域中，众多于特色农业联系密切的生产者、企业以及相关支撑机构在空间上的集聚"。尹成杰(2006)则是从龙头企业发展的角度对农业产业集群的概念进行了阐述，并指出"所谓农业产业集群，通常指的是相互独立又相互联系的农户、农业流通企业、农业加工企业等龙头企业，按照区域化布局、产业化经营、专业化生产的要求，发挥农业生产比较优势，在地域和空间上形成的高度集聚的集合"。作为一种创新的农业产业组织形式，农业产业集群不仅包括生产农产品的农户，而且还包括各种农产品加工、运输、销售的企业以及各类服务机构(金融机构、农业科研机构、农产品行业协会、农业中介机构)等。结合以上各农业产业集群的观点，认为国际经合组织(OECD)对农业产业集群的定义更为合理，即：农业产业集群是指一组在地理上相互临近的以生产和加工农产品为对象的企业和互补机构，在农业生产基地周围，由于共性或互补性联系在一起形成的有机整体。

(二) 农业产业集群的特点

农业产业集群既有企业集群的一般特点，又具有自身的特点。

1. 农业产业集群的一般特点

农业产业集群的一般特点是产业集群的共性特点，许多学者利用国内外的产业集群案例进行了分析和研究。结合符正平(2004)和钱志新(2004)的研究存在以下共性特征：

（1）企业在地理位置上相对集中。

（2）产业关联效应大。

（3）集群企业在产业内既竞争又合作。

（4）要素的聚集效应强。

（5）存在共同的历史或拥有某种传统。

2. 农业产业集群的自身特点

根据宋玉兰和陈彤（2005）的观点，农业产业集群自身的特点有以下几方面：

（1）农户是基础单位　农户是农业产业集群的重要参与单位，他们为集群内的企业提供产品和原料，同时，需要企业和组织的产前、产中和产后服务，众多农户的参与使得农业产业集群的生命力得以延续、转达和发展。农户在产业集群中成为农业经济人，具有一定的企业性质，在从事具体的经济活动时，偏重于企业的性质会多一些（肖春阳，2000）。

（2）农业合作体系的建立和完善　农业产业集群的发展壮大中需要强有力的组织代表众多农户的利益，将分散的农户组织起来，与龙头企业、服务组织和政府机关等进行集体谈判，维护农户集体的利益，约束农户的机会主义行为、盲目竞争行为。这催生了发达的农业合作组织，目前，我国各地已建有众多的农业合作组织、农民合作组织、专业协会，这些组织在今后的农业产业化发展中会更加完善，此时，农户的组织化程度会提高，法律意识也会大大提高。

（3）产业链条长而复杂　农业产业集群涉及众多相关的产业服务部门和组织，具有产业链长、易产生新的分工环节的特点，它逐渐分化和吸聚越来越多的组织，使得农业摆脱自给自足真正实现产业化。

（4）基础设施现代化　农业产业集群的发展带动了周围农户的发家致富，带动了地区经济的腾飞，增加了税收，提高了地方政府的财政支付能力，提升了政府的公共服务水平，有力地促进了地方基础设施的配套和完善，向现代化、信息化、快捷化发展。同时，农户的自发投资意愿加强，农业机械化水平提高。

（5）地方文化根植性强　农业产业集群的农业特性、地方情结使得产业集群具有强烈的文化根植性，地方文化色彩浓厚，农业产业集群各具特点，各不相同。地缘、人缘和历史文化使得当地的农业产业集群不容易进入，一旦进入也容易形成稳固的联系，社会资本增加，交易成本大大降低，非制度性规则起着重要作用。

农业产业集群具备产业集群的一般特点，又有自身的特点，这些特点与农业产业集群的形成机制和发展模式紧密结合，反映出农业产业集群的一般发展规律，有利于认识农业产业集群的形成本质。农业产业集群具有的本质特征如下：①其成员由农户、龙头企业和其他涉农的企业和服务机构构成；②必须形成地理上的集中；③企业间通过竞争与协作形成网络集合体。但各地的农业产业集群各具特色，并非所有的特点都具备，一般一地的农业产业集群只突出一点或者几点，这需要进一步研究农业产业集群的实例，对其进行更深入的研究。

二、农业产业集群的效应分析

（一）产业集群效应的经济学分析

产业集群的存在不是相似企业个体的简单组合，集群中的企业个体之间在很大程度上存在着互补，并通过产品链、资金链和人才流动来实现集群效应。集群中的企业虽然存在着产品差异和根植性不同等因素，但是，企业间有着较为密切的协作关系，在有限资源的约束下，实现成本最低化和效益最大化。通常来说，集群效应主要体现在以下六个方面：

1. 规模效应

经济规模是构成一个企业、一个产业或一个地区竞争力的重要源泉。经济规模划分为两类：第一类是产业发展的规模，这和专业的地区性集中有很大关系，即一旦形成产业集群，其内部机制便会自我加强，集群优势就越容易吸引于外部规模经济。而在产业规模存在的情况下，整个集群内的企业效益将随着集群的产业规模的扩大而提高。第二类则取决于单个企业和资源、它们的组织以及管理的效率，即在产业集群中，大量的企业组成一条完整的生产链，通过集群内企业间的专业化分工和协作而降低了成本。

2. 范围经济效应

根据范围经济理论，当两种或更多产品一起生产的成本比单独生产更低时，则存在范围经济，即在产业集群内两种或更多的产品一起生产（经营）比单独生产（经营）更有效率。这种效应是产业集群通过水平的、垂直的生产与销售联系，其共同投入的使用有利于范围经济的产生。如知识是生产和销售相关产品的最重要投入要素之一，一种产品的信息可能与另一种紧密相关的产品有关。

3. 提高竞争力

产业集群竞争力概念可定义为：以产业集群的各种资产要素（包括企业、资源、基础设施和技术条件等）为基础，以企业间的动态网络关系及层次性递进为运行方式，具有对环境的利用能力和规避能力，在全球市场竞争中能为产业集群的整体绩效带来实质性功效的强劲竞争优势。迈克尔·波特在其著作《国家竞争优势》中提出关于国家竞争优势的“钻石模型”，其构架主要由四个基本的因素（要素条件、需求条件、相关及支持性产业和企业战略、企业结构与同业竞争）和两个附加要素（机遇和政府）组成。在竞争优势理论中，波特强调各个要素发挥作用时，是一个系统性机制的变化。国内市场竞争的压力可以提高国内其他竞争者的创新能力；而地理集中将使四个基本因素整合为一个整体，从而更容易相互作用和协调提高。

4. 降低交易费用

产业集群是一种特殊的社会组织形式，它由众多的企业组成，地理位置邻近，企业之间的关系不是一种纯粹的市场关系。首先，集群所在地往往就是行业的信息中心，企业能够很容易获取行业的最新市场动态，搜寻成本大为降低；其次，彼此的接近使企业互相有机会较长时间的密切、反复的接触，更容易建立信任关系，这样在一定程度上限制了机会主义和未来不确定性，减少了风险；再次，产业集群内的企业交易频繁，它们的互补性产生了外部效应，进一步降低了交易成本；最后，产业群集通过专业化的分工、协作，在产业群内形成等级或垂直一体化的企业网或企业链，使技术、工艺得到更好的完善，分工、协作提供的网络化服务使技术创新构思的实现成为可能，使新产品商业化的周期缩短。

5. 协同效应

协同效应，即“1＋1＞2”，指企业从资源配置和经营范围的决策中所能寻求的各种共同努力的效果。集群协同效应表现在：①集群内的每个企业都可以采用外部资源并积极创造条件以实现内外资源的优势互补，将企业的信息网扩大到整个集群范围，利用群内的资源、品牌、资金、信息等进行优势互补，并借助于与群内企业的合作，相互传递技术，加快研究与开发的进程，获取本企业缺乏的信息和知识，实现群体的效益大于联合前各个成员企业的个别之和的协同效益。②集群内的企业从技术自给转向技术合作，通过建立战略联盟、扩大信息传递的密度与速度以避免单个企业在研究开发中的盲目性和因孤军作战引起的全社会范围内的重复劳动和资源浪费，从而降低风险。③集群内企业的合作，可以理顺市场、共同维护竞争秩序，避免展开恶性竞争降低各自的盈利水平而造成两败俱伤。

6. 知识溢出和创新效应

大量的研究已经证实，即便是在信息技术高度发达的今天，空间距离对知识流动或者知识溢出的影响也是十分显著的，通过互联网、媒体、电话和传真传递的只能是经过编撰的明晰知识，而文化、观念、氛围和经验等很难通过它们得到传播。而由企业空间接近而发展起来的产业集群，实质是一个地方化的产业空间组织，集群成员之间经过知识的综合、外化、内化，实现了知识的区域化过程，十分有利于知识的共享，创造“知识乘数效应”，加快了集群区域的知识孵化和创新以及新技术、新成果的问世，从而获得了知识的区域比较优势。企业地理接近有利于企业获取知识溢出的好处，但这种溢出，必须限定在一定的合适的范围，否则对产业集群发展是不利的。在知识溢出“适中”的情况下，创新能力强的企业在集群内部将获得较好的发展，成为集群内部的主导企业，而其他企业只能主动加入主导企业的生产协作体系，寻求与主导企业的分工配套，从而使整个产业集群发展进入良性循环轨道；反之，整个区域将陷入企业创新能力不足——区域产品雷同——企业恶性竞争。

（二）农业产业集群的效应分析

由集群机理和农业产业集群自身的特点所决定，农业产业集群的效应表现在以下几个方面：

1. 农业产业集群有利于提高农业产业的竞争力

第一，农业产业集群能够降低成本。农业产业集群可以加快地区基础设施的建设，使企业间共享基础设施；农业产业集群中的互补企业互为市场，能降低运输成本，相同的企业之间能产生竞争效应，激励企业、农业技术、制度创新，从而降低成本。农业产业集群的根植性比较强，农村里人际关系比较密切，血缘、地缘和人缘关系较明显，农业产业集群内信息获取成本较低，技术外溢效应明显。第二，农业产业集群能够降低风险。农业是一个脆弱的产业，以农户为主体的小规模生产市场风险和生产风险都很大。农业产业集群提高了农业生产的组织化程度。获得了规模效应，克服了农户小规模经营与大市场之间的矛盾，在农户与市场之间架起了桥梁，降低了市场风险。第三，农业产业集群能够提高农民的素质。农业产业集群使大量的企业集中在一个地区，使农民获得了很多新的观念和信息。由于产业集群的学习效应、技术外溢效应和竞争效应，可使农民的素质得到提高，从而提高农产品的质量和劳动生产率。第四，农业产业集群有利于企业创新。产业集群形成了一种激励机制，使集群内农户之间、企业之间、生产者之间竞争加剧，大大激励了企业创新。第五，农业产业集群有利于形成农业产业集群品牌。农业集群品牌往往是以地区作为其品牌的一部分，对最终产品质量的影响程度明显高于工业产品，是集群企业核心能力的重要来源。农业产业集群由于同类企业之间的竞争，会不断提高产品的质量，从而提高该地区产业集群里核心产品的影响，形成农业产业集群品牌。如云花就是以云南斗南花卉为中心形成的农业产业集群品牌。云南斗南的花卉占国内鲜切花市场份额的三分之一，远销日本、中国香港等40多个国家和地区。

2. 农业产业集群有利于提高农民的收入水平

农业产业集群一旦形成后，就会形成一定的组织，使分工细化，促使专业化的形成。一方面，通过这种分工可以对农产品进行面向市场的深加工，延伸产业链，形成高附加值产品，农户和企业通过对加工产品更高附加值的占有而提高收入水平；另一方面，产业集群又能促进二、三产业的发展，为农民提供大量的就业机会，增加工资性收入。农业产业集群提高了当地劳动力的素质，专业化的人才要求与从事专业和能力相匹配的工资，由于产业集群里同类企业之间的竞争，促进了劳动力的优化配置，提高了当地劳动力市场的平均工资水平。

3. 农业产业集群有利于农村的发展

农业产业集群使农民收入提高，农民物质生活得到改善。地方财政收入提高，有更大的财力改善投资的软硬环境，吸引更多的投资，使当地发展步入一个良性循环的轨道。同时，农业产业集群给当地农村带来更多新观念、新知识，新技术，汇聚了更多的信息，使当地居民的精神文化生活也焕然一新，从而促进了当地农村的发展。

4. 农业产业集群有利于提高城镇化水平

农业产业集群主要通过两个方面提高城镇化水平，一方面，农业产业集群为小城镇的建设提供了大量资金，有了充裕的建设资金，当地政府必然会加强水、电、路、通信等基础设施建设，扩大城镇用地规模，提高城镇硬件水平；另一方面，城镇硬件水平的提高和农业产业集群提供的大量就业机会，将吸引大量的农村人口和乡镇企业向小城镇集聚，城镇规模的扩大又将带动当地的商业、饮食服务业、房地产、金融等第三产业的发展，促使产业结构升级，从而在整体上提高城镇化水平。

5. 农业产业集群有利于农村劳动力的转移

农业产业集群能在既定的成本获得更大的产出，使企业有更高的劳动生产率，更高的劳动生产率鼓励其他企业往这个地方集聚或者使现有的企业扩大规模，为当地农民提供更多的工作机会，提高就业率，有利于农村富余劳动力的转移。如广东以信宜市万事利实业有限公司和信昌林产工贸公司为龙头，形成了产、加、销、出口一条龙的竹器编织产业集群。

6. 农业产业集群有利于创造区域经济增长的“乘数效应”

一方面，一些特色农业产业集群依托地方特有的自然禀赋、经济要素、非正式制度等，形成了本地化的产业氛围和综合竞争力，这是其他地区很难模仿的，可以对区外的技术、资本和劳动等经济资源形成持续的吸引力，进而推动地区经济持续强劲增长；另一方面，在农业产业集群内部，通过要素之间和生产环节之间的整合，许多单个的、竞争力较弱的小企业通过发达的区域网络联系起来，其表现出来的竞争能力不再是单个企业的竞争力，而是一种比所有单个企业竞争力简单叠加起来更加具有优势的集群竞争力。通过集群化发展，许多本来抗御市场风险能力较差的中、小农业企业和专业农户，由于参与到集群里面，不但生存了下来，而且还带动了农村劳动力转移和农户增收，促进了区域经济发展。

三、农业产业集群的发展模式

在发达国家，农业产业集群的理论研究和发展实践已经较为成熟，一些依托农业产业集群的特色农业产业已经成为一些国家的国民经济支柱产业，如荷兰的花卉产业集群、美国加利福尼亚的葡萄酒产业集群等。与国外农业产业集群的发展相比，我国的农业产业集群总体还处于起步阶段，随着我国农业经济的发展和农业增长方式的转变，我国的许多地方出现了农业产业集群现象，如河北清河羊绒集群的羊绒产量占全国产量的80％、云南斗南的花卉占到了全国市场份额的1/3、山东金乡的大蒜占到了全国产量的1/4和出口额的70％等等。这些产业集群是以某种农产品为核心，集中了专业的农产品生产者、加工者、销售者以及科研、服务机构，它们以专业化和规模化取得独特竞争优势。

我国已经出现了大量的农业产业集群现象，分析农业产业集群的概念、自身特点及形成机制，会发现农业产业集群有共同的发展模式。但对农业产业集群的分类标准不同，就会有不同的分类结果。当前，我国存在的比较公认的农业产业集群模式有以下五种：

（一）农业高科技园模式

该模式是利用高校和科研单位的智力和研究条件，由农业教育、科研和地方生产单位联合创办的经济实体。一般来说，一个功能完善、结构合理的农业科技园区，在空间结构上的布局分为三个层次：即核心区、示范区和辐射区。核心区是农业科技的辐射源，它集技术、人才、资金、信息为一体，进行新技术组装、新品种试验、科技成果转化。示范区在核心区的技术、种苗、资金、信息、科技培训的带动下，通过企业化的运作，进行农产品标准化生产和新技术示范，孵化新的产业，开发新的产品。辐射区是农业科技园区进行技术示范推广和大宗农产品生产的场所，通过与核心区、示范区的科技对接，品牌联结和科技服务，实现农产品生产标准化、农业经营规模化和农产品销售品牌化，提升园区竞争实力。陕西杨凌示范区充分发挥杨凌的农科教整体优势，经过6年多的发展，从开始的17家企业发展到现在的680多家，逐渐形成基础农业、高新技术农业和农业服务化及科技创新群落。目前，杨凌已经成为陕西省经济发展最具潜力的增长点之一，农业科技成果交易、技术培训、农产品和农资的物流配送等涉农服务业成为发展重点。

（二）中心企业型模式

这种类型以一家或几家大企业为核心、其他为数众多的小企业和农户为外围而形成，居于中心的企业往往都是实力雄厚的大企业。中心企业负责向集群地以外的市场提供产品，在制定生产计划、安排生产、检验产品质量的过程中扮演着重要的角色，并负责构筑市场、营销渠道、制定市场战略、采购原材料。按照中心企业在产业集群中的地位或与小企业或农户合作的内容、方式不同，中心企业型产业集群又可分为三种模式：①以为农产品生产提供服务为中心的合作模式，其中心企业主要为农户提供生产所需的生产资料。②以加工农产品为中心的合作模式，其中心企业则主要是进行农产品的加工。③以销售农产品为中心的合作模式，这是指以贸易公司为中心企业，负责专营销售，而与之配套的其他企业或农户则按照其要求进行生产，生产的产品按照原来的协定由中心收购。例如，山东寿光蔬菜产业发展过程中，逐渐形成蔬菜生产、蔬菜批发、种子生产等不同生产企业、服务企业集群；广东东安的农林牧渔产业群，已形成的优势农产品规模集聚区有淡海水产品、畜禽产品、林果蔬产品、特经产品和粮棉油产品五大板块和相应等级群落。

（三）市场依托型模式

这种集群产生的前提是存在专业市场或大量的中间商，企业聚集在一起是因为市场的吸引。产业集群内部、企业之间的关系是以平等的交易为主，各生产厂商以能力分工来完成产品的生产，中介服务部门、政府、农业科研部门、金融保险部门对市场起着辅助性作用。这种集群往往以某个大型的市场或大量中间商为联结，各小企业的产品集中在一个地方出售，企业之间存在着激烈的竞争，同时又相互学习、不断创新。市场型模式主要有下列基本特征：①市场机制十分完善，集群的成长、演化基本上依赖市场与产业互动的方式来完成。集聚的产生是自下而上的，是通过企业对集聚好处的追逐而自发地形成的。②外部政策力量对集群区的成长、演化的影响是间接的、辅助性的，主要通过调节集群的制约因素，防止集聚外部性的发生。③政府的调节作用往往是在集群出现后的事后调节，如广东竹器编织产业集群基本形成。以信宜市怀乡、东镇、白石等镇为主体，以信宜市万事利实业有限公司和信昌林产工贸公司为龙头，已基本形成产、加、销、出口一条龙的竹器编织产业集群。

（四）专业化小城镇模式

由于农业自然禀赋的差异或特殊的区位优势，形成了在农村或乡镇工业基础上的农业集群，并形成专业化小城镇。有“中国蔬菜之乡”的山东寿光市，至 2007 年全市已被认定的优质蔬菜达 82 万亩，冬暖式大棚达到 40 万亩，形成了万亩辣椒、万亩韭菜、万亩芹菜等 10 余个成方连片的蔬菜生产基地，涌现出了“中国韭菜第一乡”、“中国胡萝卜第一镇”、“中国香瓜第一镇”等专业镇村 587 个。

（五）外来资金带动型模式

这种类型主要是由于农业资源的优势，吸引了外商的大量投资，政府一般也会制定并实施特殊的经济政策来吸引投资，客观上就会形成外资集中于某一特定区域。外商投资企业的集中将使该区域形成比较大的聚集效应，与此相配套的其他相关或互补产业也会逐步聚集该区域，从而形成了相关的产业集群。例如，由于福建农业的特点吸引了大量的台商投资，台商在安溪县进行农业综合开发建成了 1 100 亩甜柿基地，带动了周边八万多亩油柿的生产开发。闽台农业合作永春芦柑生产综合技术改进项目，现已在永春推广 15 万亩，芦柑生产效益提高了 30%，成本下降了 30%。一级果率提高 57%，年出口超过 3 万吨。并且，台商投资由原先的种植业、水产养殖业、农产品加工业扩大到与此相关的互补或相关企业，出现了农业关联产业的整个的纵向的投资，同时包括化肥、农药、农用机械等的生产企业的投资，形成了农业产业集群。

以上五种模式是地区农业经济发展的典型集群模式，农业高科技园模式适合在城市郊区农业发达的周边发展，中心企业模式适合在城市交通发达区，市场模式也适合在城市中心发展，五者各有所长，应取其所长，相互合作发展，如农业高科技园区模式与中心企业模式结合，在科技园区内建立大型的龙头带动企业。这几种模式适合距离城市较近的地方发展，但中国广大的农村都离城市比较远，如何寻找适合乡村发展模式，以工带农，促进农村城市化，繁荣农村经济，是很值得研究的方向。

本章小结

本章主要介绍了四种农业微观组织(农业中的家庭经营、农业中的合作经济组织、农业产业化经营及农业产业集群)的基本概念和基本理论。首先,对农业家庭经营的概念、发展历程、存在问题、建设的建议等内容进行了介绍;其次,阐述了农民专业合作经济组织的概念、作用及主要类型,并对农民专业合作社的内涵、建立的条件、程序、运作原则等进行了说明;再次,介绍了农业产业化经营的基本内涵、组织形式和运行机制;最后,介绍了农业产业集群的内涵、集群效应和农业产业集群的发展模式。

探索与实践

一、名词解释

1. 农业家庭经营　2. 农民专业合作经济组织　3. 农民专业合作社　4. 农业产业化经营　5. 农业产业集群

二、填空题

1. 农业家庭经营的特点有(　　　)、(　　　)、(　　　)、(　　　)。
2. 农业产业化经营的特征有(　　　)、(　　　)、(　　　)、(　　　)、(　　　)、(　　　)。
3. 农业产业化经营的运行机制有(　　　)、(　　　)、(　　　)等。
4. 农民专业合作经济组织具有(　　　)、(　　　)、(　　　)和(　　　)的功能。
5. 农民专业合作经济组织的主要类型有(　　　)、(　　　)和(　　　)。
6. 产业集群效应主要体现在(　　　)、(　　　)、(　　　)、(　　　)、(　　　)、(　　　)六个方面。

三、简答题

1. 简述农业家庭经营广泛存在的原因。
2. 简述农业家庭经营的特点。
3. 简述农业家庭经营存在的问题。
4. 简述农业合作经济组织产生的原因。
5. 简述农民专业合作经济组织的主要特征有哪些?
6. 简述农民专业合作社的特点。
7. 简述建立农民专业合作社的条件。
8. 简述农业产业化经营的组织形式。
9. 简述农业产业集群自身特点。
10. 简述农业产业集群的发展模式。

四、论述题

1. 论述围绕现代农业家庭经营的建设,需要做好哪些方面的工作。
2. 论述农民专业合作社的运作原则。

3. 论述农业产业化经营运行机制的含义及内容。
4. 论述农业产业集群的效应。
5. 列举国外农业合作经济组织的类型,以及在我国如何组建农民专业合作社。
6. 如何提高中国农业产业化经营的水平,以及应采取的措施。
7. 分析农业产业集群的实现途径。

第八章　农业宏观调控

内容梗概

农业具有天生“弱质”的特质，作为国民经济中的基础，其基础较为薄弱，加之市场经济本身存在一定缺陷，因此，农业发展需要国家的宏观调控。本章从农业宏观调控的地位和作用、对象和目标、调控领域等方面进行分析，探讨农业宏观调控的相关问题，以了解农业宏观调控政策的制定与实施。

学习目标

了解农业宏观调控的涵义与理论依据，国家对宏观调控的原则，宏观调控的手段及其运用，宏观调控的对象；认识宏观调控的特征，宏观调控的目标；熟悉宏观调控的主要领域。

学习提示

在学习的过程中，要理论联系实际，结合当前国家制定并实施的相关农业宏观调控的政策进行研究和探讨。

第一节 农业宏观调控的原则和主要手段

一、农业宏观调控的涵义与理论依据

（一）农业宏观调控的涵义

农业宏观调控是在市场经济条件下政府干预农业的一种表现形式。它是宏观调控在农业部门和领域中的特殊体现，它以政府作为主体，着眼于经济运行的全局，运用经济、法律、行政手段，从宏观层面优化农业资源配置，以促使农业要素合理流动，结构优化，保证农业的持续、稳定、协调发展。

（二）农业宏观调控的理论依据

农业本身所具有的特征导致市场在某方面失灵，依靠市场机制不能有效地解决这些问题，需要政府在市场配置资源的基础上，采取一定的政策手段加以宏观调控。在市场经济条件下政府对农业进行宏观调控的理论依据主要在于农业的外部性、农业的公共产品性、农业的弱质性和农业的不稳定性。

1. 农业的外部性

农业外部性的出现取决于多种因素，如农业生产活动的类型、使用的农业技术、作物品种、集约水平、农业资源状况、产权制度、经济发展水平等。一般而言，发展中国家农业经济较为落后，经济发展总体水平偏低，农业人口比重大，农村社会保障体系缺乏，农村贫困问题较严重，因此，农业往往在这些国家具有较大的正外部性。

从农业对生态环境的外部性来看，正的外部性包括形成农业景观、生物多样性保持、二氧化碳吸收、控制洪水等；负的外部性包括水土流失、水资源耗竭、地表水和地下水污染、野生动物栖息地丧失、农业化学品污染等。从农业的经济外部性来看，包括经济缓冲作用、国土空间上平衡发展、确保农村活力等。从农业的社会外部性看，包括社会的稳定作用、确保农业劳动力就业社会福利替代等。

在没有特定政策干预和特殊制度安排的情况下，经济活动主体既没有获得来自正外部性的经济补偿，也没有负担所应承担的相关费用，即市场及价格机制所没有反映或没有全面反映这一经济活动的全部成本或收益。从整个社会来看，资源配置无法达到最佳状态，从而引起社会福利的下降。

2. 农业的公共产品性

农业多功能所提供的许多非商品产出具有不同程度的非排他性和非竞争性。农业的非商品产出不同于商品产出，对其很难进行产权界定，它作为农业的溢出效应对生产者以外的其他人发生影响或使其受益，这就难以排除特定的人不支付报酬就不让他消费，因而在其作用范围内具有非排他性。同时，由于其影响或受益范围因非商品产出的不同而不同，因而农业非商品产出的非排他性在不同的范围内具有不同程度的表现。农业非商品产出的特点也决定了其具有不同程度的非竞争性，如粮食安全带来的社会稳定，良好环境所带来的高生活质量，生物多样性所带来的选择价值和存在价值等。农业非商品产出的公共产品性，提出了政府对农业进行宏观调控的必要性。

3. 农业的弱质性

无论是从农业生产要素供给的角度来看，还是基于农产品供给的角度，农业与其他产业相比均处于不利的竞争地位。

随着经济的发展，城市和非农业用地的不断增加，地价不断上涨，土地用于非农产业的报酬远远高于农业，使农地的流失不断增加；由于农业的比较利益低下，使得农业中的资金和较高素质的劳动力流向非农产业，造成农业的资金短缺和高素质劳动力缺乏，农业发展后劲不足；农业科研周期较长，技术进步相对较慢，农业剩余劳动力的转移又相对滞后于非农产业产值份额的增加，使得农业劳动生产率比较低；农产品的需求弹性比较小，恩格尔定律的作用，农产品不耐储运等的特点，使得农业的贸易条件不断地恶化，农民收入增长乏力，农民与非农民就业者的收入差距拉大。解决这些随之而来的问题就离不开政府的宏观调控。

4. 农业的不稳定性

首先，农业生产受自然条件影响很大，而自然条件是变化无常的，因此，农业生产相对不稳定。农业生产本身具有周期性，且生产周期长，生产不易调整，也会导致农业的波动。

其次，由于宏观经济环境的变化或不景气或对农业造成一定冲击。如加入世贸组织以后，农产品贸易趋于自由化，国内农业受到国际市场的冲击而出现较大的波动；经济不景气时，劳动力市场受到冲击，农业剩余劳动力转移困难，农民收入减少；而在经济景气时，又出现大量劳动力涌向非农产业，由于比较利益的驱使可能会出现耕地的荒废。

再次，受土地等自然条件的限制以及动植物本身生物学特性等的制约，农产品短期供给的弹性比较小。但人们对农产品的需求刚性，需求的价格弹性更小，而供给的价格弹性较大，这就难以实现农产品的市场供需均衡。由于农业的生产周期较长，许多农民对价格的反应又具有滞后性，市场的自行调节难以使农产品的供给及时追随市场价格的变化，当某些因素导致价格和产量一定程度的波动时，蛛网效应便会产生。

综合来看，农业的不稳定性要求政府要建立农业保障机制和农业市场调控机制，以保证实现农业稳定发展和农民增收。

5. 收入分配的不公平

农业的特征导致了农业收入分配的不公平。农业收入分配的公平是一个社会目标，但市场机制的作用很容易造成收入分配的差距扩大，甚至出现收入高低悬殊和分配不均，危及社会的稳定。此外，就收入分配公平这一社会目标而言，由于社会各阶层的看法不同，对不同的社会目标就有一个协调问题。这一职能将由政府来承担，政府通过协调减少差距。

二、政府对农业宏观调控的原则

（一）间接调控原则

农业宏观调控的基本思路应该是：政府调控市场，市场引导生产经营主体（农户或企业）。政府的宏观调控，就是要把经营主体（农户或企业）分散的经济活动统一于整个社会的大目标之下，使微观经济主体的行为符合整个社会经济发展的要求。在这里，政府调控与规范是宏观层次的,其直接作用的对象主要是市场,而市场调节是基础层次的,其直接调节的对象是农户或企业。这就形成了政府—市场—农户(企业)三者之间的纵向结合关系,市场处于中介或轴心的位置。市场接受政府体现社会偏好的调控信号,再把这些信号传递给微观经济单位,农户和企业对变化了的市场条件做出反应,按照利润最大化的准则调整资源配置和生产经营行为,最终使微观主体的行为符合宏观调控的要求。所以,农业宏观调控最重要的特征就是间接调控,是通过市场客观的调控。

(二) 兼顾公平与效率原则

这一原则要求实现三个方面的转变:由直接管理为主转向间接管理为主;由微观管理为主转向宏观管理为主;由管项目审批、管钱、管物转向搞规划、协调、监督和服务。市场在资源配置、推动竞争、提高效率等方面具有独特的功能。因此,政府在实施宏观调控时,必须以不排斥或限制市场机制正效功能的发挥为前提。也就是说,只要市场能够做好的事,政府就不要插手干预,而应放手让市场去完成,以提高经济运行的效率。政府的重要职责之一,就是努力为市场机制充分发挥作用创造必要的条件,或通过弥补市场的缺陷而使市场机制更充分地发挥调节功能。这方面最主要的是社会公平和长期发展等问题。我国农业由于长期比较利益偏低,为增强其后劲,保护农业发展,政府除在投资、财政支出等方面向农业适度倾斜外,还应运用利率、价格、贴息等手段引导社会资金向农业流注。市场机制可以解决效率问题,却不能解决公平问题。因此,调节收入分配,实现社会公平,就成为政府实现宏观调控的基本政策取向。由于公平与效率是一种交替关系,对公平的追求会引起效率损失,而没有效率支撑的公平则又是毫无意义的,因此,政府在宏观调控中坚持社会公平取向的同时,必须兼顾效率,做到公平与效率兼顾,社会效益和经济效益统一。

(三) 政企分开的原则

宏观调控是政府行为,为了确保市场竞争的公平性和政府调控有效地发挥作用,达到促使农业稳定发展的目的,调控指令的载体或执行者是政府或准政府部门(如农产品专储部门、农业发展银行等),而不是具有自身利益的商业企业组织或其他组织,否则将事倍功半。

(四) 法制化原则

政府宏观调控农业产业化运行过程必须依法进行。市场经济是法治经济,政府干预农业产业化活动不能缺乏法律依据,越权或无序、随意地干预,这样必然影响调控效果,甚至带来危害。要通过立法,规范政府行为,以确保政府政策的连续性和稳定性,保证农业产业化顺利实现。各级政府的分工协作关系要有明确的规定,其行使权限要有一套正确的运行程序和规范,对失职或越权、滥用权力的行为要承担法律责任。政府要制定和完善一系列保持公平竞争的法律,努力创造合法有效的市场竞争环境。

三、政府对农业宏观调控的主要手段

(一) 经济手段

经济手段有时是政府制定的经济政策,是国家运用经济政策和计划,通过对经济利益的调

整来影响和调节经济活动的措施。主要方法有：财政政策和货币政策的调整；制定和实施经济发展规划、计划等，对经济活动进行引导，是一种间接手段，但是是主要手段。经济手段是指依据价值规律的要求，通过与价值形式相关的各种经济杠杆，调节经济主体的经济利益，以引导经济主体的经济活动，达到宏观经济调控目的的调节手段。在市场经济下，经济手段是宏观调控的最重要手段，这对于经营分散的农业，更为重要。

（二）行政手段

行政手段则是政府发布的经济命令，是政府凭借政权力量对经济活动的一种干预。主要表现为：政府直接规定农产品的播种面积、安排生产种植结构、确定农产品收购价格和数量。必须指出的是，允许农业宏观调控中必要的行政干预存在，并不意味着传统体制的复归，更不能借口实施旧的管理办法。并且要随着条件成熟程度的提高而逐步减少行政干预。如利用工商、商检、卫生检疫、海关等部门禁止或限制某些商品的生产与流通，有直接性、权威性、无偿性和速效性等特点。

（三）法律手段

法律手段是指国家通过制定和运用经济法规来调节经济活动的手段。主要通过经济立法和经济司法进行调节经济，有权威性和强制性。市场经济是一种分权决策经济，众多的市场主体通过市场交换实现各自不同的目标，这就必然要求各市场主体遵守共同的市场规则，实现平等竞争。而法律所具有的规范性、统一性、强制性，正是实现这种要求的有力手段。

（四）农业政策

农业政策指党和国家为了实现一定的社会、经济及农业发展目标，对农业发展过程中的重要方面及环节所制定的各种重大措施和行为准则。

（五）环境保护

随着环保工作面临的压力越来越大，国务院已把环境保护作为我国经济发展的一个闸门，作为宏观调控各地经济发展的主要手段。现在无论中央或地方的一些大的建设项目，在进行可行性研究时，首先看土地资源能不能承受，再就要看环境容量及环境保护方面能不能承受。

第二节 农业宏观调控的内容和目标

一、农业宏观调控的内容

（一）制定农业产业政策

农业产业政策主要包括农业产业之间促进资源合理配置的产业结构政策和产业布局政

策;用来规划农村产业内部规模与效益,处理竞争与垄断之间关系的产业组织政策;提高农业科技进步的产业技术政策;加快发展乡镇企业的政策等。

(二) 加强对农业的财政支持

在发展高产、优质、高效农业中,资金投入将是一个关键因素。为保证市场经济条件下各种生产要素对农业的合理投入,提高农业的综合生产能力,政府应改变近年来农业投资日趋下降的不利局面,通过立法来保证农业投资的比例,保证农业投资的稳定性和连续性。

首先,提高中央财政预算内资金中国家基本建设资金用于农业的比重,确保农业贷款增长率高于全国平均贷款增长幅度,提高农业中长期低息等政策性贷款的比重。

其次,改变农业投资方式,变分散投资为集中投资,合理确定农业投资重点,提高农业资金使用效益。政府的农业投资主要用于农业基础设施建设上,主要包括:水利骨干工程,重大农业基础设施,农业资源综合开发,商品性农产品基地建设,扶持高产、优质、高效农业发展,建设贸工农一体化服务组织,发展农业科技和教育等方面。

再次,对农业投资实行"基金化"管理,防止农业资金"非农化"现象发生,确保有限的资金真正用于农业的发展。

(三) 健全农业信息系统

经济信息是农业宏观经济计划编制和决策的依据,农业宏观经济计划的执行和经济政策的实施是通过经济信息的颁布来进行的。农业经济的正常运行必须以纵向与横向信息畅通无阻为条件。但目前农业信息系统存在许多问题,主要表现为:信息设施建设滞后;信息短缺和迟缓;信息失真和失效;信息虚报和欺骗。因此,要通过报纸杂志、广播电视、电报电话、电传联网等,广泛接收和发布信息,为农业宏观调控决策提供依据,也为广大农民的生产经营活动提供有效的指导和服务。

(四) 加强对主要农产品的价格保护

所有发达市场经济国家无一不是依靠农业价格政策和贸易来保护本国农业的。合理的保护价格既有利于降低调控成本,还可充分利用国际贸易中的比较优势,又能够真正起到保护农业生产者的利益,稳定农业生产的作用。我国农产品保护价格的确定,可参照农业的生产成本、机会成本、供求关系、消费者的承受能力和政府的财政负担等因素来进行。

(五) 加强对农业外贸的扶持

政府应按照 WTO 规则的要求,给农业生产经营者更多的外贸自主权,给农业生产者一定的外贸补贴、为农产品出口搞好配套服务。只有这样,才能保证我国农业的安全和稳定,促进农业的健康发展。

(六) 完善农业市场体系

在农业市场体系的建设中,政府的作用集中在以下几个方面:

第一,有计划地建立一批全国性的农产品批发中心市场,同时不放松期货市场的发育。在发育和完善农产品批发市场的过程中,政府应注意以下方面:第一,批发市场的建设要经过充分的可行性论证，一般应建立在交通便利、对同类农产品的供给有决定意义的农产区。第二，农产品批发市场要注意解决政企不分的问题，使经营机制充满活力。第三，制定规范的市场规则，包括制度性规则和运动性规则，消除歧视，防止市场垄断，维护平等竞争。

第二，大力发展要素市场，重点推动劳动力、资本和土地市场的发育。在劳动力市场的发育中，关键在于改革现行的户籍管理制度，加速城镇化建设，发展第二、第三产业，使农村剩余劳动力有序地从农村转移出来。资本市场的发育重点在于改革农村的金融制度，通过完善农村合作金融制度和实现利率的市场化，最大限度地提高农村资金的使用效率。土地市场的发育重点在于通过土地使用权的有偿使用和转让，促使土地资源适当集中，提高规模效益。

第三，在我国农户小规模经营的格局下，要使农民在市场经济的汪洋大海中生存和发展，政府必须通过外部力量进行引导和帮助。一是增加社区集体经济组织的服务功能，将属于民办而后成为官办的供销合作社、信用合作社恢复其群众性质，以发挥其引导农民进入市场的功能。二是鼓励农民根据自愿原则组成各种专业性合作经济组织，政府应通过生产资料补贴、降低贷款利率、税收减免等手段创造更为有利的外部条件，支持和帮助其发展。三是发展各种类型的农工商和贸工农一体化组织。

（七）完善农业宏观调控法律体系

发展社会主义市场经济，单靠市场机制这个“看不见的手”的自发调节是不够的，必须同政府的宏观调控这个“看得见的手”紧密结合才行，对于我国农业经济尤其如此。政府对农业经济实行调控的范围比较广泛，根据市场经济的要求和我国农业经济目前的情况，农业宏观调控法律体系应大致包括：建立增加对农业投入的法律制度；建立和健全农产品市场流通法律制度；建立农村的社会保障法律制度；建立农业的可持续发展法律制度。

二、农业宏观调控的特征

与传统计划经济体制下的宏观管理模式相比较，社会主义市场经济条件下的宏观调控具有以下五个基本特征：

（一）行政性特征

行政性特征的优点是直接，其局限性也不可避免。几十年的计划经济实践使我们习惯于运用行政手段，以致在当今的农业宏观调控中，行政性特征也十分明显：

一是在保证实现政策目标的机制上，主要依靠政府系统的隶属关系来发挥作用。

二是地方行政领导在履行规定的调控与规范任务时，势必要较多诉诸行政手段。这种手段运用于经济运作时，往往能产生短期直接效果。然而，行政手段干预经济具有不可避免的局限。就粮食省长责任制而言，行政手段的局限性至少表现在以下两个方面：一方面，粮食生产比较优势下降是粮食领域发生的与我国经济结构转变、体制过渡相联系的基本特征之一；比较成本上升与投资效益低下又是粮食生产增长缓慢的基本原因之一。依靠行政手段的“压力传递”，可能会在短期使粮食生产投入上升，但并不能改变投入缺乏效益的状态。另一方面，试图通过粮食省长责任制的行政手段实现稳定粮价的目标亦存在两方面特殊困难。首先，依靠行政手段至多能实现粮食数量增长，很难在粮食品质上达到和需求结构变动一致的要求。农民迫于行政压力做出的增加粮食投入的决策，在粮食品种选择上势必会趋向于产量高质量低的品种。这样会使粮食总量上升，但并不能满足结构性粮食需求及其变动，难以实现粮价长期稳定目标。其次，粮食价格是由影响粮食供求的复杂因素以及人们对这些因素变动的预期决定的，依靠行政手段很难控制影响粮食供求的所有因素，更不能完全控制粮价信息的传递。一旦某地粮价由于行政官员不可控制的因素出现波动，便会不可避免地迅速传递到其他地区，使粮价变动趋势在较大程度上成为国内市场范围内具有同步的现实。

（二）间接性特征

市场经济条件下农业宏观调控间接性的集中体现，就是国家运用市场机制引导企业的经济活动，实现对国民经济总体运行的控制和调节。这种宏观调控的作用是通过市场实现的，而市场又是覆盖全社会的。在过去高度集中统一的经济管理体制下，对整个经济的调控是以直接控制为主，主要表现为国家不通过市场（当时也没有完整意义上的市场），直接而具体地调节企业的供、产、销和人、财、物。这种调控方式以一对一的个量调控为主，主要依靠运用指令性计划和行政手段来进行。十一届三中全会之后，我国农业宏观调控体系的变革，就是由从直接调控向间接调控的转变开始的。这种变革是社会主义市场经济发展的必然结果。

在市场经济条件下，企业经济活动主要是依据市场机制来运作的，而市场机制则集中体现为三大经济规律，即价值规律、供求规律和竞争规律的综合运用。正是这只“无形的手”，在社会资源配置中发挥着基础性作用。社会主义市场经济条件下的农业宏观调控必须建立在市场机制的基础之上，并通过市场机制来进行。这就决定了农业宏观调控的直接对象是市场，而不是各个企业。市场活动是各个企业之间的相互联系和相互作用的集中体现，在很大程度上反映了经济活动的总量运行过程。就此意义而言，国家对市场进行调控，也就控制了经济总量。在实际调控过程中，国家根据特定宏观调控目标的要求，运用利率、税率、价格、汇率等经济杠杆，有意识地输入各种经济参数和市场信息，间接地引导企业生产经营活动，从而实现对整个经济活动的预期影响。所以，农业宏观调控的过程即是国家自觉利用宏观调控手段调节市场，进而间接影响企业微观经济行为，达到农业宏观调控目标的过程。

农业宏观调控的间接性特征要求我们必须从我国的实际出发，正确认识和处理好国家、市场和企业的关系，使调控主体（国家）、调控中介（市场）和调控客体（企业）三者有机地结合起来，确立起“国家—市场—企业—市场—宏观目标”的宏观调控模式。

（三）综合性特征

在国家、市场和企业“一体化”的宏观调控过程中，由于调控中介是千变万化的市场，调控客体是千差万别的企业，任何单一的调控手段都是无法奏效的，因而必须采取多种手段，从不同角度、不同切入点综合作用于调控中介和调控客体；同时，由于调控主体是国家，其性质、地位和权威性决定了其具有实施多种调控手段的条件和基础。这就是市场经济条件下宏观调控之作用手段的综合性特点。

（四）层次性特征

社会主义市场经济的迅速发展，客观上提出了建立和健全农业宏观调控体系的要求。由于我国地域广阔，各地具体的农业情况千差万别，因而宏观调控体系的确立应坚持在中央统一领导下，从调动中央和地方两个积极性出发，来建立和完善中央与地方的分级调控体系。这就是宏观调控之作用体系的层次性特点。在我国这样一个幅员辽阔的大国，如果没有建立在经济规律基础之上的中央一级强有力的宏观调控，社会主义现代化建设事业就可能无法有序进行，中国的历史就可能出现大的曲折甚至倒退。同时，我们也必须充分注意到我国各地差异较大和经济发展不平衡的基本国情，赋予地方政府以一定的调控权，使它们能够按照中央宏观调控的总体要求，从本地区的实际出发，科学合理地组织安排本地区的经济活动，以实现整个宏观调控体系中中央与地方的上下联动，促进国民经济稳定协调地向前发展。

宏观调控体系的层次性是由社会经济运行的层次性决定的。从我国的实际来看，在宏观调控体系诸层次中，省市一级地方调控（我们称之为中观调控）无疑具有特殊重要的意义和作用，应当予以高度重视。地方中观调控的主要功能，一是使中央的宏观调控措施得以适当延伸和具体落实；二是通过与地方实际的有机结合，提高中央宏观调控的可操作性和有效性，更好地实现中央宏观调控的既定目标。地方中观调控的内容主要包括：①结合地方实际贯彻执行中央统一的计划、方针、政策和措施；②制定和实施本地区经济和社会发展计划以及有关的专项规划；③组织本地区经济的综合平衡；④分配和使用地方掌握的部分资金和物资；⑤组织地区之间的经济联合与协作；⑥提出本地区所辖各地经济发展的方向、重点、原则和任务，等等。

（五）超前性特征

超前性即指宏观调控作用时效的超前性。宏观调控的超前性主要是由两大因素决定的：一是经济运行的周期性；二是宏观调控的调节时滞。为了准确把握和妥善处理宏观调控措施的超前性问题，在实践中应致力于改善和强化以下几方面的工作：一是加速实现从静态管理向动态管理的转变。现实经济生活是一个动态过程，并且是千变万化的。因此，必须改变传统的静态管理、静态调控，树立起全新的动态观念，加速建立健全经济信息、经济监测和经济预警体系，努力做好对经济运行的宏观监测和信息反馈工作，对市场经济活动中可能出现的负面效应，及时采取必要的超前措施防患于未然。二是注意研究把握企业和群众的心理预期。所谓心理预期，是指市场经济环境中，人们在一定条件作用下，对自身物质利益得失变化所作出的预料、判断，以及由此产生的经济取向的调整。企业和群众的心理预期，是实施宏观调控必须认真考虑的因素之一，是决定一定宏观调控措施实效的重要因素。三是科学准确地把握调控力度。调控导向的确定、调控方式的选择、调控时机的把握和调控力度的控制，可以说是构成宏观调控措施的四大要素。在前三者既定的情况下，调控力度对于充分实现调控措施的预期效果，亦有不可低估的重要意义。在现实经济生活中，如果某一调控措施实施力度过大，很可能欲速而不达。反之，如果调控力度不足，自然也难以达到预期效果。因此，如何科学、准确地把握调控力度，应当成为我们设计和实施宏观调控的一个重要课题。

社会主义市场经济条件下的宏观调控，是社会主义国家以全体人民的整体利益和长远利益为出发点，兼顾局部利益和当前利益，以间接调控的方式，综合运用各种宏观调控手段，为促进社会经济持续、稳定和协调发展而采取的宏观政策和措施。宏观调控的基本职能如果用一句话来概括，就是“导支入干”。可以说，上述间接性、综合性、层次性和超前性等四大特征，就是宏观调控基本职能的必然要求和本质表现。

三、农业宏观调控的目标

（一）保护农业，提高农民收入

农业是整个国民经济的基础，在工业化初期，农业要为工业的发展提供资本积累，但由此所转移的农业经济利益绝不能超过农业剩余，要保护农业具有进一步扩大再生产、为社会提供更多农业剩余的能力。随着经济不断发展，产业不断分化，产业结构不断升级，但是农业是天生的弱质性产业，农产品的需求弹性越来越小，农业技术进步相对较缓慢，资源调整较难，农产品是典型的"均质产品"，不易创新，内部不像二三产业那样容易分化，造成农业的贸易条件不断恶化，比较利益下降。因此，在工业化后期，对农业实行真正意义上的保护政策，即使经济利益向农业净流入，缩小农业与非农产业就业人员的收入差距，成为政府对农业宏观调控的重要目标。

市场经济的运行不断地追求着效率的最大化，在这一过程中，如果没有外力在维护收入分配公平的话，那么，效率与公平的矛盾，以及其外部的表现形态：社会的贫富分化，将会变得严重起来直到危及社会的稳定。农民的收入低于非农产业就业人员，这是世界各国农业中的一个普遍性问题。恩格尔定律的存在和农业剩余劳动力向外转移速度的缓慢，是造成农民收入低下的经济原因。市场本身不能够保证农业与非农产业就业人员之间的收入公平，这一社会问题的解决，必须通过政府行为来加以协调。应该说，农业与非农产业就业者存在一定的收入差距，有利于整个产业结构的调整，有利于农业人口的向外转移。但即使农民与非农产业就业者存在着收入差距，农民由于素质和机会等方面的原因也无力走出农田，或者非农产业不具有吸纳如此众多农业人口的能力的话，并且双方的收入差距又较大，如果对这种收入差距置之不顾，就会有悖于社会的基本道德准则，不仅会产生农业与非农业、乡村与城市不协调发展等经济问题，而且会产生一系列社会问题。因此，必须把社会的公平分配纳入到政府的政策行为中。

（二）提高农业生产率，增加农产品供给

提高农业生产率，是世界各国政府对农业进行宏观调控的重要目标之一。一方面，农业生产率的提高是其他农业宏观调控目标得以实现的前提，如在农业人口和耕地面积增长停滞，甚至下降的情况下，要实现农产品市场的稳定和农产品供应的可靠，就必须不断地提高农业生产率水平；而且也只有当农产品产量的增加建立在农业生产率提高的基础上，农民收入增加的目标才比较容易实现。另一方面，农业生产率水平的提高也是增强农产品国际竞争力的重要保证和农业现代化的根本标志。

随着人口的增加和人们收入水平的提高，社会对农产品的需求也将不断地增加，但由于耕地减少、土地荒漠化、水资源短缺以及其他水旱病虫等自然灾害，使得发展中国家农产品供给能力面临挑战，从数量上满足社会对农产品的需求仍然是发展中国家的重要任务。农产品总量平衡的同时，农产品的结构平衡也成为政府必须关注的问题。在农业满足了社会对农产品量的需求的情况下，农产品的质量问题变得更加重要。这是因为，一方面，农产品关乎人们的身体健康，在解决了温饱问题以后，农产品的质量在市场竞争力中所占的权重越来越大，甚至成为第一重要的因素，因而提高农产品质量有利于增加农民收入；另一方面，由于农产品市场上生产者与需求者有关产品质量信息的严重不对称，因而农产品的质量安全与卫生问题就成

为政府必须承担的重要任务。政府不仅要制定相关的质量与卫生标准，而且要建立检验检疫队伍，使农民和加工营销商所生产的农产品和食品符合安全与卫生标准的要求。

（三）培育农业市场机制，稳定农产品市场

政府对农业的宏观调控，必须建立在市场机制充分发挥作用的基础之上。如果市场机制不完善，势必要增加政府对农业宏观调控的力度、范围和难度，而政府行为的失灵，又会造成更大的效率损失。因此，政府必须首先建立农业市场机制，让市场充分发挥配置资源的基础性作用，政府只对农业市场失灵的部分进行宏观调控。像中国这些原来实行计划经济制度的发展中国家，市场机制发育相对不足，表现为市场主体缺乏或错位，市场体系不健全，市场运作法规不完善。为此，政府要让农户和企业成为真正的市场主体，改变政企不分和政府行为与企业行为扭曲的现象；政府要培育农产品市场和农业要素市场，以便形成一个完整的农业市场体系；政府要制定完善的农业市场规则，维护市场秩序，使各市场主体能够按照市场规则合理运作、公平竞争。

培育农业市场机制，有利于农产品的供求平衡，但不能保证农产品市场的稳定。农业生产是自然再生产与经济再生产交织的过程，并且受自然因素的影响较大。由于受土地等自然条件的限制，和动植物本身生物学特性的制约，使得农产品的短期供给弹性较小。但由于人们对农产品的需求刚性，价格对供给量的反应却非常敏感；同时，农产品的需求弹性更小，难以实现农产品市场均衡。当某些因素导致价格和产量一定程度波动时，会产生蛛网效应。另外，农产品价格与供给间的互动关系还受动植物的生理机能影响，由于生产周期较长，人们对市场价格的反应又具有滞后性，市场的自行调节难以使农产品的供给及时追随市场价格的变化，会造成农产品短缺和过剩效应的放大，使农业生产产生更大的波动性。

（四）保护农业资源，改善生态环境

农业是与自然资源和生态环境的关系最为密切的产业。一方面，农业的发展离不开良好的生态环境，离不开自然资源的支撑；另一方面，农业生产又对自然资源和生态环境产生很大的影响，不当的生产方式，会损害生态系统的平衡，造成自然资源的破坏和浪费。自然资源及生态环境系统的损害，则会影响农业的可持续发展。良好的生态环境是一种稀缺的资源，具有巨大的正外部效应。因此，政府对农业的宏观调控还必须十分注意保护各种农业资源，如土地资源、水资源、林业资源、海洋资源、各种生物资源等，保护环境，维护生态平衡，实现资源的可持续利用和农业的可持续发展。以自然资源的可持续利用和农业的可持续发展为内容的生态环境目标，应该是政府对农业进行宏观调控的基本目标之一。

相关链接

我国宏观调控与农业政策

当前，我国经济生活中最重要的一件事情就是加强和改善宏观调控。研究当前和今后一个时期的农业政策，必须充分考虑到这样一个大的背景。把宏观调控的农业政策结合起来研究，有助于把应对性的调控措施与趋势性的政策安排统筹考虑，进而推动构建和完善新农业政

策体系。

新中国成立以来特别是改革开放以来,我国针对经济过热等问题进行了多次宏观调控,有的调控结果是"硬着陆",留下了一些后遗症;有的调控结果是"软着陆",某种程度上减小了经济增长的周期性波动。无论是"硬着陆"还是"软着陆",每一次宏观调控都积累了宝贵经验。2003 年 10 月份开始,我国针对经济运行中出现的突出问题,及时采取了加强和改善宏观调控的政策措施。与以往不同,这次宏观调控是有保有压、有限制有扶持,在坚决控制部分行业投资过热和积极解决煤电油运短缺的同时,从加强农业、稳定农村、富裕农民入手,采取重点扶持和适度倾斜等调控手段,强化了增粮和增收的导向,对新阶段农业政策做了较大的调整。概括起来,国家在宏观调控过程中对农业政策在四个方面作出了重大调整,使新农业政策的基本框架初现端倪。

1. 中央的多个 1 号文件,成为我国新农业政策的基础性文件

中央 1 号文件,是国家对农业政策做重大调整的启动性信号,也是加强和改善宏观调控的序幕。可以认为,中央 1 号文件是我国新农业政策的一个基础性文件。中共中央在 1982 年至 1986 年连续五年发布中央 1 号文件,对农村改革和农业发展作出具体部署。2004 年至 2009 年又连续六年发布以"三农"(农业、农村、农民)为主题的中央 1 号文件,强调了"三农"问题在中国的社会主义现代化时期"重中之重"的地位。2012 年 2 月 1 日正式公布的中央 1 号文件连续第九年聚焦"三农"。这也是新中国成立以来中央文件首次对农业科技进行全面部署。

2. 取消农业特产税,减免农业税

"取消"和"减免"这两项政策措施确定了新农业政策的导向。2004 年 3 月,全国人大会议上,温家宝总理的政府工作报告提出了取消农业特产税,五年内取消农业税的问题。之后,这方面的工作进度出乎寻常的快,动作之大也是原先没有预料到的。特产税的取消,开始从根本上改变农民税负的不公平待遇。取消特产税的政策还在落实之中,减免农业税的大动作就开始启动了。吉林、黑龙江 2 省被国务院确定为免征农业税试点省份,农业税全免。河北、内蒙古等 11 个粮食主产省(区)及广东降低农业税 3 个百分点,其余省份降低农业税 1 个百分点。上海、北京、天津、浙江、福建 5 省市自主决定免征农业税。据初步统计,全国因取消农业特产税、免征和降低农业税税率,一年可减轻农民负担 294 亿元。农业"两税"的取消和减免,从根本上突破了农村税费改革的最大障碍,确立了新农业政策的导向。

3. 对种粮农民直接补贴、良种补贴和大型农机具购置补贴

这三项补贴政策打通了工业反哺农业、财政反哺农民的道路,形成了新农业政策的重要支点。一直以来,我国的农业补贴主要补在流通环节,补在粮食企业,包括粮食进出口企业,其效果并不是很好。在宏观调控过程中,全面推行粮食直接补贴政策,增加了农民的收入,同时也使我国的农业政策加快了向国际惯例靠拢的步伐。全国共有 29 个省份实行对种粮农民直接补贴,资金总额已达 116 亿元,其中 13 个粮食主产省 101 亿元,占 88.6%,目前大多数省区已基本完成直补兑付工作,有 6 亿农民受益。良种补贴是农业部积极推动的一项农业补贴政策,最初是在大豆这个品种上实行,补贴的面积不大,但效果很好,得到了国务院的肯定。在有关部委的大力支持下,补贴范围扩大到了小麦、水稻等品种,而且补贴面积和补贴金额都有了大幅度的增长,中央和地方仅安排良种补贴资金就达 28 亿元,直接减少了农民的生产成本。2004 年中央财政安排农机具购置补贴 7 000 万元,示范带动效应明显,地方各级财政安排补贴资金达 4 亿多元,补贴购置各类农机具 10 万多台套,38.5 万农户受益。这三项补贴政

策，范围和操作方式不同，但共同点都是直接补贴，即直接补给农民，这是我国农业政策的一大历史性进步。它的意义在于，彻底改变了多少年来补贴流通环节、补贴城市消费者、补贴企业的做法，使农民成了国家农业补贴政策的直接受益者。

4. 最严格保护耕地，加大农业投入

严控农业生产资料价格，实行粮食最低收购价，构成了农业政策的四项保障措施。首先，把最严格保护耕地特别是基本农田，作为实施新农业政策的一个着力点。果断暂停耕地占用审批，严肃清理各种开发区和园区，坚决制止和纠正乱占滥用耕地的现象，坚决守住基本农田保护这条红线。针对突出问题，国务院先后发出关于土地出让金使用、制止占用基本农田植树、恢复撂荒地生产、农村土地承包纠纷、土地市场治理整顿等通知。这五个通知构成了农业政策中农村土地政策的核心内容。其次，把增加对农业的投入作为巩固和加强农业基础地位的主要措施。过去一些年份，国家财政用于农业的支出占财政支出的比重不提反降。即使在全国固定资产投资超常高速增长的大背景下，农业投资仍然增长缓慢。再次，把有效调控农资价格、遏制农资价格上涨势头作为保护农民利益的重要手段。及时出台一系列对化肥生产和进出口的税收、价格等优惠政策，明确了化肥的进销差率、批零差率和零售的最高限价。大力整顿农资市场，严厉打击随意抬高农资价格和制售假冒伪劣农资的行为，加大农资市场监管力度。最后，把实行主要粮食品种最低收购价政策作为稳定粮食市场的主要价格杠杆。根据国内粮食供求关系的变化，及时公布早籼稻、中稻、晚稻和粳稻的最低收购价，完善储备粮调节制度。

以上各项新农业政策都是在宏观调控的大背景下制定实施的。就目前来说，这是宏观调控政策的一个重要组成部分；从长远来说，这是我国农业政策的几个奠基性的支点；正由于这一系列政策的出台，搭起了农业政策的基本框架。

（资料来源：http://www.ampcn.com 2004-12-8 15:15:10 2012年3月19日）

第三节　农业宏观调控的主要领域

一、加强农业基础设施建设

农业中的许多基础设施，如水坝、大型的主干沟渠、主干道路、气象服务等，农户无力也无法建设，只有将其纳入政府的宏观调控领域，才能满足社会对农业发展的要求。政府对农业基础设施的支持，意味着扩大农业的综合生产能力，降低了农民的生产成本，增加了农民收入，提高了农产品的国际市场竞争力，也符合WTO“绿箱”政策的要求。

中国农业的自然灾害频繁，农业基础设施还比较薄弱，因而加强农业基础设施建设显得更加重要。中国农业基础设施建设的重点是：第一，加强以水利为重点的农业基础设施建设。以提高防汛抗旱能力为中心，加快大江、大河、大湖治理，搞好大型灌区更新改造和配套工程建设，注意把搞好设施建设、推广节水灌溉、改革小型水利投资和改革管理体制有机结合起来，国家财政支持与启动后，使农田水利设施逐步走上自我发展、良性循环的轨道。第二，加强以植树种草为重点的生态环境建设。在生态脆弱地区全面停止天然林采伐，有计划、分步骤地实行退耕还林还草。第三，加强农村公共设施建设。以农村的道路、电网、引水、通讯、广播、电视和农产品市场设施为重点，加强农村公共设施建设，改善农村的生产条件和农民的生活居住环境，推动农村经济社会的全面发展。

二、完善农产品安全质检体系

农业质量标准和农产品质量检测检验体系的建设，对于提高农产品的市场流通效率和其市场竞争力，使农产品的生产者和经营者有序、公平竞争，使消费者吃到安全卫生的食品，都是至关重要的。相关的标准和法律需要政府来制定，因而是政府宏观调控的重要领域。

美国、欧盟、日本、韩国等发达国家或地区都十分重视农产品质量和食品安全，制定了严格的标准和法律、法规，建立了完善的监测队伍，配备了先进的检测手段。而且实行农产品原产地制度和商品标识制度，对农产品从田间到厨房各个环节都有跟踪监测。农产品和食品包装都标明品种、产地、加工商、运销商，一目了然，一旦出现问题，便于及时处理。也正是因为这些国家制定了科学的农业行业质量标准，实现了农产品的优质优价，创造出了一些名牌农产品。

目前，中国农业和农产品质量标准体系还很不完善，某些产品没有标准，一些产品标准不能适应市场需求多样化、产品用途多样化的要求。因此，要借鉴发达国家农业宏观调控的经验，加快农业行业标准和重要农产品质量标准的制定与修订完善，创建一批农产品标准化示范区和标准化生产示范基地。同时，要完善农产品、农用生产资料和农用生态环境质量安全的检测手段，提高监测能力和技术水平。加快农产品质量的安全立法，并加强其执法监督，是当代政府农业宏观调控的重要领域。

三、加快农业信息化建设

农业信息化是指信息及知识越来越成为农业生产活动的基本资源和发展动力，信息和技术咨询服务业越来越成为整个农业结构的基础产业之一，以及信息和智力活动对农业的增长的贡献越来越加大的过程。

信息是现代社会一种非常重要的经济资源，信息准确及时与否，决定着决策的成功与失败。有用的信息生产成本比较高昂，但由于具有无形性，一旦扩散出去以后，难以阻止不付费的人利用该信息，并且增加信息利用的边际成本几乎为零，因而具有公共产品的特性。特别是农村交通、通信和广播电视等新闻媒介相对不发达，加之农业生产者经营规模狭小、生产与生活地域分散，农民处于一个相对闭塞的生产与生活环境之中。并且农民一般文化水平比较低，自我收集、整理和加工信息的能力较差。随着农业市场化和现代化程度提高，农民迫切需要得到相关的市场与技术信息。但由于农业的信息化体系建设相对滞后，农民难以及时得到有用的信息，因而农业信息体系的建设与服务就成为政府对农业进行宏观调控的一个重要领域。

中国农业信息服务体系虽然具备了一定的发展基础，但仍然存在着很多的问题。一是，信息管理部门分割，政府信息管理部门垄断信息，将信息作为自有商品出售，来谋取本部门的利益，缺乏信息共享机制，农民难以无偿得到有用的信息。二是，农业信息服务基础设施建设投入严重不足，一方面是硬件短缺、简陋，技术手段落后；另一方面是用于软件开发和维护的经费缺乏保障。三是，信息的准确性和及时性较差，大多数指标仍采用层层上报的全面调查方式，人为的随意干扰太大，影响了信息的准确性；另外，由于信息的采集点不足，覆盖面不宽，采集方法不够科学，信息缺乏代表性。四是，信息加工分析能力不足，许多信息不经加工即行发布、使用，降低了信息的使用价值，造成了信息资源的浪费。面对着目前农业信息化程度低，存在着严重的信息不对称、不完全的情况下，政府必须加强农业信息体系的建设与服务，才能更好地发挥政府对农业宏观调控的作用。

四、加快农业政策法制化与法律化建设

政府对农业的宏观调控一般依据的是国家的农业政策。农业政策是国家为了实现一定的社会、经济及农业发展目标，对农业发展过程中的重要方面及环节所采取的一系列有计划的措施和行动的总称。为了保证这些措施和行动的有效实施，还需要对农业政策进行法制化和法律化。

农业政策的法制化是指农业政策的制定过程及内容都应符合宪法和法律，不能与其相抵触，农业政策正确与否，同是否建立了法制化的政策程序有着密切的关系。从理论上来说，作为决策者个人，由于本人在生活、经历、智能等诸多方面必然存在着某些局限性。如果没有其他制约，个人的非程序化经验决策就会受到这种局限性的影响，因而决策错误在所难免。在农业政策程序法制化的条件下，决策不是个人的决策，而是集体的决策；不是单一的决策程序，而且还有批准、评估的过程。

农业政策的法律化是指农业政策向法律的转化，即指将在较长时期内规范社会关系的农业政策上升为国家法律，使这些农业政策具有人人遵守的法律效力，使农业政策所要达到的目标有法律的促进和保障。国家立法机关把需要法律化的农业政策上升为国家法律，国家行政机关根据其行政职能及委托立法权，把需要法律化的农业政策转化为各种行政立法，司法机构通过对立法机关和行政机关所制定的有关农业法律、法规进行审查，以确保其合宪性和合法性，实现对农业政策法律化的干预和参与，并在某程度上决定着农业立法活动的有效性和合法性，进而使政府对农业的宏观调控走上法制化的轨道。

此外，农业宏观调控还涉及农业科研、教育和技术推广、粮食专项储备、区域性贫困与扶贫开发、农业自然资源和生态环境保护与治理等领域，就不再进行解释。

本章小结

农业是国民经济的基础，但是农业的先天弱质性等现状使其在发展过程中遇到更多的阻力，这需要政府参与其中，给予支持和引导，促进农业的优化配置，重点要加强农业基础设施建设，完善农产品质量安全体系建设，提高农业生产的信息化水平，将对农业的支持制度化、法制化。如此，才能加快实现农业发展，农村繁荣，农民富裕的目标。

探索与实践

一、名词解释

1. 农业宏观调控 2. 经济手段 3. 行政手段

二、判断题(判断正误,并简要说明理由)

1. 市场经济条件下,计划手段是我国农业宏观调控最主要的手段。( )

2. 社会主义市场经济条件下,政府在农业经济管理中的主要职能是保护农业。( )

3. 农业具有较强的外部性,所以,农业需要政府的宏观调控。( )

三、简答题

1. 简述政府在农业经济管理中的职能。

2. 简述农业宏观调控的目标。

3. 论述农业宏观调控的客观必然性。

4. 论述农业宏观调控的经济手段及其运作。

四. 论述题

1. 结合我国农业发展实际,论述农业宏观调控的必要性。

2. 结合我国实际,论述什么是农业综合生产能力以及如何提高我国农业综合生产能力。

3. 结合我国实际,论述如何健全我国农业支持保护制度。

4. 总结近年来,我国农业政策。

第九章　农业生产要素管理

内容梗概

本章首先介绍了农业土地资源的内涵和特点，重点说明了农业土地资源的合理利用问题，阐述了农业集约经营的概念及类型，提高我国农业集约经营的途径；其次，介绍了农业劳动力的内涵和特点，在分析农业劳动力的供给与需求、农业劳动力资源的合理利用的基础上，着重探讨了农业劳动力转移问题，说明了农业劳动力培训问题；再次，介绍了农业资金的内涵和特点，阐述了农业资金的筹集和使用和农业资金的循环和周转问题；最后，介绍了农业科技管理的内涵、特点和过程，重点说明了农业科技进步、农业技术推广和农业科技创新问题。

学习目标

通过本章的学习，学生应了解农业土地资源的概念，理解农业土地资源的特点，在理解农业土地资源在合理利用原则和我国土地利用上存在问题的基础上，掌握提高农业集约经营的途径；在了解农业劳动力资源的概念和特点的基础上，理解我国农业劳动力供给和需求的状况和农业劳动力合理利用指标，掌握农业剩余劳动力转移的途径，探讨新型农民培训的意义和内容；了解农业资金内涵和特点，理解农业资金运动的特点，从农业资金来源和投放角度了解农业资金的筹集和使用，掌握加速农业流动资金和固定资金周转的途径；了解农业科技管理内涵和特点、农业科技管理的过程，理解农业科技进步的作用和推进农业科技进步的措施，掌握农业技术推广的一般程序，探讨农业科技创新体系的建立。

学习提示

本章主要介绍了对农业的四种生产要素的管理，在学习过程中应注意：一是注意区分土地资源的自然特性和经济特性；二是要合理利用农业土地资源，加强管理的必要性；三是农业集约经营是现代农业发展的必然趋势；四是注意我国农业劳动力供求的状况及农业剩余劳动力转移的途径；五是区别农业流动资金和固定资金的特点及周转途径；六是注意农业技术进步的作用；七是农业科技创新体系的建立要适应时代发展的迫切需求。

第一节 农业土地资源管理

一、农业土地资源的内涵和特性

(一) 土地及土地资源的概念

土地,在经济学上指地球上的陆地、水域以及与之相联系的一切自然环境条件。它不是一个简单的平面概念,而是一个包括土壤、地质、水文、气候、生物等因素在内的自然综合体。由于研究对象的不同,在有的情况下,土地仅指地球上的陆地表层。它的形成与发展主要取决于自然力的作用,同时也受人类活动的影响。从土地管理角度,可以认为土地是一个综合体,是自然的产物,是人类过去和现在活动的结果。

土地资源指目前或可预见到的将来,能为人们所利用并能产生经济效益的那部分土地。土地资源具有一定的时空性,即在不同地区和不同历史时期的技术经济条件下,所包含的内容可能不一致。过去不适宜利用的土地,不能视为土地资源,随着科学技术的发展,将会得到利用,即成为农业土地资源。

(二) 土地资源的特性

土地的特性,包括自然特性和经济特性。土地的自然特性是指不以人的意志为转移的自然属性;土地的经济特性则指人们在利用土地的过程中,在生产力和生产关系方面表现的特性。

1. 土地资源的自然特性

(1) 土地面积的有限性　土地是自然的产物,是自然力长期作用的结果,是不可再生的。人类只能通过劳动利用和改良土地,除了宇宙间的作用力外,人类不能随意创造和增加土地。在一定的社会经济技术条件下,一定地域范围内土地资源的数量是有限的。这就要求人们保护土地,充分合理的利用土地资源,建立合理的土地利用结构,不断提高土地利用率和土地生产率。

(2) 土地位置的固定性　土地的位置是指各地区土地在地理上的分布。这种分布具有固定性,人们不能移动。不能移动的土地与特定自然条件和经济条件相互联系,形成不同的特定的生态系统。这就要求人们必须因地制宜地利用土地,进行农业生产合理布局,发挥优势。土地之上的农业基本建设一经与土地结合起来,就形成土地的附属物固定下来,这要求在安排农业基本建设时,必须慎重考虑,全面规划,讲求投资的长期效果。

(3) 土地使用的永续性和土壤肥力的无限性　土地作为一种生产要素,与一般生产资料如机器设备不同,土地在使用过程中不会被消耗掉,或者被逐渐磨损以致报废,只要利用合理,不但不会变坏、不会磨损,还会不断改良,越种越肥,成为永续利用的生产资料。随着科学技术的发展和推广应用,土壤肥力会不断提高,这要求开展用地与养地相结合,实行集约经营,提高土地的利用率。

(4) 土地质量的差异性　由于土地自身条件及相应的气候条件的客观差异,造成了土地的巨大自然差异性。这种差异有肥力和位置上的差别,这种差异不仅体现在不同地区之间,而且体现在同一地区的不同地块之间。这种差异要求合理利用各类土地资源，针对不同质量的土地因地制宜，确定土地利用的合理结构与方式，以取得土地利用最佳综合效益。

2. 土地的经济特性

(1) 土地供给的稀缺性　随着人口的增长和社会经济的发展，土地的需求量越来越大，而土地面积是有限的，这就导致了土地供给的稀缺性，土地供给与需求之间的矛盾加大。土地的稀缺性，不仅表现为供给总量与需求总量的不平衡，而且由于土地位置的固定性和质量差异性，使得某些地区和某种用途的土地显得特别稀缺。这迫使人们珍惜土地，节约利用土地和集约利用土地。

(2) 土地利用的区位性　土地位置的差别造成不同的用途，不同的生产力。人们利用土地时，必须根据土地自身的自然环境条件和所处的社会经济条件的适宜性，进行区位选择，发展最适宜的生产项目，以获取最大的经济效益。

(3) 土地利用方向变更的困难性　一块土地往往有多种用途，一旦开发利用投入某项生产之后，要改变其利用方向是很困难的，也会造成巨大的经济损失。就农业生产来说，农业生产具有季节性和周期较长的特点，短期内改变农用土地的用途来增加或减少的农产品的生产是比较困难的。这要求人们在确定土地的用途时，一定要慎重考虑，作好规划，不得任意改变土地的利用方向，以避免人力、物力、财力的浪费和破坏生态环境。

(4) 土地报酬递减的可能性　在一定的科学技术水平下，土地报酬递减是存在的。利用土地时必须正确选择集约方向和注意追加投入的适合度，即确定向什么方向追加投资，追加到什么程度耗资最小、经济效益最大。

(5) 土地利用后果的社会性　各个生产部门对土地利用的结果，不只是影响本部门的经济效益，而且会影响本区域和周边区域，甚至涉及整个国家和社会的生态环境和经济效益。在农业生产中，如果土地利用不合理，破坏了土地所依存的生态平衡就会使土壤有机质减少，土壤结构破坏，肥力下降，最后全部肥力赖以依存的耕层土壤流失丧尽，出现不堪设想的严重后果。土地利用后果的社会性，要求国家对土地进行宏观管理。

(三) 农业土地资源的概念及特点

1. 农业土地资源的概念

农业土地资源是指一个国家或地区农、林、牧、渔各业生产上已经利用和尚未开发利用的土地的数量和质量的总称。它包括耕地、荒地、森林，草地、丘陵、江河、湖泊及滩涂等。

2. 我国土地资源的特点

(1) 土地资源绝对量大，相对数量小。我国地域辽阔，是世界上土地资源丰富的国家之一，地跨热、温、寒三带，绝大部分土地处于温带，气候条件多种多样。我国耕地面积居世界耕地面积第四位，仅次于美国、俄罗斯和印度。但是，我国人均耕地面积为 1.37 亩，仅为世界平均水平的 40%。根据我国第七次全国森林资源清查显示，我国森林覆盖率只有全球平均水平的 2/3，排在世界第 139 位。人均森林面积 0.145 公顷，不足世界人均占有量的 1/4；人均森林蓄积 10.151 立方米，只有世界人均占有量的 1/7。

(2) 山地多，平原少。我国土地资源从地形结构看，我国山地占全部土地面积的 33.33%，高原占 26.04%，盆地占 18.75%，平原占 11.98%，丘陵占 9.90%。山地一般地势高、坡度陡、土层薄，土地适宜性比较单一，宜耕性差，对农业生产发展有一定的限制，而且生态系统一般比较脆弱。利用不当，很容易引起水土流失和资源破坏。

(3) 土地资源分布不平衡,土地生产力水平低。以耕地为例,我国耕地,其中90%以上分布在东南部的湿润、半湿润地区。我国东部季风区土地资源的土地生产力较高,西部地区干旱半干旱地区耕地面积小,土地生产力较低,占国土面积25%的青藏高原区,耕地的占有比重不足1%。

(4) 土地质量较差,耕地后备资源缺乏。我国耕地质量总体偏差,中、低产田约占67%,且水土流失、土地沙化、土壤退化等问题严重。根据全国沙漠、戈壁和沙化土地普查及荒漠化调研结果表明,我国沙化土地已达262万平方公里,约占我国国土面积的27%。我国耕地开垦历史悠久,大部分宜于耕作的土地均已被开垦利用,后备资源少。全国土地资源中流动沙丘、戈壁和海拔3 000米以上目前人类难以利用的土地等无效土地面积约有3.487亿公顷,约占全国土地总面积的36.3%,所占比例相当大。

二、农业土地资源的合理利用

(一) 土地利用的概念

土地利用是指人类根据土地的自然特点,按一定的经济、社会目的,采取一系列生物、技术手段,对土地进行长期性或周期性的经营管理和治理改造。自然条件如土地本身的肥沃程度、地理位置、交通方便方面等制约土地的利用情况以外,还受到社会条件、经济条件、科学技术水平、国家政策等因素的制约。随着社会经济的快速发展,人地矛盾问题越来越严重,土地特别是耕地资源是农业发展的根本,农业土地资源合理利用的重要性就日益凸显出来。

(二) 农业土地资源合理利用的原则

1. 合理规划,因地制宜

国家和地区应从宏观的角度研究合理利用土地问题。土地一经利用,使用方式较难变更。所以在利用土地时应进行合理规划,不能只注重短期效益,还要考虑长期效益。配合农业生产的需要而进行土地分类,评价土地质量统一规划,合理利用。土地本身的特点和自然规律、经济规律决定利用土地要坚持因地制宜的原则,真正做到宜农则农,宜牧则牧,宜林则林,宜渔则渔。我国的农业经营历来重视平原土地的利用,忽视山区的开发,应因地制宜地搞好山区的综合开发。在农业生产布局时形成合理的农业结构有利于合理安排土地利用,使各种土地资源得到充分利用,提高土地利用率,才可以用较少的投资获得较大的收益。

2. 保护土地,节约用地

农业土地资源在利用过程中必须注重保护土地,防止水土流失。土地利用的好坏会影响生态系统,生态系统又会直接影响自然条件,进而影响农业生产成果和对土地资源的开发利用。进行掠夺性经营,只会破坏生态系统的良性循环。经济发展进程表明,伴随工业化的推进,耕地面积缩减,非农用地增加,这是一个必然的趋势。因此,要科学合理地利用土地,节约土地。必须采用法律、行政和经济手段加强土地管理。

3. 注重综合效益,持续利用

土地资源的利用要注重经济效益、社会效益和生态效益三者统一的原则,可持续利用土地。土地利用的经济效益指土地利用带来的经济成果。土地利用的社会效益指土地利用对社会需求的满足程度及其相应产生的社会影响。土地利用的生态效益指土地利用活动对生态条件和环境质量的影响程度。土地利用不能只考虑经济效益，还要充分考虑生态系统的功能和价值，兼顾社会效益和生态效益。在经济发达的国家，土地利用的研究重点，已从提高土地生产率转向改善环境，把土地利用规划和整体的环境规划联系起来。应根据土地资源和其他自然资源情况及经济建设发展的需要，融入生物多样性保护理念，注重土地利用的综合效益才能使土地可持续利用。

（三）我国土地利用上存在的问题

1. 耕地不断减少，人均耕地面积不断下降

我国耕地面积从 1986 年至 1996 年平均每年净减少耕地 50 万公顷。自 1997 年以来，我国实行了耕地总量动态平衡的土地管理政策，但耕地资源转化为非农建设用地的猛烈趋势仍缺乏有效的调控，耕地减少的趋势仍在继续。1997 年至 2009 年，中国耕地减少和补充增减相抵，净减 1.23 亿亩。同时，人口不断增长，人均耕地面积不断下降。

2. 土地环境恶化，生产能力下降

由于掠夺式利用土地，毁林开荒、超载放牧加上环境污染使土地环境恶化，植被破坏严重，耕地质量下降，水土流失严重。我国水土流失面积大，分布范围广，因水土流失而损失的耕地平均每年约 100 万亩。据水利部统计，我国现有水土流失总面积达 356 万平方千米，已占到国土面积的 37.1%，且不仅广泛发生在农村地区，还发生在城镇和工矿区，几乎每个流域、每个省份都有。耕地质量下降还表现在耕作层变薄。经测定，东北黑土区平均每年流失表土 0.4～0.7 厘米。东北很多地方耕地黑土层已完全消失，露出下层黄土，成为“破皮黄”。

3. 土地利用不充分，利用结构不合理

我国中低产田占耕地资源的比重较大。根据中国 1990 年开展的“四荒四低”资源调查的结果，中国有中低产田 8 744.6 万公顷，占耕地总面积的 71.3%。其中，中产田 3 637.2 万公顷，低产田 5 107.4 万公顷，分别占耕地总面积的 29.6%和 41.6%。目前，我国的中低产田面积约 12 亿亩，中低产田具有巨大的增产空间。根据第七次全国森林资源清查（2004—2008 年）结果，全国有林地面积占林地总面积的 59.7%，宜林地占 24.3%。

4. 土地浪费问题严重

在经济发展过程中，非农建设占用我国耕地面积较多，土地浪费问题严重。截至 2006 年年底，全国耕地面积为 18.27 亿亩，人均耕地面积 1.39 亩，逼近 18 亿亩的红线。在全国 31 个省（区、市）土地调查面积中，农用地 98.58 亿亩，占 69.1%；建设用地 4.85 亿亩，占 3.4%；未利用地 39.17 亿亩，占 27.5%。全国建设占用耕地 387.8 万亩，其中当年建设占用耕地 251.0 万亩；灾毁耕地 53.8 万亩；生态退耕 509.1 万亩；因农业结构调整减少耕地 60.3 万亩。上述 4 项加起来，全国共减少耕地 1 011.0 万亩。同期，土地整理复垦开发补充耕地 550.8 万亩。增减相抵，2006 年度全国耕地面积净减少 460.2 万亩。

三、农业集约经营

（一）农业集约经营的概念及类型

集约经营和粗放经营是相对而言的。所谓粗放经营，是指在一定面积的土地上，投入较

少的生产资料和劳动，实行简耕粗作、广种薄收的农业经营方式。粗放经营是对土地资源的广度开发，是生产力水平低下的产物。所谓集约经营，是指在一定面积的土地上，投入较多的生产资料和劳动，进行精耕细作，以提高单位面积产量来增加农产品总量的经营方式。集约经营是对土地资源的深度开发。通常人们所说的农业集约经营主要是指土地集约经营。

根据投入在一定土地面积上各种生产资源组合比例的不同，可以将农业集约经营分为劳动集约、资金集约和技术集约三种类型。在一定面积土地上投入总额中劳动所占比重较大称为劳动集约。物化劳动所占比重较大称为资金集约。科学技术措施所占比重较大为技术集约。

由粗放经营向集约经营转变，由劳动集约向资金集约和技术集约转变，是农业生产发展的客观规律。

（二）集约经营是现代农业发展的必然趋势

1. 土地自身的特性决定了农业集约经营的客观必然性

土地面积的有限性决定了不可靠扩大土地面积和无限增加耕地来满足日益增长的农产品需求。土地使用的永续性和土壤肥力的无限性使靠提高土地生产率则成为可能。只要用地与养地相结合，土地就会越种越肥，产量越来越高。

2. 科学技术不断发展为农业集约经营提供了现实条件

科学技术成果不断产生，并应用到农业中，提高土地生产率和农产品产量，加快了农业由粗放经营向集约经营、由劳动集约型向资金集约型和技术集约型的转变。

3. 可持续发展理论为农业集约经营提供了理论支撑

现代农业注重农业发展的可持续性即资源节约和环境友好，将可持续发展理论运用在农业集约经营方面，以促进经济发展的可持续性为前提，以谋求社会的全面进步为目标，把经济效益、生态效益、社会效益的统一作为最大目标，使集约经营成为发展现代农业的必由之路。

集约经营是一国农业生产力和商品经济高度发展的必然产物。综观世界各个经济发达国家发展农业产业的历史，尽管它的自然、社会和经济条件各有不同，但随着农业的发展，最终都走上农业集约经营之路，发展起现代农业。我国尽管耕地面积逐渐减少，但逐步由劳动集约向资金集约和技术集约发展，土地生产率和农产品产量都不断提高。农业集约化是农业发展的必然趋势，是实现农业现代化的必然选择。

（三）提高农业集约经营的途径

（1）加强农业投入，提高技术改造和提高经营管理水平。在农业生产中广泛应用现代农业科学技术，提高农业机械化、电气化水平。

（2）扩大复种面积，提高复种指数。因地制宜，创造条件，尽量扩大复种面积，提高复种指数。

（3）调整农业生产结构。提高集约化程度较高的农业生产部门的比重。

（4）加强农业基础设施建设。加大农业基础设施建设投入，推进农田水利、中低产田改造等项目建设，改善农业生产条件。

（5）完善配套措施。如信贷政策、农业补贴政策及各种优惠政策。

相关链接

土地浪费凸显经济增长地耗之忧

众所周知，我国GDP能耗高。按照部署，到2020年，我国单位GDP二氧化碳排放要比2005年下降40%～45%，显示了国家在降低经济增长能耗上的决心。然而，经济增长的地耗同样惊人，却没有得到足够的重视。

耕地减少：单位GDP地耗惊人

中国社会科学院农村发展研究所研究员党国英等专家研究发现，从1980年到2005年，在我国经济快速发展、城市急剧扩张的时期，经济每增长1%，会占用2万公顷左右的农地。

“这是一个什么概念呢?”党国英说，我们可以和日本的快速发展时期相比较，从1965年到1984年，日本GDP每增长1%，占用农地只有2 500公顷左右。“也就是说，中国GDP每增长1%，对土地的占用量是日本的8倍左右”。

“这表明我国在发展过程中的土地浪费问题非常严重。”党国英说，“根本的原因，还是土地的价格太低，便宜得来的东西不会有人珍惜。”

按照我国土地管理法，征收耕地的补偿费用包括土地补偿费、安置补助费以及地上附着物和青苗的补偿费。“土地补偿费和安置补助费的总和不得超过土地被征收前3年平均年产值的30倍。”“被征收土地上的附着物和青苗的补偿标准，由省、自治区、直辖市规定。”以此计算，耕地变为建设用地每亩成本通常不过数万元。

（资料来源：南京报业网-南京日报，2010-11-05）

第二节 农村劳动力资源管理

一、农业劳动力的内涵和特点

（一）农业劳动力的内涵

农业劳动力一般是指能够参加农业劳动的劳动力数量和质量。农业劳动力资源包括农业劳动力资源的数量和质量两个方面。农业劳动力资源数量是指农村中符合劳动年龄并有劳动能力的人数和不到劳动年龄或超过劳动年龄但实际参加农业生产的人数。农业劳动力资源质量是指农业劳动者的体力强弱、技术熟练程度和科学文化水平的高低等。在现代社会中，劳动者的智力因素作用越来越大，劳动者的科学文化水平、劳动技能高低已逐步成为衡量劳动力资源质量的主要指标。

农业人力资源的数量受自然因素和社会因素的共同影响。一般来说，影响农业劳动力资源的自然因素有：①农村人口的自然增长率，这是最基本的影响因素；②达到或超过劳动年龄的人数;③劳动者的自然减员。社会因素主要是指国民经济发展和国家有关政策。如劳动力在国民经济各部门之间分配比例的变化,人口政策及实施状况,农村产业结构的调整等,都会影响农业劳动力资源的数量。

(二) 农业劳动力的特点

1. 农业劳动力资源的生物性

劳动力资源存在于人的身体之中,是具有生命的"活"资源。

2. 农业劳动力资源的动态性

人是生物有机体,具有一定的生命周期,人的劳动能力不能储藏。劳动能力与时间具有对应性,如果劳动力资源未被及时和充分利用,就会降低以致丧失其作用,因而它的开发利用具有强烈的时效性。

3. 农业劳动力资源的可再生性

劳动力资源是可再生资源,可通过人口的再生,使劳动力得到不断的恢复和补充,保持劳动力资源的数量。

4. 农业劳动力资源的能动性

农业劳动力资源可通过教育和学习活动,获得知识和能力,可以自主选择职业,积极劳动,创造性的工作。

二、农业劳动力的供给与需求

(一) 农业劳动力供给的基本特点和决定因素

1. 农业劳动力供给的内涵

农业劳动力供给是指在一定时间内劳动力进行农业劳动供给的数量和质量。

2. 农业劳动力供给的基本特点

(1) 农业劳动力供给的增长具有强劲的经济推动力。在以畜力、手工劳动为主的传统的农业生产力水平下,农业扩大再生产主要是要靠多投入简单农业劳动力的数量的外延扩大再生产的手段来实现。所以,农户愿意以多生儿女的方式增加简单农业劳动力的投入,来扩大农户的生产规模,获取更多的经济收益。因此,农业劳动力供给的增长,对于经济发展具有强劲的推动力。

(2) 农业劳动力的供给具有较强的弹性。第一,超过劳动年龄和未达到劳动年龄的这两部分人口无论是农忙季节还是农闲季节,大都是积极参与农业劳动的,而且,这两部分人口供给的劳动量是相当大的。第二,在农户中,那些长期在外从事非农业的劳动力,在农业生产大忙时,大多回来参加农户的农业生产活动。第三,由于农户的家务劳动复杂,而且社会化水平低,因此,每个农户都需要一个较为固定的从事家务劳动的成员。第四,农业自然资源承受农业劳动力的耐力较为强韧,不像在非农产业中,资金和设备吸纳劳动量具有明显的界限。由于以上几个方面的原因,促成农业劳动力供给具有很大的伸缩性,或者说具有很大的弹性。

(3) 农业劳动力的总供给量过大,而有效供给又严重不足。在以畜力和手工工具为主的传统农业中,农业劳动力的生产劳动技能主要是从生产劳动实践中获得的。因此,一般农户对子女的学校教育重视不够,致使农业劳动力供给资源的总体素质偏低。随着社会经济的发展,传统农业向现代农业的过渡进程加快，要求农业劳动力具有较高的科学文化素质。但是，在传统农业生产方式中形成的农业劳动力供给资源，却不能适应现代农业的要求。在传统农业向现代农业转变过程中，出现了农业劳动力供给资源过于庞大，而有效供给又严重不足的社会经济现象。

3. 农业劳动力供给的决定因素

(1) 农村人口规模和构成，直接决定着农业劳动力供给资源的规模和构成。农村人口资源的规模与农业劳动力供给资源的规模呈正相关关系。

(2) 农业部门经济效益的高低决定着农业劳动力实际供给的多少。劳动为了追求更高生活水平，农业部门劳动所得经济收益的高低，就决定着农业劳动力供给的多少。

(3) 农业劳动力供给资源的素质状况决定着农业劳动力有效供给的多少。农业劳动力供给资源的素质较低，难以适应农业市场经济发展的要求。在农业现代化的过程之中，身体素质和文化素质不高的农村适龄人口，就成为农业劳动力供给资源中的无效供给部分。加之具有较高素质的农业劳动力向非农产业转移，更加剧了农业劳动力有效供给的不足。所以，在科技发展速度迅猛的时代，农业劳动力供给资源的素质状况，决定着农业劳动力有效供给的多少。

(4) 农业劳动时间供给量的多少。农业劳动时间供给有两个来源：一是每个农业劳动力全年参加农业劳动的时间；二是非农业劳动力在农忙季节或其他时间参与农业劳动的时间。非农业劳动力包括未达到或超过法定农业劳动年龄的农村人口，还包括农村社区中主要从事非农产业的劳动力在农忙季节参与农业劳动的农村人口。主要从事非农产业劳动的农村人口，在农忙季节参与农业劳动，是传统农业向现代农业转变时期，是农村城市化、农村工业化进程中一种正常的经济现象，表明了农村劳动力的充分利用和经济发展的强有力势头。随着农业现代化、城市化和工业化的深入与发展，这种现象也将逐渐消失。

(二) 农业劳动力需求

1. 农业劳动力需求的内涵

农业劳动力需求包括对农业劳动力的数量需求和质量需求两个方面。

农业劳动力的数量需求，是指农业部门维持再生产所必需的农业劳动力达到一定的数量；农业劳动力的质量需求，是指农业部门维持再生产对农业劳动力文化、技能及健康等达到一定的素质。

2. 农业劳动力需求的基本特点

农业劳动力需求具有如下特点：①农业劳动力需求具有数量和劳动时间的季节性。②农业劳动力的需求具有技能上的复杂性。③农业劳动力需求的质量在提高、数量在减少。

3. 农业劳动力需求的决定因素

(1) 农业自然资源的状况决定着农业劳动力潜在需求的大小。农业自然资源质量越高，如土地肥沃、气候适宜、雨量适中，对农业劳动力的需求数量越少；反之，农业自然资源质量越低，如土地贫瘠、灾害性天气频繁，对农业劳动力的需求数量也就越多。农业自然资源的质量与农业劳动力的需求量成反比。

(2) 社会人口和经济状况决定着农业劳动力的宏观需求状况。①人口状况是决定农业劳动力宏观需求的基本因素。首先，总人口的规模越大，社会对农产品的需求也就越多，相应地对农业劳动力的需求也就越多；反之，越少。其次，人们的食物构成对于农业劳动力的宏观需求也存在着较明显的影响力。如果人们的食物构成以植物产品为主，则对农业劳动力的宏观需求就少；如果人们的食物构成以动物产品为主，则对农业劳动力的宏观需求就多。②社会经济状况是决定农业劳动力宏观需求的根本因素。社会的产业结构不同,决定着社会对农业劳动力的需求量也不同。如果在非农产业构成中,以农(林)产品为生产原料的产业为主,则对农业劳动力的宏观需求也就越多;如果不以农产品为原料的产业为主,则对农业劳动力的宏观需求就少。社会经济发展水平的高低,对农业劳动力的宏观需求具有至关重要的影响力。社会经济发展水平高,意味着科学、教育、非农产业发达,则工农业劳动力素质好,资本有机构成高,工业劳动生产率高,对于农业劳动力的宏观需求就少;反之,就多。

(3) 政府的政策对于农业劳动力的需求状况也是一个重要的决定因素。政府的人口政策、教育政策都会影响劳动力需求的数量或质量。

(三) 中国农业劳动力供求状况

1. 农业劳动力供给数量巨大

根据第六次全国人口普查主要数据显示:我国现在总人口是137 053.69万人。值得注意的是中国人口的年龄结构发生了变化。其中0~14岁人口占16.60%;15~59岁占70.14%;60岁及以上人口占13.26%,其中65岁及以上人口占8.87%。2009年,全国总人口中乡村人口总数为71 288万人,占总人口的比重为52.15%,这表明农业劳动力的基数仍然很大。

2. 农业劳动力供给质量较低

根据第二次农业普查结果,从文化程度来看,农村劳动力资源中,文盲3 593万人,占6.8%;小学文化程度17 341万人,占32.7%;初中文化程度26 303万人,占49.5%;高中文化程度5 215万人,占9.8%;大专及以上文化程度648万人,占1.2%。可见,我国农业劳动力的质量偏低。

3. 农村劳动力供求总量和结构不平衡

我国人均耕地面积少,农业人口的增长速度超过耕地资源和其他农业资源的开发利用的速度,造成单位面积上承载较多的农业人口。我国农业劳动力供大于求,存在农业剩余劳动力问题。随着农业劳动生产率的不断提高,农业劳动力剩余问题会更突出。从我国农村劳动力的地区分布来看,东部地区的农村劳动力的数量多,西部地区农业劳动力数量少。在供给过剩的同时,我国农业劳动力素质低,技能差,转移的劳动力多从事劳动密集型产业,而资金密集型和技术密集型产业需求的高素质的劳动力不足,使农业劳动力供求出现结构不平衡。

三、农业劳动力资源的合理利用

(一) 农业劳动力利用率

农业劳动力利用率是指已经利用的劳动力与拥有的劳动力数的比例。它反映劳动力资源的利用程度。

最粗略的衡量指标是实际经常参加农业劳动的人力数占当地可能参加农业劳动的人数的百分比。较为精确的指标有:①出勤率,即一定时期内平均每个劳动力实际参加农业劳动的日数与其同期应该参加农业劳动的日数之间的比率;②工时利用率,即一个工作日中纯工作时间或基本工作时间所占的比重等。

要提高农业劳动利用率就必须鼓励农民发展个人生产,扩大自营项目;加快农业结构调整，鼓励劳动力向畜牧业、林业和渔业转移；大力发展农业产业化，走农工商结合的道路，吸纳农业劳动力；提高农业劳动集约化水平，鼓励生产劳动密集型产品；鼓励和扶持发展设施农业，打破传统农业的劳动的季节性，从而提高农业劳动力利用率；提高农业劳动者的文化科学水平，加快小城镇建设，鼓励农业劳动力向非农转移。

（二）农业劳动生产率

1. 农业劳动生产率概念

农业劳动生产率是指劳动者在单位劳动时间内所生产的农产品数量或生产单位农产品所消耗的劳动时间，是衡量农业劳动力从事农业生产劳动的能力指标。“农产品数量”的实质是劳动成果，它可以具体化为总产量、商品产量等实物量，也可具体化为总产值、净产值、利润等价值量，还可具体化为作业量，如机耕队等单位完成的耕地、耙地、播种等各项作业和数量。“劳动时间”一般按活劳动时间计算，可以分别采取“人年”、“人工日”、“人工时”作计算单位，通常用“人年”（每个劳动力一年）来计算。

2. 衡量农业劳动生产率的指标

衡量农业劳动生产率的水平有直接指标和间接指标。

（1）直接指标　直接指标又分为实物指标和价值指标。

实物指标有：①平均每个农业劳动力在一年中生产的产品量，简称“人年”劳动生产率；②平均每工作日生产的产品量，简称“人日”劳动生产率。这个指标能够准确反映出劳动生产率的情况，但因农业生产周期长，不容易取得准确的资料。

价值指标有：平均每个农业劳动力全年创造的产值、净产值、盈利等。由于不同生产单位的产品结构不同，实物指标常缺乏可比性，也不能综合反映一个单位的劳动生产率水平，所以必须运用价值指标。

（2）间接指标　农业劳动效率是劳动生产率的间接指标，以单位劳动时间完成的工作量来表示。由于农业生产周期长，一般要在生产过程终了时才能得到产品，为了及时了解农业劳动效果，也就有必要通过劳动效率来了解劳动生产率。一般来说，在符合一定质量的要求下，劳动效率越高，则产品所含的劳动量就越少，单位时间内生产的产品就越多。采用这个指标，可以及时了解劳动生产率的变化趋势。

此外，间接指标还有每一个农业劳动力负担人口数，每一个农业劳动力负担的耕地数等，它们从不同的角度反映出农业劳动力利用率的状况。

（三）提高农业劳动生产率的途径

1. 改进农业物资技术装备

农业物质技术装备水平越高，农业生产的效能就越大，从而能够更多地节省活劳动，降低单位产品的劳动消耗，生产出更多的农产品。

2. 合理利用自然资源，改善生态环境

因地制宜地配置农业生产，加强农业基本建设，创造良好的生产环境，提高劳动生产率。

3. 提高农业劳动力的科学技术水平

提高劳动力科学技术水平有利于推广先进的农业科学技术研究成果，形成现实生产力。

4. 调动农民劳动的积极性

农业劳动积极性的高低决定了农业劳动生产率高低。应不断采取正确的措施发挥农业劳动力在生产中的积极性和主动性，从而提高农业生产率。

5. 改善劳动组织，加强经营管理

改善劳动组织形式，加强经营管理能调节劳动分工和协调，正确合理地分配劳动力，达到用人少、效率高的目的。

此外，农业社会化程度和农业劳动生产率也密切相关。完善的社会化服务体系，对提高农业劳动生产也具有重要的作用。

四、农业劳动力转移

（一）农业剩余劳动力的概念

农业剩余劳动力是指在一定的生产力水平下，农业劳动力供给超过需求的那一部分劳动力。这部分劳动力投入农业生产经营的边际生产力为零或负数。即使将这部分劳动力分离出去，原有的有效劳动时间和产出量也不会减少，不影响农业的发展。农业剩余劳动力是一个相对的概念。随着农业生产力、生产资源、生产结构等条件的变化，劳动力需求量会发生变化，农业剩余劳动力数量也将变动。

农业剩余劳动力转移是指随着经济发展，从事农业生产的劳动力从农业生产部门分离出来转向工业、商业、交通运输业和其他服务性行业。农业剩余劳动力向外转移，是调整农村产业结构，发展农业生产力，促进社会进步和农村稳定的必然要求。

（二）农业劳动力转移的一般原理

1. "推-拉"理论

唐纳德·柏格等人提出了最为朴素的"推-拉"理论，认为人力资源流动是其原住地的推力或排斥力和迁入地的拉力或吸引力两种力量共同作用的结果。因此，农业劳动力转移的力量是农村内部的推力和城市的拉力，决定农村内部推力是人均耕地减少、农村偏低的收入水平、农产品交易的不利条件和农民较低的物质条件，决定城市拉力的是较高的收入水平、较多的就业机会和城市优越的生活条件。

2. 舒尔茨的人口迁移学说

舒尔茨认为，人力资源流动过程当做一种经济投资行为，会考虑流动成本和流动的预期收益。只有当劳动力转移的预期收益大于流动成本时才会发生实际的流动行为。

3. 刘易斯二元经济结构模型

美国经济学家刘易斯认为，发展中国家的经济由以现代化手段生产的生产率较高的城市工业部门和依靠传统方法进行生产的生产率很低的自给性的农业部门组成。只要工人的实际工资没有提高到使资本家的利润下降得没有新增投资的水平，现代工业部门持续的扩张将把农村剩余劳动力用完，才会伴随工资率的增加。

4. 刘-费-拉模型

发展经济学家费景汉和拉尼斯在刘易斯的"二元结构模型"的基础上构建了刘-费-拉模型。他们认为,刘易斯的模型忽视了农业,工业不是总能从农业中获得剩余劳动力。如果农业生产率不提高,则工业从农业中获得剩余劳动力以及由此获得资本剩余都会受到限制。他们强调农业在促进工业增长中的作用,农业劳动生产率提高会出现剩余产品是农村劳动力流向城市的先决条件。

5. 托达罗人口流动模型

美国经济学家托达罗发展了发展中国家劳动力产业之间流动力的理论,他认为,决定农村劳动力流入城市的主要动因并不是实际收入差距而是预期收入差距。预期收入差距是城市劳动力的收入水平乘以流入城市的劳动力获得工作机会的概率与农村实际收入水平的差。预期收入差距越大,流入城市的农村劳动力就越多。

(三) 农业剩余劳动力转移的途径

1. 提高农业劳动力素质

与农业相比,非农产业对劳动力素质要求越来越高。农业劳动力素质是农业剩余劳动力转移机会多寡、转移层次的高低、转移速度快慢的关键因素。故应加强对农业剩余劳动力的人力资本投资。

2. 构建城乡统一的劳动力市场

建立统一、开放、竞争、有序的劳动力市场体系,通过市场机制配置劳动力资源,降低劳动力流动的成本,提高劳动要素的配置效率,创造就业岗位。为此,要大力发展多种形式的劳动就业中介组织;加快市场信息网络建设;建立和完善劳动法规和劳动力市场管理。

3. 加快农村城镇化进程

城镇化是实现我国农业剩余劳动力转移的路径选择之一。城镇化是伴随工业化产生的,与发达国家相比,我国城镇化水平仍然较低。应因地制宜设计合理的城镇化路径,提高城镇化水平,优化城乡经济结构,扩大就业机会。

4. 发展乡镇企业

发展乡镇企业促使农业劳动力向二、三产业转移,乡镇企业是农业劳动力转移的重要途径。

5. 积极开拓国际劳务市场

积极组织劳务输出,拓宽农业劳动力转移渠道。

相关链接

农业剩余劳动力的大转移

中国是一个城市化相对滞后的国家,劳动力和人口主要集中在农村。在13亿多人口中,现有农村人口约7.13亿,占52.15%。当今世界,农村人口比重如此之高的国家已经不多见。随着农业生产能力的逐步提高,大批的农村劳动力从原来的农业生产中剩余出来,并向非农产业转移。劳动力转移是农村结构变迁的决定因素。在整个中国现代化进程中,除了推进工业化和城市化外,发展农村非农产业,促进农业剩余劳动力转移,增加农民收入成为农村经济发展的重要任务。

1. 改革前农业剩余劳动力的转移

新中国成立之初,为迅速恢复经济,发展生产,政府有组织地从农村吸收大量剩余劳动力进城就业。1950—1952年从农村转移出来的剩余劳动力达500多万人，占同期城镇就业人数的30%。但是，由于城市农产品供应不足，加上为了配合全国快速工业化的需要，尤其是优先发展重工业，自20世纪50年代中后期起，中国实行严格的户籍管理和城乡分割体制，城乡之间的劳动力流动基本陷于停滞状态。直到改革开放初期，政府仍然严格控制农村劳动力进城做工，对于出现的大量农村剩余劳动力，主要强调通过发展农村副业就地解决。

2. 民工潮的出现

1984年，农民家庭经营体制成效显现，中国粮食产量实现了历史性跨越。在这种情况下，寻找新的就业机会，追求收入的进一步增长成为许多农民的强烈愿望。20世纪80年代中期，中国乡镇企业特别是东部地区的乡镇企业异军突起，城市各项建设事业空前高涨，劳动力需求迅速增加。政策上虽然户籍管理没有改变，但严格控制农村劳动力流出的政策开始松动，允许农民进城开店设坊，兴办服务业，提供各种劳务。1988年外出就业的农村劳动力超过了2 000万人。

随着农村劳动力进城数量的增加，一些城市交通、农产品供应、治安等压力越来越大。1988年下半年为了治理通货膨胀，中国实施收缩政策，城市建设用农民减少。乡镇企业受治理整顿冲击也很大，吸纳劳动力大幅度减少。尽管如此，农民外出务工的动力不减。1989年初春，中国出现了改革开放后第一次大规模的"民工潮"。在这种情况下，中国再次严格控制农村劳动力向城市盲目流动，特别强调"离土不离乡"为主要方式的农村剩余劳动力转移途径。

1992年，中国经济进入高速增长的新阶段，区域间不平衡发展更加突出，一些早期外出的农民工经过多年开拓，跨区域流动的联系网络逐渐形成，农村劳动力跨区域流动的规模迅速扩大。1993年，外出的农村劳动力超过6 000万人，每7个农村劳动力中就有一个外出就业。1993年11月，十四届三中全会《中共中央关于建立社会主义市场经济体制若干问题的决定》中，强调就地转移向引导农村劳动力跨地区有序流动转变。

3. 外出农民工权益不断得到保护

1996年后，中国农业剩余劳动力转移进入到稳定发展时期。农村劳动力外出务工逐渐地成为农村劳动力转移的主要途径。2003年农村外出务工的劳动力达到11 390万人，占农村劳动力的比重为23.2%。为了对农村劳动力流动进行管理，1995年后，中国开始实行外来人口暂住政策、春运期间的用工限制政策，以及发放"外来人员就业证"和"外出人员就业登记卡"等的管理工作。针对全国普遍出现的农民工权益得不到保护的问题，中国政府已经明确解决拖欠农民工工资的计划，开始解决农民工子女教育问题，探索农民工纳入城乡一体的社会保障体系。

4. 构筑城乡统一的劳动力市场

尽管进入20世纪90年代，农业剩余劳动力转移不仅速度明显加快，而且转移由自发、盲目状态向有序流动发展，形成了大规模跨区域转移和"回乡创业"双向流动的新格局，给农村经济带来了新的生机和活力。但是，中国城乡统一的劳动力市场发育比较迟缓，城镇准许农村劳动力的就业领域还有相当的局限性，农村劳动力在城镇就业还受到很多歧视待遇。因此，打破城乡封锁，消除就业歧视，构造城乡统一的就业市场是保证农村劳动力合理流动的制度保证。近年来，中国政府为了促进农村富余劳动力转移，还加强了农村劳动力职业技术培训。随着中国城市化的推进，就业机会的增加，农村劳动力转移的规模必将进一步扩大。

（资料来源：李国祥．中国网．2004年9月27日）

五、农业劳动力培训

（一）新型农民的含义

新型农民是指有文化、懂技术、会经营、懂政策、讲文明、守法纪的农民。新型农民是相对于传统农民而言，是适应市场经济和现代农业的新型劳动者。

（二）新型农民培训的意义

1. 培育新型农民是社会主义新农村建设的重要基础

农民是社会主义新农村建设的主体。农民知识化进程的快慢，在很大程度上决定着农业和农村现代化发展的步伐，决定着我国经济社会发展第三步战略目标的实现。

2. 培育新型农民是统筹城乡经济社会发展的必然要求

提高农民素质，使农业劳力资源合理配置，促进传统农业向现代农业转变，有利于加快农业剩余劳动力转移、推进工业化和城镇化。

3. 培育新型农民是增加农民收入的重要途径

通过各种劳动力培训，使农业劳动力掌握大量的农业科技成果，拓宽就业渠道，增加农民收入。

（三）农业劳动力培训内容

我国采取了多种方式、多条渠道培训农业劳动力。农业劳动力培训包括对农村剩余劳动力转移到非农领域的这部分劳动力进行培训，如“阳光工程”，还包括对留在农村的劳动力进行的培训，也包括由城市回到农村的劳动力培训。按农业劳动力培训的程度还分为普及性培训和提高性培训。具体的培训内容如下：

（1）提高农民生产技术水平的农业新知识、新品种、新技术。

（2）提高农民环保和食品安全意识的农业环境保护、无公害农产品、食品安全、标准化生产等知识。

（3）提高农民经营管理水平和适应市场经济能力的经营、管理和市场经济知识与技能。

（4）提高农民转岗就业能力所需的知识和技能。

第三节 农业资金管理

一、农业资金的内涵和特点

（一）农业资金的内涵

农业资金是指农业再生产过程中不断循环和周转的价值形态，是农业再生产过程中所占用的物质财富和劳动的货币形态。

为了更好把握农业资金的概念,可以从以下几个方面理解:

(1) 从实质上讲,农业资金是农业内部或外部对农业进行投资所产生的一种资金流量。若是农业外部投资主体对农业进行投资,表现为农业资金的流入;若是农业内部投资主体对农业进行投资,则表现为农业资金的周转。

(2) 从形式上讲,农业资金一般表现为货币形式。不论是国家财政拨款,银行贷款,还是农户自有资金,一般都表现为一定数量的货币资金。因为在市场经济条件下,农业资金能很快转换为其他农业生产要素。

(3) 从来源看,农业资金的投入主体呈现多元化。在市场经济条件中,农户是农业生产的主体,也是农业资金投入的重要主体,此外,还包括国家财政、农业金融机构、民间投资主体、国外农业投资主体等。

(4) 从涉及范围来看,农业资金不仅涉及农业的生产领域(包括广义农业,即种植业、林业、畜牧业、渔业等),还包括农产品的初步加工、农产品销售以及农业科研、设施和其他农业公共服务领域。

总之,农业资金作为农业再生产过程中价值运动的表现形式涉及的范围很广,要想真正理解其概念,保证农业再生产顺利进行,必须从农业资金的本质上加以把握。

(二) 农业资金的运动特点

随着农业自然再生产和再生产过程的不断进行,农业中的资金不断变换着自身的形态和类型,进行着周而复始的循环周转运动。由于农业生产是自然再生产和经济再生产交织在一起的过程,受自然因素的影响较大,因此,为了使用和管理好农业中的资金,必须了解农业中资金的运动特点。农业中资金运动的特点主要表现在以下几个方面:

1. 农业资金运动具有很强的季节性

农业劳动时间和生产时间不一致,形成农业生产明显的季节性,所以,农业资金的运动也具有很强的季节性,必须按照季节储备和投放资金,并且也只有到季节才能收回资金。

2. 农业资金的周转期长,周转速度慢

由于农业生产受动植物生长发育的自然规律的限制,各个阶段都有一定的时间性,农业资金从投入到回收需要较长的时间,不能像在工业生产中,可以较容易按照人们的意愿来缩短生产周期,而且,周转速度也慢。

3. 农业资金利用率低

一方面,农业生产是在广阔的土地面积上进行,属于露天作业,肥料、农药、种子等物质资料投入容易造成浪费和失散;另一方面,农业是多部门生产,品种多,作业项目复杂,各自要求的作业器具专用性强,通用性受到限制,因而决定了农业生产成本一般不稳定,利用率偏低。

4. 农业资金的需求和补偿具有很大的不稳定性

农业生产不仅受市场价格变换的影响,而且还受自然条件变换的影响,容易遭受自然灾害,致使农业生产的成果不稳定。这种不稳定性表现在农业资金运动上也很明显。风调雨顺收成好时,用于农业扩大再生产的农业资金就多,否则,歉收年份,用于农业扩大再生产的农业资金就少,造成农业资金的需求和补偿具有很大的不稳定性。

5. 农业资金运动的不完全性

农产品既是农业生产的最终产品,又是重新加入农业再生产过程的生产资料,具有生产资

料和生活资料的双重用途。在我国，农业处于自给半自给经济的阶段，农业生产资料的一部分由农业企业自身提供，无需购买，同时，农产品成品的一部分留作农业企业自身消费，不经过流通过程转化为货币。这与工业资金的运动周转，存在着显著的差别。

6. 农业资金收益的外部性

农业生产不仅创造大量农业产品，而且附带较大的生态效益和社会效益。因此，农业资金投入的收益就产生了外部性。在完全市场条件中，外部性会使得农业资金的私人投入量明显小于社会最优水平。

7. 农业资金的政策性

在发达的经济体系中，农业是受保护和支持的产业。在市场经济条件下，政府往往通过农业资金来干预农业主体的行为，以各种农业补贴、公共投资、公共服务等形式来达到发展农业生产的目的。因此，在国家的农业计划中，农业资金往往和一定的农业政策联系在一起。

二、农业资金的筹集和使用

农业资金的筹集是指农业生产部门、企事业单位及个人，为了满足其生产经营，通过一定渠道，运用适当方式，有效地筹集所需资金的财务活动。资金筹集是企业财务活动的起点，筹资活动是企业生存、发展的基本前提。

（一）农业资金的来源

目前，我国农业资金来源渠道已形成多样化的特征，农业的资金基本来源于投入资金和借入资金和利用外资三个渠道。

1. 投入资金

（1）财政投入资金　国家财政预算中用于农业的各项投资支出，主要有：为国有农业生产单位核拨基本建设资金和流动资金；为科研、教育、气象等部门及所属事业单位核拨经费；专项投资根治河流、兴建水库、水电站，营造防护林，治理沙漠，保护草场等；对于一些以生产单位自筹资金为主的生产项目，国家也给予适量的资金补助，如农田水利、水土保持、养殖基础、农科网建设补助等无偿投资；国家支持农业生产的各种补贴资金如直接补贴、良种补贴、农机补贴和农业资料综合补贴等。此外，地方财政预算外资金、农业主管部门自筹资金经批准用于农业的各项支出，以及提高农副产品的收购价格、减免税费等也属国家在资金上对农业的支持。

（2）自有资金　指农业生产经营单位依靠自身积累形成的资金，包括农村企业自有资金和农户自有资金以及合作经济组织自有资金等。农户是最主要的农业生产主体，也是农业资金的最主要投资主体。我国农村实行家庭联产承包经营体制以来，农业生产资金大都来源于农户自身的投入。农业企业可以将自留资金转化为生产经营资金。农业合作组织也在与农业紧密联系中成为农业投资的主体。

（3）吸收各方面的直接投资　所谓直接投资即以取得红利为投资和报酬的形式，而不以取生利息为投资的报酬形式的投资。这方面的资金来源主要包括通过合股经营、横向联合等方式吸收的资金。它是我国改革以后逐步发展起来的筹资方式，具有广阔的发展前景。我国今后应当在农村资金的筹措上，很好地利用这种形式。

2. 借入资金

借入资金指农业生产经营者向银行、信用社等金融机构取得贷款及结算中的债务、外资贷款等，这部分资金只能在一定期限内周转使用，到期必须还本、付息。这里农业生产经营者包括农户和农业生产企业。

(1) 银行和信用社贷款 由国家银行、信用合作社等专业金融机构，以吸收存款筹集农业资金，支持农业生产经营，是筹集农业资金的重要渠道。它主要包括银行信贷资金和农村信用社信贷资金。企业申请贷款，主要履行以下基本步骤：提出借款申请、银行审批、签订贷款合同、取得贷款、归还贷款。

(2) 民间借贷 民间借贷行为在我国农村很多地区普遍存在。各种互助会、私人钱庄、储贷协会、基金会、典当行等，都是民间金融组织的变体。民间借贷资金有两种情况：一种是亲友间的无息贷款；一种是民间的“高利贷”(高利贷是指贷款利率高于银行同期贷款利率的三倍以上)。

3. 利用外资

随着经济开放和资本的国际流动，利用外资成为农业资金的新来源。利用外资分为吸收国外直接投资和借用国外贷款两种方式。吸收国外直接投资主要方式有引进外资企业(外商独资)、合作生产、合资经营、劳务合作、补偿贸易等形式。借用国外贷款主要有：①国际金融组织贷款，如世界银行贷款、联合国所属机构的各种基金贷款等。②外国政府贷款，即外国政府为支援某些特定项目的建设所提供的有息(一般为中长期、中低利)、无息优惠贷款。

(二) 农业资金的投放

1. 农业资金投放的概念

农业资金的投放，就是把筹集到的农业资金，根据不同经济阶段农业发展的需要和有关政策，确定正确的投资方向、时间、数量和结构，把有限的资金合理分配到一定的地区、部门和项目，并加以科学管理，以求收到最好的经济效益、社会效益和生态效益。

2. 农业资金投放的原则

农业资金的投放，必须以提高经济效益为中心，把发展速度与经济效益统一起来。从长远看，要重视对农业基础设施、工程建设、农业教育、科研和技术推广等的投资，逐步加强农业的物质技术基础，改善农业生态环境条件，保证农业生产持续稳定发展。从近期看，要保证当前生产的顺利进行，提供质高量多的农产品，并使农民生活得到不断改善。具体来讲，主要遵循以下几个原则：

(1) 统筹安排原则 包括资金来源的统一筹措和资金流向的统一安排。

(2) 突出重点原则 重点投放包括因效益不同而选择的重点地区和重点项目，要兼顾社会平衡发展。对某些粮食产区、畜牧业区、生态恢复地区和老少边穷等地，要重点考虑，优先发展。

(3) 讲求实效原则 资金投放一定要进行可行性研究，择优投放，择优建设，资金投放一定要以经济效益为中心，同时，要尽可能实现经济效益、社会效益、生态效益的统一。

三、农业资金的循环和周转

(一) 农业资金的循环和周转的概念

在农业生产经营活动中，从货币资金开始，经过若干阶段，又回到货币资金形态的运动过程，叫做资金循环。资金周而复始不断重复的，叫做资金的周转。货币资金的循环一般分为两个部分：一是使用货币资金购买原材料进行生产，生产成品和支付劳动报酬，产成品销售后变为货币资金；二是使用货币资金购买固定资产，通过折旧，使其价值转入产品，经产品销售变为货币资金，从货币资金开始又回到货币资金所需的时间，就是生产经营周期即营业周期。

（二）农业流动资金循环与周转

1. 流动资金的概念

流动资金是指垫支在生产过程和流通过程中使用的周转金。它不断地从一种形态转化为另一种形态，其价值一次转移到产品成本中去，系一次性转移。但在实践中，为了简化核算手续，把一些价值低，使用时间短的材料，也列入流动资金管理，如低值易耗品。

2. 流动资金的特点

（1）流动性　流动资金在生产经营过程中，依次经过供应、生产、销售三个过程的固定次序，不断地经一种形态转化为另一种形态，从一个阶段过渡到另一个阶段，依次循环往复，完成一次循环的时间不超过一年或一个营业周期。

（2）并存性　在生产过程中，流动资金总是同时以各种不同形态，并列地存在于周转运动的每一个阶段上，即在时间上是继起的，在空间上是并存的。

（3）波动性　流动资金在各个时期的占用都不是固定不变的，随着产、供、销条件的变化和经营的好坏而波动起伏，时多时少，时高时低。

3. 农业流动资金的组成

农业流动资金由处于生产领域中的储备资金、生产资金和处于流通领域中的成品资金、货币资金、结算资金等几部分组成。以农业企业流动资金为例，其组成主要包括：

（1）储备资金　指各种储备物资所占用的资金，它包括原材料、种子、饲料、农药、肥料、燃料及修理材料等。

（2）生产资金　指占用在生产过程中的资金。

（3）成品资金　指待销产品所占用的资金。

（4）货币资金　指银行存款和库存现金及其他货币资金。

（5）结算资金　指企业在供应、销售和内部结算过程中所发生的应收、预付款项等。

4. 农业流动资金的循环与周转

农业生产不断进行的过程，也就是流动资金不断循环和周转的过程。流动资金从货币形态开始，依次经过供应、生产、销售三个阶段，表现为三种不同的存在形态，最后又回到货币形态，这就是流动资金的整个循环过程。这里必须指出，用来满足农业自身再生产需要的那部分农产品，不经过销售，直接转为储备物资或直接投入再生产过程，因而就形成了流动资金的局部小循环过程。这反映了农业生产特点对流动资金周转的影响。

5. 加速流动资金周转的途径

（1）改善物资储备供应，加强计划性。防止盲目采购；制定合理的消耗储备定额，健全保管责任制，及时处理积压物资，减少储备资金的占用量。

（2）建立合理的生产结构，实行农工商综合经营。专业化生产有利于节约和使用各种原材料，从而有利于加速资金周转。但农业生产周期长，有强烈的季节性，并且专业化生产又有收支集中的缺点。这就要求尽可能缩短生产周期，开展多种经营，因地制宜地把不同生产周期的生产项目结合起来，使资金在全年均衡分布，使资金周转加速。

(3) 及时组织产品销售，加速结算回收货款。要加强贷款计划性，合理使用信贷资金，减少成品资金和结算资金的占用量。

(三) 农业固定资金循环与周转

1. 固定资金概念及特点

固定资金是指垫支在劳动资料方面的资金。它是农业生产经营活动所需的建筑物、机械设备、运输工具、役畜、多年生果树、林木等实物形态固定资产的货币表现。列入固定资产核算的劳动资料，必须同时具备两个条件：一是使用年限在一年以上；二是单位价值在规定年限以上。不同时具备这两个条件的劳动资料，不列入固定资金核算管理。

固定资产的特点是由固定资产特性决定的。固定资产可多次参加生产经营过程而不改变其实物形态，它的价值随着在使用中的磨损逐步转移到产品成本中去，并通过折旧的方式，从产品销售收入中得到补偿收回。所以，固定资金周转速度比较慢，需要经历固定资产整个使用时期才能周转一次，在此期间，固定资产一部分价值存在于实物形态上；另一部分价值则分离出去变为货币，以货币形式存在。

2. 固定资产计价

固定资产按货币计量单位进行计算的方法有三种。①原始价值：指建造、购置或以其他方式取得某项固定资产所支付的货币总额。②折余价值：指固定资产的原始价值减去已折旧后的净额，又称净值。③重置价值：指按当前的市场价格和生产条件，重新购建同样的全新固定资产所需的全部支出，又称现行成本或重置成本。

3. 固定资产的折旧

固定资产的折旧是指固定资产在使用过程中因损耗而转移到产品上去的那部分价值。固定资产的损耗分为有形损耗和无形损耗两种形式。有形损耗指固定资产由于使用和自然力的作用而逐渐丧失其物理性能的损耗。无形损耗指固定资产由于科技技术进步和劳动生产率提高所引起的固定资产价值的损耗。

为了保证收入与费用的正确配比以及固定资产更新所需的资金，企业必须在固定资产的有效作用期内计提固定资产折旧。企业房屋和建筑物、在用的机器设备和仪器仪表及运输工具、季节停用和修理停用的设备、融资租入以及经营租赁方式租出的固定资产应计提折旧。未使用的、不需用的固定资产，以经营租赁方式租入的固定资产，已提足折旧继续使用的固定资产，提前报废的固定资产，以前年度已经估价单独入账的土地不计提折旧。固定资产折旧，从固定资产投入使用月份的次月起按月计提；停止使用的固定资产，从停用月份的次月起停止计提。

4. 固定资产折旧的计算方法

(1) 平均年限法　又称直线法，就是按固定资产预计使用年限平均计算折旧的方法。农业企业一般采用这种方法，尤其适用于农田水利设施、房屋建筑等。其优点是简便易行。其计算公式为：

$$\text{固定资产年折旧额}=\frac{\text{固定资产原值}-\text{预计净残值}}{\text{总使用年限}}$$

在实际工作中，固定资产的折旧额，往往是按固定资产的折旧率来计算的，其计算公式为：

$$年折旧率=\frac{固定资产年折旧额}{固定资产原值}\times100\%$$

$$月折旧率=年折旧率/12$$

$$月折旧额=固定资产原值\times月折旧率$$

(2) 工作量法 是以固定资产折旧总额除以预计使用期内可以完成的总行驶里程(或总工作时间),求得每行驶里程(或每工作时间)折旧额的方法。这种方法适用于收割机、拖拉机、汽车等农用设备计算折旧。其计算公式为:

$$每行驶里程(或每工作时间)折旧额=\frac{固定资产原值-预计净残值}{预计总行驶里程(或总工作时间)}$$

或:

$$=\frac{原始价值\times(1-预计净残值率)}{预计总行驶里程(或总工作时间)}$$

$$年折旧额=全年总行驶里程(或总工作时间)\times每行驶里程(或每工作时间)折旧额$$

(3) 双倍余额递减法 采用双倍余额递减法,是根据期初固定资产折余价值乘以双倍余额递减法折旧率,确定年折旧额的方法。一般适用于农业企业中设备技术更新期较短的先进备计提折旧。其计算公式为:

$$双倍余额递减法折旧率=平均年限法计算的折旧率\times2$$

或:

$$折旧率=\frac{2}{折旧年限}\times100\%$$

$$年折旧额=年初固定资产折余价值\times双倍余额递减法折旧率$$

(4) 年数总和法 采用年数总和法,是根据固定资产折旧总额乘以递减分数(折旧率),确定年度折旧额的方法。其计算公式为:

$$固定资产年折旧率=\frac{折旧年限-已使用年数}{折旧年限\times(折旧年限+1)/2}\times100\%$$

$$固定资产月折旧率=年折旧率\div12$$

$$固定资产月折旧额=固定资产折旧总额\times月折旧率$$

$$=(固定资产原始价值-预计净残值)\times月折旧率$$

后两种方法属于加速折旧的方法。

5. 固定资产的循环

固定资产循环是指从固定资产投入使用,经过计提折旧形成折旧基金,到固定资产报废、清理、重新购回新固定资产的业务活动过程。农业生产单位用货币资金购买固定资产,即固定资产物化形态。固定资产的价值在使用中逐步减少,以折旧的方式转移到产成品中。出售产品时收回货币资金。有时出售固定资产也可使之变为货币资金。

6. 加快固定资金周转的途径

一是增置合理的固定资产。防止增置不必要或与企业生产规模不适应的固定资产,否则,大量的资金长期垫支在某些固定资产上,造成浪费。对不需用的固定资产要及时处理,不使其积压。二是提高固定资产的利用率。因为在一年内固定资产投入生产的时间越多,在生产中发挥的作用就越大,其价值转移也就越快,周转的时间也就可以缩短。三是正确计算固定资产折旧。四是实行经济责任制,建立和健全固定资产的保管、维修使用和改造制度,使固定资产经常处于技术完好状态,延长使用寿命,提高固定资产的生产能力和利用率。

第四节 农业科技管理

一、农业科技管理的内涵和特点

(一) 农业科技管理的内涵

农业科技是农业科学和农业技术的总称，是指揭示农业市场领域发展规律的知识体系及其生产应用成果的总称，是整个社会科学技术总体中的一个重要组成部分。其基本特征是生物发展规律在农业生产领域中的应用。

所谓农业科学是探索农业生产的自然规律和经济规律的应用科学，主要包括农业生物科学、农业环境科学、农业工程科学和农业经济科学。

所谓农业技术是指农业生产、经营、规律中的手段与工艺，主要包括农业劳动手段、农业工艺方法以及掌握这些手段和方法的技能体系。

农业科技管理是指政府、农业科研院所和农业企业等对农业各项生产技术活动进行科技研究、实验、示范、推广、运用等过程，行使各种管理职能，使各项科研成果能最大限度地将潜在生产力转化为现实生产力。

(二) 农业科技管理的特点

(1) 农业科研要求有一定数量的试验用地场所。这是农业科研比较特殊的地方。农业生产自然再生产和经济再生产交织在一起的过程，农业科研不仅要有资金，还要有试验用地场所。

(2) 农业科研劳动和其他各项科研劳动一样，具有继承性、探索性和创造性等特点。

(3) 农业科研管理者有必要为农业科研创造必要的条件。如选育良种采用异地繁殖和使用人工气箱或气室等措施。

(4) 科研单位的中心工作是从事农业科学研究，其产品为科研成果。

二、农业科技管理的过程

农业科技管理过程包括农业科技研制管理、农业科技推广管理和农业科技采用管理。

(1) 农业科技研制管理　即制定符合国家关于科学技术工作的方针、政策和法律的基础上的农业科技的发展规划，组织与实施农业科研项目。农业科技研制管理是对人力、物力、财力、资源进行优化整合的管理行为。

(2) 农业科技推广管理　即在一定科学理论指导下，进行试验研究、技术推广、技术措施方案实施、技术经济效果分析评价等全部管理工作。

(3) 农业科技采用管理　在示范、推广的基础上，促进科技成果的进村入户，鼓励农户采用农业科技的管理工作。

三、农业科技进步

（一）农业科技进步的概念

农业科技进步是指人类对原有农业技术的改造、革新或研究，开发出新的农业技术以提高农产品产量，改善农产品品质，降低生产成本，提高生产率，减轻劳动强度，节约能源和改善生态环境等。既能提高投入产出比率和产品质量，又能重组诸投入要素的配置结构，降低单位产品成本，使原有的要素投入组合发挥更大的效用而增产增收。在既增加要素投入又有科技进步的情况下，从产出增量扣除新增要素投入量所带来的那一部分，剩余的新增产出就是科技进步的作用。

农业科技进步的基本内涵不仅是指农业科技自身的发展或提高，而且还包括农业科技意识、农业科技人才、农业科技投入和农业科技效益等主要方面发展或提高。

（二）农业科技进步的特点

第一，农业科技进步具有综合性。农业生产涉及多方面领域，研究开发需要多领域学科合作。

第二，农业科技进步具有渐进性。研究开发周期长，渐进式的技术进步。

第三，农业科技进步具有地域性。农业科技应用因各区域自然条件而不同，农业科技成果往往只适合于特定地区使用。

第四，新技术应用效果的不确定性。农业科技应用存在自然风险和经济风险，农业新技术的预期技术效果并不一定能够实现。

（三）农业科技进步的作用

1. 农业科技进步不断提高劳动生产率

农业科技进步，可不断为农业提供大量先进的各类农具、农业机械、运输工具、生产性建筑设施等，从而改善和提高现有农业生产技术装备水平，提高劳动生产率，生产规模效益化，成本降低，提高投入产出率。

2. 农业科技进步不断提高土地生产率

农业科技进步为农业不断提供高质量的生产资料、先进适用的耕作技术等，改善和提高各种农艺技术水平，提高土地生产率。

3. 农业科技进步优化农业和农村产业结构

农业科技进步如新品种研制、农产品深加工、农业信息化的发展等，促进新兴产业和主导产业的发展，推进了农业和农村产业结构调整。

4. 农业科技进步使农民劳动方式和生活方式发生重大变化

农业技术进步可使农民的劳动条件不断改善，劳动强度不断降低，收入水平不断提高，从而调动农民推进技术进步的积极性，使农民努力学习与掌握科学文化知识和劳动技能。先进的农业科学技术一旦被农民掌握，必将引起农民思想行为的一系列变化，改变传统的价值观念、劳动方式和生活习惯。

（四）推进农业科技进步的措施

1. 加快农业科技成果产业化

科技成果转化率低是全国普遍存在的现象。科技成果转化为商品时追求最大转化效益的过程就叫做科技成果产业化。科技成果只有转化为现实生产力，对社会进步才能产生尽可能大的推动，即追求转化的最大效益。

2. 完善农业技术推广体系

将技术可靠，有推广前景的农业科技成果进行示范推广，加速其商品化、产业化进程。具体来说，是选择正确的农业科技推广实施方案，因地制宜地选择农业实用技术，立示范基地，组织科技推广专家进行农业科技推广。

3. 提高农民素质

科技进步是农业现代化建设的有力支撑和强大驱动，必须加快农业中关键技术的创新和推广应用，农民的素质提高有利于新的科学技术推广试验、科技成果的转化。

四、农业技术推广

（一）农业技术推广的概念

农业技术推广是指将农业适用技术，通过实验、示范、宣传和培训等方法向农业生产转移和扩散，是把农业科学技术这个潜在的生产力转变为现实生产力的重要手段。农业技术推广是联系农业科学技术研究与农业生产实践的桥梁。只有大力开展农业推广，才能使农业科学技术由潜在的生产力转化为现实生产力。同时，也只有搞好农业技术推广工作才能及时反馈农业科技成果在农业生产实践中应用的信息，从而更好地推动农业科学技术的研究与开发。

农业技术推广工作的好坏关键看是否有一个完善的农业技术推广体系。目前，中国已基本形成以政府农业技术推广机构为主体的多元化农技推广系统（包括政府支持兴办的种植业、林业、畜牧业、水产业、农业机械化及水利等六个技术推广体系以及农民专业技术协会），为农业技术推广事业的发展作出了重大贡献。但是，中国农业技术推广体系还不够完善，存在着体系不够健全、机制不够合理、经费不足、技术市场不完善、推广队伍不稳定与人员素质不高等问题，加上其他原因导致了中国农业科技成果转化率仅为30％～40％这样低的局面，与发达国家60％～80％的科技成果转化率相比存在很大差距。因此，必须切实搞好农业技术推广体系建设。

（二）农业技术推广的一般程序

1. 选定推广项目

推广项目的来源主要有四个方面：科研成果、引进技术、农民生产经验和推广部门的技术改造项目。科研成果是指本地区农业科研部门提供的项目。引进技术是指从其他国家和本国其他地区农业科研部门引入的科研成果。这两项技术主要是通过人才和信息获得。农民生产经验是指当地农民在生产实践中摸索出来的先进生产方法，这类技术土生土长很适合本地环境。推广部门的技术改造项目是推广人员在推广过程中对所推广技术做进一步改进和完善,使推广的技术成果更显著,这是推广人员的研究成果。选择推广项目要对有关的各种因素进行综合的分析比较,确定最适宜的科研成果作为推广项目。

2. 推广实验

推广实验也称中间试验或区域试验,是从科研到生产之间的关键环节。农业新技术大多是在实验室或试验站里发明或发现的,想要有效推广扩散,就必须要解决由人工的试验条件到自然的大田生产环境,由小规模生产到大规模生产,由单项技术到综合实际生产所遇到的适应性和各种技术、经济问题。推广试验的作用有以下几点:

(1) 验证小区试验成果,为成果鉴定提供依据。农业科研的小区试验阶段有较大的局限性。首先,小区试验面积小,试验条件和生产条件差异甚大。其次,小区试验也可能由于试点、取样、调查、研究等方面的人为误差,使试验数据不十分准确,试验结论不十分可靠。中间试验可使“小试”结果得到进一步验证,纠正误差。

(2) 在不同区域试验,明确其适应范围和技术环节,利于因地制宜地推广利用。

(3) 完善和发展“小试”结果,在中间试验阶段,有更多接近生产、熟悉生产的人参与工作,他们不仅能对中间试验项目做出客观评价,而且使试验通过他们的实践,还能提出新的建议,使试验有所改进,技术更完善。

(4) 中间试验起到示范作用,加快了技术推广的速度。

3. 示范

示范是指推广工作者在田地里直接教农民如何使用推广项目的一整套操作方法。示范是推广的一个重要阶段,其主要任务是选择示范田和示范户,使新技术迅速有效地在本地扩散开来。一旦选定了示范田和示范户,推广者应经常与示范户农民保持密切联系,向他们传授有关的操作方法,提供有效的信息和必要的物质手段。

4. 推广

在示范的基础上,证明该项技术在该地区的推广价值后,即可大面积推广。

5. 反馈和改进研究

试验、示范和推广过程是科技成果的检验过程,在试验、示范和推广过程中发现的问题,应该及时反馈给科研部门,以便作出解释或进行深入研究。

五、农业科技创新

(一) 农业科技创新的概念

农业科技创新研究的是农业领域内客观存在的未知世界,通过农业科学家的工作发现未知领域和新的科学方法。农业科技创新同其他产业科技创新相比,有其自身的特点:一是农业科技创新既受生物生命自然规律的支配,也受社会经济发展规律的制约;二是农业科技创新所需的时间和周期同其他产业相比较长;三是农业经济发展受自然环境影响较大、地域变异性较强,同其他产业相比,农业科技创新领域宽、类型多、数量大。

相关链接

国务院关于深化改革加强基层农业技术推广体系建设的意见

各省、自治区、直辖市人民政府，国务院各部委、各直属机构：

基层农业技术推广体系是设立在县乡两级为农民提供种植业、畜牧业、渔业、林业、农业机械、水利等科研成果和实用技术服务的组织，是实施科教兴农战略的重要载体。长期以来，基层农业技术推广体系在推广先进适用农业新技术和新品种、防治动植物病虫害、搞好农田水利建设、提高农民素质等方面发挥了重要作用。面对新形势、新任务，基层农业技术推广体系体制不顺、机制不活、队伍不稳、保障不足等问题亟须解决。根据《中共中央国务院关于进一步加强农村工作提高农业综合生产能力若干政策的意见》（中发〔2005〕1号）和《中共中央国务院关于推进社会主义新农村建设的若干意见》（中发〔2006〕1号）精神，现就深化改革，加强基层农业技术推广体系建设提出以下意见：

1. 改革基层农业技术推广体系的指导思想、基本原则和总体目标

（1）指导思想　以邓小平理论和“三个代表”重要思想为指导，贯彻落实党的十六大和十六届四中、五中全会精神，围绕实施科教兴农战略和提高农业综合生产能力，在深化改革中增活力，在创新机制中求发展。按照强化公益性职能、放活经营性服务的要求，加大基层农业技术推广体系改革力度，合理布局国家基层农业技术推广机构，有效发挥其主导和带动作用。充分调动社会力量参与农业技术推广活动，为农业农村经济全面发展提供有效服务和技术支撑。

（2）基本原则　坚持精干高效，科学设置机构，优化队伍结构，合理配置农业技术推广资源；坚持政府主导，支持多元化发展，有效履行政府公益性职能，充分发挥各方面积极性；坚持从实际出发，因地制宜，鼓励地方进行探索和实践；坚持统筹兼顾，与县乡机构改革相衔接，处理好改革和稳定的关系。

（3）总体目标　着眼于新阶段农业农村经济发展的需要，通过明确职能、理顺体制、优化布局、精简人员、充实一线、创新机制等一系列改革，逐步构建起以国家农业技术推广机构为主导，农村合作经济组织为基础，农业科研、教育等单位和涉农企业广泛参与，分工协作、服务到位、充满活力的多元化基层农业技术推广体系。

2. 推进基层农业技术推广机构改革

（1）明确公益性职能　基层农业技术推广机构承担的公益性职能主要是：关键技术的引进、试验、示范，农作物和林木病虫害、动物疫病及农业灾害的监测、预报、防治和处置，农产品生产过程中的质量安全检测、监测和强制性检验，农业资源、森林资源、农业生态环境和农业投入品使用监测，水资源管理和防汛抗旱技术服务，农业公共信息和培训教育服务等。

（2）合理设置机构　按照科学合理、集中力量的原则，对县级农业技术推广机构实行综合设置。各地可以根据县域农业特色、森林资源、水系、水利设施分布和政府财力情况，因地制宜设置公益性农业技术推广机构。可以选择在乡镇范围内进行整合的基础上综合设置、由县级向乡镇派出或跨乡镇设置区域站等设置方式，也可以由县级农业技术推广机构向乡镇派出农业技术人员。畜牧兽医机构按照兽医管理体制改革的要求，合理设置。农村经营管理系统不再列入基层农业技术推广体系，农村土地承包管理、农民负担监督管理、农村集体资产财务管理等行政管理职能列入政府职责，确保履行好职能。

（3）理顺管理体制　根据农业技术推广工作特点，建立健全有利于充分发挥基层农业技术推广体系作用的管理体制。县级以上各级农业、林业、水利行政主管部门要按照各自职责加强对基层农业技术推广体系的管理和指导。县级派出到乡镇或按区域设置机构的人员和业务经费由县级主管部门统一管理；其人员的调配、考评和晋升，要充分听取所服务区域乡镇政府的意见。以乡镇政府管理为主的公益性推广机构，其人员的调配、考评和晋升，要充分听取县级业务主管部门的意见；上级业务主管部门要加强指导和服务。

（4）科学核定编制　根据职能和任务，合理确定基层公益性农业技术推广机构的人员编制，保证公益性职能的履行。县乡农业技术推广机构所需编制由各县结合实际确定，按程序审批。应确保在一线工作的农业技术人员不低于全县农业技术人员总编制的2/3，专业农业技术人员占总编制的比例不低于80%，并注意保持各种专业人员之间的合理比例。公益性农业技术推广机构人员编制不得与经营性服务人员混岗混编。

（5）创新人事管理制度　改革用人机制，实行人员聘用制度，实现由固定用人向合同用人、由身份管理向岗位管理转变；坚持公开、公平、公正的原则，采取公开招聘、竞聘上岗、择优聘用的方式，选拔有真才实学的专业技术人员进入推广队伍，人员的进、管、出要严格按照规定程序和人事管理权限办理。完善考评制度，将农业技术人员的工作量和进村入户推广技术的实绩作为主要考核指标，将农民群众对农业技术人员的评价作为重要考核内容。改革分配制度，将农业技术人员的收入与岗位职责、工作业绩挂钩，落实对县以下农业技术人员的工资待遇倾斜政策。切实搞好农业技术人员的培训和继续教育，完善农业技术人员技术职务评聘制度，不断提高农业技术推广队伍的整体素质。

3. 促进农业技术社会化服务组织发展

（1）放活经营性服务　积极稳妥地将国家基层农业技术推广机构中承担的农资供应、动物疾病诊疗以及产后加工、营销等服务分离出来，按市场化方式运作。鼓励其他经济实体依法进入农业技术服务行业和领域，采取独资、合资、合作、项目融资等方式，参与基层经营性推广服务实体的基础设施投资、建设和运营。积极探索公益性农业技术服务的多种实现形式，对各类经营性农业技术推广服务实体参与公益性推广，可以采取政府订购服务的方式。

（2）培育多元化服务组织　积极支持农业科研单位、教育机构、涉农企业、农业产业化经营组织、农民合作经济组织、农民用水合作组织、中介组织等参与农业技术推广服务。推广形式要多样化，积极探索科技大集、科技示范场、技物结合的连锁经营、多种形式的技术承包等推广形式。推广内容要全程化，既要搞好产前信息服务、技术培训、农资供应，又要搞好产中技术指导和产后加工、营销服务，通过服务领域的延伸，推进农业区域化布局、专业化生产和产业化经营。要规范推广行为，制定和完善农业技术推广的法律法规，加强公益性农业技术推广的管理，规范各类经营性服务组织的行为，建立农业技术推广服务的信用制度，完善信用自律机制。

4. 加大对基层农业技术推广体系的支持力度

（1）保证供给履行公益性职能所需资金　要采取有效措施，切实保证对基层公益性农业技术推广机构的财政投入。地方各级财政对公益性推广机构履行职能所需经费要给予保证，并纳入财政预算。其中，对乡镇林业工作站承担的森林资源管护、林政执法等公益性职能所需经费也要纳入地方财政预算。中央财政对重大农业技术项目推广和经济欠发达地区的推广工作给予适当补助。各地要统筹规划，在整合现有资产设施的基础上，按照填平补齐的原则，加强基础设施建设，改善基层农业技术推广条件。

(2) 完善改革的配套措施 要用改革的思路和办法,解决建立新型基层农业技术推广体系中遇到的问题。对重大农业科技成果转化等项目可实行招投标制,鼓励各类农业技术推广组织、人员和有关企业公平参与投标。鼓励农业技术人员自主创业。对他们创建经营性技术服务实体,可以优惠使用原乡镇推广机构闲置的经营场地,并享受现行政策规定的有关税收优惠。

(3) 妥善分流和安置富余人员 对基层农业技术推广体系改革中分流的农业技术人员,要积极稳妥地做好分流和安置工作。在鼓励和支持富余人员自主创业的同时,要积极探索多种分流和安置渠道,帮助他们重新就业。凡与原农业技术推广机构建立聘用合同、劳动合同关系的,要依法做好合同的变更、解除、终止等工作,符合条件的要依照国家有关规定支付经济补偿金,并纳入当地社会保障体系,及时办理社会保险关系转移等手续,做好各项社会保险的衔接工作。

5. 切实加强对基层农业技术推广体系改革工作的领导

(1) 切实加强领导,搞好协调配合。基层农业技术推广体系改革事关农业农村经济发展全局,涉及面广,政策性强。地方各级人民政府要高度重视,把这项工作纳入重要议事日程,政府主要领导要亲自抓,及时研究解决改革中的重大问题。各有关部门要统一思想,明确分工,做好机构编制、人员安置、财政保障、基建投入、科技项目支持等工作。

(2) 认真制订方案,精心组织实施。国务院有关部门要加强对改革的指导,具体由农业部会同水利、林业、编制、人事、发展改革、财政、税务、科技、劳动保障等部门负责。各级财政要对改革提供必要的经费支持。各省、自治区、直辖市人民政府要在深入调查研究的基础上,制订推进基层农业技术推广体系改革工作方案,指导县(市)制订改革实施方案。各县(市)的实施方案要报省级人民政府审批,省级工作方案报国务院备案。各地区和有关部门要加强对改革重点环节的组织指导,做好动员部署、竞聘上岗、分流人员、检查验收、巩固提高等工作。

(3) 坚持以人为本,确保改革顺利进行。地方各级人民政府要引导广大农业技术人员充分认识改革的重要性和必要性,进一步发扬心系农民、献身农业、服务农村的优良传统,主动投身改革,找准新的定位,争取更大作为。要切实做好深入细致的思想政治工作,把握好改革的力度和进度,协调好各方面利益,调动好各方面积极性,确保改革顺利进行。

(资料来源:http://www.gov.cn/zwgk/2006-09/05/content_378438.htm)

(二) 农业科技创新的内容

1. 科技体制创新

目前,我国农业科技体制主要存在以下几方面的问题:一是脱节,即农业科研、教育、生产三者严重脱节;二是分离,农业产前、产中、产后服务分离;三是重复,科研课题简单重复、低水平重复,一个课题在这个部门申请立项了,又在另一个部门申报立项,一个课题今年已经立项完成了,明年又在另一部门(或场合)申请立项资助,造成资源浪费;四是重叠,现有科研管理体系条块分割、多头管理、机构重叠。现有农业科技体制越来越不能适应社会主义市场经济的要求,必须下决心改革。

2. 科学研究创新

为了适应21世纪的要求,使我国由"农业大国"向"农业强国"、"经济强国"迈进,必须高度重视农业科学研究工作，大力加强农业科研工作，并大力提倡农业科学的创新性研究。为了使我国农业科研早出成果、快出成果、出大成果，同时又有利于农业科技人才的培养、使用和脱颖而出，我国农业科研应进行下列创新研究：一是要瞄准国际前沿，站在面向21世纪的高度，搞好农业基础研究；二是围绕国家目标，针对我国的具体国情和战略目标，抓好应用研究和开发研究。

3. 成果评价和鉴定创新

进入21世纪，我国实行社会主义市场经济之后，对科研工作的管理日益加强，并建立了一套行之有效的管理措施体系，取得了一定的成效。但不容否定，在我国科技管理工作中尚存在不少问题，尤其是在成果评价和鉴定方面，仍存在突出问题，要搞好农业科技创新，必须大胆地改革现有科技成果评价和鉴定制度，建立一套全新的成果评价和鉴定体系，使科技成果能真正得到客观、公正的评价和肯定。

4. 技术推广和普及创新

我国农业科技推广工作滞后，影响了农业科技成果转化率和科技在农业增长中的贡献率，制约了我国农业的发展。具体表现在：推广体系不健全、技术成熟度不高、推广经费不足、农民素质较低等方面。为了推进农业技术的更新与革命，加快以科技推广和普及为重点的农业科技进步，提高农业科技成果转化率和科技对农业增长的贡献率，必须对我国农业技术推广和普及工作进行改革、创新。

要做到："一健全"，即尽快健全各地、各级农业技术推广、服务网络体系，做到县、乡、村有推广站，省、市有推广中心，并配备必要的农业科技人员和相应的仪器、设备、设施及应有的工作条件、推广经费等。"二转变"，一是工作重心转变，将推广工作的重心由以"技术"为中心转变为以"农民"为中心，真正将农技推广工作的重心转变为"面向农民、面向农业、面向农村"；二是推广机制转变，真正实现由目前农技推广单纯伪造行政手段转变为依靠行政手段和市场机制的有机结合，并逐步强化市场机制的功能。"三结合"，即科研、示范、推广三者结合，有利于农业技术的推广。"四到位"，即将技术、资金、物资和优惠政策及时送到千家万户，送到农民手中，这是农技推广、普及工作得以"生根—开花—结果"的关键所在。

5. 成果转化和应用创新

将农业科研成果尽快转化为生产力，使之大面积应用于农业生产是加速我国农业科技进步，实施科教兴国战略的重要内容。然而，目前我国在农业科技成果转化和应用方面尚存在诸多问题，如转化率低、应用面不广、转化意识不强、运行机制不健全等。现阶段，农业科技管理体制仍实行多关管理，各部门、各系统各自为政，彼此间缺乏有机联系和组织协调。

6. 人才培养和使用创新

人才是事业成败的关键，现代社会一切的竞争归根到底是人才的竞争。要搞好我国农业科技创新，必须高度重视人才的培养和使用，并在人才的培训、教育、就业、晋升、奖励、使用等各个环节上、机制上、方式方法上有所突破和创新。

（三）建立有效的农业科技创新体系

1. 建立高效的宏观管理体系

农业科技管理创新是技术创新的组织保障，必须建立农科教相结合的科技运行机制。一要强化农科教领导小组和"三农"领导小组的协调统筹功能。二要建立专家委员会及重大科研项目管理制度。政府管理部门的主要任务是制定规划、政策、法规、进行宏观调控和组织协调。农科教结合领导小组和“三农”领导小组下设专家委员会，负责对政府拨款的重大科研项目进行论证、评估等微观管理，实行公开招标、竞争立项、目标控制的办法。三要加强有利于调动科技人员积极性的人才管理制度及配套制度建设，完善选拔、使用、培养、考核等管理制度。

2. 建立人才培养创新体系

当前农业结构的优化不仅对科技人员提出更高要求，而且对劳动者、管理者的素质也有更高的要求。必须造就一支宏大的高质量农业科技队伍，采取有效措施，加强农业科技队伍建设。一是发挥高等农业教育系统培养人才的主力军作用，培养造就高水平的学术人才，增长他们的才干。二要稳定、培养一支精干的农业科技队伍，建立“学科制”人才培养创新体系，促进形成新的人才培养机制、人才使用和人才资源优化配置机制、人才流动机制、人才竞争机制。建立激励机制，制定符合我国国情的农业科研、教学机构人员的收入分配政策，大幅度提高优秀科研、教学人员收入水平。同时，必须采用多种形式、多种渠道培养一批科技企业家、科技管理人才、技术推广人才及新型农民，以有效推动产业结构调整步伐。

3. 建立多元化的农业科技投入体系

逐步建立以政府投入为主、多渠道并存的、多元化的农业科技投入机制。采取必要的措施与政策，加大对农业科技创新的投入。支持农业科技创新体系的建立，努力保证应用基础研究、高新技术研究、重大科学技术和联合攻关以及新技术转化推广的资金需要，必须把增加农业科技投入作为增加农业投入的重点。

农业科技创新的投入资金，也需要充分发挥市场和社会需求对农业科技进步的导向和推动作用，鼓励企业、社会向农业科研和成果开发进行投入。农业科研单位要广开思路，以自己的科研成果通过股份制或利用信贷资金等形式和方式，兴办科技企业，促进科技成果产业化。要积极吸收外资，争取国际科技合作与援助。

4. 制定产业技术政策

从我国实际出发，迫切需要一系列具有强大政策导向作用和长远意义的产业技术政策。在产业技术政策中，体现以产品创新和产品市场创新为中心，对那些技术含量高、市场潜力大、产品附加值高的农业产业予以重点产业扶持，加速其产业化。必须建立比较系统的产业鼓励政策、优惠政策、风险分担政策、财政扶持政策、金融扶持政策、税收优惠、知识产权保护政策等，推动农业科技创新，从而促进农业生产结构调整。

本章小结

农业土地资源是指一个国家或地区农、林、牧、副、渔各业生产上已经利用和尚未开发利用的土地的数量和质量的总称。它包括耕地、荒地、森林，草地、丘陵、江河、湖泊及滩涂等。农业土地资源合理利用应遵循合理规划，因地制宜；保护土地，节约用地；注重综合效益，持续利用的原则。集约经营，是指在一定面积的土地上，投入较多的生产资料和劳动，进行精耕细作，以提高单位面积产量来增加农产品总量的经营方式。

农业劳动力资源包括农业劳动力资源的数量和质量两个方面。农业劳动力资源数量是指农村中符合劳动年龄并有劳动能力的人数和不到劳动年龄或超过劳动年龄但实际参加农业生产的人数。农业劳动力资源质量是指农业劳动者的体力强弱、技术熟练程度和科学文化水平的高低等。农业劳动力供给是指在一定时间内劳动力进行农业劳动供给的数量和质量。农业劳动力需求的内涵,包括对农业劳动力的数量需求和质量需求两个方面。农业剩余劳动力是指在一定的生产力水平下,农业劳动力供给超过需求的那一部分劳动力。

农业资金是指农业再生产过程中不断循环和周转的价值形态,是农业再生产过程中所占用的物质财富和劳动的货币形态。农业的资金基本来源于投入资金和借入资金和利用外资三个渠道。农业生产不断进行的过程,也就是流动资金不断循环和周转的过程。要促进农业资金的有效管理,需要根据农业固定资金和农业流动资金的不同特点分别采取相应的措施。

农业科技是农业科学和农业技术的总称。农业科技管理是指政府、农业科研院所和农业企业等对农业各项生产技术活动进行科技研究、实验、示范、推广、运用等过程,行使各种管理职能,使各项科研成果能最大限度地将潜在生产力转化为现实生产力。农业科技管理过程包括农业科技研制管理、农业科技推广管理和农业科技采用管理。农业科技进步是指人类对原有农业技术的改造、革新或研究,开发出新的农业技术以提高农产品产量,改善农产品品质,降低生产成本,提高生产率,减轻劳动强度,节约能源和改善生态环境等。农业技术推广是指将农业适用技术,通过实验、示范、宣传和培训等方法向农业生产转移和扩散。农业技术推广的一般程序为选定推广项目、推广实验、示范、推广、反馈和改进研究。农业科技创新研究的是农业领域内客观存在的未知世界,通过农业科学家的工作发现未知领域和新的科学方法。要建立有效的农业科技创新体系应建立高效的宏观管理体系;建立人才培养创新体系;建立多元化的农业科技投入体系;制定产业技术政策。

探索与实践

一、名词解释

1. 土地　2. 农业土地资源　3. 土地利用　4. 粗放经营　5. 集约经营　6. 农业劳动力资源数量

二、填空题

1. 土地的自然特性有(　　　)、(　　　)、(　　　)、(　　　)。

2. 土地的经济特性有(　　　)、(　　　)、(　　　)、(　　　)、(　　　)。

3. 农业劳动力资源包括农业劳动力资源的(　　　)和(　　　)两个方面。

4. (　　　)是指垫支在生产过程和流通过程中使用的周转金。

5. (　　　)是农业科学和农业技术的总称。

三、选择题

1. (　　)要求人们必须充分合理利用土地资源,建立合理的土地利用结构,用地与养地相结合,不断提高土地利用率和土地生产率。

A. 土地面积的有限性　　B. 土地位置的固定性

C. 土地质量的差异性　　D. 土地使用的永续性和土壤肥力的无限性

2. 土地在我国是十分珍贵的。中国人口超过13亿,人均耕地面积只有(　　)。

A. 1亩左右　　B. 1.4亩左右　　C. 2.4亩左右　　D. 0.4亩左右

3. (　　)要求任何国家都要以社会代表的身份,对全部土地的利用进行宏观的规划管理、监督和调控。

A. 土地供给的稀缺性　　B. 土地利用的区位性

C. 土地利用方向变更的困难　　D. 土地利用后果的社会性

E. 土地报酬递减的可能性

4. 农业流动资金由处于生产领域中的储备资金、生产资金和处于流通领域中的成品资金、货币资金、结算(　　)资金等几部分组成。

A. 固定　　B. 信贷　　C. 流动　　D. 结算

5. (　　)研究的是农业领域内客观存在的未知世界,通过农业科学家的工作发现未知领域和新的科学方法。

A. 农业科技创新　B. 农业科技管理　C. 农业技术推广　D. 农业技术经济效果

四、判断题

1. 土地面积的有限性要求人们对土地进行改造要认真考虑,全面规划。(　　)

2. 土地报酬递减的可能性要求人们在确定土地利用方向时,一定要进行详细勘察,做出周密的规划,绝不能朝令夕改,任意改变土地用途。(　　)

3. 农村人口的自然增长率,这是最基本的影响因素。(　　)

4. 农业自然资源质量越低对农业劳动力的需求数量越少;反之,农业自然资源质量越高。(　　)

5. 如果人们的食物构成以植物产品为主,则对农业劳动力的宏观需求就少。(　　)

6. 托达罗认为决定农村劳动力流入城市的主要动因是实际收入差距。(　　)

五、简答题

1. 简述土地的基本特性。

2. 简述农业土地资源合理利用的原则有哪些?

3. 简述我国土地利用上存在着哪些问题?

4. 简述提高农业集约经营的途径有哪些?

5. 简述农业劳动力的特点。

6. 简述农业劳动力供给的基本特点有哪些?

7. 简述农业劳动力供给的决定因素有哪些?

8. 简述农业劳动力需求的决定因素有哪些?

9. 简述提高农业劳动生产率的途径有哪些?

10. 简述农业劳动力转移的一般原理。

11. 简述农业剩余劳动力转移的途径有哪些?

12. 简述农业劳动力培训内容有哪些?

13. 简述农业资金的运动特点有哪些?

14. 简述农业资金投放的原则有哪些?

15. 简述农业科技管理的特点有哪些?

16. 简述农业科技进步的特点有哪些?

17. 简述农业科技创新的内容有哪些?

六、论述题

1. 农业剩余劳动力转移的深远意义是什么?
2. 怎样理解农业流动资金和农业固定资金的区别?应分别采取何种措施加快各自周转?
3. 如何构建农业科技创新体系?

第十章　农业经营预测与决策

内容梗概

本章首先介绍了农业经营预测内涵和内容，说明了农业经营预测的分类问题，在分析经营预测原则的基础上，重点阐述了农业经营预测的步骤；其次，介绍了农业经营预测的定量预测法和定性预测法的含义及类型，在分析定量预测法内涵及其模型的基础上，着重探讨并举例说明了时间序列模型和因果关系模型的各种具体定量预测方法；再次，介绍了农业经营决策的内涵与分类，并在分析经营决策应遵循原则的基础上，重点阐述了农业经营决策的步骤；最后，介绍了农业经营决策的定量方法和定性方法，在分析定量决策与定性决策内涵的基础上，重点探讨并举例说明了确定型决策、风险型决策和不确定型决策等各种定量决策法的具体方法。

学习目标

通过本章的学习，学生应在了解经营预测、农业经营预测、决策、农业经营决策等相关概念的基础上，理解农业经营预测的内容、分类、原则与步骤，农业经营决策的分类、原则与步骤，农业经营预测与农业经营决策的定量方法与定性方法；重点掌握农业经营预测与农业经营决策的定量方法，尤其是农业经营决策的各种定量方法。

学习提示

本章主要介绍了农业经营预测与决策的相关理论及方法，在学习过程中应注意：一是注意农业经营预测步骤与农业经营决策步骤的不同；二是要结合农业经营预测的内容，理解农业经营预测的定量预测方法；三是要掌握好决策的类型，因为不同类型的决策，其决策的内容和方法是各不相同的；四是要注意不同的决策人、不同的决策法则对不确定型决策最佳方案的选择是不同的；五是注意农业经营决策的定量方法在农业经营管理中的实际应用，尤其是盈亏平衡分析法和决策树分析法。

第一节　农业经营预测

农业经营决策主要是指农业企业的经营决策。经营决策的正确与否，直接关系着农业企业的兴衰成败，而正确的决策又有赖于科学的预测。因为影响企业经营决策的因素很多，有企业内部的各种条件、社会经济发展的趋势、市场需求的变化、科学技术发展的动向、企业据此采取的可行方案，以及这些方案的可能后果等。除了企业本身的历史、现状以外，其他因素的掌握，都有赖于预测。所以，经营预测是做出经营决策的依据，预测是决策科学化的前提。

一、农业经营预测的概念及内容

（一）农业经营预测的概念

预测，简单地说，就是预计和推测，即根据过去和现在来预计未来，根据已知来推测未知，以指导人们未来的行动，也就是根据过去和现在推断未来。具体来讲，就是根据历史资料与现状，通过定性的经验分析或定量的科学计算，探求事物发展的内在规律，用以估计、判断未来发展方向和趋势。预测被广泛用于经济预测、社会预测、军事预测、气象预测等方面。

经营，是指在一定的社会制度下，商品生产者为了一定的经营目标，根据外部环境和内部条件，以市场为对象，以技术的开发、商品的生产和商品交换为手段，通过有效的管理使自己的生产技术、经济活动与外界的自然、社会经济环境达成动态平衡。为满足社会需要谋求最大的经济效益而进行的一系列有组织的经济活动。

经营预测就是根据内外部经营环境、经营信息对未来经营状况所做的推测和预料，是预测技术在经营中的具体运用。农业经营预测，是指农业企业根据过去和现在的经营状况及企业的内外环境条件，遵循客观经济规律，运用科学的理论和方法对企业经营中的各种不确定性因素及其对经营总体的影响，进行预料、估计、判断和推测。

经营预测是必要的，也是可能的。首先，经营预测是必要的。经营预测是企业做出决策、编制计划及进行科学经营管理的重要依据。因为企业经营管理是以经营决策为核心的，而经营决策又以经营预测为前提和基础，正确的决策来自于科学而准确的预测；随着市场经济的发展，企业的服务对象相应增多，企业只有通过预测，掌握外部因素变化和发展趋势，才能提高企业的经营管理水平和适应能力。其次，经营预测也是可能的。因为经济事件的发展是有规律的，很多经济现象的发展是有类推性的，所以是可以认识和推测的。

（二）农业经营预测的内容

经营预测的内容十分广泛，围绕实现经营目标的有关问题都要预测，企业可根据经营活动的实际需要来确定。农业企业经营预测的内容一般包括以下几个方面：

1. 自然气候预测

农业企业是以农业为基础的，其生产及某些产品的供求都受自然条件的影响，所以，有必要对雨量、温度和自然灾害做出预测。

2. 资源预测

农业企业对劳动力、土地、机械设备、水源、燃料、动力、交通运输条件等供应情况及其对生产的约束程度都要做出预测，以便使企业经营管理者了解影响企业生产能力的各种资源对生产的保证程度和对发展的制约程度。

3. 科学技术预测

提高企业的生产力和竞争力，科学技术的发展、应用是关键的一环。企业要迅速发展，就要对科学技术未来发展动向做出预测，了解哪些技术难关可能被突破，哪些先进技术可以推广，以及新产品、新材料、新工艺等的发展动向。

4. 国家有关方针、政策变化的预测

由于惠农政策、税率、贷款利率、生产流通体制变更等，都会对农业企业经营产生极大影响，因此，有必要对此做出预测，以便增强农业企业的应变能力。

5. 生产结构的预测

根据当时当地的条件，推测各种产品的规模、结构的变化趋势，用以调整农业企业的生产结构，增强企业的竞争能力。

6. 市场供求关系预测

企业要对国内外市场产品的需求量、供应量，竞争对手的变化情况，本企业产品市场占有率，产品经济寿命周期，居民收入水平、购买力、消费结构，产品价格等情况做出预测，为农业企业确定经营目标、发展战略等重大决策提供依据。

7. 投入产出系数及经营成果的预测

通过预测企业生产的投入产出系数和可能获得的产量、产值、收入、成本、劳动生产率、总收入和利润增长趋势等，分析、研究企业生产的经营状况，为企业制定各项经营管理措施提供依据和保证。

二、农业经营预测的分类

依据不同的标准，农业企业经营预测可分为以下几类：

（1）按经营预测的时间长短划分，可以分为长期预测、中期预测和短期预测。长期预测一般是指对 3 年或 5 年以上的经营过程所作的预测；中期预测一般是对 1 年以上 3 年以内的经营过程所作的预测；短期预测则是指对 1 年以内的经营过程所作的预测，如以旬、月、季为单位的预测。不同的经营过程具有不同的时间周期，因此，需要有不同的预测期限。

（2）按经营预测的方法不同划分，可以分为定性和定量预测。定性预测又称为经验判断预测，它是凭借自己的经验和综合分析判断能力，根据预测对象的性质、特点、过去和现在的情况，运用逻辑推理法，推断预测对象的未来发展趋势。该方法简便易行，但带有较大的主观性，准确性差，受预测者分析、判断能力的影响大。它较适用于缺乏历史统计资料和数据的情况，或用于新产品销售量的预测。定量预测是根据占有的系统可靠的资料和数据，在定性分析的基础上，借助数学模型、图表和计算机等手段，进行定量分析，进而对预测对象的未来发展趋势做出预测。它适用于有较完整的历史统计资料和数据的情况。

（3）按经营预测的具体对象和内容划分，可以分为自然气象预测、资源供应预测、科学技术预测、市场预测、社会经济条件预测，等等。

三、农业经营预测的步骤

（一）经营预测的原则

经营预测要求对未来做出合乎规律的推断和设计，要搞好经营预测，必须遵循如下原则：

1. 实事求是的原则

预测应科学地反映客观事物本身变化的规律，为此必须深入调查或进行实验，取得第一手资料，然后选择相应的预测方法，认真细致地运算，得出预测结果。所以，在整个预测过程中，要自始至终地坚持实事求是的科学态度，如实地预测和反映被预测对象的情况，力求使预测结果真实有据。

2. 连贯性原则

所谓连贯性，是指社会经济现象的变化具有一定的规律，而这种规律在未来事物发展中仍不断延续。任何事物的发展变化都是一个渐进的过程，即现在是过去的发展，未来是现在的延续。因此，在经营预测过程中必须以连贯的历史发展资料为依据，分析研究今天企业状况与过去企业状况的异同，分析变化的影响因素和各因素的影响程度以及它们之间的数量关系，从中找出预测对象发展变化的规律，以便预测未来企业变化发展的趋势和方向，做出定性和定量的分析。

3. 相关性原则

国民经济是一个有机的整体，各个部门和各个企业之间的关系表现为互为市场、互为条件、相互制约的关系。任何一个部门和企业的发展，都要有其他部门和企业的协调配合，同时，也制约着其他部门和企业的发展。这种关系又表现为一定量的比例关系。因此，经营预测必须遵循相关性原则，根据经营事物的具体情况，努力寻找该经营事物与其构成因素之间或其他事物之间的因果关系，以预测该事物的未来情况。

（二）经营预测的步骤

经营预测是对企业发展前景的一种探索性的研究工作，其预测过程是一个严密的逻辑推理过程，因此，它有一套科学的研究步骤。要搞好经营预测，必须明确先做什么，后做什么，形成一个前后稳定有序的程序。

1. 明确预测的目的、时期和范围

在预测之前要有明确的预测目的，以便有的放矢地搜集必要的经济信息。同时，还要确定明确的预测时期和范围，包括起止时间和每个阶段的时间及所要预测的空间范围。

2. 搜集、整理和分析有关资料

根据预测目的和计划，广泛搜集所需资料，包括历史资料和现实资料。为了保证资料的准确性、可比性和有用性，还要对资料进行必要的整理和加工，对不完整的和不适用的要进行调整和剔除。同时，还应分析各项指标变动的长期趋势及相互关系，揭示发展变化的规律，以便选择预测方法和预测模型。

3. 选择适当的预测模型和预测方法

对经审核和整理的数据资料，就可以根据其发展趋势及预测对象的情况选择合适的预测模型和合理的预测方法。

预测方法很多,包括定性预测和定量预测两大类。一般定性分析主要采用在调查研究的基础上进行逻辑推理;在定性分析的基础上进行定量研究,则需要借助数学模型和统计方法。预测方法的选择不仅要考虑不同预测方法的优缺点和适用范围,还要考虑预测对象变化的规律性,预测要求的精确度,资料的占有状况,以达到省费用、实效性强、准确度高的目的。

选择或建立预测模型是定量预测的一个重要环节。一般来说,经营预测模型有以下两类:

(1) 时间关系模型,用于研究预测对象的发展趋势及其过程,如时间序列预测法。

(2) 相关关系模型,表示预测对象与影响因素的关系的模型,用于研究预测对象受相关因素影响的变化过程及其数量表现,如回归预测法。

4. 数据处理

根据选定的预测模型与预测方法,输入数据进行处理、运算,通过分析与处理,得出预测值。

5. 分析预测结果,提出预测报告

预测结果不可能与现实情况完全一致,往往产生一定的误差。误差越大,预测的可靠性就越小,就失去了预测应有的作用。为此,就需要对预测结果进行验证,并且要分析产生误差的原因,通过改进预测方法和修正所采用的数学模型,使预测结果尽量地接近实际。最后,根据修正后的预测结果撰写并提出预测报告,为领导进行经营决策提供参考依据。

相关链接

浅谈预测的重要性

预测是根据预测对象的过去和现在的有关信息,通过科学的方法和逻辑推理,对事物未来的发展趋势和水平做出推测和判断。需求预测是预测未来一定时期某产品需求的数量和发展趋势、企业该产品的市场占有率等。

企业给出了其产品在未来一段时间里的需求期望水平,可以为企业的计划和控制决策提供依据。企业生产的目的是向社会提供产品或服务,其生产决策会很大程度地受到需求预测的影响。

预测可以是应用数学方法对历史数据进行的客观分析,也可以是对非正式信息的主观判断,同时,预测也可以是两种方法和技术的结合。预测的定义同时也决定了预测本身所固有的特性。不管数学方法对历史数据进行的客观分析还是对非正式信息的主观判断,预测永远会有误差,所以,必须包含期望值和预测误差的量测。预测周期越长,预测数据的准确性就会越低;反之,预测周期越短,预测数据的准确性就会越高。一般情况下,企业会采取长、短周期相结合,并且滚动进行的预测方法来进行需求预测。准确预测的重要性如下:

1. 准确的预测可以提高客户满意度,提高企业的竞争力

客户在作出购买决策后,对于交货期的要求也越来越高。他们总会希望立即,至少是在合理时间内收到所购买的产品,享受所需要的服务。如果企业根本没有预测,或是预测不准确,是不能满足客户对交货期的要求的。随着市场竞争的激烈,企业为此而丢失的订单会越来越多。对于该类贸易公司而言,因为其供应商与消费产品市场的距离远,所以,要想满足客户对交货期的要求,更要有准确的预测,才能在竞争中不被打败。

2. 准确的预测可以减少企业的库存

它可以表现在三个方面:①对于任何一个企业而言,其流动资金都是有限的。无论是生产

企业安排生产，还是贸易公司安排采购，他们都是在一定资金范围内进行的。②如果预测准确，可以降低对安全库存的要求。③可以减少因库存时间长而产生的产品过时、过期而带来的损失。产品过时，往往会折价处理，而产品过期只能销毁，这样为企业造成大量的损失。对于该类贸易公司而言，因为货物在途的时间长，而根据跨国公司内部结算的规定，货物一旦离开供应商的仓库，就会给采购方开具出库单，即算作采购方的库存。这类在途的库存往往会占据该类贸易公司全部库存金额的1/3或者更强。因此，该类贸易公司更要提高预测的准确性，才能有效地提高库存周转率。

3. 准确的预测可以有效地安排生产

对于任何生产企业而言，其生产能力也是有限的。对于跨国的贸易公司而言，如果可以提供给供应商准确的预测，不仅可以提高其采购订单的满足率，而且也有利于与供应商的长期合作。对于跨国的贸易公司，这一点更为重要，这是因为跨国公司的生产厂家往往会同时供应全球许多国家的需求，而这些生产厂家会根据各个国家提供的需求预测来计划生产。

4. 准确的预测可以改善运输管理

根据预测进行运输安排，对于距离较近的经销商或客户，可以采用集中运输的方式，既可以节约运输成本，还可以减少运输时间，从而减少破损率。

5. 准确的预测可以做出信息含量更高的定价，促销决策

促销或者价格调整往往都是为了使销售数量增加，准确的预测可以使这些决策更有针对性，提高决策的效率。

第二节 农业经营预测的方法

经营预测的方法很多。按照是否运用数学方法作为计算工具，这些方法可分为定性预测和定量预测两大类。定性预测法主要预测经营活动未来发展的趋势和方向，对数量的预测精度要求不高；而定量预测法则主要预测经营活动未来发展的量的水平，对发展趋势和方向的反映不够直观。因此，在实际工作中，应注意定性预测和定量预测的结合。

一、农业经营预测的定量预测法

定量预测方法是指在资料分析的基础上，通过建立数学公式和数学模型进行数量计算的预测方法。具体来讲，是指根据以往统计数据资料变化的趋势，运用各种数学模型预测未来，或用相关联的事物资料预测另一事物未来发展趋势的方法。定量分析模型主要有时间序列模型和因果关系模型。

（一）时间序列模型

按照时间顺序排列的一组数据，成为时间序列。时间序列模型就是把历史统计资料按年或按月排列成一个统计数列，根据其发展趋势，向前外延进行预测。这种方法适用于市场比较稳定，价格弹性较小的产品，特别是短期预测更为适用。

1. 简单移动平均法

这种方法是在时间序列中依次计算连续 n 期(通常 n 为 3～7)的平均值,作为 $n+1$ 期的预测值。随着时间的推移,计算平均值所用的数值是逐期向后移的。计算公式如下:

$$n+1\text{期预测值}=\frac{\text{第 1 期数值}+\text{第 2 期数值}+\cdots+\text{第 }n\text{ 期数值}}{(N)\text{期数}}$$

【例 10-1】 某一农业企业某产品 2010 年销售额逐月记录见表 10-1,现以 $n=3$ 和 $n=4$ 分别预测下月的销售额。

表 10-1 某一农业企业某产品销售额预测

月	实际销售量/万元	3 个月的移动平均预测值($n=3$)	4 个月的移动平均预测值($n=4$)
1	20		
2	21		
3	23		
4	24	(23+21+20)/3=21.3	
5	25	(24+23+21)/3=22.6	(24+23+21+20)/4=22
6	27	(25+24+23)/3=24	(25+24+23+21)/4=23.3
7	26	(27+25+24)/3=25.3	(27+25+24+23)/4=24.8
8	25	(26+27+25)/3=26	(26+27+25+24)/4=25.5
9	26	(25+26+27)/3=26	(25+26+27+25)/4=25.8

从表 10-1 中可以看出,n 取不同的数值,得到的预测值是不一样的。关于 n 值的选择,取决于预测的目的和实际数据的特点。如果要求预测精度较高,n 应取得小一些,可在 3～5;反之,如果想得到事物变化的大致趋势,n 可取得大一些。

从表 10-1 的预测结果中可以看出,简单移动平均预测值的滞后误差是显而易见的,也是不可克服的,因为它同等看待历史资料对未来预测值的影响。实际上历史资料对未来形势的影响是不相同的,近期资料的影响一般均大于远期资料的影响,所以,这种方法的应用就有很大的局限性。

2. 加权移动平均法

人们在实际中发现,距预测期较近的数据对于预测值影响较大,距预测期较远的数据则影响较小。这样可以根据距离预测期的远近,对各期的实际统计资料分别给予不同的权数,求其加权平均数作为预测值。各权数的确定,最简单的办法是用 1、2、3 等自然数加权。加权的目的是为了加重近期资料对预测值的影响程度。

【例 10-2】 某农业企业 2010 年 1 月份的销售收入为 10 万元,2 月份为 12 万元,3 月份为 13 万元,分别用简单移动平均法和加权移动平均法求 4 月份的预测值。

解:

(1) 简单移动平均法求预测值:

$$4\text{ 月份预测值}=(10+12+13)\div 3=11.67$$

(2) 使用加权移动平均法计算三期移动平均值:

$$4\text{ 月份预测值}=(1\times 10+2\times 12+3\times 13)\div(1+2+3)=12.18(\text{万元})$$

可见,加权移动平均法计算出的预测值加大了近期数据的影响程度,在一定程度上能够减少简单移动平均预测值的滞后误差。

3. 指数平滑法

指数平滑法是在移动平均法的基础之上发展起来的一种时间序列预测法。其特点是以前期的预测值和前期的实际值为依据，并赋予一定的权数来求得本期的预测值。计算公式为：

$$M_t=\alpha D_{t-1}+(1-\alpha)M_{t-1}$$

式中，M_t为第 r 期的预测值；M_{t-1}为第 $r-1$ 期的预测值；D_{t-1}为 $t-1$ 期的实际值；α 为平滑系数（$0\leqslant\alpha\leqslant1$）。

【例 10-3】 某农业企业产品 7 月份的实际销售额为 20 万元，预测销售额 15 万元，如果平滑系数 α 为 0.2，则 8 月份的预测值为：

$$M_t=0.2\times20+(1-0.2)\times15=16\text{（万元）}$$

$\alpha=0.2$ 的含义，就是考虑上月预测值的比重占 80%，实际值比重占 20%。

如果 $\alpha=0.1$，则上式的计算为

$$M_t=0.1\times20+(1-0.1)\times15=15.5\text{（万元）}$$

平滑系数取值大小，应根据过去的预测值与实际值比较而确定。差额大，则 α 应取大一些；差额小，则 α 应取小一些。α 越大则近期的倾向性变动影响越大；α 越小则近期的倾向性变动影响越小，越平滑。由于平滑系数越小，预测趋向较平滑，因此，在实际应用中，倾向于采用较小的 α 值。在不易作出较好的判断时，可以分别用几个不同的 α 值进行试算比较，取其适合的用之。

（二）因果关系模型

因果关系预测法，是根据相关性原则，利用客观事物之间的因果关系，并用一定的函数方程描述其相关变化规律，来对预测对象进行预测的方法。因果关系预测法较常用的方法为一元线性回归预测法和多元回归预测法。

1. 一元线性回归预测法

一元线性回归预测法就是研究一个因变量和一个自变量之间的相互关系，即从一个自变量（影响因素）去预测因变量（预测值）的方法。其基本公式为：

$$y=a+bx$$

式中，x 为自变量；y 为因变量；a，b 为回归系数。当 b 为负值时，两个变量按相反方向变动，当 b 为正值时，两个变量按同一方向变动。

进行一元线性回归分析预测，关键是寻求合理的回归系数 a 和 b 确定回归方程，然后根据预计的 x 值求出 y 的预测值。采用最小二乘法原理求出回归方程中 a 和 b 两个参数：

$$a=\frac{\sum y_i-b\sum x_i}{n}$$

$$b=\frac{n\sum x_iy_i-\sum x_i\sum y_i}{n\sum x_i^{\ 2}-n\left(\sum x_i\right)^2}$$

算出 a、b 的值后，即可求出一元线性回归方程。但所求出来的回归模型能否用于预测，还必须首先进行相关系数检验。相关系数是表明两变量间相关程度和方向的分析指标，通常用 R 表示，其取值范围为：$-1\leqslant R\leqslant1$。R 值接近于 ±1 时，称为强相关；R 值接近于 0 时，称为弱相关。$R=0$，说明两变量无线性相关；$R>0$，称为正相关；$R<0$，称为负相关。计算公式为：

$$R=\frac{n\sum x_iy_i-\sum x_i\sum y_i}{\sqrt{\left[n\sum x_i^{2}-\left(\sum x_i\right)^{2}\right]}\cdot\sqrt{\left[n\sum y_i^{2}-\left(\sum y_i\right)^{2}\right]}}$$

【例 10-4】 某地区 5 年间农民的货币收入与消费品销售额关系见表 10-2。

表 10-2 某地区货币收入与消费品销售额关系 单位:亿元

项目	2005	2006	2007	2008	2009
农民货币收入	14.7	14.8	16.5	18.3	19.9
消费品销售额	13.1	13.3	14.5	15.9	17.4

若 2010 年该地区农民货币收入为 22 亿元,求:该地区 2010 年消费品销售额的预测值是多少?

解:

(1) 先列出参数计算表(表 10-3)。

表 10-3 参数计算表

年份	农民货币收入/x_i	消费品销售额/y_i	x_i^2	y_i^2	x_iy_i
2005	14.7	13.1	216.09	171.61	192.57
2006	14.8	13.3	219.04	176.89	196.84
2007	16.5	14.5	272.25	210.25	239.25
2008	18.3	15.9	334.89	252.81	29 097
2009	19.9	17.4	396.01	302.76	346.26
$n=5$	$\sum x_i=84.2$	$\sum y_i=74.2$	$\sum x_i^2=1\,438.28$	$\sum y_i^2=1\,114.32$	$\sum x_iy_i=1\,265.89$

(2) 根据表 10-3 把已知数据代入回归系数 a 和 b 的参数公式得:

$$b=\frac{5\times 1\,265.89-84.2\times 74.2}{5\times 1\,438.28-(84.2)^2}=0.804$$

$$a=\frac{74.2-0.804\times 84.2}{5}=1.301$$

则一元回归方程为:$y=1.301+0.804x$

(3) 相关系数的计算如下:

$$R=\frac{5\times 1\,265.89-84.2\times 74.2}{\sqrt{[5\times 1\,438.28-(84.2)^2]}\sqrt{[5\times 1\,114.32-(74.2)^2]}}=0.998\,6$$

R 相关系数接近于 1,所以,x 和 y 两变量之间强正相关,所建立的回归方程可以作为预测模型。

(4) 若 2010 年该地区农民的货币收入为 22 亿元,则 2010 年该地区的消费品销售额预测值为:

$$y=1.301+0.804\times 22=180\ \ 989(\text{亿元})$$

2. 多元线性回归预测法

自变量在两个以上的回归预测即为多元回归预测,其一般表达式为:

$$y=a+b_1x_1+b_2x_2+\cdots\cdots b_nx_n$$

式中,Y 为因变量,x_1,$x_2\cdots x_n$为自变量,a,b_1,$b_2\cdots b_n$为系数,n 为自变量数。

用多元回归方程预测,计算工作量大,多借助于计算机完成。须指出,无论采用一元还是多元回归方程预测，都应结合定性分析，分析其经济要素之间的内在联系。

二、农业经营预测的定性预测法

定性预测是依靠人们的知识、经验和综合分析能力，对未来的发展状况做出推断，所以，又称经验判断法。该方法直观简单、费用低，但掌握起来并不容易，需要有丰富的经验。在数据资料较少或不准确的情况下，采用该方法较好。

（一）集合意见法（领导人员判断法）

一般是把了解预测目标的领导人员，如计划、销售、生产、技术、财务等部门的领导人员集中在一起，凭借大家掌握的数据资料和直接经验，进行座谈讨论，充分交换意见，然后由主持人集中大家意见拍板预测的方法。这种最传统和最简便的预测方法，直到现在仍然是世界上多数企业最常用的方法。这种方法的优点是迅速、及时、方便、花钱少，而且可以进行调整和修改。其缺点是过多掺杂主观意愿，科学性较差。

（二）专家征询法（德尔菲法）

专家征询法是美国兰德公司于 20 世纪 40 年代提出的。这种方法是通过选择一组专家背对背地对某一经营问题进行分析和判断，反复多次征询意见，使各种不同意见逐步趋向统一，从而得出一个比较一致的预测意见。具体步骤是：首先，由主持预测的机构选定预测题目和参加预测的专家，成立专家小组。然后，将预测题目和必要的背景材料寄给各位专家，分别向他们征询意见，被征询的专家彼此并不相知；然后，预测机构把专家们寄回的个人意见加以汇集、归纳、整理后，再匿名反馈给各位专家进一步征求意见。经过这样多次反复和循环，可得到基本趋于一致的意见。用专家意见法预测，一般要经过三到四轮才得到比较集中的结果。其基本程序如图 10－1 所示：

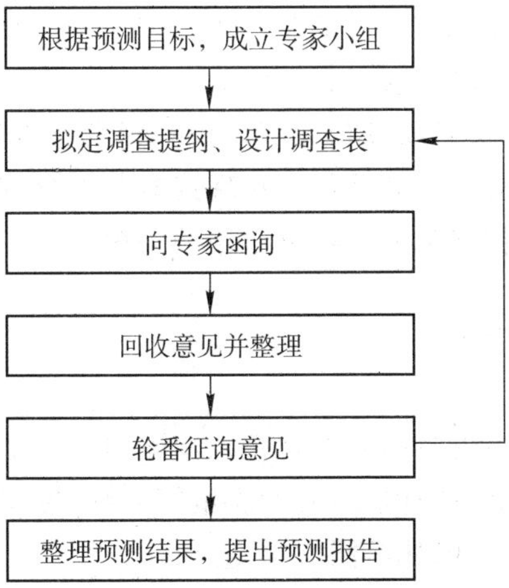

图 10－1　专家征询法的程序

专家征询法一般适用于那些缺乏统计数据，市场环境变化较大的项目，如新产品、新技术、新市场开发等。该方法的主要优点是：

（1）匿名性　专家征询法是以匿名的形式进行的，专家只与预测组织者联系，参加预测的专家在整个预测过程中互不了解，这样便于消除权威和感情的影响，使大家大胆思考、畅所欲言。

（2）反馈性　整个预测过程要经过多次反馈，沟通专家们的意见和影响，吸收有价值的参考意见，使预测结果更科学。

（3）趋同性　专家征询法不是简单地收集专家意见，而是通过多次征询意见使专家的意见一轮比一轮更趋向一致，最后得到了一个可靠的预测结果。但这种方法也有其缺陷，就是受专家主观因素影响较大，耗时，费用高。

第三节　农业经营决策概述

农业企业管理的重心在经营，经营的关键在决策。决策是管理的一项重要职能，是管理的核心（图 10－2）。可以说整个管理活动就是围绕如何制定和实施决策而进行的。决策是实施其他管理职能的前提和基础。

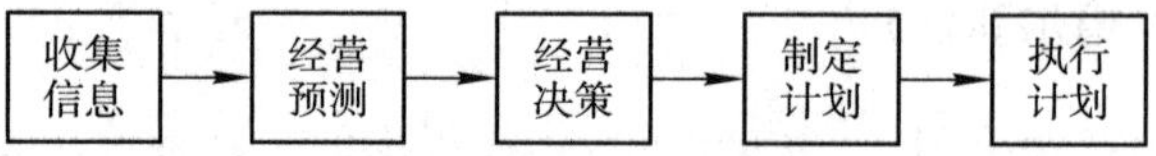

图 10－2　企业经营管理过程的基本环节

一、农业经营决策的概念

所谓决策，一般是指根据预定目标做出行动的决定，是行为的选择。决策理论是第二次世界大战后，在西方经济发达国家首先产生和逐步发展起来的。该理论的主要创始人是美国著名的经济管理学家赫伯特・西蒙。在现代管理科学中，关于决策有广义和狭义两种解释。狭义的决策，是指根据可能出现的状态，从两个或两个以上可行方案中选出一个最佳方案，即决策的实质是方案选优。广义的决策，是指企业在生产经营活动中，为了实现预期的经营目标，而拟订、评价、选择最佳方案的分析、判断和实施的全过程。

农业经营决策是指农业企业通过对其外部环境和内部条件进行综合分析，确定企业经营目标，选择最优经营方案并付诸实施的过程。在现代农业经营管理中，经营决策是经营管理的首要职能和核心，是提高企业管理水平和经济效益的关键。

二、农业经营决策的分类

不同类型的决策，其决策的内容和方法是各不相同的。为了进行有效地决策，首先必须分清企业决策的类型，然后根据决策的内容，遵循决策的原则，按照科学的决策程序，针对性地选择决策的方法。农业经营决策可以从不同的角度进行分类：

（一）按决策的性质和重要性不同分类

1. 战略决策

即总体决策，它是涉及企业全局性、长期性问题的决策，是企业适应外部环境而作出的重大经营决策。这种决策一般涉及面大，影响深远，不仅与企业的当前经营有关，而且决定企业未来的发展方向。如新产品开发、技术改造、市场开拓、企业转向、人力资源开发等重大决策。

2. 战术决策(管理决策或策略决策)

是局部决策，它是指为了实现企业的战略决策，从近期和局部来研究和解决问题，对所需的人、财、物资源进行有效组织、协调的各项具体决策。如作物布局、组织机构的设计、财务决策、定价决策、销售渠道决策等。

3. 业务决策(日常管理决策)

它是为了实现战略决策和管理决策的具体方法和手段，是在一定的管理体系基础上，合理地使用企业现有的人力、物力和财力，为了提高生产和工作效率所作出的各项决策。如人员的调度、任务的分配、经济订货批量决策等。

(二) 按决策的主体不同分类

1. 个体决策

一般是利用个人权威由领导个人独自作出的决策。

2. 集体决策

它是指参与决策的成员都有平等的发表意见的权力，最后根据少数服从多数的原则而进行的决策。集体决策更能发挥集体的力量和智慧。

(三) 按决策问题的出现形式分类

1. 常规决策

常规决策又称程序化决策或例行决策。它是指对经常重复发生的事件，已经具有了处理的经验和方法，可以按常规办法进行的决策。如签订销售合同、日常订货决策、退货的处理、服务的规定等。它的特点是影响决策的因素有规律性，可以规定出一定的程序，甚至可以用计算机处理。

2. 非常规决策

非常规决策又称非程序化决策或例外决策。它是一种没有常规程序与方法可循的决策，也是一种对不重复出现的例外性的事件所进行的决策。它受许多变化因素影响，不可能建立起固定的决策模式，常常需要依靠决策者的知识、经验、掌握的信息和对未来发展趋势的判断能力作出决策。如新产品的研究开发、企业的并购与重组、工程投资等。

(四) 按决策所要达到的目标多少分类

1. 单目标决策

这是指决策所要达到的目标只有一个。如资金筹集的决策是为了获得所需资金，日常调度的决策目标是为了完成日产量。这种决策问题单一，容易掌握和作出抉择。人们一般着重于单目标决策。但它有局限性，强调某点时，容易以偏概全。例如调度决策往往会片面追求产量的完成目标而忽视质量、成本等目标。

2. 多目标决策

这是指所要达到的目标是多个。同时，这些目标是互相联系、互相制约的。例如，要提高经济效益，不仅要考虑产量、产值，而且还要考虑成本、消耗、质量等指标，这就要进行多目标决策。但是，多目标决策也不能不分主次，目标太多，没有中心，这样反而会引起决策失误。

（五）按照决策问题所处条件与所产生的后果不同分类

1. 确定型决策

确定型决策又称肯定型决策，是指决策所依据的条件是确定的，并且一种方案只有一种结果的决策。也就是指每一种可供选择的方案所需要的条件和未来状态完全已知，对每一种方案实施后果也能通过计算确定，可以在比较中作出肯定择优的决策。

2. 风险型决策

风险型决策也称随机型决策，决策各方案所依据的条件的出现大部分是已知的，而出现的结果不能确定，但各种情况出现的概率事先可以估计，按照概率计算出期望值来进行决策。由于决策的最后结果受概率的影响，而且这种概率是事先预测的，实际情况的出现不一定完全和概率符合，所以，这种决策带有一定风险性，故称之为风险型决策。

3. 不确定型决策

不确定型决策又称不肯定型决策，是指决策所依据的条件不确定，各方案所出现的结果不确定，而且不能预计其出现的概率，因此，只能靠决策者的见识、经验和主观判断来作出的决策。

三、农业经营决策的原则与步骤

（一）农业经营决策的原则

企业经营决策是一个复杂的过程，是科学性与艺术性的统一。为了使决策科学化，农业企业的经营决策必须遵循一定的原则。

1. 整体性原则

企业的任何经营决策都是企业整体目标的组成部分。因此，企业做出的任何决策，都要从维护企业整体利益出发，按照整体利益的要求来进行。正确处理好局部利益与整体利益、当前利益与长远利益之间的关系。

2. 科学性原则

科学性要求人们在决策活动中，必须以实事求是的科学态度，深入调查、分析和研究决策问题。根据决策问题的要求，运用科学的决策程序和方法，开展决策活动。

3. 民主性原则

民主性要求在决策活动中，要善于发动群众，广泛听取各方面的意见和建议，集中广大群众的智慧，使可行方案更丰富、决策方案更切实可行。这里的群众包括专家、专业管理人员和企业员工。

4. 经济性原则

企业生产经营活动的目的是取得经济效益，因而决策必须掌握经济性原则。经济性要求人们在决策活动中，必须从提高经济效益出发，在不断提高社会效益的前提下，把方案的经济效益高低，作为方案是否可行的标准；同时，应考虑资金的时间价值、机会成本、资金收益率等经济因素和指标。

5. 创新性原则

即在决策活动中，要发挥开拓创新的精神，特别是在寻找可行方案的过程中，要不断打破习惯性思维的束缚，敢于提出新的经营思想，使企业不断创新，开拓前进。

（二）农业经营决策的步骤

经营决策是一个提出问题、分析问题和解决问题的完整统一的过程。要实现决策的科学化，就必须根据系统分析的原理，实现决策程序的科学化。科学的决策程序，一般包括以下五个基本步骤：

1. 提出经营问题

经营决策就是为了解决经营问题的。通过全面调查研究，收集与企业生产经营有关的信息情报资料，分析企业经营环境的变化，以及企业的优势和劣势，从而提出问题，并抓住问题的关键。这样，才能制定正确的决策目标。

2. 确定决策目标

决策目标是指决策者所预期取得的成果。如果不能确定明确的目标，拟定方案就没有根据，将来目标是否实现也无从检查。正确确定决策目标的要求是：①确定目标以存在的问题为前提；②决策目标的含义和实现期限必须明确、具体；③目标建立在既有约束需要，又有实现条件的基础上；④目标尽可能定量化。

3. 拟定可行方案

可行方案是指能够解决某一经营问题，保证经营决策目标的实现，具备实施条件的经营决策方案。拟定方案是进行决策的基础，多谋是善断的先决条件。因此，在经营决策过程中，必须拟订多个可行的方案，以便择优选择，减少决策的失误。

4. 评价、选择方案

根据拟定的各种可行方案，运用科学的理论和方法，通过分析、比较、评价，最后选出一个合理的方案。由于农业生产经营活动受自然条件的约束较大，因此，在评价和选择方案时，应考虑决策方案是否具有生产上的可行性、技术上的先进性、经济上的合理性（即效益好、期望值大），并符合风险小、副作用小等综合要求。

5. 方案实施与反馈

决策方案确定以后，就要付诸实施。为了保证决策方案的顺利实施，在选择方案后，还必须进一步分析研究方案的实施方式和步骤，拟定相应的实施措施。方案实施后，还要对实施的情况进行跟踪检查，及时发现问题，及时反馈，以便及时进行监督和控制，确保决策目标的顺利实现。

第四节　农业经营决策的方法

随着决策理论的发展，人们创建了许多有效的经营决策方法。按照在经营决策中是否运用数学方法，经营决策的方法可分为两大类，即定量决策方法和定性决策方法。定量决策法主要用于解决程序化决策，定性决策法主要用于解决非程序化决策。在农业经营的实际工作中，由于经营存在着复杂性、多变性，所以，通常将定性决策方法和定量决策方法结合起来使用。

下面对两类方法逐一进行介绍。

一、农业经营决策的定量方法

定量决策方法是指运用数学模型，根据决策条件，通过定量计算的结果选择决策方案的方法。不同性质的决策，采用的定量决策方法也有所不同。

（一）确定型决策的定量分析方法

确定型决策的基本特征是：①未来事件发生的条件，即其自然状态（指决策人不能控制的因素，如产品销售状况、气候状况等）是完全确定的，或者说，其发生的概率为1。②各种备选方案结果也是确定的，选出的最佳方案必然是确定的。

确定型决策的择优法则是收益值极大或投入值极小，即从若干可供选择的方案中找出收益极大者或投入极小者作为最优方案。

1. 直观法（单纯选优法）

直观法是指对已知数据不需处理，凭借直观对比，就能找出最佳方案（例10－5）。现举例说明。

【例10－5】 设某农业企业计划年度的资源可用于生产A、B、C三种产品，而且三种产品的畅销状态发生概率均为1，各种产品的损益如表10－4所示。试问该企业应生产哪一种产品？

表10－4 各种生产方案的损益值 单位：元

销售状况	概率	A	B	C
畅销	1	8 000	11 000	6 000

由表10－4可知，在本年度内，A、B、C三种产品的畅销状态概率均为1，故本例题属于确定型决策。在畅销状态下，方案B的收益最高，所以，方案B是最优方案。

2. 盈亏平衡分析法（量本利分析法）

盈亏平衡分析法主要是根据与决策方案相关产品的产销量、成本与利润三者之间的关系来分析企业的盈亏情况，并进行方案择优的一种方法。因为这种方法主要依据产销量、成本与利润三者之间的关系，故也称量、本、利分析法。

盈亏平衡分析法的基本原理是：企业的盈亏主要取决于产品的销售收入和产品的成本。收入大于成本，企业就盈利；收入小于成本，企业就亏损。这种关系可用下面的公式表示：

$$\text{销售收入} - \text{成本} = \text{利润}$$

为了进一步找出产销量、成本与利润之间的关系，将销售收入、成本进行分解。销售收入是产品销售量与单位产品价格的乘积，成本可划分为固定成本和变动成本。这样，上述公式可写为：

$$\text{销售量} \times \text{产品价格} - (\text{固定成本} + \text{变动成本}) = \text{利润}$$

从而，找出了产量（销售量）、价格、成本与利润之间的关系，这就是量本利分析法的基本原理。

固定成本是指产品成本总额中不随产量变动而变动的那一部分成本，如折旧费、租赁费、利息支出和一般管理费等。变动成本是指随产销量的增加而同步增加的费用或成本，如直接人工费、原材料消耗等费用，但是单位产品的变动成本却是相对不变的。因此，当产销量增大时，单位产品成本就会因单位产品固定成本的减少而降低；当产销量减少时，单位成本就会因单位产品固定成本的增加而提高。这样就必然在盈利与亏损之间存在一个平衡点，即盈亏平衡点，是指企业不盈不亏时产量或销量等指标的分界点，又称为保本点。

设企业产品的生产量或销售量为 Q，单位产品售价为 P，固定成本总额为 F，单位产品变动成本 V，盈亏平衡点产销量为 Q_0。

当盈亏平衡时，利润为 0，产品销售收入等于总成本，则有：

$$Q_0P=F+Q_0V$$

由上式可得盈亏平衡点时的产销量：

$$Q_0=\frac{F}{P-V}$$

同理，当企业目标利润为 G 时，总收入－总成本＝利润总额，即 $QP-(F+QV)=G$，此时，企业的产销量 Q 为：

$$Q=\frac{F+G}{P-V}$$

上述关系见图 10－3。当企业的生产经营规模达到保本产销量 Q_0 时，总收入等于总成本，企业不盈不亏；当企业的生产经营规模小于保本产销量 Q_0 时，总收入小于总成本，企业发生亏损；当企业的生产经营规模大于保本产销量 Q_0 时，总收入大于总成本，企业获得利润。

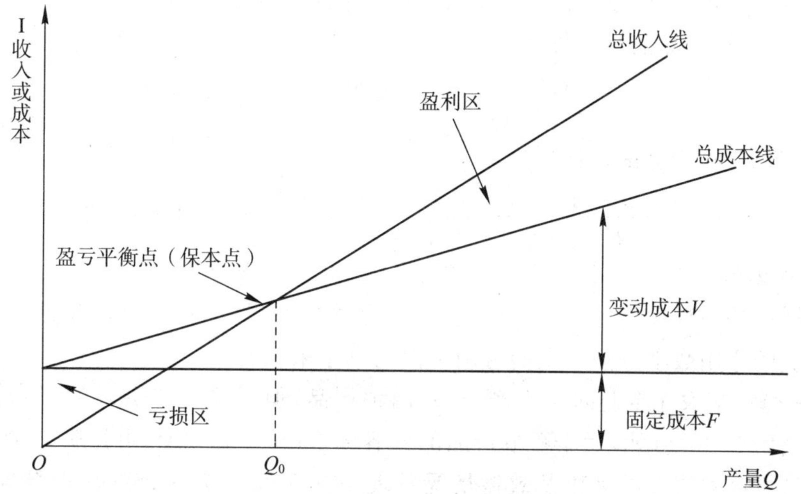

图 10－3　盈亏平衡原理

利用盈亏平衡分析方法我们可以得到企业决策所需的一些重要参数，如盈亏平衡点产销量、企业利润和产品价格等，下面我们分别举例说明。

（1）确定企业盈亏平衡点产销量。

【例 10－6】　某养鸡场年固定成本总额为 8 万元，每只鸡的变动成本为 6 元，每只鸡的单价为 14 元，问要实现盈亏平衡，该鸡场的养殖数量至少应达到多少只？若该鸡场要盈利 4 万元，则养鸡场的养殖数量应达到多少只？

解：根据公式

$$Q_0=\frac{F}{P-V}$$

则盈亏平衡点时的养鸡数量：

$$Q_0=\frac{8\ 000}{15-7}=10\ 000(\text{只})$$

又根据公式
$$Q=\frac{F+G}{P-V}$$

可求得，若要盈利 4 万元的养鸡数量：

$$Q=\frac{80\ 000+40\ 000}{15-7}=15\ 000(\text{只})$$

(2) 进行价格决策。即在企业固定成本总额、单位产品变动成本、企业目标利润和产品销量一定的情况下，确定产品的目标价格。

当盈亏平衡时，即 $G=0$ 时：

$$P=\frac{F+QV}{Q}$$

当 $G\neq 0$ 时：

$$P=\frac{F+QV+G}{Q}$$

【例 10－7】 某农产品加工企业欲把一种新产品投放市场，其固定成本总额为 3 万元，单位产品的变动成本为 5 元，产品的市场销售量约为 5 000 件，问要实现盈亏平衡，产品的目标价格应定为多少？欲盈利 2 万元，则产品的目标价格应定为多少？

解：当 $G=0$ 时，产品的目标价格：

$$P=\frac{F+QV}{Q}=\frac{30\ 000+5\ 000\times 5}{5\ 000}=11(\text{元/件})$$

当 $G=2$ 万元时，产品的目标价格：

$$P=\frac{F+QV+G}{Q}=\frac{30\ 000+5\ 000\times 5+20\ 000}{5\ 000}=15(\text{元/件})$$

3. 线性规划法

线性规划法是一种在满足一定约束条件下，通过合理利用资源、合理配置资源，使预定的目标达到最优的应用数学方法。我们可用下面的例子来说明。

【例 10－8】 某农业企业同时生产甲、乙两种产品，但因受生产资源的限制，企业每月可用的流动资金为 960 000 元，用于贮放产品的库容为 28 000 立方米，可用劳动力为 26 400 工时。上述两种产品对资源的利用及效益情况见表 10－5。求：为使企业获得最佳经济效益的产品组合决策。

表 10－5 某农业企业资源利用及效益情况表

项目＼产品	甲产品	乙产品
资金/元·吨$^{-1}$	400	300
库容/立方米·吨$^{-1}$	7	10
劳动力/工时·吨$^{-1}$	12	10
盈利/元·吨$^{-1}$	5 500	3 500

解：

第一步：建立数学模型。

设每月生产甲产品 X_1吨和乙产品 X_2吨，目标利润为 Y，则

目标利润函数为：$Y=5\ 500X_l+3\ 500X_2$

资源条件限制函数为：$\begin{cases}400X_1+300X_2\leqslant 960\ 000\\ 7X_1+10X_2\leqslant 28\ 000\\ 12X_1+5.5X_2\leqslant 26\ 400\\ X_1,X_2\leqslant 0\end{cases}$

第二步：求解 X_1、X_2。

由上述求解可知，当甲产品产量为每月 1 885.72 吨，乙产品产量为每月 685.71 吨时，企业的经济效益最好。

需要说明的是，只有两个变量的线性规划可用上述图解法，如变量在两个以上时，则要采用单纯形法进行决策分析。

（二）风险型决策的定量分析方法

风险型决策方法的特点是存在着决策者无法控制的两种以上的自然状态，决策者无法肯定未来出现哪一种自然状态，但可以估计其出现的概率。这种决策的方法主要有决策表法和决策树法两种。

风险型决策的择优法则是最佳期望值法则，首先计算每个备选的期望值，然后选择期望收益最大者或期望损失最小者为最优方案。

1. 决策表法

该法是通过决策表计算出各种方案的期望值，并按照最佳期望值法则选择最优方案。

【例 10-9】 某农场准备生产一种新产品，有两种生产批量的方案，即大批量生产和小批量生产。该产品的销路情况大致有销路好、一般、差三种自然状态，每种方案在每种自然状态出现的概率及收益情况如表 10-6。请据此进行决策。

表 10-6　某农业企业新产品销售损益情况表

自然状态	概率	可行方案/万元	
		大批量生产	小批量生产
销路好	0.3	120	90
销路一般	0.5	80	70
销路差	0.2	−60	30
期望值	—	64	68

解：

（1）计算各方案的期望值。

大批量生产方案的期望值$=120\times0.3+80\times0.5+(-60)\times0.2=64$(万元)

小批量生产方案的期望值$=90\times0.3+70\times0.5+30\times0.2=68$(万元)

（2）比较两种方案的期望收益进行决策。由(1)计算可知：小批量生产方案的期望收益大于大批量生产方案的期望收益，故应选择小批量生产方案。

2. 决策树法

决策树法，也叫树状决策法，指把影响各方案的有关自然状态、概率和损益值等因素画成一张树形图，借助决策树图计算出各方案的期望值，然后根据最佳期望值法则做出决策。

决策树法一般用于多级决策，是风险型决策的一种重要方法。其图形犹如一棵倒树，其中包括决策点、决策分枝、方案结点、概率分枝、损益值点(结果点)，其基本结构如图 10-4 所示：

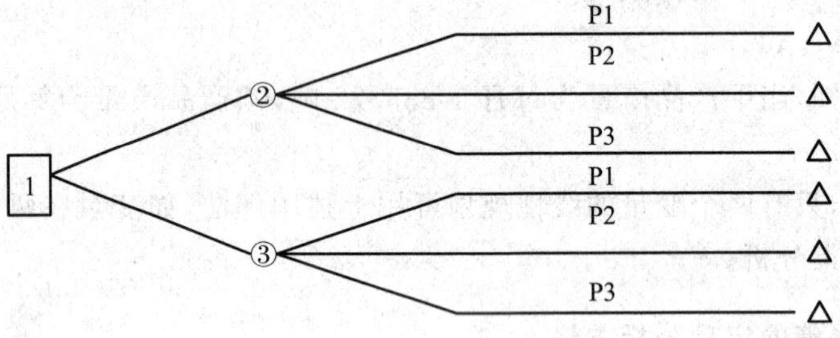

图 10-4 决策树基本图形

图中，□符号表示决策点，说明某个决策问题，由此引出的两条直线叫决策(或方案)分枝，表示决策时可以采取的不同方案；○符号表示方案结点，由此引出的直线叫概率分枝或状态分枝；△符号表示结果点，用来反映每个方案在相应的自然状态下的损益值。另外，还用//符号，表示剪枝，用来反映淘汰的方案。

用决策树法进行决策，一般按以下步骤进行：①绘制决策树；②计算各方案的期望值；③剪枝决策。注意决策树的画法是由左到右、由上到下，而决策树的算法是由右向左，即由后向前分步计算，边计算边决策。现举例如下：

【例 10-10】 某农业企业为生产某一种产品制定了甲、乙、丙三种生产方案。已知产品销路好、一般、差的概率和三种不同生产方案在不同自然状态下的损益值如表 10-7，请用决策树法进行决策。

表 10-7 某农业企业各生产方案的损益值

	销路好 0.3	销路一般 0.5	销路差 0.2
甲方案	200	150	−20
乙方案	160	110	40
丙方案	100	50	20

解：

(1) 画出决策树图，并把已知数据填入图中(图 10-5)。

(2) 计算各方案节点的损益期望值，并把它们填写在方案点正上方。

结点②的损益期望值 $=200\times0.3+150\times0.5+(-20)\times0.2=131$(万元)

结点③的损益期望值 $=160\times0.3+100\times0.5+40\times0.2=111$(万元)

结点④的损益期望值 $=100\times0.3+50\times0.5+20\times0.2=59$(万元)

(3) 比较各方案损益期望值，并进行剪枝决策。

从甲、乙、丙三个方案的损益期望值来看，甲方案期望值最大，故选甲方案为决策方案。同时，应在决策树图上剪掉乙、丙方案的方案分枝，只保留甲方案的分枝，并把其期望值填到决策点上面。

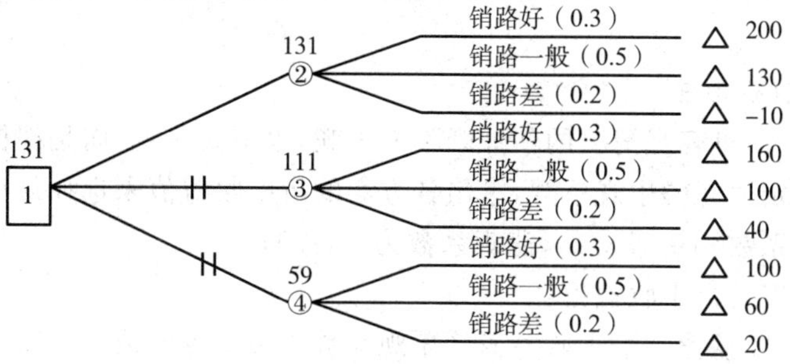

图 10-5　决策树图

（三）不确定型决策的定量分析方法

决策事件的客观条件(或自然状态)有各种可能情况，并且发生的概率无法估计，而且每个方案所出现的结果也难以确定，这时就要采用不确定型决策方法。处理这类决策，主要取决于决策者的胆略、性格、心理状态、经验及其所持的决策原则。同一数据资料、决策者不同，可以有完全不同的方案的选择。

不确定型决策的择优法则有许多种，现举例说明。

某农业企业计划年度的资源可用于生产 A、B、C 三种产品，在市场销售时将遇到畅销、一般、较差、滞销这四种状态，其出现概率是不确定的。试根据表 10-8 给定的数据，采用不同的择优法则进行决策。

表 10-8　各种方案的盈亏预测值　　单位：元

销售状态	概率	方案 A	方案 B	方案 C
畅销	—	8 000	11 000	6 000
一般	—	6 000	5 400	2 800
较差	—	−1 300	−2 000	1 100
滞销	—	−2 200	−2 400	−700
每列中最大值		8 000	11 000	6 000
每列中最小值		−2 200	−2 400	−700

该例子如果给出各种自然状态的概率，就变为风险型决策，用决策树法进行决策。现在不知道各种状况出现的概率，用不确定型决策方法进行决策。

1. 乐观法(大中取大法)

该法是一种对前途乐观的估计。它是指从最好的打算出发选择最优方案，即从各个方案中选出最大收益值，然后选其中最大者作为决策方案。上表中，每种方案的最大盈亏值分别为：8 000、11 000、6 000，按照大中取大法则，方案 B 盈亏值最大，故选取方案 B 作为最佳方案。

2. 悲观法(小中取大法)

悲观法是一种比较保守的分析方法。它是以最坏的打算出发来做决策,即从各个方案中选出最小收益值,然后在最小收益值中找出最大者作为决策方案。表 9-5 中,从"每列中最小值"中选取最大者为最优方案,每种方案的最小盈亏值分别为:-2 200、-2 400、-700,按照小中取大法,应选方案 C 作为最佳方案。这样,即使遇到最不利的销售状态时,经营亏损额最小。

3. 乐观系数法(折中法)

决策者在决策时,对客观情况的估计既不太乐观,也不太悲观,而是根据决策者的知识、经验、胆略等,通过确定适当的乐观系数,求出各方案的折中收益值来选择最佳方案。

(1) 确定乐观系数 $\alpha(0\leqslant\alpha\leqslant1)$,悲观系数为$(1-\alpha)$;

(2) 计算各方案的折中收益值:

$$折中收益值=最大收益值\times乐观系数+最小收益值\times悲观系数$$

(3) 比较各方案的收益值,收益值最大或损失最小的方案就是最佳方案。

如设乐观系数为 0.6,悲观系数为 1-0.6=0.4,则各方案的折中收益值:

方案 A 的折中收益值:(8 000×0.6)+(-2 200×0.4)=3 920(元)

方案 B 的折中收益值:(11 000×0.6)+(-2 400×0.4)=5 640(元)

方案 C 的折中收益值:(6 000×0.6)+(-700×0.4)=3 320(元)

可以看出,方案 B 的折中收益值最大,为 5 640 元,故方案 B 是最佳方案。

4. 均值法(机会均等法)

既然无法判断某一自然状态发生的概率,则可假定各种自然状态出现的机会均等,概率相同,并依据均等概率计算出各种方案的期望值,期望值最大者为最优方案。其计算公式为:均等概率=1/状态数目

现根据表 9-5 的数据求出各方案均等概率下的期望值:

$$均等概率值=1\div4=0.25$$

方案 A 的期望值:(8 000+6 000-1 300-2 200)×0.25=2 575(元)

方案 B 的期望值:(11 000+5 400-2 000-2 400)×0.25=3 000(元)

方案 C 的期望值:(6 000+2 800+1 100-700)×0.25=2 300(元)

可见,方案 B 的期望值最大,故选方案 B 为最佳方案。

5. 后悔值法(大中取小法)

决策者进行决策之后,若出现的情况不是所预想的,必将有后悔的感觉。为尽量减少后悔程度而采用此法。后悔值为同一自然状态下的最大收益值与各方案在该种自然状态下的收益值之差。决策者从各方案的最大后悔值中取最小的后悔值作为决策标准。

解:首先,计算每种自然状态下各个方案的后悔值。如畅销状态下的最大收益值为 11 000,以它作为被减数分别与第一行的 8 000、11 000、6 000,余额便是后悔值,分别为:3 000、0、5 000,以此类推,得出各方案的后悔值(表 10-9)。

其次,找出各方案的最大后悔值。见表 10-9 中最大后悔值一栏。

最后,比较不同方案的最大后悔值,然后从中选取后悔值最小者的方案为最优方案。本例中,方案 A 的最大后悔值最小为 3 000 万元,故选方案 A 为决策方案。

表 10-9 各种方案的后悔值 单位：元

	方案 A	方案 B	方案 C
畅销	3 000	0	5 000
一般	0	600	3 200
较差	2 400	3 100	0
滞销	1 500	1 700	0
每列中最大后悔值	3 000	3 100	5 000
最大后悔值中的最小值	3 000		

由上面的分析，在同一不确定型事件中，由于决策人采用的择优法则不同，他们选出的最优方案不尽相同。采用悲观法时方案 C 最优；采用乐观法、乐观系数法、均值法时，方案 B 最优；采用后悔值法时，方案 A 最优。不同的人之所以采用不同的择优法则，主要受决策人的态度、知识、经验、判断力和工作魄力等因素的影响，如决策人的态度有保守、进取、中间三种类型，相应的会采取乐观法、悲观法、机会均等法等不同的决策方法。

二、农业经营决策的定性方法

在农业经营决策中，除大量地运用科学手段进行定量分析外，还要运用定性分析法，这就是决策的定性方法。

定性决策方法是指运用社会学、心理学和行为科学的成果，依靠决策者的知识、经验和分析判断力，对方案内容进行综合分析评价，作出决策的方法。这类方法多用于外部环境变化大，影响决策的随机因素多，各种因素又难以用数量表示，需要对各方案的特点、得失进行全面权衡、反复比较时，多半属于非程序化决策的战略决策。定性决策方法运用简便灵活，省时省力，又有利于群众参与决策，保证决策的顺利执行，但主观性较强，分析论证不够严密。

常用的定性决策的具体方法有：

(1) 头脑风暴法(或称畅谈会议法) 即召开 5～10 人的专家会议，就某一决策问题，鼓励人们提出创造性建议，探寻有创新内容的方案。

(2) 对演法 即拟订方案的人和持不同意见者，面对面展开辩论，各述其长，各攻其短，以充分暴露各方案的矛盾。

(3) 专家征询法即德尔菲法(前面已经介绍，这里不再重复)。

相关链接

战略决策——决定了蒙牛真正的成功

11 年前，在一片荒地里埋下一块奠基石，在一张白纸上画下一幅行军图，在一杯牛奶前许下一个百年愿，蒙牛喷薄而出！内蒙古蒙牛乳业(集团)股份有限公司(以下简称蒙牛集团)创建于 1999 年 8 月，总部设在内蒙古自治区呼和浩特市和林格尔县盛乐经济园区。创业 11 年来，蒙牛集团已经发展为拥有总资产 141 亿多元、职工近 3 万人、年生产能力 600 万吨的规模化乳制品加工企业，其产品覆盖国内市场并出口到美国、加拿大、蒙古、东南亚及中国港澳等多个国家和地区。

本着"致力于人类健康的牛奶制造服务商"的企业定位，蒙牛集团在短短 11 年中，从创业之初的全国乳业排名最后一位，到 2007 至 2009 年连续三年在中国乳业排名第一，创造出了举世瞩目的"蒙牛速度"和"蒙牛奇迹"。蒙牛销售收入从 1999 年的 0.37 亿元飙升至 2003 年的 40.7 亿元，后者是前者的 110 倍，2009 年，蒙牛集团主营业务收入 257 亿多元，净利润达到 12.2 亿元，上缴税金 13 亿元。在诞生之初的 1 000 余天里，平均一天超越一个乳品企业！蒙牛为什么发展这么快？蒙牛成功的秘诀是什么？

企业战略——决定了蒙牛真正的成功！战略就是定位，就是决策。蒙牛的系列重大的决定性的决策决定了它的成功：

(1) 蒙牛使命和远景：强乳兴农；创第一品牌，建中国乳都。

(2) 蒙牛总体经营战略：专注乳业同步发展，整合资源滚动做强。显然，不熟不做，专注于乳业，不盲目多元化，是蒙牛的根本发展战略。

(3) 经营思路：目标导向——目标出发，反向推演，步步链接；倒推资源配置，倒推时间分配，链接战略战术，链接方法手段。

当初的蒙牛公司一无市场、二无工厂、三无奶源——牛根生开始了他的市场操作三部曲：首先，拿出 300 万元吸引内蒙古乳制品企业为自己生产产品；其次，拿出 300 万元在呼和浩特做广告宣传；再次，拿出 300 万元建自己的工厂。这就是他出奇的妙招，采取"先建市场，后建工厂"的逆向经营模式，用别人的钱和资源做自己的事，他也用类似的方法不花一分钱建立了遍布各地的奶站。

"不为蒙牛所有 但为蒙牛所用"，他将自己这一经营策略总结为"目标导向式"，即整合天下资源为己所用，正是"善假于物"。

(4) 重大决策：如市场布局（先打深圳等）；工厂布局（国际水准样板工厂，国际示范牧场等）；广告集中上央视等。

运筹帷幄，决策千里，98%的成功在于家中的营销决策！增加销售的最有效的途径就是策划出强力刺激销售的营销活动。"媒体无大小，新闻无小事"、"事件营销是品牌的成长线"、"事事都是营销点"、"定期主动给媒体发送稿件"……从这些标语就可见营销策划和公关的重视程度。

2002 年，蒙牛做了一个"给我个理由选择你"的策划，"五个理由"正式推出，打败了同时大搞买赠活动的其他品牌。2003 年，随着"神舟五号"顺利返回，蒙牛的"航天员专用牛奶"的广告铺天盖地，正是蒙牛把握住了这个千载难逢的搭载机会，占有了最大的一笔垄断性资源。这一年蒙牛的销售额达到 40 多亿元！

在蒙牛品牌的打造上，首先是"智"：站在巨人的肩膀上，花最少的钱让自己的品牌最大化的传播；其次是"德"：牛根生注重品牌和谐的生存环境。蒙牛诞生之初便与伊利剑拔弩张，而他则坚信品牌能够共荣共存。因此，蒙牛提出"为内蒙古喝彩"的口号，实施"共生共赢战略"；同时，大胆提出将呼和浩特建设为"中国乳都"的倡议，启动了树立地域品牌，同时，以地域品牌推动企业品牌的大营销战略。蒙牛谦卑地将伊利置于首位，并提出向伊利学习，实为一种以退为进的策略。这就是以"德"经营人心的一种"统一战线"策略。

牛根生用他最推崇的"智力"和"德行"，将蒙牛做成了奇迹。所以，蒙牛高速成长的秘诀就是："小胜凭智，大胜靠德！"

2009 年，蒙牛集团名列全国大企业集团 500 强第 241 位，居全国同行业之首。在 2010 年

“亚洲品牌500强排行榜”上，蒙牛集团位列榜单132位，取代日本乳企“养乐多”荣膺亚洲第二、中国第一乳业品牌殊荣。在最新的世界乳业排行榜上，蒙牛集团已经跻身世界乳业前20强的第16位。

本章小结

农业经营预测是经营决策的前提，预测与决策在管理中扮演重要的作用，它贯穿于农业企业管理工作的全部环节，是管理的核心，搞好经营预测具有极其重要的意义。农业经营预测是指农业企业根据过去和现在的经营状况及企业的内外环境条件，遵循客观经济规律，运用科学的理论和方法对企业经营中的各种不确定性因素及其对经营总体的影响，进行预料、估计、判断和推测。要想搞好经营预测，必须遵循经营预测的原则并按照预测的程序开展预测工作，即：实事求是原则、连贯性原则和相关性原则。预测的步骤为：明确预测的目的、时期和范围；搜集、整理和分析有关资料；选择适当的预测模型和预测方法；数据处理；分析预测结果，提出预测报告。要达到预测的目的必须采用正确的预测方法，农业经营预测主要有定性预测和定量预测两种方法，它们各具优缺点，在实际工作中，应注意定性预测和定量预测的结合。

在现代农业经营管理中，经营决策是经营管理的首要职能和核心，是提高企业管理水平和经济效益的关键。农业经营决策是指农业企业通过对其外部环境和内部条件进行综合分析，确定企业经营目标，选择最优经营方案并付诸实施的过程。要进行科学决策，首先必须分清企业决策类型，然后根据决策内容，遵循决策原则，按照决策程序，针对性地选择决策方法，最后从多种可供选择的行动方案中选出一个最优方案作为决策方案。要做好农业企业的经营决策必须遵循以下基本原则：整体性原则；科学性原则；民主性原则；经济性原则；创新性原则。按照科学的决策程序进行，一般包括以下五个基本步骤：提出经营问题；确定决策目标；拟定可行方案；评价、选择方案；方案实施与反馈。随着决策理论的发展，人们创造了许多有效的经营决策方法，归纳起来可分为两大类，即定性和定量分析方法。农业经营决策的定性方法有头脑风暴法、对演法和专家征询法；经营决策的定量方法包括确定型决策方法、风险型决策方法和不确定型决策方法。在实际工作中，由于经营存在的多样性和复杂性，通常将定性和定量分析方法结合起来使用，力求经营决策准确。

探索与实践

一、名词解释

1. 经营预测　2. 农业经营预测　3. 决策　4. 农业经营决策

5. 盈亏平衡分析法　6. 决策树分析法

二、填空题

1. （　　　）的正确与否，直接关系着农业企业的兴衰成败，而正确的决策又有赖于（　　　）。

2. 按预测的时间长短划分，经营预测可以分为（　　）、（　　）和（　　）。
3. 决策的实质是（　　）。
4. 按决策的性质和重要性不同，经营决策可分为：（　　）、（　　）和（　　）。
5. 按决策问题的出现的形式划分，经营决策可分为：（　　）和（　　）。
6. 确定型决策的择优法则是：（　　）或（　　）。
7. 风险型决策的择优法则是：（　　）。
8. 农业经营决策的定性分析方法有：（　　）、（　　）和（　　）。

三、选择题

1. 农业经营预测的内容包括（　　）。
   A. 自然气候　　B. 科学技术
   C. 投入产出系数及经营成果的预测　　D. 市场需求关系
2. 按经营预测的具体对象和内容划分，可以分为（　　）。
   A. 自然气象预测　　B. 资源供应预测
   C. 科学技术预测　　D. 市场预测及社会经济条件预测
3. 农业经营决策的原则包括（　　）。
   A. 整体性　B. 科学性　C. 民主性　D. 创新性　E. 经济性
4. 农业经营决策的步骤包括（　　）。
   A. 提出经营问题　B. 确定决策目标　C. 拟定可行方案　D. 评价、选择方案
   E. 方案实施与反馈
5. 不确定型决策的定量分析方法包括（　　）。
   A. 乐观法　B. 悲观法　C. 乐观系数法　D. 均值法

四、判断题

1. 按经营预测的时间长短划分，经营预测可以分为长期预测、中期预测和短期预测。长期预测一般是指对1年或3年以上的经营过程所作的预测。（　　）

2. 经营预测的原则包括经济性、相关性以及连贯性等原则。（　　）

3. 按决策的性质和重要性不同分类，经营决策分为总体决策、管理决策以及业务决策。（　　）

4. 确定型决策的定量分析方法包括直观法、线性规划法以及总体平衡分析方法。（　　）

5. 决策树法一般用于多级决策，是风险型决策的一种重要方法。（　　）

6. 非常规经营决策是按照决策问题出现的形式划分的一种。（　　）

7. 决策事件的客观条件（或自然状态）有各种可能情况，但是发生的概率可以计算出来。（　　）

五、简答题

1. 农业经营预测的步骤有哪些？
2. 经营预测应遵循哪些原则？
3. 专家征询法的含义及步骤是什么？
4. 农业经营决策应遵循哪些原则？
5. 农业经营决策的步骤有哪些？
6. 不确定型决策的定量分析方法有哪几种？

7. 现代农业经营预测的内容有哪些?

8. 按决策问题所处的条件与所产生的后果不同,经营决策可划分为哪些类型? 其含义分别是什么?

六、计算题

1. 作物A每亩需劳力1个单位,资金2个单位,净收益5个单位;作物B每亩需劳力3个单位,资金1个单位,净收益4个单位。总的劳力数量为90个单位,资金数量为80个单位,总耕地面积为45亩,问该生产单位应如何安排生产,使生产获得最大盈利?

2. 设一可能生产方案如被采纳后,其单位产品的价格为2 200元,需总固定成本为500万元,单位可变成本为2 100元,问当年生产多少件产品时,采用方案才能盈利而不亏本?

3. 某农业企业要投资生产一种新产品,有三种可供选择的方案,即从A,B,C三种产品中选择一种进行生产。三种产品的有效期均为10年,各方案的市场需求程度和收益情况如表10-10,试用决策树法进行决策?

表10-10 某企业各方案的市场需求程度和收益情况

方案	A产品		B产品		C产品	
自然状态	销路好	销路差	销路好	销路差	销路好	销路差
概率	0.8	0.2	0.8	0.2	0.9	0.1
收益/万元·年$^{-1}$	30	5	40	−5	30	−10

4. 设某农业企业一块土地,在不同的自然状态下,实行不同的种植方式,其单位面积产量如表10-11所示,各种自然状态的概率不知,乐观系数$\alpha=0.4$,试运用不同的方法进行决策。

表10-11 不同种植方案下的损益值 单位:kg

自然状态	方案A	方案B	方案C
旱年	600	475	700
平年	350	600	450
涝年	750	400	575
每列最小值	350	400	450
每列最大值	750	600	700

5. 已知条件如表10-12所示,试用决策树分析法确定决策方案。

表10-12 不同种植方案下的损益值

自然状态	概率	方案A	方案B	方案C
旱年	0.3	600	475	700
平年	0.4	350	600	450
涝年	0.3	750	800	575

6. 假设在不同状态下,某块湖田用于养鱼或种庄稼,每年每0.067公顷盈利如表10-13所示,试用决策树分析法进行决策。

表 10-13 不同方案下的盈亏值 单位:元

状态	概率	用于养鱼		用于种庄稼			
				小麦--一季晚稻		油菜-芝麻	
		畅销 0.6	滞销 0.4	畅销 0.9	滞销 0.1	畅销 0.8	滞销 0.2
平年	0.3	400	250	700	600	400	300
涝年	0.5	600	400	200	100	−100	−200
旱年	0.2	−100	−150	500	300	800	600

第十一章　农业项目投资管理

内容梗概

本章讲述农业项目投资管理的基础知识、基本理论与基本方法。主要介绍农业项目投资的概念、特征和分类，农业项目投资决策的原则，以及农业项目投资可行性论证、农业项目投资评估的基本内容；农业项目投资的经济评价、财务评价和社会评价以及农业项目投资的评价方法和效果分析等内容。

学习目标

通过本章学习，理解农业项目投资的含义，了解其特征、分类，以及农业项目投资决策的原则；理解农业项目投资可行性论证的含义及其内容和程序；理解农业项目投资评估的含义和内容；掌握农业项目投资评价的内容及评价方法，能够运用相关评价指标对农业项目投资进行经济、财务、社会评价和效果分析，进而能综合运用并为农业项目投资管理相关工作奠定基础。

学习提示

本章对农业项目投资管理的基本理论和主要内容进行基础性的系统介绍。在学习和应用中应注意：由于农业自身的特点，农业项目投资管理相对于一般工业项目的投资管理具有其独特的特征；对于农业项目投资的分类，从不同的角度出发划分的结果不同，不能拘泥于某一标准；农业项目投资可行性论证的内容较多，除可行性论证的一般内容外，需针对具体项目考虑可行性论证的特殊内容；农业项目投资的评价涉及的指标较多，需注意区分理解和掌握；对农业项目投资的评价应从多方面来进行，不能仅选用一两个指标，而应多指标综合评价；如果能结合实际，通过具体项目投资对农业项目投资管理进行学习和理解，效果会更好。

第一节 农业项目投资概述

农业作为国民经济的基础部门，在国民经济中一直起着举足轻重的作用。目前，我国已进入工业化中期阶段，随着国家经济的发展，农业项目的投资环境也在不断发展，项目投资内容越来越多，投资的规模越来越大。而同时，农业的生产和发展受自然环境的影响和制约比较大，具有自身的特点，这也决定了相对于其他部门的投资而言，农业的投资有其显著的特征。本节主要介绍农业项目投资的概念、分类和投资应遵循的原则以及农业项目投资可行性论证和评估的内容。

一、农业项目投资的概念

农业项目投资，又称农业建设项目或农业项目，指投资主体利用各种经济要素，通过增加一定的投资，按预定的方案，在规定的时间和空间范围内达到预期效益的一种扩大农业再生产和改善农业生产条件的经济活动。农业项目投资不仅包括通过投资形成有形固定资产的项目投资，也包括无形的投资，比如推广农业科技、培训农业技术人员等，这些投资虽然没有形成有形的固定资产，但同样能提高农业再生产的能力，获得更多的利润。

农业项目投资主要面向于农业区域开发、中低产田改造、大面积开荒、防风固沙、草场恢复性改造、畜牧业规模性发展、水面、滩涂利用、农牧业商品基地建设、节水农业项目等。比如，黄淮海地区黑龙港盐碱地改造项目投资、江西改造丘陵红壤地的项目投资、福建水土保持和乡村发展的项目投资、宁夏西吉建设防护林的项目投资、西北地区扶贫项目等，都是涉及大量人力、物力、财力和自然资源投入的农业项目投资。

作为一种项目投资，农业项目投资同一般项目投资一样，具有以下特性：

1. 农业项目投资是一种投资活动

农业项目投资以投资作为前提条件，运用资金，通过一系列活动，形成固定资产，创造或改善生产条件，形成新的生产能力，达到扩大再生产的目的。它不同于维持简单再生产而发生的购买种子、耕具等日常费用支出的经济行为，而是通过增量投入，增加生产手段，改善生产条件，提高农业的综合生产能力和扩大再生产的经济行为，是一种投资活动。

2. 农业项目投资在组织上具有独立性

农业项目投资的实施由一个独立的组织完成，形成一个独立的业务单位，有着相对的完整性，不容分割，是一种有组织的活动。农业项目投资的技术设计、财务估算、资金筹措、项目实施、组织管理等工作都是独立进行的，行政单位或与项目无关的个人都不得非法干涉项目活动。对跨行政管辖区、跨部门的农业项目投资，需要各级政府进行组织和协调，同时也要保持项目活动所具有的独立性和科学性。一个健全、科学、合理的项目组织管理机构是独立执行项目建设任务的组织保证，高效率的项目管理工作有利于促进项目目标的顺利实现。

3. 农业项目投资具有明确的目标

农业项目投资在预定的期限内完成并取得一定的经济效益、社会效益或生态效益。每一个农业项目投资都有明确的目标。盈利项目要能够为投资主体带来现金流，增加纯收入或利润，非盈利项目要能够带来生态效益和社会效益。对于不能取得任何效益和效果的项目不能批准成立。比如，明确规定参加项目的农户人均收入水平应该提高多少，农业项目投资要增产多少粮、棉、油、糖、肉等农产品，项目的实施要改善空气质量、提高多少空气质量指数等。

4. 农业项目投资受时间和空间限制

每一个农业项目投资都有时间限制和地域范围，它要有明确的投资、生产、获益的时间顺序，特定的地理位置和明确的地区范围。项目活动都有预定的起点和终点，即有一个明确的建设起止时间，从起点到终点的时间就是项目的寿命周期。项目的寿命周期可以分为开发期、建设期、发展期和生产期。项目的地域范围，表现为项目有特定的地理位置和地区范围。比如，某个农村水利工程建设项目，工程从建成到投入运营，要有先后时间顺序，有特定的受益地区范围。

相关链接

关于农业项目投资

农业项目投资评估作为一门学科，还是近几十年的事。农业项目投资评估方面比较具有代表性，在世界各国农业项目投资评估中被广泛应用的参考著作，是世界银行经济发展学院出版的吉延格先生的著作《农业项目的经济分析》，至今只有二十几年的时间。因此，究竟什么是农业项目投资，还没有形成为人们公认的经典性定义。

在农业扩大再生产过程中，任何投资都应该事先计划并以具体项目的形式来执行。然而，在我国的经济工作中引进项目、项目投资评估等概念却是随着我国经济对外开放政策的实行而发生的事。

考察项目投资管理的历史，真正在从事开发工作的实践中和学术界把项目这个词集中解释为“一整套投资包括在内的一个单位”并加以运用。世界银行对发展和运用项目这个概念起了重要作用。在布雷顿森林会议通过的协定条款中明文规定：“除特殊情况外，世界银行发放或担保的贷款的目的是为了复兴或开发特定的项目”。尽管在这个规定中使用了“特殊情况”、“特定项目”等概念，使得项目这个词的含义不明确，但它毕竟以协定条款规定的形式明确地提出了这一概念。随着投资经济活动的展开及学术研究工作的深化，项目的概念逐渐有所发展，对于项目概念也出现了不同的表述。

全面负责世界银行项目工作的世界银行前副行长沃伦·鲍姆等人所著的《开发投资》一书中称“项目是作为包括投资、政策措施、机构以及其他为在规定期限内达到某项或某系列发展目标所设计的活动在内的独立的整体”。按照鲍姆的解释，项目的基本概念是提供一种规范的和系统的方法来分析和管理一整套投资活动，具体活动可以是多种多样，但其要点有：具有投资的经济行为；具有设计和技术方案，监督施工，经营维护服务系统；具有独立的管理组织机构；有一套为提高项目效益、改善项目与国家开发目际之间关系的政策措施，包括价格、税收、利率、补贴等各方面的政策；在规定的时间内达到预期的目标，并具有为达到项目目标而实施上述内容的计划。

世界银行在其所编《世界银行项目管理》一书中将“项目”定义为：“所谓项目，一般系指同一性质的投资（如设有发电厂和输电线路的水坝），或同一部门内一系列有关的或相同的投资，或不同部门的一系列投资（如城市项目中市区的住房、交通和供水等）。”这一定义的表述，指项目为一种投资的经济行为。

吉延格先生为世界银行经济发展学院项目管理培训而编写的《农业项目的经济分析》教材中，定义为"所谓农业项目就是企业运用各种资源以获得利润的全部复杂活动。我们一般把农业项目看成是一个运用资金以形成固定资产，再由它们在一段时期内提供效益的投资活动"。

我国不少学者对此的定义是：农业项目一般是指农业基本建设项目。它不同于农业的简单再生产，而是指在农、林、水、气部门中，为扩大农、林、牧、副、渔业长久性的生产规模，提高其生产能力和生产水平，能形成新的固定资产的经济活动。

然而，在经济实践活动中，农业项目在范围和内容方面都远远突破了上述定义的范围和内容。比如，一项旨在提高人们科学文化技术水平的人员培训项目，它虽然不形成任何有形的固定资产，但它对提高农业再生产能力，获得更多的利润有很大的作用，已是农业项目中的重要内容。

综上所述，可以说农业项目投资是通过增加人力、物力、财力和科技的投入，改善生产条件，增加生产手段，提高综合生产能力，在预定的时间和空间范围内达到预期效益的一种扩大再生产的经济行为。

二、农业项目投资的特征和分类

（一）农业项目投资的特征

1. 农业项目投资对农业环境有较强的依赖性

农业项目投资需利用自然环境条件，如土地、生物、太阳能、江河湖泊等进行项目的研究开发，要受到自然环境条件和自然规律的影响，尤其土地资源在农业生产中具有不可替代性。如水产品养殖和加工项目受项目所在地气候、水土资源、水质等因素的影响，山区的开发受区域内土壤情况、降水量、气候、地质、生物资源、植物资源、自然灾害等因素的影响和制约等。正是由于农业项目对自然环境的明显的依赖性，农业项目投资要同时遵循"自然规律"和"经济规律"。

2. 农业项目投资体现明显的区域差异性

农业生产的自然环境、社会经济环境等具有明显的地区差异。不同地区的农业自然条件是不同的，有些地区间的差别甚至非常大。如有些地区土地肥沃、水资源丰富、自然灾害少，而有些地区可利用土地面积多但水资源短缺、降水量少等。除自然条件的不同外，不同地区的文化资源、历史资源、经济资源、风俗习惯、社会心理等都存在着较大的差异性。所以，农业项目投资要受到自然条件和劳动力状况、社会历史文化、风俗习惯等社会经济条件的影响和制约。因此，一个具体的农业项目投资，在这个地区可行并不意味着在其他地区也同样可行；即使在不同的地区都可行，但在不同地区之间能够获得的投资收益也不一样。所以，对农业生产和建设项目的安排必须要考虑自然条件和生物的品种习性，以及与之相适应的社会经济条件，要重视地域分布，因地制宜合理建设和开发。

3. 农业项目投资具有较强的综合性

每一个农业项目都是一个综合体，需充分利用各种资源，才能取得良好的经济效果。农业项目投资不仅包括农、林、牧、渔以及种植、养殖和农产品加工项目，还包括农业资源的综合利用和资源保护项目，以及为农业生产服务的项目，涉及地理、地貌、生态、社会、经济、文化等诸多方面。在进行农业项目投资的设计时，上述因素都是应该考虑的重要内容。而且农业经济、农业自然与生态等均是很大的系统，既相互支持、促进，又相互制约。每一个农业项目，都是一个系统工程，对农业项目投资的研究，不仅要考虑单项投资的独立性，还要考虑与其他部门的联系，以系统工程的视角来考虑项目投资整体，注意项目投资的综合性，才能提高农业项目投资的整体效益。

4. 农业项目投资具有较大的风险性

农业生产过程是自然再生产和经济再生产相互交织的过程。农业生产要受到一定的自然条件，尤其是气候条件等因素的影响，存在着较大的不稳定性和风险性。我国是一个自然灾害高发国家，农业生产抵御自然灾害的能力比较弱，无法做到对农业项目投资的有效保护。同时，农业生产还要受到市场经济规律影响，农业项目投资同样也要面对市场，适应市场。这些都在不同程度地影响着农业项目投资效益和效果，给农业项目投资带来了一定的风险。也可以说，农业项目的成败取决于对自然规律、经济规律、市场规律的认识程度和利用水平，受到自然风险、经济风险和市场风险的影响。因此，农业项目投资的立项和实施要做到实事求是、因地制宜，要预测不稳定因素的变化可能带来的后果，进行市场风险分析，强化项目投资的可行性论证，减少农业项目投资的风险。

5. 农业项目投资效益的发挥具有滞后性

农业劳动时间与生产时间的不一致性，决定了农业项目投资效益发挥时间的滞后性。有些农业项目投资实施时间长、见效慢，但是时效性长。如防护林的营造、水土保持、大型水利工程的建设等，效益的发挥往往要几年或十几年才能显现出来。有些项目投资见效较快，如农产品加工项目的投资。因此，对农业项目投资评估要考虑到效益发挥的滞后性，要从全局和长远着想，正确评价，科学决策，不能因为项目投资的建设期比较长、初期见效不明显或比较慢而加以否定，也不能因为某个项目投资见效快而立刻实行，要处理好长效性和速效性的关系，以期获得更好的投资效益。

6. 农业项目投资效果具有多重性

有些农业项目投资是多目标运行的项目，其效果具有多重性。如修建水库可以防洪、抗旱，也可以养鱼；建设防护林可以防风固沙，防止水土流失，也可以获得木材，更可以涵养水源，改善生态环境。所以，在评估具有多重效果的农业项目投资时，要考虑项目所产生的综合效果。

7. 农业项目投资具有较强的社会性目标

农业项目投资的产出是社会需要的物品，其产量和质量的多寡优劣，从多方面对居民的日常生活乃至社会的安定团结、国民经济各部门的发展等产生影响。同时，农业项目投资的建设会直接干预到自然生态系统，对全社会的生态环境产生种种影响。另外，农业项目投资的参加者有很多是分散和独立的农户，这就带来项目收益的分割问题，牵扯国家、地方政府、农民三方的利益关系，也牵扯各部门和地区之间的利益关系。因此，需要全社会共同努力，尤其是项目所在地的关注、大力支持和广泛参与，确保农业项目投资的顺利实施，增强农业项目投资效益发挥的持续性，既要注意项目给农户带来利益，使农民得到实惠，能够提高农民的生活水平，刺激农民的生产积极性，还要注意项目对国民经济的贡献，最终使全社会能够从农业项目投资中获益。

（二）农业项目投资的分类

1. 按农业项目投资的用途划分

农业项目投资按其用途可划分为农业生产项目投资、改善农业生产条件的项目投资、农产品加工项目投资、农业公益项目投资和农业综合开发项目投资。

（1）农业生产项目投资指直接用于农、林、牧、渔等各种农产品的项目投资。

（2）改善农业生产条件的项目投资指为了增加农产品产量或提高农业劳动生产率，通过专门投资建设来改善某项生产条件的项目投资，比如农业机械化项目投资、农田灌溉项目投资。

（3）农产品加工项目投资指能够对农产品进行初加工和深加工的项目投资，比如特殊产品的开发项目投资、农产品保鲜项目投资、农产品的加工、储藏等项目投资。

（4）农业公益项目投资指没有办法取得财务利润，但具有很大社会效益的项目投资。这类项目投资主要是由政府安排财政资金，同时也广泛吸收社会各界资金，比如科技、教育、文化、卫生、公共防洪、排涝项目、农村道路、农电等项目投资。

（5）农业综合开发项目投资指难以划分具体用途的综合性项目投资，比如落后山区开发的项目投资。

2. 按农业项目投资的规模划分

农业项目投资按其规模可划分为大型、中型和小型项目投资。

规模划分一般以设施能力大小为依据，如水库的蓄水量、养殖场的可饲养量或畜、禽、鱼等农产品的年产量等。无法按照设施能力大小划分的，可以采用金额大小作为划分依据，如农产品加工项目、农业综合开发项目等。一般来说，大型项目技术比较复杂，要求较高，需要多投入些力量；小型项目技术相对比较简单，操作要求也比较低，投入力量可相应少一些。投资主体可以根据项目的规模，合理安排管理力量和技术力量。

3. 按农业项目投资的性质划分

农业项目投资按其性质可划分为新建项目投资、改建项目投资和综合性项目投资。

（1）新建项目投资指从无到有的项目投资，也是对全新项目的投资。如新上马的农田开荒项目投资、新建拦河坝项目投资。

（2）改建项目投资包括改、扩建，重建，迁建和更新改造等项目投资。改、扩建项目投资指在原有基础上对项目进行增补而进行的投资，如农村电网的改建项目投资、粮食生产基地的扩建项目投资、扩大乡镇企业规模的项目投资等；重建项目投资指对报废工程的恢复建设投资，如重新修复已报废的水利灌溉设施；迁建项目投资指由于项目地区的改换而发生的投资，如养鸡场从某地迁移到另一个地方；更新改造项目投资指对原有项目的更替和内涵扩大而发生的投资，如更新改造原有乡镇企业的项目投资。

（3）综合项目投资指在一个项目内既有新建项目投资，又有改建项目投资。比如某个地区农村水利工程综合项目投资。

4. 按农业项目投资的隶属关系划分

农业项目投资按其隶属关系可划分为国家、省、县、乡和村级项目。

按隶属关系划分以立项人为依据划分。国家立项的项目就是国家项目，省政府立项的项目就是省级项目，县政府立项的就是县级项目，由此类推。

5. 按农业项目投资的经济体制划分

农业项目投资按其经济体制可划分为农户项目投资、企业项目投资、事业项目投资和合资项目投资。

(1) 农户项目投资指以农户为投资主体的项目投资。如农户个人的家庭粉丝加工项目投资,农户家庭养羊项目投资。

(2) 企业项目投资指建成后按企业性质经营管理的项目投资,投资主体可以是国家、集体或个人,也可以是不同的投资主体共同投资。

(3) 事业项目投资指非盈利性的农业公益项目投资,其投资主体多为政府或集体。如农村道路桥梁项目投资、农业技术培训项目投资等。

(4) 合资项目投资指不同的出资人共同出资建立的项目投资,其出资人可以是国内的,也可以是国外的,出资方式也可以多种多样。

6. 按农业项目投资形成的结果划分

农业项目投资按其投资形成的结果可分为有形项目投资和无形项目投资。

(1) 有形项目投资能增加农业生产经营的固定资产,如厂房和机械设备、水电站、道路、电网、通讯网、林场等。

(2) 无形项目投资不形成有形的财产,但在扩大再生产中有着重大的作用,如培训技术人才方面的智力投资。

三、农业项目投资决策的原则

农业项目投资要实现预期的投资效果,在项目投资决策中须遵循以下原则:

(一) 农业项目投资决策要正确处理宏观投资决策与微观投资决策的关系

农业项目投资应符合国家社会经济和农业发展的方针、政策、规定、投资方向和规划等。可行的农业项目投资应既有利于局部又有利于整体。一个农业项目投资如果不符合宏观经济发展的要求,即便具有很好的效益前景,也不是一个可行的项目投资。

(二) 农业项目投资决策要因地制宜,从实际出发

由于农业项目投资受自然环境条件的较大影响,在农业项目投资决策时,一定要从实际出发,考虑拟建项目所在地的自然条件,以及社会、历史、文化传统等,因地制宜地进行农业项目投资决策,才能取得良好的投资效果。

(三) 农业项目投资决策要突出重点,分清轻重缓急

在农业的发展中,受历史和现实条件的制约,我们可用于农业项目投资的资金相对于需求仍然非常有限。为使有限的投资得到充分利用,必须要突出重点,分清农业发展的轻重缓急,把有限的资金投向生产条件好、增产潜力大和急需的地区和项目上,而不能只是简单的平均投放。突出重点,可以分层次来研究,如国家重点、地区重点、企业重点等。

(四) 农业项目投资决策要处理好生产性投资和非生产性投资的关系

农业项目投资资金对生产性投资和非生产性投资的投放比例,要遵循国家和地方的有关

规定，处理好生产性投资与非生产性投资的关系，在满足生产发展要求的同时，还要考虑人民生活福利等问题，调动人民生产的积极性，使人民群众能更好地参与生产，促进生产发展。

（五）农业项目投资决策要注重整体的协调与统一

农业项目投资时效性强，影响深远，要注重各方面的协调与统一，在农业项目投资决策时必须要考虑社会效益、生态效益和经济效益的协调与统一，长远效益与近期效益的协调与统一，整体效益与局部效益的协调与统一。

（六）农业项目投资要处理好“必要”和“可能”的关系

必要与可能是一对矛盾，是需求与供给的矛盾，是目标与条件的矛盾。只要是投资，不管是哪一方面的，都必须是在既需要又可能的条件下才能决策。所以，对于农业项目投资，要充分论证其必要性，也要充分论证其可能性。这样才能保证项目投资的顺利进行和完成，达到预期的投资效果。

四、农业项目投资可行性论证

任何一类项目投资都要做好可行性研究，所有投资都要讲求效益。任何一项投资在决策前，都需要认真分析研究是否有必要投资、是否可以投资、投资能带来怎样的效益等问题，也就是要对投资决策进行可行性论证。

（一）农业项目投资可行性论证的含义

农业项目投资可行性论证又称可行性分析或可行性研究，指农业项目投资决策前，对项目投资的社会、经济和自然生态发展的必要性、技术和经济条件的可能性、技术和方案的科学性、项目投资的经济性等方面进行的论证和研究，针对拟建农业项目投资的若干备选方案，组织有关专家从技术、组织管理、社会、商业营销、财务、经济等各方面进行综合论证和比较选优，从中选出最佳方案，以此为项目是否应该投资、投资效果如何、怎样进行投资建设提供依据。农业项目投资的可行性论证是农业项目投资决策前的重要分析阶段，是项目准备阶段的核心内容。

农业项目投资可行性论证的主要任务是根据国民经济发展的长远规划和地区、行业规划等，结合自然和社会经济技术条件，对项目进行技术、工程的全面论证和经济效果、社会效果的全面预测，通过对拟建方案的比较，提出评价意见，为项目投资决策提供科学、可靠的依据和建议。

一个农业项目投资通过可行性论证必须回答项目投资是否必要，生产技术是否可行，推荐的方案是否最优，对国民经济发展是否有利，对项目的参加者是否有吸引力，经济效益、社会效益和生态效益如何，项目需要多少资金、如何筹集资金，基建和生产所需的各种物资是否落实，如何建设以及施工的时间安排等等关于项目是否可行的所有根本问题。可行性论证是决定项目投资命运的关键，是项目前期准备阶段的核心内容。

（二）农业项目投资可行性论证的内容

每个农业项目投资所处的具体环境条件不尽相同，项目投资类型繁多，项目投资性质差别可能较大，项目投资可行性论证的内容也各自有所不同。但一项完整的农业项目投资可行性论证，应该包括以下内容：

1. 农业项目投资的背景和意义

根据市场调查及预测的结果，以及有关的产业政策等因素，论证项目投资建设提出的背景和意义，说明项目名称和项目所在地的地区情况，分析项目对地区和全局的意义和作用，对项目投资的客观依据、主观原因、项目对农业规划、社会经济发展规划、行业和部门规划及国计民生等方面的意义、作用和必要性进行说明。

2. 农业项目投资的目标

提出农业项目投资的目标和预期投资效果，并研究论证达到项目投资目标所需的条件和依据。投资目标包括经济目标、生产目标、生态目标以及劳动力结构和产业结构调整目标等。由于投资目标多重性的特点，对拟建项目投资目标的研究论证要区别分析项目的主要目标和次要目标，分析主要目标的约束条件及其可能发生的变化情况，并提出主要目标和次要目标之间矛盾的解决办法。

3. 农业项目投资的市场分析

市场分析是项目投资可行性论证与评估的前提和基础。它通过市场调查预测，搜集相关数据资料，对拟建项目投资进行需求分析、供给分析和综合分析。对有关产品市场及市场环境状况进行系统的分析和评价，主要包括市场细分，消费行为研究，竞争力分析，竞争性产品和销售策略研究，以及它们之间相互依存关系的研究，产品寿命周期分析，有关的社会因素、生态因素和经济因素的影响分析。市场分析必须了解项目的产品、副产品的数量和质量，以及在工艺和地区上的制约因素，并能够提出市场条件变化后的应变措施。

4. 农业项目投资的建设条件

全面分析各项建设条件与资源，论证项目所需的投入资源能否保质保量、以合理的价格及时保证供给，资源条件能否满足项目需要。包括土地资源、农业气候资源、水资源、生物资源等农业自然条件与资源；人口、劳动力资源、农业物质技术条件、交通运输条件、经济区位、城镇和工业条件及科技发展前景，政策因素等社会经济技术条件；生态环境质量；资源条件、物资供应对实现农业项目建设的保证程度、优势和制约因素等。

5. 农业项目投资的建设方案

农业项目投资要从项目所在地的实际情况出发来制定和选择项目建设方案，研究项目投资所在地区的产业结构和生产结构、养殖方式和耕作制度、生态环境情况、品种与种养技术、基础设施、开发重点和采用方法，建设规模、项目工程总量、建设期的起止时间、建设周期、工程实施进度、施工力量的安排等。不同的项目投资有不同的建设方案，同一项目也会有不同的建设方案，因此，还涉及多方案择优的问题。能否制订出合理可行的方案并科学评价各方案的可行性和预期的技术效果、经济效果及生态效果，从而选出最优方案关系到项目实施的效果和利益的实现。

6. 农业项目投资的技术分析

任何一个项目投资都必须有技术设计，根据项目投资目标，考虑项目投资的规模、地点、土地情况、水源情况、农业生产现状、农业机械化情况、综合农业技术等主要问题，分析项目投资使用的技术是否先进、实用和可行、安全、可靠。同时，还应根据产品的质量、品种要求及原材料等投入物的特点，结合排放标准等生态和环境要求对原料的适应性、经济的合理性、与环境保护的协调性加以分析说明。

7. 农业项目投资的组织管理

为了保证农业项目投资的顺利实施，需要根据其性质、规模、资金来源渠道，按照投资批准单位的要求，从所在地区的实际出发，提出组建开发项目投资管理机构的方案，明确项目的指导思想、目标、技术方案的选择、经营体制、生产管理体制、管理机构设置、人员配备、责任范围、管理权限、项目审批、计划管理、资金和物资管理等，使项目有一个组织和人员的保障。通过分析项目本身的组织管理机构设置和人员配备是否适当，项目机构与国家或地区有关机构组织的关系是否融通，组织方案是否有利于项目投资的管理等来论证组织管理对项目投资需求的保障程度。

8. 农业项目投资的资金使用

项目建设能否顺利实施、完工、达到预期的效益目标，资金是重要保证。资金的到位可以确保项目建设的完成和后续的经营与保持。对项目投资进行可行性论证时，需要根据项目的预期目标、项目规模和方案，估算项目所需资金，研究资金的来源、资金的投放方式、资金筹集方式和偿还方式，以及资本的退出机制等。

9. 农业项目投资的风险分析

对农业项目投资的风险分析主要包括政策风险分析、市场风险分析、经营风险分析、财务风险分析以及利率、资源、自然灾害等其他风险的分析。应客观全面地对各种风险发生的可能性、产生的影响以及应对措施等进行综合分析。

10. 农业项目投资的评价

农业项目投资的评价主要是研究项目投资是否在生产上可行、技术上先进、经济上合理和生态上有利于良性高效循环，并最终做出综合评价，一般包括技术评价、财务评价、经济评价、社会评价和不确定性评价等几个方面。技术评价是从技术角度来看项目的可行性和操作性；财务评价是从财务角度分析项目投资的经济效益，是对项目本身的盈利分析；经济评价是从整个国家的角度分析项目投资的经济效益。社会评价是分析项目对社会产生的有益的影响效应，是分析项目对社会的贡献。

11. 农业项目投资的可行性论证结论

完整的可行性论证，还需用系统分析的方法，从经济、社会、技术、生态等各个方面进行综合评价，得出最后的结论，并编制成可行性论证报告。如有需要说明的其他问题及其他建议，可以单列专题进行研究。

相关链接

三峡工程项目

三峡工程是我国大型工程项目，它的论证过程，大约70年的时间。特别是自1986年重新开始论证，共组织了200多个有关单位，涉及国家部门、科研单位、高等院校、地方行政单位、技术咨询公司，3 000多名技术人员参加，其中有职称的共370人，中科院院士15人，正副教授66人，正副研究员38人，高级工程师251人。根据论证对象的技术特征将总体项目分为14个专题项目，涉及40多个专业。三峡工程论证结论认为：建设三峡工程对于我国经济建设非常必要，它技术上可行、经济上合理、建比不建好、早建比晚建有利。建设方案采取“一级开发、一次建成、分散蓄水、连续移民”，坝址选在湖北宜昌县西陵峡三斗坪镇，大坝坝高为185米，初级水位156米，正常蓄水水位175米，库容393亿立方米，防洪库容221.5亿立方米，水电装机容量1 768万千瓦，年发电量840亿千瓦小时，移民20年完成，采取开发性建设移民，工程总工期为18年，12年后第一台机组运转发电，工程静态总投资共571亿元(按1990年价格计算)。

(三) 农业项目投资可行性论证的程序

农业项目投资从项目设想到形成新增生产能力、投入营运的整个过程，可分为三个时期，即投资前时期、投资时期和投产营运时期。可行性论证主要是项目在投资前时期所进行的工作，是项目投资方案建立和选择过程中由浅入深、由粗到细的渐进过程，可分为如下几个阶段：

1. 投资机会论证阶段

这一阶段又称为项目建议书阶段，主要是根据资源、市场、经济建设的长远规划、方针政策以及争取投资单位的技术管理能力等情况，对市场做粗略的调查和预测，分析现有资料和数据，估算投资效果和费用，结合专家意见，粗略估计拟议中的项目能否上马、通过什么渠道争取投资机会，分析项目的可能投资方向，提出项目的大体设想。对农业项目的投资机会的研究，主要考虑产品的市场需求与发展前景、资源条件和对环境的影响、国内外生产水平及项目成本以及效益的粗略估算。主要目的是确定拟议项目投资是否需要作深入的分析、研究。机会论证是进行具体论证的预备性研究，主要依靠经验或少量综合经济指标对项目投资方面进行鉴定和估算。

2. 初步可行性论证阶段

这一阶段是对项目进行初步选择和拟定的阶段，介于机会研究和详细可行性论证之间。初步可行性论证是对机会论证所提出项目方案的可行性进行初步的技术和经济分析。是在上一阶段机会论证的基础上进一步调查市场信息，分析市场环境，勘察和分析项目所在地区的资源情况、项目所在位置及周边环境情况，初步判断项目的投资机会是否有生命力，投资机会是否有前途，对项目的一些关键性问题是否需要深入研究，并对项目作出能否投资的初步研究。

3. 详细可行性论证阶段

这一阶段主要对项目进行分析和确定，又称为正式可行性研究或最终可行性研究，是可行性研究的关键环节。详细可行性论证要对项目投资进行全面的技术经济论证，进一步分析论证项目的相关影响因素，比如产品方案、市场容量、生产能力、资源供应、厂址选择、工艺技术、设备选型、工程实施进度计划、筹资计划、组织管理机构和定员、经营成本、投资回收期和投资利润率，探讨项目建设的可能性和合理性，提出在若干条件下的不同投资方案。

4. 评估报告阶段

经过对不同项目方案进行全面认真的分析论证，若通过对项目方案进行财务评价和经济评价，证明项目投资是必要的，技术上可行，经济上和社会上都合理，便可编制详尽的可行性论证报告。根据可行性论证的结论，可以提出一个最佳的方案，也可以提出若干个供选择的方案，说明各自利弊和可能采取的措施。如果证明项目不可行，或虽可行但技术上不先进，或经济上不合理，或社会上不合理，或三者兼而有之，则提出拟建项目“不可行”的结论，并编写可行性论证报告，提出项目不可行的结论意见或项目改进的建议，作为项目投资决策的基础和重要依据。

五、农业项目投资评估的内容

资源的有限性，要求提高项目投资的效率与效益，客观需要建立科学的理论体系与方法体系来对其进行评估。项目投资评估是对可行性研究报告所进行的分析与评价，是对可行性研究报告的可靠程度做出评价，在我国实际上是立项的最高和最后阶段。

项目投资评估的主体一般为投资决策部门、宏观管理部门和贷款部门。评估的目的是供投资决策部门进行项目投资决策；供政府宏观管理部门进行项目宏观调控；供金融机构等贷款部门进行项目融资决策。最终实现资源的合理配置。

项目投资评估的依据主要包括项目建议书和立项文件；项目可行性研究报告、项目规划及批复文件；与项目有关的国家区划、产业政策、财税制度；与项目有关的信息、资料、调查报告、参考数据及其他附件等。

由于项目投资评估是在可行性研究报告基础上进行的。因此，评估不必像可行性研究那样详尽，而是根据项目的具体情况及评估部门的要求有重点地进行评估。与工业项目相比较，农业项目投资受自然影响更大，内容更复杂，其评估的主要内容有：

1. 项目投资必要性评估

项目是否符合国家经济开发的总体目标、开发规划和产业政策，是否有利于增强农村地区经济活力，促进产业可持续发展；项目投资是否有利于合理配置和有效利用资源，并改善生态环境；产品是否适销对路，符合市场的需求，这也是项目投资是否必要的关键；项目投资的总体效益如何，尤其要看项目开发建设能否给所在地区经济发展和整个国民经济带来好的效益和大的贡献。

2. 项目投资建设条件评估

项目投资建设条件评估包括项目投资的资源条件评估、投入物供应条件评估、产品销售条件评估、科学技术条件评估、政策环境条件评估、组织管理条件评估等内容。

3. 项目投资开发方案评估

项目投资开发方案评估包括项目规模及布局评估、产业结构评估、技术方案评估、工程设计评估以及判断各阶段安排是否合理和时间进度是否科学的时序评估等内容。

4. 项目投资效益评估

投资效益评估是项目投资评估的核心内容，其他评估内容都是为了保证良好的效益，围绕效益这一核心内容进行的。主要内容包括：

(1) 基本经济数据的鉴定　是效益评估的基本依据，包括各经济数据是否实事求是，成本与效益的估算是否合理，基本经济参数的确定是否合理等。

(2) 财务效益评估　指对项目参加者带来的利益大小，包括投资回收期、财务净现值、财务内部报酬率等的计算分析。

(3) 经济效益评估　对整个国民经济带来的利益大小，包括有限资源是否得到了合理有效的利用，经济净现值、经济内部报酬率等的计算分析。

(4) 社会生态效益评估　通过计算森林覆盖率、水土保持等指标来分析评价。

(5) 不确定性及风险分析评估　在投资的过程中，项目受自然及社会的制约，涉及的不确定性因素较多，风险较大，项目投资效益不稳定，应对各种不确定因素进行敏感性分析，尽量选择风险性较小的项目。

5. 对有关政策和管理体制的评估

对有关政策和管理体制的评估包括物资供应政策、价格政策、产品收购政策、补贴政策、利率政策、税收政策、资源开发政策、产业发展政策及相关管理体制等内容。

6. 评估结论

评估结论主要内容包括项目投资是否必要；项目投资所需条件是否具备；项目投资开发方案是否科学合理；项目投资是否落实，效益是否良好以及风险程度；项目投资开展应有哪些政策措施；评估结论性意见，明确表明同意立项，或不同意立项，或可行性研究报告及项目方案须进行修改或重新设计，或建议推迟立项，待条件成熟后重新立项，并说明理由。

第二节　农业项目投资的评价

农业项目投资立项前要对项目进行可行性论证，然后提出可行性研究报告，而对项目投资的评价是可行性研究报告的一个重要组成部分。农业项目投资评价就是通过比较、分析和计算多个技术方案、建设方案，从中选择出技术上先进、生产上可行、经济上合理的方案，从经济、财务、社会等方面对方案进行较全面的评价，提出对项目投资的综合评价意见和建议，最终为项目投资决策提供依据，并为总结项目投资建设的经验和教训、评价项目投资管理成果提供依据。农业项目投资评价，是投资决策科学化、规范化、程序化、民主化，避免投资决策失误的重要保证，随着管理的逐渐科学化，项目投资的评价越来越受到人们的重视。进行农业项目投资评价是为了减少盲目的投资，减少、避免资金的损失和浪费，最大限度地提高投资效益。现实生活中，我国的一些建设项目由于事先没有进行经济技术论证，缺少可行性论证，没有做出项目评价，决策依据不充分，再加上决策程序不严格，决策方法不当，凭借主观臆断导致最终决策失误，造成项目建设和投资后生产经营中的浪费等严重后果，给国家造成了巨大的损失。如一些建设项目因原料供应不足而在中途被迫停止，有一些项目因项目建设不配套而没有达到预期的效果，还有一些项目由于事先没有充分的市场分析，对市场估计不足造成产品销售惨淡，这些都带来了惨痛的教训。实际建设中，也不乏一批经过充分项目投资评价的建设项目，在建成投产后取得了良好的经济效益和社会效益。为了使有限的资金能够发挥最大的效益，提高每一个项目的投资效益，建立科学、实用的项目评价体系和评价方法，使项目投资的决策更加合理和科学，具有重要的现实意义和深远的历史意义。

一、农业项目投资的经济评价

由于农业项目投资涉及农户、企业、银行和国家，各个主体追求的目标并不是完全一致的，而且有时农产品的价格和价值会发生背离，还会受到国际市场的影响，经济效益往往不能真实反映项目对国民经济的贡献和所付出的代价，单纯的农业项目投资的财务评价并不能全面地反映项目对国家是否有利，也无法保证资源在最佳用途上使用并发挥效益，这就需要从国家整体利益出发，分析和评价项目的国民经济效益。

经济评价是按照资源合理配置的原则，从国民经济整体或全社会的角度考察项目的费用和效益,用货物影子价格、影子汇率、影子工资和社会折现率等一整套经济参数分析、计算项目对国民经济的净贡献,评价项目的经济合理性。它是项目经济评价的有机组成部分。

资源是有限的,需要在各种相互竞争的用途中选择资源的投向,使资源投入到最需要的项目上,并使这些资源能够合理配置和有效利用,发挥最大的经济效益。这需要借助于项目投资的经济评价,从国家和社会整体的角度考虑。另外,在现实中,我国很多商品的价格不能反映价值和供求关系,如果在这种商品价格失真的条件下仍然按照现行价格计算项目的投入和产出,就不能真实地反映项目建设带给国民经济的费用支出和效益,因此,需要使用能够反映资源真实价格的影子价格来计算项目的费用和效益,分析评价项目对国民经济总目标的影响。

经济评价是一项比较复杂的分析评价工作,一般需要对下列类型的项目投资进行经济评价:对国民经济影响比较大的项目投资,尤其是具有较大外部效应的项目投资。这类项目一般来说都属于国民经济的基础产业,如大型农业区域开发项目投资、大型水利工程项目投资等。投入、产出物的财务价格明显不合理的项目投资,如具有垄断性质的项目投资。国际金融组织贷款项目投资和某些外国政府贷款项目投资,如世界银行、亚洲开发银行贷款项目、日元贷款项目等,按照国际惯例,这些项目一般都要求。需进行经济评价的还包括有关稀缺资源开发和利用等的项目投资。

二、农业项目投资的财务评价

财务评价是站在项目投资自身的角度上,衡量和计算一个项目投资所带来的利益,评价项目投资在财务上是否有利可图,农业项目投资的财务评价根据国家现行财税制度和价格体系,采用现行的市场价格,运用预测比较的方法,在估算拟建项目效益和费用的基础上,分析计算拟建项目整个生命周期发生的财务费用和效益,计算财务评价指标,分析项目的盈利能力、偿还能力及外汇平衡情况,考察农业项目投资投产后在财务上可能的获利能力,也就是评估项目为投资主体所能带来的实际利益。财务评价是项目投资财务分析的核心。

财务评价的主要目的包括从企业或项目角度出发,分析投资效果,判明企业投资所获得的实际利益;从企业角度出发,进行资金平衡分析,判明项目是否具有财务上的生存能力;从债权人角度出发,计算相应的偿债指标,判明项目的偿债能力;判别项目的财务可行性,为投资决策提供依据。

项目的生存能力、盈利能力、清偿能力等财务状况,取决于项目的财务效益和费用的大小及其在时间上的分布,是通过财务报表以及计算相应的评价指标来进行判断的。因此,为判别项目的财务可行性所进行的财务评价应该包括以下内容:

(1) 财务效益和费用的识别　进行财务评价,首先必须明确哪些是项目的效益、哪些是项目的费用,从而据以判断哪些是项目的投资费用,哪些是项目的投资经济效果。

(2) 财务效益和费用的计算　根据识别的财务效益和费用,估算项目的投资费用和投资经济效果的大小。财务效益和费用的计算,要客观、准确,其计算口径要对应一致。计算效益和费用时,项目产出物和投入物价格的选用必须有充分的依据,项目财务评价使用财务价格,即以现行价格体系为基础的预测价格,且根据不同情况考虑价格的变动因素。

(3) 财务报表的编制　在项目财务效益和费用的识别与计算的基础上,可着手编制项目的财务报表,包括基本报表和辅助报表。为分析项目的盈利能力需编制的主要报表有:现金流量表(项目投资现金流量表、项目资本金现金流量表、投资各方现金流量表);利润与利润分配表;财务计划现金流量表以及相应的辅助报表。为分析项目的清偿能力编制的主要报表有:资产负债表;借款还本付息计划表以及相应的辅助报表。

一般而言,项目经济评价要进行财务评价和国民经济评价,然后根据评价结果综合评价项目的可行性。但不是所有的项目都要进行这两方面的评价,要根据具体项目的特性来选择。比如有些公益项目,较难进行财务评价,只需要进行国民经济评价;而有些竞争比较充分、市场化水平较高的小规模项目,只需要进行财务评价,而且其结果可以反映国民经济评价结果,一般可以不做国民经济评价。

三、农业项目投资的社会评价

对项目投资进行科学的评价与分析,是实现项目决策科学化、提高项目效益及其经济持续性发展的关键。任何一个项目投资都存在于一定的自然环境和社会环境条件,环境条件影响着项目建设的费用、效益,以及项目的生存与发展,而同时项目的建设与实施对社会与环境也产生着影响。经验表明,对项目投资仅从经济上进行评价,难以对项目做出最优的选择,容易出现偏差,还必须从项目对社会发展目标的贡献和影响方面分析其利弊得失,使项目得以整体优化,以保证其顺利实施,而且项目符合社会需求并能为社会所接受,往往能提高项目的经济效益。

农业项目投资的社会评价是指由于项目建设、实施与运营,对社会经济、自然资源利用、自然与生态环境、社会环境等方面的社会效益与影响的分析,与可持续发展紧密联系。项目投资为人类社会可持续的生存和发展提供服务,是人类社会实现可持续发展的途径。因此,社会评价是以人为中心,研究项目在其整个生命周期中与其利益相关者的协调关系,从而促进项目的持续性,为社会、经济协调持续发展提供服务。

开展项目社会评价,有利于自然资源合理利用与生态环境的保护,有利于保证项目与所处社会环境相协调,提高投资的经济效益,促进社会经济可持续发展;而且也有利于完善项目评价理论,提高项目决策的科学水平,对项目进行全面评价,促进国家社会发展目标的顺利实现。

社会评价难度大、要求高,并且还需要一定的资金和时间投入,并不是任何项目都有必要进行社会评价。一般来说,进行社会评价的项目主要包括对当地居民受益影响较大的社会公益性项目、对人民生活影响较大的基础性项目、容易引起社会动荡的项目、国家地区的大中型骨干项目和扶贫项目等。比如水利灌溉项目,大型的能源、交通、工业项目,移民和非自愿移民项目,畜牧业、渔业、林业项目等。农业项目投资社会评价的内容主要包括以下方面:

(1) 项目投资对社会经济环境的影响　农业项目投资的建设主要是围绕发展经济、摆脱贫穷、走向富裕、走向文明的思路进行,对其进行社会评价主要是通过分析项目建设对项目所在区农业生产的影响、对农村经济结构的影响、对项目区人口变动的影响、对就业的影响、对收入分配的影响、对文化教育的影响、对人民卫生保健的影响、对妇女地位的影响、对民族关系的影响、对科技进步的影响、对项目区基础设施与农民生活条件的影响、对项目区风俗习惯、道德规范和宗教信仰以及民族团结的影响、对项目区社会安定的影响、对项目区社会福利和社会保障的影响、对国防和提高国家国际威望的影响、对项目区人际关系的影响等。主要是分析项目的建设实施对这些方面是否会有影响,会有多大的影响,是正面的影响还是负面的影响。

(2) 项目投资对自然生态环境的影响　主要是评价项目实施是否使项目区的农业自然资源得到了合理利用,是否最大限度地提高了土地生产力和土地利用率,是否改善了项目区或者更大范围的生态环境,对这些方面的影响程度如何。

(3) 项目投资内容与社会的相互适应性评价　任何项目投资行为,都是在特定的社会环境中进行的。所以,项目投资能否取得成功,还需要分析项目投资内容与项目所在区域的相互适应性。一般需要评价:项目投资内容与国家和地区发展的目标和要求是否相适应;项目内容中文化与技术方面的可接受性;文化与技术选择是否符合先进性、适用性、可靠性、经济性、合法性及安全性等基本原则,有没有更好的可替代选择;项目投资是否存在社会风险,如有风险,风险程度如何;项目所在区农民对项目的态度反应,如果项目区农民不满或反对项目投资,不满或反对的人有多少,不满或反对的原因有哪些,是否有防范社会风险的必要措施等。

(4) 项目投资实施过程中受损群众的补偿问题　需要分析不同群体之间的关系,有没有弱势群体因项目受损,有没有可以减少受损群众数量及损益补偿的切实可行的措施;如果实行这些措施将会对项目投资产生什么影响。

(5) 项目区农民参与项目的程度　需要分析影响农民参与项目建设程度的各个因素,包括项目区农民是否享有平等表达意愿的权力、农民对项目的参与是被动参与还是主动、农民能否从项目中直接获得利益等。

(6) 项目承担机构与项目运作的适应性　需要分析项目承担机构的设置情况、人员的素质、组织管理的水平、机构运转的效率等;分析是否需要建立非政府组织协助项目承担机构的工作等。

第三节　农业项目投资的评价方法和效果分析

一、农业项目投资的评价方法

(一) 经济评价方法

农业项目投资的经济评价方法主要包括国民经济效益评价和国民经济效果评价。国民经济效益评价是基本的评价方法,主要包括经济内部收益率和经济净现值等指标;国民经济效果评价包括经济外汇现值、经济换汇成本、经济节汇成本等指标。

1. 国民经济效益评价

(1) 经济内部收益率(EIRR)　经济内部收益率是反映项目对国民经济净贡献的一个相对指标,指项目在计算期内累计经济净现值等于零时的折现率。

(2) 经济净现值(ENPV)　经济净现值是反映项目对国民经济净贡献的一个绝对指标,表明计算期内项目投资对国民经济的净贡献额。它是按社会折现率把项目计算期内各年的净效益流量折算成建设期初的现值之和。

2. 国民经济效果评价

(1) 经济外汇现值(ENPVF)　经济外汇现值是反映项目实施后对国家外汇收支造成直

接或间接影响的重要指标，用来衡量项目对国家外汇的真正净贡献（创汇）或净消耗（用汇）。

这一指标是指项目的外汇流入和外汇流出的差额，按照合理的计算参数，折算到建设期初的现值之和。

（2）经济换汇成本（EFC）　经济换汇成本是分析项目产品出口的国际竞争力，判断项目产品是否应当出口的重要指标，是指产品直接出口换取单位外汇需要耗费的国内资源。当有产品直接出口时，应计算经济换汇成本。

经济换汇成本是用影子价格、影子工资和社会折现率计算的为生产出口产品而投入的国内资源现值与生产出口产品的经济外汇净现值之比，国内资源现值通常用人民币表示，而经济外汇净现值通常用美元表示。因此要计算为换取 1 美元的外汇所需要的人民币数额，由此来分析评价项目产品是否值得出口。

（3）经济节汇成本（EMC）　经济节汇成本是用于分析评价项目实施后其产品在国际上的竞争力的重要指标，是指项目生产替代进口产品时节省单位外汇所需投入的国内资源，当有产品替代进口时，应计算经济节汇成本。

经济节汇成本等于项目计算期内生产替代进口产品所投入的国内资源的现值与生产替代进口产品的经济外汇净现值之比，是用影子价格、影子工资和社会折现率计算的为生产替代进口产品而投入的国内资源现值（以人民币表示）与产出品的经济外汇净现值（通常以美元表示）的比值，即获取 1 美元净外汇收入或节省 1 美元耗费所需消耗的国内资源价格（人民币元）。进而判断其产品是否应进口。

（二）财务评价方法

项目投资的财务评价包括盈利能力评价和清偿能力评价。其中，对盈利能力的评价方法一般分为静态评价方法和动态评价方法，对清偿能力的评价通过资产负债率等指标来进行。

1. 静态评价方法

静态评价方法又称简单法，是在项目评价时，为达到分析计算盈利能力目标而采取的一种简化方法。静态评价法在评价项目投资的财务效果时，不考虑资金的时间因素；不考虑项目寿命期内各年项目的获利能力，只考虑代表年份（正常生产年份）的净现金流量或平均值。静态评价法也叫做非贴现分析，是不考虑资金时间价值的效益分析，主要运用投资回收期、投资利税率、投资利润率、资本金利润率等指标来进行分析评价。

（1）投资回收期　投资回收期是指项目投产后所获得的净收益累计到与全部投资额相等时所需的时间。它是评价和比较项目投资回收能力的指标，投资回收期越短，反映资金回收的速度越快，资金的利用率越高，项目的风险性越小。

投资回收期可通过财务现金流量表中累积净现金流量计算来得到：

$$\text{投资回收期}(P_t)=\begin{pmatrix}\text{累计净现金流量开始}\\\text{出现正值年份数}\end{pmatrix}-1+\frac{\text{上年累计净现金流量的绝对值}}{\text{当年净现金流量}}$$

（2）投资利税率　投资利税率是指项目达到设计生产能力后的一个正常年份的利润和税金总额与总投资的比值。它表明单位投资年创利税额。如果生产期内各年的利税总额相差较大时，可以用项目生产期内年平均利税总额代替年利税总额。投资利税率的计算公式为：

$$\text{投资利税率}=\frac{\text{年(均)利税总额}}{\text{总投资额}}\times 100\%$$

$$年利税总额=年销售收入-年总成本费用$$

或 $$=年利润总额+年销售税金及附加$$

(3) 投资利润率 投资利润率是指项目达到设计生产能力后的一个正常生产年份的年利润总额与项目总投资的比值，是考察项目单位投资盈利能力大小的指标。利润总额一般是指税后利润。对于生产期内各年的利润总额变化幅度较大的项目，应计算生产期内年平均利润总额与项目总投资的比率。

$$投资利润率=\frac{年(均)利润总额}{总投资额}\times 100\%$$

其中，总投资额是指固定资产投资(不包括更改资金)与建设期利息和流动资金三者的总额。

(4) 资本金利润率 资本金利润率是指项目达到设计生产能力后的一个正常年份的利润总额与资本金的比值，它是衡量项目的单位资本金盈利能力大小的指标。如果生产期内各年的利润总额相差较大，可用项目生产期内年均利润总额代替利润总额。

$$资本金利润率=\frac{年(均)利润总额}{资本金}\times 100\%$$

2. 动态评价方法

农业项目投资一般前投资、后收益，要在比较长时间内占用较多的资金，在项目建成投产发挥效益后，这些资金才将会在较长的时间内陆续收回。随着时间的变化，一定量资金的价值量会发生变化，即资金存在着时间价值，也就是说现在一个货币单位资金的价值量大于若干年后同一货币单位资金所代表的价值量。在农业项目投资分析中，除了要考虑资金的数量外，还必须考虑资金的时间价值。

动态分析法又称现值法，将不同时间出现的各种收益及成本支出进行贴现处理，把项目在不同时间发生的各种收益和支出换算成相同时间的等值金额进行比较分析，以此来保证项目收支的可比性和评价结果的准确性。动态分析法主要运用财务净现值、财务净现值率、内部收益率、动态投资回收期，以及效益-成本比率、净效益-投资比率等指标来进行分析评价。

(1) 财务净现值和净现值率 财务净现值(FNPV)指项目方案在使用年限内总收益现值与总费用现值之差，也可表示为使用期内逐年净收益现值之总和，它是将项目期内各年的成本和收益按一定的贴现率(基准收益率)分别折算为现值，然后用全部收益现值之和减去全部成本现值之和，从而得出该项目的净现值。财务净现值率(FNPVR)指项目财务净现值与全部投资现值之比。财务净现值(FNPV)和净现值率(FNPVR)是反映项目在计算期内获利能力的动态评价指标。

财务净现值(FNPV)$=\sum$(各期现金流入量×贴现系数)$-\sum$(各期现金流出量×贴现系数)财务净现值率(FNPVR)=(财务净现值/全部投资现值)×100%

(2) 内部收益率(FIRR) 内部收益率又称内部报酬率，指项目在整个寿命期内，各年净现金流量的累计折现值等于零时的折现率，即净现值等于零时的折现率。内部收益率的计算过程为：

① 首先根据经验确定一个初始折现率 i_0；

② 根据投资方案的现金流量计算财务净现值 FNPV(i_0)；

③ 若 FNPV(i_0)=0，则 FIRR=i_0；

若 $FNPV(i_0)>0$,则继续增大 i_0；

若 $FNPV(i_0)<0$,则继续减小 i_0。

④ 重复步骤③,直到找到这样两个折现率 i_1 和 i_2,满足 $FNPV(i_1)>0$,$FNPV(i_2)<0$,其中,(i_2-i_1)一般不超过2%～5%。

⑤ 利用线性插值法近似计算财务内部收益率FIRR,其计算公式为：

$$FIRR=i_1+[FNPV_1/(FNPV_1-FNPV_2)]\times(i_2-i_1)$$

(3) 动态投资回收期　动态投资回收期又称现值投资回收期,指在给定基准折现率或设定折现率条件下,用项目折现后的净现金收入偿还全部投资所需的时间。

动态投资回收期可通过财务现金流量表(全部投资)直接求出,公式为：

$$动态投资回收期=\begin{pmatrix}累计财务净现值\\出现正值年份数\end{pmatrix}-1+\frac{上年累计财务净现值的绝对值}{当年财务净现值的绝对值}$$

3. 清偿能力评价方法

对项目投资清偿能力的评价主要通过资产负债率、流动比率、速冻比率以及借款偿还期等指标来进行。

(1) 资产负债率　资产负债率是衡量总资产中通过借债筹集的资产所占比重的指标,是反映项目各年所面临的财务风险程度及偿债能力的指标,也是反映项目偿债能力的最主要的指标,还可用来反映企业在清算时对债权人利益的保护程度。

$$资产负债率=\frac{负债总额}{资产总额}\times100\%$$

式中,负债总额包括长期负债和流动负债,资产总额是指扣除累计折旧和资产减值准备后的余额。

(2) 流动比率　流动比率反映项目各年偿付流动负债的能力。

$$流动比率=\frac{流动资产总额}{流动负债总额}\times100\%$$

(3) 速冻比率　速动比率反映项目快速偿付流动负债的能力。

$$速动比率=\frac{流动资产总额-存货}{流动负债总额}\times100\%$$

(4) 固定资产投资国内借款偿还期　借款偿还期=借款偿还后开始出现盈余年份−开始借款年份+(当年偿还借款额/当年用于还款的资金额)

(三) 社会评价方法

项目投资的社会评价方法一般包括定量分析法和定性分析法。

1. 定量分析法

定量分析法一般采用一定的计算公式及评判标准,用量化指标反映评价结果。一般在社会评价中可定量测度如下指标：

(1) 就业效果　农业项目投资的就业效果是指项目建成以后给社会创造的新的就业机会。新开发的项目能为农业生产开拓新的生产门路,增加新的生产行业,为农户提供新的劳动场所,为农村剩余劳动力创造就业机会,减少劳动力的闲置。就业效果可用“总就业效果”指标来表示。

总就业效果通过项目建成后给社会带来的总就业人数与项目的总投资额的比较来反映。

一般用单位投资所提供的就业人数多少来衡量，或用提供每个就业机会所需投资的多少来衡量，比如人数/万元，或者万元/人数。

单位投资额就业人数＝新增总就业人数/项目总投资额

或　　每个就业机会所需投资＝项目总投资额/新增总就业人数

如发展某奶牛项目，农户数为 11 650 户，若每户按就业 1.5 个劳动力计算，则总就业人数为 17 475 人，奶牛发展总投资额为 2 306 万元，则每万元投资可为 7.58 个劳动力找到就业机会。

如建设一个果品加工项目，该项目总投资为 1 000 万元，项目所在区有农户 1 435 户，如果通过该项目就业的每个农户有 2 个劳动力，那么总就业人数就是 2 870 人，每万元投资可以创造 2.87 个劳动力的就业机会。

(2) 社会经济效果　农业项目投资的社会经济效果是从宏观角度考察项目对整个社会的影响，是衡量项目能否成立的重要指标，它通过农业项目投产以后给社会带来总的经济效益和社会费用的比较来反映。

$$\text{项目社会经济效果}=\frac{\text{项目社会净收益}}{\text{项目社会总费用}}\times 100\%$$

式中，社会净收益是指农业项目带给社会的净贡献，其中包含直接效益和间接效益；社会费用是指农业项目的开展给社会带来的损失，其中包含社会直接费用和社会间接费用。

另外，还可以从一些微观具体指标来衡量项目的社会经济效果：

百元投资农产品增量是衡量单位投资提供目标农产品的增量。

$$\text{百元投资农产品(折粮)增量}=\frac{\text{项目计算期内年平均新增农产品的折粮数量}}{\text{项目总投资额}}\times 100\%$$

农业劳动生产率增量：农业劳动生产率增量是有项目后的劳动生产率与没有项目时的劳动生产率之差，这是衡量项目实施前后劳动生产率发生的变化。

农业劳动生产率增量＝有项目后的农业劳动生产率－无项目时的农业劳动生产率

$$\text{农业劳动生产率}=\frac{\text{年均农业总产值}}{\text{年均总有效农业劳动力数}}\times 100\%$$

(3) 直接受益范围　衡量农业项目投资的社会效益还要看农业项目建成后能使多大区域(或面积)、多少农民(或农户)从中直接受益。一般用单位投资直接受益面积、单位投资直接受益人口指标来反映项目的直接受益范围。

投资受益面积水平＝直接受益面积(公顷)/项目总投资额(万元)

投资受益人口水平＝直接受益人口(人)/项目总投资额(万元)

如某项节水灌溉工程项目的推广实施可以涵盖到多少万公顷的灌溉用地，使多少农户每年减少灌溉用水多少立方，减少多少灌溉费用，使收入提高百分之几，使多少农户可以脱贫致富等。

(4) 农民生活提高水平　对农业项目投资的社会评价中一个重点考察的内容就是项目的实施对项目所在区人民生活水平的提高程度或减少国家付出的代价。项目效益的一个重要标志就是项目对农民或社区人民生活水平的提高程度。具体指标有：农户年平均收入增加量、项目总收益增加量、国家每年减少经济补贴、物资补贴量等。

(5) 项目水土流失面积指数减量

$$\text{项目区水土流失面积指数}=\frac{\text{项目区水土流失面积}}{\text{项目区土地总面积}}\times 100\%$$

项目水土流失面积指数减量＝无项目指数－有项目指数

(6) 项目区前后某年覆盖率增量

$$项目区前后某年覆盖率增量=项目后某年覆盖率-项目前覆盖率$$

$$某年绿色植物覆盖率=\frac{项目区(森林面积+草地面积+农作物种植面积)}{项目区土地总面积}\times 100\%$$

$$项目区前后某年绿色植物覆盖率增量=项目后某年绿色植物覆盖率-项目前绿色植物覆盖率$$

(7) 环境质量指数 环境质量指数是判断水体、大气、土壤受污染程度的指标。

$$环境质量指数=\frac{1}{n}\sum_{i=1}^{n}\frac{Q_i}{Q_{io}}$$

式中,n 代表项目排出有害物质的种类,如废水、废气、噪音、废渣、放射物等;Q_i 代表第 i 种污染物质排放量;Q_{io} 代表国家或地方规定的第 i 种污染物质的最大允许排放量。

(8) 项目区土地某种恶化面积比率

$$项目区土地某种恶化面积比率=\frac{项目区土地某种恶化面积}{项目区土地总面积}\times 100\%$$

2. 定性分析法

农业项目投资的有些社会效果和影响没有办法定量分析,只能采用定性分析。如项目实施对妇女地位的影响、对民族关系的影响、对项目区风俗习惯、道德规范和宗教信仰以及民族团结的影响、对项目区社会安定的影响、对国防和提高国家国际威望的影响、对项目区人际关系的影响、对生态平衡的影响、对提高资源综合利用的影响、对提高人民物质文化生活水平及社会福利的影响等方面的社会评价分析要采用定性分析。

定性分析法基本上是用文字描述说明事物的性质。在进行定性分析时,为了更准确地说明问题的性质和结论,如果需要并且可能,应尽量采用直接或间接的数据。此外,要确定分析评价的基准线,也要在可比的基础上进行有无项目的对比分析;为了更好地调查与分析,还需要制定定性分析的核查提纲;还要在衡量影响程度大小的基础上,确定各种指标的权重。

二、农业项目投资的效果分析

(一) 经济效果分析

经济效果分析可依据国民经济效益评价指标和效果评价指标来展开。

如果经济内部收益率等于或大于社会折现率,表明项目对国民经济的净贡献达到或超过了要求的水平,这时应认为项目是可以考虑接受的;否则,项目不能被接受。

如果经济净现值等于或大于零,表明国家为拟建项目付出代价后,不仅能够获得符合社会折现率的社会盈余,而且能够得到用现值计算的超额盈余,此时,项目是可以考虑接受的。如果经济净现值小于零,表明项目投资的净贡献达不到社会折现率的要求,项目不能被接受。

若经济外汇净现值大于或等于零,说明以创汇为目的的项目是可行的,否则项目不可行。假如项目以创收为目的,只要全部投资的净现值大于或等于零,可以允许经济外汇净现值小于零。

如果经济换汇成本和经济节汇成本小于或等于影子汇率,表明该项目产品的国际竞争力强,出口或替代进口是有利的,从获得或节约外汇的角度来看,该项目是可行的。

（二）财务效果分析

财务效果分析是项目投资效果分析的核心，财务评价是最直接衡量项目投资效果的经济指标，也是最重要的评价指标。

（1）静态评价法比较简单易行，在项目初期决策时，可给决策者及时提供简单经济评述意见。此法在世界各国普遍采用。

进行财务效果分析时，将投资回收期与行业的基准回收期或国家制定的定额投资回收期进行比较可以评价项目投资回收能力。当一个项目的投资回收期（P_t）小于或等于某一部门或行业规定的基准投资回收期（P_c）时，表明项目在规定的时间内能收回投资，则项目是可行的；否则，项目是不可行的，不能接受。投资回收期这一指标计算简便，能反映项目本身的资金回收能力，比较直接，对于那些风险较大或在技术上更新速度很快的项目进行风险分析时特别有用。但这一指标没有考虑投资回收后的情况，不能反映项目计算期内的总收益和获利能力，也没有考虑资金的时间价值，再加上基准投资回收期很难确定，这使其应用范围受到限制，常常需与其他指标合并使用。

将投资利税率与行业平均投资利税率进行比较，可以判别项目单项投资利税能力是否达到本行业的平均水平。如果达到或超过本行业的平均水平，则认为该项目是可行的，可以接受该项目；否则，项目应被拒绝。

同样，将投资利润率与行业平均投资利润率相比较，可用来判别项目单位投资盈利能力是否达到本行业的平均水平。如果达到或超过本行业平均水平，则认为该项目是可行的，可以接受；否则，不能接受该项目。投资利润率指标通过与行业平均水平比较来判断项目投资的可行性，简便、直观、容易理解，但是也存在没有考虑时间因素以及正常生产年份选择困难等缺点。

将资本金利润率指标与投资者预期的最低利润率比较，当资本金利润率大于或等于投资者期望的最低利润率时，项目就是可以接受的；否则，不能接受。

（2）动态分析法是考虑了整个项目寿命周期内现金流量的变化情况及其经济效益，考虑了资金时间价值因素对其盈利能力和清偿能力的影响。能够解决由于各种收益及支出发生的时间不同而出现的各种偏差问题，可以在现值的基础上对其进行比较分析，对项目投资效益的评价才更加符合实际，作为决策的依据才更具科学性，但计算起来相对复杂。

财务效果评价中，如果财务净现值（FNPV）>0，说明项目获利能力不仅能达到国家（部门或行业）规定的基准收益率，而且还有剩余的盈利，该项目是可以接受的。如果 FNPV<0，说明项目的获利能力达不到基准收益率或设定的收益率水平，这样的项目一般来说是应该被否决的。一般而言，只要净现值大于或等于零的项目都是可以接受的；净现值越大的项目，它的盈利能力也越大。计算净现值时应注意选择恰当的贴现率。在财务评价中，贴现率可选部门或行业的基准收益率；在国民经济评价中，可采用给定的社会折现率。净现值这一指标的优点是考虑了资金的时间价值，以绝对数直观地反映了项目的盈利水平，多用于比较不同类型互相排斥的现金流出和流入的项目。缺点是不好确定基准收益率；而且，净现值作为一个绝对数，不能在互相独立、投资规模不同的项目比较中使用。

内部收益率表明项目总投资支出所能获得的实际最大利润率，也是项目接受贷款利率的最高临界点。如果某项目的财务内部收益率大于贷款利率，而且大于等于基准收益率时，该项目是可以接受的。如果是若干方案进行比较,应该选财务内部收益率高的项目或方案。内部收益率指标本身相当于一个利率,计算时不需要事先确定折现率,而且用百分率表示,比较直观,与传统的利息率形式很一致。多数人认为它比净现值更能反映项目投资的效果。但是计算比较复杂,而且还需要一个财务基准收益率作为判断依据;另外,也不适合于项目排队,不能直接用于互斥方案的比较。

如果动态投资回收期小于或等于基准动态投资回收期,项目是可以接受的;反之,项目不予接受。动态投资回收期指标考虑了现金收支的时间因素,能真正反映资金的回收时间是动态投资回收期最大的特点。由于这一指标计算较复杂,而且在投资回收期不长或折现率不大时,两种投资回收期的差别不大,不影响项目的选择,所以,这种情况下可不采用这一指标来分析评价。

(3) 清偿能力分析从不同角度出发看法是不同的。以资产负债率指标为例,对债权人来说,指标越小越好,如果指标值小,企业的偿债保证程度就比较强,贷款的风险就不会太大。对所有者来说,在全部资金利润率高于借款利息率时,指标越大越好;在全部资金利润率低于借款利息率时,资产负债率越小越好。从企业经营角度看,若不举债或负债过少,则说明企业利用债权人资本进行经营活动的能力比较差;但是如果举债金额过大,超过了债权人的心理承受能力,企业可能借不到钱或承担巨大的风险。所以,在依据这类指标来决策借入资本大小时,必须充分估计到预期的利润和增加风险的程度,充分比较分析,才能做到正确决策。

(三) 社会效果分析

可根据定性评价的结论和定量分析指标对农业项目投资进行社会效果分析。

就业效果分析中,当单位投资就业人数这一指标大于或等于定额指标时,方案才可行。一般而言,单位投资就业人数指标值越高,投资的就业效果越好,如果是经济效益相同的多个方案,应优先考虑指标值大的方案。而对于每个就业机会所需投资来说,应该是小于或等于定额指标时方案才可行,指标值越小越好。如果是经济效益相同的几个方案,应该优先考虑指标值小的方案。

社会经济效果分析中,对于以提高农产品产量为主要目标的农业项目投资来说,若百元投资农产品(折粮)增量指标值低于规定的参考值,则项目是不可行的;如果有多个方案可供选择,应选择这一指标值大的方案。若农业劳动生产率增量等于或小于零,表明有项目后,劳动生产率没有得到提高或者比不上没有项目时的劳动生产率,该项目方案不能接受。该指标是越大越好。

超过质量标准的污染是不允许的。如果环境质量指数指标小于或等于1,说明该项目是可行的,可以接受;否则,该项目是不能被接受的。

项目区土地某种恶化面积比率越小越好。一般采用项目实施前后对比的方式来比较。假如项目实施前这一指标比项目后这一指标大,项目就是可行的;否则,不可行。在其他方面相同的情况下,应该优先考虑项目实施前后这一比率降低幅度大的项目方案。

此外,对于农业项目投资社会效益的效果评价还可以从产品创汇能力、产品国际竞争能力、综合能源消耗能力等方面去考察。

本章小结

通过本章农业项目投资管理基础理论与知识的学习，结合并区分一般工业项目投资来理解农业项目投资的含义、分类及特征；理解可行性论证是对项目背景、意义、目标、市场、技术、建设方案、组织管理、资金、风险和项目评价等方面的系统研究；农业项目投资需进行经济、财务和社会评价，经济评价包括国民经济效益和效果评价，财务评价采用静态和动态评价指标进行项目盈利和偿付能力的评价，社会评价可采用定量和定性两种方法。

探索与实践

一、名词解释

1. 农业项目投资 2. 农业项目投资可行性论证 3. 农业项目投资评价

二、填空题

1. 农业项目投资按其投资形成的结果可分为有形项目投资和无形项目投资。有形项目投资能增加农业生产经营的(　　)，无形项目投资不形成有形的财产，但在(　　)中有着重大的作用，如培训技术人才方面的智力投资。

2. 农业(　　)与(　　)的不一致性，决定了农业项目投资效益发挥的时间滞后性。

3. (　　)阶段主要对项目进行分析和确定，又称为正式可行性研究或最终可行性研究，是可行性研究的关键环节。

4. (　　)是对可行性研究报告所进行的分析与评价，是对可行性研究报告的(　　)做出评价，在我国实际上是立项的最高和最后阶段。

5. 农业项目投资的经济评价方法主要包括国民经济(　　)评价和国民经济(　　)评价。其中，国民经济(　　)评价是基本的评价方法。

6. 投资回收期是以项目的投产后所获得的(　　)抵偿(　　)所需要的时间。

7. 动态分析法又称(　　)，将不同时间出现的各种收益及成本支出进行(　　)处理，把项目在不同时间发生的各种收益和支出换算成相同时间的等值金额进行比较分析，以此来保证项目收支的可比性和评价结果的准确性。

8. 计算净现值时应注意选择恰当的(　　)。在财务评价中，贴现率可选部门或行业的(　　)；在国民经济评价中，可采用给定的(　　)。

9. 内部收益率表明项目总投资支出所能获得的实际最大(　　)，也是项目接受(　　)的最高临界点。

10. 评价农业项目投资对项目区就业和收入分配的影响属于对项目投资的(　　)评价。

三、选择题

1. 可行性论证主要是项目在(　　)所进行的工作。

A. 投产时期　　B. 投资前时期　　C. 投资时期　　D. 营运时期

2. 项目的寿命周期依次可以分为(　　)。

A. 开发期、建设期、生产期和发展期　　B. 开发期、建设期、发展期和收获期
C. 开发期、建设期、发展期和生产期　　D. 投资期、建设期、发展期和生产期

3. 建设防护林可以防风固沙，防止水土流失，也可以获得木材，更可以涵养水源，改善生态环境。体现了农业项目投资的(　　)特征。

A. 效果的多重性　　B. 综合性　　C. 社会性　　D. 对环境的依赖性

4. 项目的财务净现值计算结果(　　)，表明其盈利能力越强。

A. 越接近于1　　B. 越接近于0　　C. 越小　　D. 越大

5. (　　)比较简单易行，在项目初期决策时，可给决策者及时提供简单经济评述意见。

A. 静态评价法　　B. 动态评价法　　C. 定量分析法　　D. 综合评价法

6. 投资回收期的小数部分，可用(　　)除以当年净现金流量来计算。

A. 上年累计净现金流量的绝对值　　B. 前两年累计净现金流量
C. 上年累计净现金流量　　D. 前两年累计净现金流量的绝对值

7. 项目投资利税率是项目达到设计生产能力后一个正常生产年份的利税或项目生产期内平均利税总额与(　　)的比率。

A. 总利润　　B. 总投资　　C. 总产出　　D. 总费用

8. 由于农业项目对自然环境的明显的依赖性，农业项目投资要同时遵循(　　)。

A. 自然规律和经济规律　　B. 自然规律和人文规律
C. 市场规律和环境规律　　D. 生态规律和经济规律

9. 在下列项目投资评价指标中，属于静态评价指标的是(　　)。

A. 净现值　　B. 资本金利润率　　C. 投资利润率　　D. 内部收益率

10. 下列那些指标不属于农业项目投资社会评价的指标(　　)。

A. 动态投资回收期　　B. 农业劳动生产率
C. 环境质量指数　　D. 经济内部收益率

四、判断题

1. 一个具体的农业项目投资，在这个地区可行并不意味着在其他地区也同样可行；即使在不同的地区都可行，但在不同地区之间能够获得的投资收益也不一样。(　　)

2. 一个农业项目投资虽然不符合宏观经济发展的要求，但如果具有很好的效益前景，也是一个可行的项目投资。(　　)

3. 在农业项目投资决策时必须要考虑社会效益、生态效益和经济效益的协调与统一，长远效益与近期效益的协调与统一，整体效益与局部效益的协调与统一。(　　)

4. 为了体现公平原则，农业项目投资决策时，要注意把有限的投资平均投放。(　　)

5. 机会论证是进行具体论证的预备性研究，主要依靠经验或少量综合经济指标对项目投资方面进行鉴定和估算。(　　)

6. 市场分析是项目投资可行性论证与评估的前提和基础。它通过市场调查预测，搜集相关数据资料，对拟建项目投资进行需求分析、供给分析和综合分析。(　　)

7. 农业公益项目投资指没有办法取得财务利润，但具有很大经济效益的项目投资。(　　)

8. 投资回收期指标考虑了现金收支的时间因素，能真正反映资金的回收时间。(　　)

9. 虽然社会评价难度大、要求高，并且还需要一定的资金和时间投入，但任何项目都有必要进行社会评价。(　　)

10. 在农业项目投资分析中，除了要考虑资金的数量外，还必须考虑资金的时间价值。（ ）

五、简答题

1. 简述农业项目投资的特征。
2. 简述农业项目投资决策的原则。
3. 简述农业项目投资评估的主要内容。
4. 简述需要进行经济评价的项目投资。

六、论述题

1. 试述农业项目投资的可行性论证。
2. 试述农业项目投资评价体系。

第十二章　农业经济核算和效益评价

内容梗概

农业经济核算和效益评价是对农业企业生产经营过程中的生产资料占用、劳动耗费与生产成果进行的记录、计算、分析和比较。其目的是为农业企业改善经营管理、提高经济效益、增加资金积累、贯彻按劳分配原则以及为国家制定税收、价格和信贷政策等提供依据。

通过本章的学习，了解农业经济核算的基本理论与方法，认识农业经济核算的重要性和核算内容，掌握农业经济核算的基本技能。

学习目标

1. 理解农业生产成本、农业盈利及效益的概念；
2. 深入理解农业总产值、农业总成本与农业经济效益的关系；
3. 理解掌握农业成本的计算分析方法；
4. 理解掌握农业经济效益评价的方法技术。

学习提示

学习本章内容时需要注意四点：一是农业生产成本的种类较多，不同生产成本代表的含义不同，要分清使用。二是对于不同农产品来说，成本构成项目是不一样的，成本计算周期和计算公式也不一样。在核算农产品成本时，要分具体产品类别进行成本核算。三是本章涉及计算公式较多，需要分类理解。四是本章内容涉及一些成本会计学、经济核算和经济效益评价方面的知识，可在学习过程中参照相关书籍以帮助理解。

第一节 农业中的成本与效益

任何物质资料的生产，都会在消耗一定量的物化劳动和活劳动的同时，取得一定的生产成果。但消耗的物化劳动和活劳动的价值与获得的生产成果的价值相比，是否对生产者有利，就需要进行相应的经济核算与分析。

一、农业成本效益的基本范畴

（一）农业生产总成本

农业生产总成本是反映一个地区、一个部门或一个生产单位农业生产综合效益的重要指标，是农业企业或经营组织为生产一定量的农产品所发生的各项费用的总和。成本核算是经济核算的核心内容，搞好成本核算，对于加强成本管理，降低各种费用开支，节约人力、物力、财力等各种资源要素的消耗，提高农业的整体效益具有十分重要的现实意义。

（二）农产品单位成本

农产品单位成本是生产单位农产品所发生的各项直接或间接费用，是农业生产总成本与农产品产量的比值。其计算公式可表示为：

$$农产品单位成本=\frac{农产品总成本}{农产品产量}$$

从上面公式可以看出，农产品单位成本的高低与农产品总成本和农产品总产量两个因素有关，在农产品数量一定的情况下，农产品总成本越高，农产品单位成本越高，反之，农产品单位成本越低；在农产品总成本不变的情况下，农产品产量越高，农产品单位成本越低，反之，农产品的单位成本就越高。单位农产品成本能反映增产与节约两方面的经济效果，是考核农产品成本水平的重要指标。

（三）个别成本

农产品的个别成本是指个别农业企业或基本核算单位的产品成本，反映的是个别企业或生产单位生产某种农产品所耗费的物化劳动和活劳动的总量。计算个别成本可以进行横向对比，找出不同企业或单位生产相同种类农产品所耗费的物化劳动和活劳动总量之间的差别，如果对个别成本及其构成进行动态分析，还可以找出成本变动的原因，有利于提高农业企业的经营管理水平。

（四）社会成本

农产品的社会成本是指一个经济区域社会的平均生产成本，反映的是该区域内生产某种农产品所耗费的物化劳动和活劳动的社会必要劳动时间。通过个别成本和社会成本的对比，可以找出个别农业企业或基本核算单位在成本管理方面存在的差距，促使个别农业企业或基本核算单位加强本企业的成本管理，提高其产品的区域竞争力。

（五）效益

效益是效果和利益的总称。它有不同的表述方式，如经济效益与社会效益、微观效益与宏观效益、技术经济效益与社会经济效益、生态效益与综合效益等。其中，经济效益是指一定量的成本费用所带来的经济利益，是劳动成果同劳动消耗与占用的比较。

社会主义生产的目的，是要保证最大限度地满足社会及其成员经常增长的物质和文化的需要。因此，讲经济效益就是要以尽量少的活劳动消耗和物质消耗，生产出更多符合社会需要的产品。

（六）成本效益

成本效益是指一定量的成本所带来的经济效果和利益。它能反映出计入产品成本的费用与产品所带来的效益的关系。

二、农业生产成本分析

农业生产成本分析就是根据各种成本资料，运用专门的方法技术，对影响成本变动的各种因素及每种因素对成本的影响程度所作的计算分析。通过成本分析，可以了解农产品成本升降的原因，掌握成本变动的规律，以便为企业加强成本管理，编制成本计划提供依据。农产品成本分析一般包括成本预测分析、成本控制分析和成本总结分析。由于这三种分析分别在不同的时段进行，因此，又称为事前分析、事中分析和事后分析。

（一）成本预测分析

成本预测分析是为编制成本计划所作的前期准备工作，在编制成本计划前，要先对成本的变动趋势进行预测，然后再根据预测的结果编制成本计划。成本预测最简单的方法是高低点法。高低点法就是从企业的历史成本资料中，找出产量和总成本最高的年份（高点）以及总成本最低的年份（低点），计算产量和成本的差异数，然后运用直线公式进行预测。设总成本为：

$$y=a+bx$$

式中，y 为总成本，a 为固定成本，b 为单位变动成本，x 为总产量。

由于 $b=\frac{\Delta y}{\Delta x}$，$\Delta y$ 为总成本变化量，Δx 为总产量的变化量。

先将 b 值代入方程 $y=a+bx$，求出 a 值，再把 a、b 值代入 $y=a+bx$，即可预测出不同计划总产量所对应的总成本。

（二）成本控制分析

成本控制分析是指对生产过程中的物化劳动消耗和活劳动消耗加以控制，经常检查成本计划的执行情况，分析成本变动的原因，目的是使不同阶段或环节的成本都降到最低值。其分析方法是成本差异分析，其分析根据以下公式进行：

价格差异＝(实际单价－标准单价)×实际数量

或　　　＝材料价格差异＋单位报酬差异＋单位间接费用差异

数量差异＝(实际数量－标准数量)×标准价格

或　　　＝材料耗用数量差异＋人工效率差异＋间接费用效率差异

成本差异＝实际成本－标准成本

　　　　＝实际数量×实际价格－标准数量×标准价格

　　　　＝实际数量×实际价格－实际数量×标准价格＋实际数量×标准价格－标准数量×标准价格

　　　　＝(实际数量－标准数量)×标准价格＋(实际价格－标准价格)×实际数量

　　　　＝数量差异＋价格差异

通过计算，可以发现差异的有无，若有差异，分析是有利差异，还是不利差异，对有利差异要使其继续发展；对不利差异应及时采取措施消除，使成本计划顺利完成。

（三）成本总结分析

成本总结分析是在计算出产品成本以后，对产品成本计划完成情况及有关的经济效果进行考核，分析成本升降的原因。分析内容包括：成本计划完成情况分析；影响产品成本升降因素的分析；成本水平分析和成本构成分析。

1. 成本计划完成情况分析

成本计划完成情况分析有三个方面。

(1) 全部产品总成本计划完成情况分析，有关指标如下：

$$全部产品总成本计划完成率=\frac{实际总成本}{计划总成本}\times 100\%$$

$$全部产品总成本降低额=全部产品计划总成本-产品实际总成本$$

$$全部产品总成本降低率=\frac{全部产品总成本降低额}{全部产品计划降低额}\times 100\%$$

(2) 可比产品成本降低任务完成情况分析，主要分析指标有：

$$可比产品成本计划降低额=\left(\begin{matrix}可比产品\\计划产量\end{matrix}\times\begin{matrix}上年实际平\\均单位成本\end{matrix}\right)-\left(\begin{matrix}可比产品\\计划产量\end{matrix}\times\begin{matrix}计划单\\位成本\end{matrix}\right)$$

$$=可比产品计划产量\times\left(\begin{matrix}上年实际平\\均单位成本\end{matrix}-\begin{matrix}计划单\\位成本\end{matrix}\right)$$

$$可比产品成本计划降低率=\frac{可比产品计划降低额}{可比产品计划产量\times上年实际平均单位成本}\times 100\%$$

$$可比产品成本实际降低额=可比产品实际产量\times\left(\begin{matrix}上年实际平\\均单位成本\end{matrix}-\begin{matrix}本年实际\\单位成本\end{matrix}\right)$$

$$可比产品成本实际降低率=\frac{可比产品实际降低额}{可比产品实际产量\times上年实际平均单位成本}\times 100\%$$

(3) 主要产品单位成本分析，一般采用主要产品成本计划完成率这一指标进行，计算公式为：

$$主要产品成本计划完成率=\frac{实际单位成本}{计划单位成本}\times 100\%$$

2. 影响产品成本因素分析

影响产品成本的因素很多，在分析时，通常假设一个因素变，而其他因素不变，分析某因素变化对单位成本的影响。例如，农作物单位成本受单位面积成本和单位面积产量两个因素的影响。先假定单位面积产量不变，用实际单位面积产量和计划单位面积成本计算的单位成本与实际单位成本比较，分析单位面积成本变动对产品单位成本的影响程度；然后，再假定单位面积成本不变，用实际单位面积产量和计划单位面积成本计算的单位成本与计划单位成本比较，分析单位面积产量变动对产品单位成本的影响程度。

3. 成本水平分析和成本构成分析

成本水平分析可分为成本水平静态分析和成本水平动态分析。成本水平静态分析是指同一时间不同单位或部门之间的成本水平对比分析；成本水平的动态分析是指同一单位不同时间的成本水平对比分析。如农产品成本指数就是通过报告期农产品成本与基期农产品成本对比而得到的比值。成本构成分析是对成本中某一成本项目占总成本的比重的分析。它也可以分为成本构成静态分析和成本构成动态分析。成本构成静态分析是指同一时间不同单位或部门之间的成本构成因素变动情况的对比分析；成本构成动态分析是指同一单位不同时间的成本构成因素变动情况的对比分析。通过成本构成的分析，可以看出每一成本项目对总成本的影响程度，也可以找到降低成本的着手点。

三、农业经济效益

（一）农业经济效益的概念

农业经济效益是农业生产和再生产过程中劳动消耗和劳动占用与有用劳动成果的比较，也可说是农业生产和再生产过程中投入与产出的比较。农业经济活动最终的目的就是要通过各种农业生产要素的投入和农业生产力的合理组织，获得更多的农业成果，获取更高的经济效益。如果以等量投入获得了较以前更多的产出，或是等量产出，所需投入以前减少，都可以说是经济效益提高了。农业经济效益可以用绝对数表示，也可以用相对数表示。其计算公式为：

$$\begin{aligned}\text{经济效益} &= \text{劳动成果价值量} - \text{劳动消耗和占用的价值量}\\ &= \text{产出价值} - \text{投入价值}\end{aligned}$$

或

$$\text{经济效益} = \frac{\text{劳动成果}}{\text{劳动消耗或占用}} = \frac{\text{产出价值}}{\text{投入价值}}$$

从上面的公式可以看出，经济效益指标，无论是用绝对数表示，还是用相对数表示，都是指标值越大越好，如果指标值小，说明经济效益差。但这种指标值大或小都不是绝对的，而是相对的。只有同原来的基础相比较，或进行横向比较，才能判断出经济效益是否提高。如果指标值比原来大，是正效益，说明经济效益提高了；如果指标值比原来小，是负效益，说明经济效益下降了。在农业生产中，正效益和负效益可以相互转化。农业中有些新技术、新措施，在开始时可能是正效益，但经过一段时间后，它可能会出现负效益；有时则恰好相反，即在新技术、新措施被采用初期是负效益，但经过一段时间后可能出现正效益。

（二）农业经济效益的影响因素

现实中，影响农业经济效益的因素很多，但主要有自然环境条件，农业投入水平，农业科学技术与生产方式，农业区域布局与生产结构，农业生产的规模化、专业化水平等。

1. 自然环境

农业生产过程是自然再生产过程和经济再生产过程相交织的过程。农业生产的对象是有生命的生物，生物的生长同自然环境有着十分密切的关系。自然环境适合生物的生长，农业产量就高，农业经济效益就高；自然环境不适合生物生长，农业产量就低，农业经济效益就差。

2. 科学技术

邓小平同志指出科学技术是第一生产力。农业经济中科技含量的高低决定着农业经济效益的好坏。劳动者将科学技术运用于生产过程，作用于劳动资料和劳动对象，就会大大地提高劳动生产率，提高产品的质量和产量，最终节省单位农产品的投入或增加单位投入的产出。特别是劳动者科学知识的增长，技术水平的提高，生产经营能力的增强，对合理利用自然经济资源、确定合理的生产要素组合、适度的经营规模和投资规模等起着决定性的作用。

3. 农业投入

农业投入是影响农业生产经济效益的主观因素。在农业生产中，增加任何一种投入都可以使产量得到提高，应该加大农业投入，但我们又不能一味地增加农业投入。在其他投入不变的情况下，连续追加某一种投入的数量会导致边际报酬递减。追加投入可以增加收益，也一定会增加成本，如果因追加投入而增加的单位成本小于因追加投入而增加的单位收益，说明产生了正效益；如果因追加投入而增加的单位成本大于因追加投入而增加的单位收益，说明产生了负效益。实践中应根据边际收益递减规律，使投入掌握在一定的限度内，保证投入后能真正提高经济效益。

4. 农业生产结构

农业生产结构对农业生产经济效益的影响有其两面性，合理的农业生产结构能对农业生产经济效益产生正面影响，农业生产结构不合理将给农业生产经济效益带来负面影响。合理的农业生产结构，一方面能够合理利用当地的自然资源和经济资源，充分发挥当地的资源优势，提高农业生产的转化效率，最终提高经济效益；另一方面能够保持各种农产品供给和需求的平衡状态，也能稳定农产品的价格，使农业增产增收，还可以避免因农业生产的大幅度波动而造成的损失，从而提高农业的经济效益。因此，应适时调整农业生产结构，使其处于相对合理的状态，最大限度地提高农业生产的经济效益。

5. 农业经营规模

在一定的生产力水平条件下，农业经营规模不同，劳动者与劳动资料和劳动对象的结合程度不同。三要素结合的越好，生产力要素的利用越充分，经济效益就越高。相反，经济效益就越差。

从农业经济效益的制约因素我们可以清楚地看到，要提高农业经济效益，应该因地制宜，充分合理的利用当地的自然经济资源，不断地提高农业劳动生产率，降低劳动消耗，确定适度的经营规模和优化产业结构，在有限的条件下，最大限度地实现资源的合理配置，做到人尽其才，地尽其力，物尽其用。

第二节 农业经济核算

任何物质资料的生产，都会在消耗一定量的物化劳动和活劳动的同时，取得一定的生产成果。但消耗的物化劳动和活劳动的价值与获得的生产成果的价值相比，是否对生产者有利，就需要进行相应的经济核算与分析。通过经济核算，把生产经营成果与企业领导和劳动者的物质利益直接联系起来，能调动企业领导和劳动者的积极性和创造性，达到增产节约，提高经济效益的目标。

一、农业经济核算基本原理

农业经济核算涉及面广，操作较复杂，意义深远、重大，应加大工作力度。这就要求了解进行农业经济核算的重要性，掌握经济核算的基础理论和相关知识，熟悉农业经济核算的内容和方法等。

（一）农业经济核算的概念和作用

1. 农业经济核算的概念

农业经济核算是对农业生产经营过程中的物化劳动和活劳动的消耗以及相应经营成果所做的记载、计算、分析和比较，其目的是以较少的劳动消耗取得较大的生产成果。

2. 农业经济核算的作用

（1）实行经济核算可以明确生产单位和整个社会的生产消耗情况和最终成果，能够找出盈亏的原因，有利于寻找增产节约的途径。

（2）实行经济核算可以为国家制定宏观农业经济政策，确定投资方向、投资重点，调整产业结构和农作物区域布局提供可靠的经济技术依据。

（3）实行经济核算可以正确地计算农业生产的经营成果，有利于明确经济责任，避免“干多干少一个样”、“干好干坏一个样”的情况发生。

（4）实行经济核算可以更好地保护集体公有财产，防止公有财产的流失和浪费。

（5）实行经济核算可以挖掘生产潜力，使有限的资源条件发挥更大的作用。

（二）农业经济核算的内容和方法

1. 农业经济核算的内容

农业生产经营中经济核算的内容主要包括资产核算、成本核算和赢利核算三方面。

（1）资产核算　是对农业企业资产的来源、数量、价值、构成、增减变化、资产效益等进行系统的记录、计算和对比。通过对资产的核算，可以了解企业在生产经营中投入与占用资产的情况、资产使用带来的效益等，探讨提高资金利用率的途径和方法。这是农业企业进行经营活动的基础。

（2）成本核算　是对农业企业生产经营活动过程中的各种消耗进行计算和对比分析，了解成本构成、成本大小、成本增减变化，揭示成本升降的原因，以便寻求降低成本、增加利润的途径。

（3）赢利核算　是对利润额和利润率的核算。赢利的多少是衡量农业生产经营成果的重要指标。通过赢利的核算，可以考核农业的生产经营成果，促使农业不断降低成本，减少资金占用，加速资金周转，增加盈利。

2. 农业经济核算的方法

农业经济核算的基本方法包括会计核算,统计核算和业务核算三种。会计核算是用货币形式对农业企业的生产经营过程进行全面系统的记载、计算、对比、分析和总结。统计核算是运用货币、实物和时间等量度指标,对企业的经济现象进行计算和分析,来反映企业和社会的经济活动。业务核算是对企业和个别作业环节进行的核算分析。对一个企业或单位来讲,最为重要的是会计核算,但因三种方法各有侧重,相互联系,所以在实际应用时,只有把三种方法结合起来,才能比较全面地反映农业企业的经营情况,更好地发挥经济核算的作用。

二、农业成本核算

(一) 农产品成本核算的意义

农产品成本是指为生产农产品所消耗的物化劳动价值和活劳动报酬支出的总和。农产品成本核算是将农业企业在一定时期内发生的、用货币表现的生产耗费,按它们的用途进行汇集、分配,计算出不同产品的实际成本和单位成本的过程。

农产品成本是一项重要的综合性指标。劳动生产率的高低,原材料和机器设备的利用程度,以及经营管理水平等,都会通过成本指标反映出来。成本降低,意味着活劳动和物化劳动消耗的节约。单位农产品成本是指生产每一单位农产品所消耗的物化劳动价值和活劳动报酬支出的总和,某种农产品的单位成本是该种农产品成本与该种农产品总产量的比值。可见,单位农产品成本的高低既取决于农产品的产量,又取决于农产品成本。从这个意义上说,降低单位农产品成本就意味着企业以同样的物化劳动和活劳动的消耗,生产出更多的农产品。通过成本核算,可以对各种生产消耗进行控制和监督,促进企业或核算单位人、财、物力的节约,降低成本,增加盈利,也可为国家制定农产品价格政策等提供依据。可见,搞好农产品成本核算,对提高农业企业或基本核算单位的管理水平,实现增产节约,加强国家对农业生产的宏观领导和调控都有十分重要的意义。

(二) 农产品成本费用项目构成

要正确地核算农产品的成本,就应明确农产品成本由哪些费用项目构成。不同的农产品其成本费用的构成项目是不同的,但都包括以下几个方面的内容:

1. 直接生产资料费用

是指在生产过程中直接耗费的生产资料,如种子、肥料、农药、燃料、动力、饲料、其他辅助材料等费用。

2. 直接人工费用

是指直接参加农产品生产人员的工资、奖金、津贴等以及按规定计提的职工福利费。

3. 间接生产费用

是指为组织和管理生产活动而发生的各项费用,包括办公用品费、差旅费、管理人员的工资、福利费、固定资产的折旧费、机务料消耗、低值易耗品摊销、租赁费、土地开发费摊销、水电费、保险费、机械作业费、排灌费、季节性和修理期间的停工损失、取暖费及其他间接费。

明确了成本项目构成，就可以进行成本分析，考核各种消耗定额的执行情况，找出农产品成本升降的原因，采取相应的措施加以解决。

（三）农产品成本核算的基本要求

为了达到成本核算的目的，发挥成本核算的作用，在进行农产品核算时，必须做好以下工作，以确保成本全面、真实、合理、准确。

1. 做好成本核算的基础工作

做好成本核算的基础工作，就是要建立健全各种原始记录和制度，如健全原始记录，建立定额制度，严格执行物资的计量、收发和盘存制度等。只有成本核算的基础工作做好了，才能为核算各种消耗，分摊各项费用奠定基础，提供可靠的依据。

2. 正确划分成本费用的界限

在农产品成本核算时，应严格划分成本费用的界限。首先，应正确划分成本费用和期间费用的界限。

（1）正确划分成本费用与非成本费用界限。农业企业发生的各项费用支出，有些构成资产，有些用于偿还债务，有些用于缴纳税金，有些用于对外投资，除此以外，还有很大一部分支出形成了企业的费用。但企业必须对各项支出认真进行审核，控制各项成本开支。一般来讲，下列费用支出不得列入产品成本。① 购置固定资产、无形资产和其他资产的支出。② 对外投资支出。③ 被没收的财物，支付滞纳金、违约金、赔偿金以及赞助、捐赠的支出。④ 国家法律、法规规定以外的各项付款。⑤ 国家规定不得列入成本的其他支出等。

（2）正确划分生产成本与期间费用界限。生产成本与期间费用的划分如表 12－1 所示。

表 12－1 农业生产经营费用表

生产成本	直接费用	直接材料:消耗的各种生产资料，如农药、化肥、种子、种苗、饲料等
		直接人工:生产工人工资、奖金、津贴、福利、补贴等
		其他直接费用:水电费、排灌费用等
	间接费用	房屋、设备折旧费、租赁费、修理费，包装物、低值易耗品摊销等
		间接人工费:辅助生产人员的工资、福利、补贴等
		生产中的保险费、设计制图费、试验检验费等
		其他直接费用
期间费用		管理费用:为管理生产发生的办公费、差旅费，房屋折旧费、租赁费，管理人员工资、奖金、福利等
		财务费用:企业为筹集资金发生的手续费、借款利息等
		销售费用:企业为销售产品而发生的广告费、展览费、运输费等

从表 12－1 可以看出，与农产品生产有关的直接费用和间接费用可作为生产成本。产品销售费用、管理费用、财务费用，不能计入生产成本，只记入当期损益。若以农户为单位进行生产，除有关的招待费、财务费用、销售费用外，经营人员既是管理者，又是生产者，因而管理人员工资费用也构成生产成本。若为大型农业企业集团，则厂（场）部管理人员及管理活动所发生的费用，依照国家企业财务通则和会计准则的规定应列入管理费用，而不得计入农产品成本。

(3) 正确划分当期成本费用和非当期成本费用的界限。在农业企业的生产经营过程中，有些费用是在本期发生，而且只与本期相关，如企业支付本月生产工人的工资，则该项支出应全部作为本期费用计入产品成本；有些费用是在本期发生，但受益期却不仅仅涉及本期，如企业一次性向出租企业支付一年的房屋租赁费，若将该项支出全部计入当期成本费用，则势必会造成当期成本过高，而以后各期成本偏低，造成各月成本费用的不均衡，也不便于管理者通过各月相关数据观察企业成本、费用的变化趋势；而有些费用虽然当期不需要支付，但以后必须要支付，如企业每季度向银行支付的利息，如果将该项利息支出全部计入支付当月的费用，必将会造成支付当月成本费用的突然增大，同样不利于正确计算各月产品成本。现行财务会计制度规定，企业要按照权责发生制原则确定当期的收入和费用。

(4) 正确划分直接费用与间接费用的界限。各项直接费用，可以直接计入农产品生产成本，如直接生产某农产品的种子、种苗、农药、化肥、水、电等费用。间接费用必须按一定分摊标准分摊后计入产品生产成本。如进行温室花卉生产，由于花卉有多个种类，温室的折旧费无法直接计入某类花卉生产成本，可以按各种花卉的生长期和占用温室面积进行分摊。直接费用和间接费用没有绝对的划分标准，主要看该费用是否能直接计入某产品的生产成本，可以直接计入农产品生产成本的为直接费用，不可计入农产品生产成本的为间接费用。如某农户对种植的所有农作物进行农田灌溉，若全部种植的是一种产品，如小麦，则灌溉费用可以直接计入小麦成本，此时灌溉费用为直接费用，若种植的农作物还有油菜、马铃薯等，则灌溉费用应按各种作物的种植面积进行分摊，此时的灌溉费用则为间接费用。

(5) 正确划分当期完工产品和期末在产品的费用界限。本期归集到某种农产品上的生产费用总额，应该由当期完工产品和期末在产品共同负担，故需要采用适当的分配办法进行分配。现实中既可按完工产品和未完工产品的数量进行分配，也可按定额成本进行分配，对于生产工艺比较复杂的产品还可以按照约当产量法进行分配。由于生产费用在完工产品和期末在产品之间的分配有估计成分，所以，在计算过程中要避免任意提高期末在产品成本，调剂完工产品成本的做法。

3. 正确核算人工费用

人工费用的多少取决于活劳动的消耗量和活劳动的工值。因此，要准确核算人工费用既要正确计算活劳动的消耗量，又要正确确定活劳动的工值。

活劳动的消耗量一般按标准劳动日计算。通常把一个中等劳动力工作 8h 定为一个标准劳动日。平时只登记每个劳动力从事产品生产的实际劳动时间，期终再折算为标准劳动日，折算时按下面公式进行：

$$\text{标准劳动日} = \text{劳动时间} \div 8 \times \text{折算系数}$$

折算系数根据各个劳动者的实际劳动能力确定，如一个中等劳动力的折算系数是 1，上等劳动力的折算系数定为 1.2 或 1.5 等，下等劳动力的折算系数定为 0.8 等。计入产品成本的活劳动消耗量包括直接用工和应分摊的间接用工两部分。

劳动工值的确定以劳动力再生产所必需的生活费用为计算标准。劳动力再生产所必需的生活费是指在衣、食、住、燃料、各种用品、文教卫生及其他方面的总支出。标准劳动日值的计算可用公式表示为：

$$\text{标准劳动日值} = \frac{\text{全年必须生活费用支出}\quad\text{总计}}{\text{全年所做标准劳动日数}\quad\text{总计}}$$

（四）农产品成本核算的基本步骤

农产品成本核算的步骤，是指对农业企业生产经营过程中所发生的各项费用，按照各种不同的成本核算对象，进行归集和分配，据以确定各对象的总成本和单位成本的方法。

1. 确定成本核算对象

所谓成本核算对象，就是各项费用归属的对象，它是计算产品成本的依据。农业企业应根据生产经营特点和管理要求确定成本核算对象，主要产品成本应单独核算，次要产品成本可适当合并按类核算。

2. 按成本核算对象正确归集和分配各项直接费用

凡是为生产某种农产品所发生的各项直接费用，应直接计入其相应产品的成本，如果该项费用是为生产多种产品共同耗用的，则应按一定标准在各种产品之间先进行分配，然后再计入各相关产品。

3. 分配制造费用

制造费用是企业内部各生产经营单位为组织和管理产品生产所发生的间接费用，应由受益对象负担。因此，应采取适当的标准在各成本计算对象之间进行分配后再计入产品成本。常用的分配标准有以下几种：① 按直接生产人员的劳动时间分摊。② 按直接生产人员工资分摊。③ 按原材料成本分摊。④ 按直接成本分摊。⑤ 按产品产量分摊。⑥ 按生产占用农业设施的时间和面积分摊等。其计算的方法如下。

4. 计算产成品和在产品成本

经过以上步骤，企业本期发生的应计入生产成本的费用均已归集在各成本计算对象之下，最后还必须计算产成品成本。如果该项产品有期初、期末在产品，则应采取一定的方法先确定期末在产品成本，然后再计算产成品的总成本和单位成本。其计算公式为：

$$产品总成本=期初在产品成本+本期发生的成本费用-期末在产品成本$$

$$单位产品成本=\frac{产品总成本}{产品产量}$$

（五）农产品成本核算的方法

这里所指的农业是广义的农业，包括农林牧渔业，由于各业生产具有自身的特点，农产品成本项目构成不尽相同，因而各业成本核算的方法也有所不同。

1. 农作物产品成本核算

核算农作物的产品成本，是在明确成本核算对象的前提下，首先进行费用的核算，然后再进行农产品成本计算。

（1）成本核算对象

企业应根据种植业生产特点和成本管理要求，按照“主要从细，次要从简”的原则确定种植业成本核算对象，主要产品确定为小麦、水稻、大豆、玉米、棉花、糖料、烟叶、草、剑麻纤维等。对主要产品，应单独核算其生产成本；对其他农产品可合并核算其生产成本。

（2）成本计算期

企业应与其生产周期一致，在产品产出的月份计算成本。粮豆生产成本算至入仓入库和场上能销售为止；不入库、入窖的鲜产品的生产成本，算至销售为止；入库入窖的鲜产品的生产成本，算至入库为止；棉花的生产成本算至加工成皮棉为止；纤维作物、香料作物和人参等农产品的生产成本，算至加工完成为止；年底尚未脱粒的作物的生产成本，算至预提脱粒费用为止。下年度实际发生的脱粒费用与预提费用的差额，由下年同一产品负担。

(3) 成本费用的核算

构成农作物产品成本的费用主要有以下几种：

① 种子费 通常用每种作物的实际用种量乘以种子的单价计算求得。外购种子的成本费用则按买价加上运杂费、途中的合理损耗、税金及入库前的挑选整理费等实际计价；自产自用种子按国家规定的价格计价。

② 肥料费 外购的肥料按实际买价加上运杂费计价；自产自用的绿肥按市价计价；农家肥按有关部门统一规定的价格或估价计价。

③ 农药费 外购农药按采购价、途中的合理损耗和运杂费等计价；自产农药按市价计价。

④ 人工费用 用每种作物的用工量(即标准劳动日)乘以标准劳动日值，计算各农作物的人工费用。即某农作物的人工费用等于该作物的标准劳动日×标准劳动日值

⑤ 机械作业费 外单位代为耕作的，如果只是某一种农作物，按实际支付的作业报酬计算机械作业费；如果是多种作物，先按实际支付的作业报酬记录，然后再根据各种作物的实际作业量计算应分摊的机械作业费；自有机械进行耕作的，应按同类作业市价先计算出亩成本，然后，按各种作物的实际机械作业量计算应摊的机械作业费。计算公式为：

$$\text{机械作业亩成本}=\frac{\text{机械作业费用总额}}{\text{全年机械作业完成标准亩}}$$

某农作物应摊销的机械作业费＝该农作物机械作业标准亩×机械作业亩成本

⑥ 排灌作业费 支付给水电部门的生产水电费，按实际支付数计入各种作物的成本；自有排灌设备发生的费用，核算方法与机械作业费的类似，但作业量的单位变为亩次。

⑦ 畜力作业费 指各种农作物在成本核算期内使用役畜从事田间作业和运输的费用，如果是外雇畜力，按实际支出计算；如果是自有畜力，则按实际费用计算，包括饲草和饲料费、固定资产折旧费、修理费、役畜医药费和其他费用支出。畜力作业费的计算公式为：

$$\text{畜力作业日成本}=\frac{\text{畜力作业费成本总额}}{\text{畜标准工作日总数}}$$

某农作物应摊畜力作业费＝该农作物畜力完成的标准工作日×畜力作业日成本

式中，畜标准工作日是以一种役畜为标准，再按照役畜的劳动效率折合，不同地区折合办法不一致，一般以当地主要役畜作为基准来折合。

⑧ 其他直接费 是指以上几项没有包括的直接费用。

⑨ 农业共同费 在农作物生产中，各种作物共同受益的费用支出，如生产用固定资产折旧费和修理费等。对于农业共同费用，核算出当年应计入成本的各项费用总额后，再按一定的标准在各受益作物之间进行分摊。

⑩ 管理费和其他支出 按实际开支金额和一定的分摊标准分别计入各种作物成本。

(4) 产品成本的计算

各项费用核算出来以后，就可以结合各种作物的种植面积和产量计算其产品成本了。每种作物一般都要计算总成本、单位面积成本和单位产品成本三个指标。各项成本指标的计算公式如下：

$$某农作物的总成本=直接生产资料费用+直接人工费用+间接生产费用$$

$$某农作物单位面积(亩)成本=\frac{某作物总成本}{某作物播种面积(亩)}$$

$$某农作物主产品单位成本=\frac{某作物总成本-副产品价值}{某作物主产品产量(千克)}$$

在实际工作中,农产品成本的计算一般都通过成本计算单进行,成本计算单的具体格式,如表 12-2 所示。

表 12-2　农作物产品成本计算单

项目	作物种类			
	棉花	玉米	小麦	……
播种面积/亩				
总产量/kg				
人工费用/元				
种子费/元				
肥料费/元				
农药费/元				
机械作业费/元				
排灌作业费/元				
畜力作业费/元				
其他直接费/元				
农业共同费/元				
管理费及其他/元				
合计/元				
生产总成本/元				
单位面积(亩)成本/元				
副产品价值/元				
主产品成本/元				
主产品单位(kg)成本/元				

对几种特殊情况的成本计算应分别按以下方法进行:

① 间种、套种和混种作物产品成本的计算。农作物栽培在采用间种、套种方式时,其所发生的费用,凡能明确划分为某种作物的费用,应直接计入该作物;对于不能明确属于哪种作物的共同费用,可按各作物所占播种面积的比例进行分配,播种面积可按播种量折算。分配时可按下列公式计算:

$$某作物产品总成本=\frac{各种作物成本费用总额}{各种作物播种面积之和}\times某种作物播种面积$$

$$某作物的播种面积=\frac{某种作物的实际播种总量}{该种作物单播时单位面积定额播种量}$$

$$某作物主产品单位成本=\frac{某种作物产品总成本-副产品价值}{某作物主产品总产量}$$

② 多年生作物产品成本计算。一次收获的多年生作物，应按各年累计的生产费用计算成本。计算公式如下：

$$\text{一年收获多年生作物主产品单位成本}=\frac{\text{该作物截止到收获月份累计费用}-\text{副产品价值}}{\text{该作物主产品产量}}$$

多次收获的多年生作物，在未提供产品以前的累计费用，作为待摊费用处理，按计划总产量的比例计入投产后各年产出产品的成本。本年产出产品的成本包括往年费用的本年摊销额和本年发生的全部费用。计算公式如下：

$$\text{多次收获多年生某作物产品单位成本}=\frac{\text{往年费用本年摊销额}+\text{本年全部费用}-\text{副产品价值}}{\text{某作物主产品本年总产量}}$$

2. 畜禽产品成本核算

（1）成本核算对象

畜牧养殖业的成本核算对象是畜(禽)群及其产品，主要畜(禽)产品有牛奶、羊毛、肉类、禽蛋、蚕茧等。畜(禽)饲养可实行分群饲养，也可实行混群饲养。实行分群饲养的主要畜(禽)群别划分如下：

① 养猪业　基本猪群(包括母猪、种公猪、检定母猪、2个月以内的未断奶仔猪)；2～4个月幼猪；4个月以上幼猪和育肥猪。

② 养牛业　基本牛群(包括母牛和公牛)；6个月以内的犊牛；6个月以上的幼牛。

③ 养马业　基本马群(包括母马、种公马、未断奶的马驹)；当年生幼马；二年生幼马；三年生幼马。

④ 养羊业　基本羊群(包括母羊、种公羊、未断奶的羔羊)；当年生幼羊；往年生幼羊；去势羊和非种用公羊。

⑤ 养禽业　基本禽群(包括成龄禽)；幼禽和育肥禽；人工孵化群。

（2）生产费用的核算

畜禽饲养的生产费用包括人工费用、饲料饲草费、燃料动力费、固定资产折旧费及修理费、其他费用。各项费用的核算方法如下：

① 人工费用　畜禽饲养的人工费用是在畜饲养过程中的全部劳动报酬。从数量上看，是总用工量(折合的标准工作日)乘以工日单价而得的乘积。其中，总用工量包括直接用工和间接用工两部分。直接用工包括饲养、放牧、捡蛋、挤奶、剪毛等用工。这些用工可以直接计入有关产品成本；间接用工包括饲料调制、用具修理以及管理用工。如只饲养一种畜禽，间接用工也可直接计入产品成本；若饲养两种以上畜禽，间接用工可按各畜群收入或直接用工的比例分摊。某种畜禽的直接用工加上应分摊的间接用工就是总用工量。工日单价仍可采用劳动力再生产必需生活费用调查的工值计算。

② 饲料饲草费　是指在畜禽饲养过程中消耗的全部饲料饲草的价值。外购的按买价加上运杂费、途中的合理损耗和相关的税金计算；自产的按实际成本或国家牌价计算。

③ 燃料动力费　指粉碎和蒸煮饲料、雏鸡孵化及畜禽舍内取暖等耗用的燃料和电力费用。应按实际支出的金额计算。若生产多种畜禽应对此项费用进行分摊。

④ 固定资产折旧及修理费　指畜舍、禽笼等饲养专用设备的折旧费和修理费。

⑤ 其他费用　指畜禽的医药费、饲养工具的购置费、管理费和其他支出。对能直接计入某种畜禽(群)成本的费用，直接计入畜禽(群)成本；对不能直接计入畜禽(群)成本的间接费

用，应按各畜群用工比例分摊。

（3）畜禽产品成本计算

畜禽产品的成本主要用以下指标反映：

$$\text{畜禽产品单位成本}=\frac{\text{生产总成本}-\text{副产品价值}}{\text{产品产量}}$$

$$\text{某畜禽（群）增重单位成本}=\frac{\text{该畜（群）饲养费用}-\text{副产品费用}}{\text{该畜（群）增重量}}$$

某畜禽（群）活重单位成本

$$=\frac{\text{期初活重总成本}+\text{本期增重总成本}+\text{购入转入总成本}-\text{副产品价值}-\text{死畜禽残值}}{\text{该畜禽（群）活重量}}$$

$$\text{某畜禽（群）饲养（头日）成本}=\frac{\text{该畜禽（饲养）费用}}{\text{该畜禽（群）饲养头日数}}$$

3. 林产品成本核算

（1）成本核算对象

林木生产包括种子、苗木、木材生产等，其主要产品有种子、苗木、原木、原竹、水果、干果、干胶（或浓缩胶乳）、茶叶、竹笋等。林木按生产阶段一般可分为种苗、造林抚育、采割三个阶段，不同阶段的林木也应分别核算其成本。

① 种苗成本核算对象　种子应按树种分别归集费用，核算种子成本；育苗阶段应按树种、育苗方式、播种年份分别归集费用，核算育苗成本。

② 造林抚育成本核算对象　消耗性林木资产和公益林根据企业管理的需要，可按照小班、树种等归集费用，核算造林抚育成本。

③ 木材生产成本核算对象　按木材采伐运输方式、品种、批别及其生产过程等，根据企业管理的需要归集费用，核算木材生产成本。

④ 其他林产品成本核算对象　按照收获的品种、批别、生产过程等，根据企业管理的需要归集费用，核算收获品的成本。

（2）成本计算期

各阶段林木及林产品的生产成本计算：育苗阶段算至出圃时；造林抚育阶段，消耗性林木资产和公益林算至郁闭成林前；采割阶段，林木采伐算至原木产品，胶算至干胶或浓缩胶乳，茶算至各种毛茶，其他收获活动算至其他林产品入库。

（3）成本项目

林业企业的成本项目可按照种植业企业的生产成本项目设置，也可根据管理需要自行设置。

（4）生产费用的核算

林业生产费用的核算参照农业生产费用的核算进行。

（5）产品成本计算

桑、茶、果、胶等经济林是多年生长期作物，一般都要经过育苗、幼林抚育管理、投产提供产品三个阶段。各阶段的成本可通过以下公式进行计算：

① 育苗阶段

$$\text{起苗前每亩苗圃成本}=\frac{\text{苗圃全部生产费用}-\text{副产品价值}}{\text{苗圃面积}}$$

$$每株树苗成本=\frac{(起苗面积\times每亩苗圃成本)+起苗费用}{起苗总株数}$$

② 幼林抚育阶段

$$每年每亩幼林成本=\frac{当年应负担的全部费用}{抚育管理面积}$$

③ 成林提供产品阶段

$$单位主产品成本=\frac{该产品当年应负担的生产费用-副产品价值}{主产品总产量}$$

4. 水产业生产成本的核算

(1) 成本核算对象

水产业一般以水产品品种为成本核算对象。水产养殖的主要产品有鱼、虾、贝类、藻类、鱼种、鱼苗等。

(2) 成本项目

① 直接材料 指直接用于养殖生产的苗种、饲料、肥料和材料等。其中,苗种指直接用于养殖生产的鱼苗、鱼种、虾苗、蟹苗、贝苗、藻苗、水生植物的种子等,孵化用的亲鱼、亲虾也属于本项目;饲料指直接用于养殖生产的各种饲料;材料指直接用于养殖生产的各种渔需物资和渔具等低值易耗品摊销等。

② 直接人工 指直接从事水产养殖人员的工资、工资性津贴、奖金、福利费。

③ 其他直接费 指除直接材料、直接人工以外的其他直接费用。

④ 制造费用 指应摊销、分配计入各产品的间接生产费用。

(3) 产品成本计算

对于人工养殖渔业生产,反映渔业产品成本的主要指标有鱼苗单位成本和成鱼单位成本,其成本计算公式如下。

$$鱼苗单位成本=\frac{育苗期全部费用}{育成尾数(万尾)}$$

成鱼单位成本

$$=\frac{上年结转鱼池的全部费用+全年转入鱼池的鱼苗或幼鱼的成本+全年成鱼池的全部费用}{成鱼总产量}$$

对于天然捕捞渔业生产,其成本计算原则是,当年的捕捞费用全都计入当年捕捞产品的成本,如果要按计划成本或销售价格的比例在不同产品之间分摊,其分摊方法如下。

$$产品成本占售价比例=\frac{全部产品成本总额}{\sum(某种产品产量\times该产品单位售价)}\times100\%$$

$$某种产品总成本=\frac{某产品总成本}{某产品总产量}$$

三、农业盈利的核算

农业盈利是指农业收入扣除成本、费用和支出后的余额,是农业企业或经营组织实现的利润总额,因此,盈利的核算实质上就是利润的核算。包括利润额的核算和利润率的核算,这是农业经济核算中的一项重要内容。

（一）农业企业利润额的计算

利润额是农业企业生产经营成果的集中反映，是企业在一定时期内的主营业务和副营业务总收入扣除所有成本费用后的差额，差额为正，即为利润，差额为负，则为亏损。其计算公式如下：

$$利润总额＝营业利润＋营业外收入－营业外支出$$

利润总额只能说明利润数量的多少，不能反映利润水平的高低。因为利润额的多少，不仅取决于企业的生产经营成果，而且还取决于生产规模，所以，在考核不同规模企业或单位的利润情况时，准确的考核应该是比较利润率的高低。

（二）农业企业利润率的计算

利润率指标有三种不同的表现形式，分别是成本利润率、产值利润率、资金利润率，这三个指标从不同角度反映了农业企业的利润水平。

1. 成本利润率

农业企业的利润总额与产品成本总额的比率。用公式表示为：

$$成本利润率=\frac{利润总额}{成本总额}\times100\%$$

该指标表明了投入 1 元成本所创造利润的数额。农业企业或生产经营单位应尽可能提高该指标，以便以最少的消耗，创造出尽可能多的利润。

2. 产值利润率

农业企业的年利润总额与年生产总值的比率。用公式表示为：

$$产值利润率=\frac{利润总额}{总产值}\times100\%$$

该指标表明了每 1 元产值所包含的利润数额。指标值越大对企业越有利。

3. 资金利润率

企业的年利润总额与年占用资金总额的比率。用公式表示为：

$$资金利润率=\frac{利润总额}{年占用资金总额}\times100\%$$

该指标表明了企业占用 1 元资金，所创造的利润数额。能够全面反映企业资金利用的效果，有利于促使企业更加合理地使用所拥有或控制的资金。

第三节　农业经济效益评价

企业生产与经营的核心是提高经济效益。企业的一切经济活动，最终要以是否提高经济效益作为衡量的尺度，所以，评价一个企业经营管理的好坏，主要应以经济效益为标准。农业经济效益评价主要是确定其评价的内容、原则、评价体系和评价方法，对单项或多项农业技术的经济效果优劣作出判断。农业经济效益评价对企业和基本核算单位都具有十分重要的意义。

一、农业经济效益评价的基本原理

(一) 农业经济效益评价的概念

经济效益是社会物质生产中有用效果与劳动消耗的比值。

农业经济效益评价是指对同一技术方案在不同地区、不同生产单位和不同年份的技术经济效果,或不同技术方案在同一生产经营条件下的技术经济效果所作的计算、分析和比较。

(二) 农业经济效益评价的原则

农业生产是自然再生产和经济再生产相互交织的过程。评价农业经济效益必须充分考虑农业生产特点,并遵循以下原则:

1. 价值与使用价值相统一的原则

讲求价值与使用价值的统一,是在社会主义市场经济条件下评价经济效益的基本原则。社会主义生产的目的是满足人们不断增长的物质和文化生活的需要。农业生产的目的是为社会提供尽可能多的优质农产品,以满足社会对农产品的需要。同时,社会主义生产又是商品生产,需要讲求盈利性,盈利是维持和扩大农业再生产的保障,是改善和提高农民生活水平的源泉,因此,必须从增产和增收两方面来评价农业经济效益。只强调使用价值而忽视价值,就可能造成增产不增收,甚至增产减收的不正常现象;只强调价值而忽视使用价值,就会出现不顾社会需求,一味扩大利润高的农产品的生产,减少利润低的农产品的生产,使部分生活必需品的社会需求得不到很好地满足。因此,必须从价值与使用价值的结合上进行评价。

2. 经济效益、社会效益和生态效益相统一的原则

保持农业生态系统的良性循环和农业资源的永续利用,是农业实现高产稳产的重要基础。如果片面追求经济效益,不顾实际情况,掠夺经营,乱砍滥伐,就会造成水土流失,土壤肥力下降,自然资源减少,生态环境破坏等,就无法实现农业高产高效,以及长足发展的目的,因此,农业经济效益的评价必须把经济效益、社会效益和生态效益有机结合起来。

3. 技术效果和经济效益相统一的原则

农业的技术效果是指应用于农业生产的技术、措施、方案表现出来的解决生产实际问题的能力。如种子的发芽率、农药的杀虫率、农业机械应用的生产效率等,它是形成经济效益的基础。但并不是所有技术的运用都能带来经济效益,只有在自然条件和经济条件都能满足农业技术要求时,技术措施才能带来相应的经济效益,否则,不是生产上不可行就是经济上不合理。因此,评价农业经济效益,必须将技术效果和经济效益统一起来进行考虑。

4. 当前利益与长远利益相统一的原则

由于农业生产的特殊性,农业生产中的投入,一部分是当年见效,一部分是在若干年后才能见效。在评价农业经济效益时,既要考虑当前,又要兼顾长远,如果只顾眼前利益,就会使农业发展失去后劲,无法实现农业的可持续发展。

5. 局部利益与全局利益相统一的原则

局部利益是指一个地区、一个生产单位、一个部门的利益。全局利益是指国家整体的利益,是空间范围最大的主体利益。如果农业生产只顾局部利益,不考虑全局利益,例如为了眼前利益而造成水土流失，破坏生态，或不注意水利工程设施的建设等，就会导致整体及长远利益受损，最终影响局部利益。因此，也必须将农业的局部利益与全局利益统一起来。

(三) 农业经济效益评价的指标体系

由于农业生产的特点和社会需要的复杂性，农业经济效益反映在各个不同的方面，需要设置和运用一系列指标从各个不同方面、不同范围、不同层次来计算和分析经济效益的大小。这些相互联系、相互补充、全面评价农业经济效益的一整套指标所构成的体系，叫做农业经济效益评价指标体系。在经济工作中，应用较多、作用较大的指标主要有：

1. 土地生产率

土地生产率通常用单位土地面积上的产量或产值来表示，计算公式为：

$$土地生产率=\frac{产品产量(或产值)}{土地面积}\times 100\%$$

从表面上看，该指标越大，经济效益越好。但因没有扣除物化劳动和活劳动投入量的影响，所以，不能说产量或产值高，效益就高。因此，在实际评价时，一般都同时采用净产值指标和赢利率指标。

$$单位土地面积净产值=\frac{农产品产值-物质生产费用}{土地面积}$$

$$单位土地面积赢利率=\frac{农产品产值-生产成本}{土地面积}\times 100\%$$

2. 农业劳动生产率

农业劳动生产率是农业劳动消耗量和农产品产量(或产值)的比例关系。反映单位劳动时间生产出的农产品数量，或者单位农产品所消耗的劳动时间。它表明农业劳动者生产农产品的效率，用公式表示为：

$$农业劳动生产率=\frac{农产品产量(或产值)}{活劳动时间}\times 100\%$$

单位劳动时间生产出的农产品数量越多或者单位农产品所消耗的劳动时间越少，农业经济效益越好，反之，农业经济效益越差。该指标是个静态指标，要反映农业经济效益的动态情况，则须用农业劳动生产率增长率指标。它是一定时期农业劳动生产率增长量与基期农业劳动生产率的比率。用公式表示为：

$$农业劳动生产率增长率=\frac{报告期的农业劳动生产率-基期的农业劳动生产率}{基期的农业劳动生产率}$$

该指标值越大，表明农业经济效益的增长趋势越好，反之，则表明农业经济效益发展趋势越差。

3. 农业资金生产率指标

农业资金生产率是指在一定时期内农业资金运用所取得的生产成果与资金投入(或消耗)的比率。在一定时期内，单位资金消耗所取得的农业生产成果越多，经济效益越好。反之，则经济效益越差。由于农业资金投放的项目不同，它所取得的成果也不同。因此，评价时所用的指标也不相同。常用的指标及计算公式如下：

$$单位投资新增生产能力=\frac{某时期新增生产能力}{某时期投资额}$$

$$单位资金农产品量=\frac{农产品总量}{农业投资额}$$

$$农业资金产值率=\frac{农业总产值}{农业投资额}\times100\%$$

$$农业资金利润率=\frac{年利润额}{农业投资额}\times100\%$$

4. 农业纯收益指标

农业纯收益是指农业总产值扣除生产成本和税金后的余额。它能综合反映农业生产单位在一定时期内经营的最终效益。农业纯收益越多，经济效益越好。反映农业纯收益的主要指标及计算公式如下：

$$单位面积纯收益=\frac{纯收益额}{耕地面积(或播种面积)}$$

$$单位资金纯收益率=\frac{单位面积纯收益额}{单位面积资金占用额}\times100\%$$

$$农业产值纯收益率=\frac{纯收益额}{农业总产值}\times100\%$$

$$单位成本纯收益率=\frac{农业纯收益额}{农业生产成本}\times100\%$$

$$人均年纯收益额=\frac{年农业纯收益额}{该年农业人口数}$$

人均年纯收益额是一个综合指标，对该指标进行考核，有利于促进农业经济核算和加强农业经营管理，有利于农业剩余劳动力的转移和控制人口增长。

5. 农产品成本

农产品成本是指生产农产品所消耗的活劳动和物化劳动的货币表现。它是反映资金消耗经济效果的主要指标，通常用单位农产品成本或成本产出率两个指标反映，计算公式为：

$$单位农产品成本=\frac{农产品总成本}{农产品总产量}$$

$$成本产出率=\frac{农产品产量(或产值)}{农产品成本}\times100\%$$

单位农产品成本越低，产出率越高，农业的经济效益越好。

相关链接

温棚种植农产品经济效益比较分析

1. 种植双孢菇拱棚经济效益分析

发展节能日光温室生产蔬菜是农民脱贫致富的有效途径，国家也为修建日光节能温室投入了一定的资金。某农户修建1栋0.033 hm^2的拱棚种植双孢菇，棚架由国家投资，农户再投入2 300元左右用于购买塑料、铁丝、草帘等，预计种植双孢菇的菇床材料需要2 000元，化肥850元，消毒用料270元，菌种1 000元。

(1) 对该项目市场价值收入进行预测。以双孢菇种植一次性投入2年内收获的特性，确定该项目收益期为2年。以0.033 hm^2大棚种植面积240 m^2为试验，以第1年产量7 kg/m^2、第2年产量5 kg/m^2预测，产量按年度分别为：第1年240×7＝1 680 kg；第2年240×5＝1 200 kg。预计双孢菇的市场收购价格为均价6元，则种植双孢菇收入为：第1年1 680×6＝

10 080元；第 2 年 1 200×6＝7 200 元。

（2）对预期投入资源进行测算。双孢菇从备料到出菇生长周期 2 年，收入按预期 2 年测算后，成本计入相应年度，以 3 种计算方法进行分析，①方法一：成本在投资年度一次性扣除第 1 年，6 420 元；第 2 年无。②方法二：成本按产量比例分别计入收益年度（产量比例为 7∶5）第 1 年 6 420×7/12＝3 745 元，第 2 年 6 420×5/12＝2 675 元。③方法三：成本分摊到 2 年，第 1 年 6 420/2＝3 210 元；第 2 年 6 420/2＝3 210 元。

（3）对预计利润按（收入－成本＝利润）公式进行测算：①成本在投资年度一次性扣除，第 1 年 10 080－6 420＝3 660 元，第 2 年 7 200 元。②成本按产量比例分别计入收益年度（产量比例为 7∶5），第 1 年：10 080－3 745＝6 335 元，第 2 年：7 200－2 675＝4 525 元。③成本分摊到 2 年，第 1 年：10 080－3 210＝6 870 元，第 2 年：7 200－3 210＝3 990 元。由以上计算结果可以看出，由于成本的计算方法不同，所得的利润存在差异。通过对比分析，方法二计算成本方式较为合理。虽然是一种比较简单的成本计算方法，假设修建温棚的材料存在只能使用 2 年的情况下计算的，如要更为准确地进行计算，还应将成本划分为固定成本和变动成本。

2. 种植蔬菜的温棚经济效益分析

某农户修建 0.027 hm^2 的温棚种植蔬菜，棚架由国家投资，农户自行投入 3 640 元（其中墙体和铁丝投资 1 980 元，塑料、草帘等投资 1 660 元）蔬菜可以种 3 茬，假如第 1 茬种章丘大葱，出售葱苗，种子投入 200 元，化肥 100 元；第 2 茬种萝卜，种子投入 75 元，化肥 100 元，地膜 30 元；第 3 茬种油白菜、芹菜等，种子投入 40 元，化肥 100 元。经济效益测算如下：

（1）测算该温棚年度收入。种植章丘大葱：出售葱苗预计为 15 元/m^2，0.027 hm^2 温棚种植面积按 228 m^2 计算，葱苗收入：228×15＝3 420 元；种植萝卜：预计产量 1 600 kg，单价 0.5 元/kg，萝卜收入：1 600×0.5＝800 元；种植其他蔬菜：预计产量 600 kg，单价 1.8 元/kg，其他蔬菜收入：600×1.8＝1 080 元。综合所计，该温棚年度收入为 5 300 元。

（2）测算该温棚各项成本投入。分摊固定成本墙体及铁丝投入 1 980 元；按照 5 年使用期摊销，每年 1 980÷5＝396 元。其他建棚投入 3 640－1 980＝1 660 元和固定成本的年摊销额 396 元，计 2 056 元，按照种植不同限进行年内成本摊销：章丘大葱苗、萝卜、青菜的生长期分别为 60、60、90 天。章丘大葱成本：200＋100＋2 056×2/7＝887 元；萝卜成本：75＋100＋30＋2 056×2/7＝792 元；其他蔬菜成本：40＋100＋2 056×3/7＝1 021 元。该温棚总成本为 2 700 元。

（3）预测该温棚年度利润。章丘大葱利润：3 420－887＝2 533 元；萝卜利润：800－792＝8 元；其他蔬菜利润：1 080－1 021＝59 元。该温棚总利润为 2 600 元。

通过以上可以计算得出，种植蔬菜的温棚第 1 年的利润仅为 2 600 元，效益较低，对其原因进行分析，主要是后 2 茬蔬菜的产量低，成本过高，造成后 2 茬种植几乎没有收益。

3. 结论

通过以上 2 个项目分析来看，投资项目必须做好市场调查，根据市场综合状况确定种植品种，预计市场收入所得，将成本及收益进行归集分摊，科学计算当期实际需投入的成本，合理控制投入成本，延长固定成本投入使用寿命，在种植过程中加强田间管理，提高蔬菜产量，最终获得投资的最大回报。

二、农业经济效益的评价方法

对农业经济效益的评价一般都要采用定性与定量相结合的分析方法。常用的一般计量分析方法有平行比较分析法、因素分析法和综合评价法。

（一）平行比较分析法

它是对不同可行方案的相同指标进行平行比较，以选择最优方案的分析评价方法。这种方法被广泛应用于不同生产技术措施的投资、用工、成本、产量、效益等指标的对比分析；或对某一生产技术措施在不同作物、不同地区和不同年份之间进行对比分析。现举例说明如下：

例如，某农业生产单位三种耕作制度方案的经济效益指标如表 12－3 所示。

表 12－3 某农业生产单位粮食作物不同轮作方案的比较分析

项目	方案一	方案二	方案三
每亩产量/kg	800	600	700
每亩用种量/kg	60	40	50
每亩物质费用/元	105	50	70
每亩用工/工日	95	50	65
每亩纯收入/元	50	70	80

从表 12－3 可以看出：方案一的产量最高，但用种、用工、费用也最高，纯收入最低。方案二的用工、用种、费用最低，产量最低，但纯收入较高，从总体上看优于方案一。方案三的用工、用种、费用介于方案一和方案二之间，产量较高，而纯收入最高。如果以产量和纯收入为标准，方案三为最佳方案；如果受条件限制，方案二也可选，因纯收入只比方案三少 10 元，但用工、用种、费用的节省额都远远低于方案三。

（二）因素分析法

因素分析法是分析两个或两个以上的因素对研究对象的经济效益影响程度的方法。其具体做法是：在假定其他因素不变的情况下，逐一分析每一因素变化对总体的影响程度，通过比较找出影响总体的主要因素和次要因素，为经济活动提供决策依据。应当指出，因素分析法的分析结论受替代因素的替代顺序的影响，不同的替代顺序可能得出不同的结论。要想消除因素不同替代顺序产生的误差，还需要采用差额分配法或平均法加以解决。

例如，某农业生产单位 2010 年某农作物总收入比 2009 年增加 57 000 元。收入增加是因播种面积增加、单产提高和该产品单价提高所致，具体资料如表 12－4 所示。

表 12－4 某农业生产单位不同年份某作物收入构成比较表

年份＼指标	播种面积/hm^2	每公顷产量/kg	单价/（元/kg）	总收入/元
2009	10（A）	4 500（B）	3.00（C）	135 000
2010	12（A_1）	5 000（B_1）	3.20（C_1）	192 000
2010 比 2009 增减	2	500	0.20	57 000

根据上述资料，用因素分析法分析如表12－5所示。

表12－5 因素分析计算表

单位：元

项目	因素分析法组合方式	影响值	变动原因及程度
TI(2009年总收入)	10×4 500×3.00=135 000		
TI_2(A1代替A)	12×4 500×3.00=162 000	27 000	面积增加 主要
TI_3(B1代替B)	12×5 000×3.00=180 000	18 000	单产提高 一般
TI_4(C1代替C)	12×5 000×3.20=192 000	12 000	单价提高 次要
TI_1(2010年总收入)	12×5 000×3.20=192 000		
TI_1-TI	192 000－135 000=57 000	57 000	

从表12－5的计算结果来看，该作物2010年比2009年总收入增加了57 000元，是播种面积、单产和产品单价三个因素共同提高的结果。其中，播种面积增加，使总收入增加了27 000元，是主要的影响因素；单产提高使总收入增加了18 000元，影响程度一般；单价提高使总收入增加了12 000元，是次要因素。因此，在土地面积增加可能性不大、产品价格较稳定的情况下，应采用新技术，提高单产，使总收入增加，这是农业生产的根本出路。

这里需要说明的是，因素分析法所得出的结论受替代顺序的影响，替代顺序不同，得出的结论可能不同。要消除不同替代顺序产生的误差，应用差额分配法或平均法解决。

（三）综合评分法

综合评分法是对各备选方案设置多项指标，通过"打分"进行综合评价和选优的一种决策分析方法。具体操作步骤如下：

第一步，确定评价指标。每个备选方案都有很多具体的指标，评分时应选择对整个方案的目标影响较大的指标参加评分。

第二步，确定各指标的评分标准。各指标可根据具体情况和历史资料进行分级，一般按五级评分，即5分为最高，1分为最低，中间状态的按1分的级差评分。

第三步，确定各项评分指标的权重。由于各个项目在整个方案中所占的地位和重要性不同，评分时应根据各个项目的不同情况确定其不同的权重。每个项目的权重，用它在整个评分中所占的比重来表示，各个指标权重之和为1或100%。

第四步，编制综合评分计算表。对每个方案的得分进行汇总，得到每个方案的总分值，比较后选出最优方案。

例如，某农业生产单位甲、乙、丙3个可行方案的有关指标数值如表12－6所示。

表12－6 某地区不同农业生产方案的指标值

评价指标	甲方案	乙方案	丙方案
土地生产率/(元/公顷)	2 300	1 900	1 800
劳均国民收入/[元/(人·年)]	300	350	380
资源利用率/%	90	75	80
生态平衡级别	8	10	5

按照五级评分制，5个级差的分组情况及评分标准如表12－7所示。

表 12-7 各项指标评分标准表

指标 分数	土地生产率/（元/公顷）	劳均国民收入/［元/（人·年）］	资源利用率/%	生态平衡级别
5	2 200～2 300	364～380	87～90	9～10
4	2 100～2 200	348～364	84～87	8～9
3	2 000～2 100	332～348	81～84	7～8
2	1 900～2 000	316～332	78～81	6～7
1	1 800～1 900	300～316	75～78	5～6

根据各评价指标在当地的重要程度及其对各评价方案整体经济效益的影响，确定出各评价指标的权重分别为土地生产率 25%，劳均国民收入 30%，资源利用率 25%，生态平衡级别 20%。这样，就可计算出甲、乙、丙三个可行方案的加权总分如表 12-8 所示。

表 12-8 甲．乙．丙三个可行方案的加权总分计算表

评定指标	权重/%	甲方案		乙方案		丙方案	
		得分	加权分	得分	加权分	得分	加权分
土地生产率	25	5	1.25	2	0.50	1	0.25
劳均国民收入	30	1	0.30	4	1.20	5	1.50
资源利用率	25	5	1.25	1	0.25	2	0.50
生态平衡级别	20	4	0.80	5	1.00	1	0.20
合计	100	15	3.60	12	2.95	9	2.45

从表 12-8 可以看出，甲方案的加权总分为 3.60 分，高于乙方案的加权总分 2.95 分，也高于丙方案的加权总分 2.45 分，所以，按综合评分法确定出甲方案的经济效益最好，故为最佳方案。

相关链接

规模化猪场的成本核算与盈亏分析实例

1. 猪场生产情况

该猪场建于 1997 年，常年存栏基础母猪约 500 头，猪只常年存栏量为 2 500～3 000 头，每年可向市场提供育肥猪 3 600 头左右，仔猪 4 400 头左右。2002 年 12 月 25 日，猪场存栏量为 2 813 头，其中繁殖母猪 492 头，后备母猪 56 头，种公猪 30 头，育肥猪 1 120 头，哺乳仔猪 585 头，保育猪 530 头。2003 年全年出售育肥猪 3 671 头、仔猪 4 280 头、淘汰种猪 98 头，销售收入分别为 245.89 万元、103.72 万元、10.15 万元，合计销售收入为 359.76 万元。2003 年 12 月 25 日，猪场存栏量为 2 731 头，其中繁殖母猪 501 头，后备母猪 50 头，种公猪 30 头，育肥猪 980 头，哺乳仔猪 560 头，保育猪 610 头。

2. 直接生产成本和间接生产成本

猪的生产成本分为直接生产成本和间接生产成本。所谓直接生产成本就是直接用于猪生产的费用，主要包括饲料成本、防疫费、药费、饲养员工资等；间接生产成本是指间接用于猪生产的费用，主要包括管理人员工资、固定资产折旧费、贷款利息、供热费、电费、设备维修费、工

具费、差旅费、招待费等。计算仔猪与育肥猪的生产成本时，只计算其直接生产成本，间接生产成本年终一次性进入总的生产成本。

3. 仔猪的成本核算及其毛利的计算

（1）仔猪的成本核算

① 饲料成本 该猪场2003年用于种公猪、后备母猪、繁殖母猪、仔猪的饲料数量及金额总计分别为784.86吨和101.60万元。

② 医药防疫费 猪场全年用于种公猪、后备母猪、繁殖母猪、仔猪的防疫费合计3.64万元，药费合计2.94万元。

③ 饲养员工资 饲养员工资实行分环节承包，共有饲养员11人，按转出仔猪的头数计算工资，全年支出工资总额为9.36万元。

2003年仔猪的直接生产成本合计117.54万元。全年出售仔猪4 280头，转入育肥舍仔猪3 750头，合计8 030头，则平均每头仔猪的直接生产成本为146.38元。

（2）仔猪毛利的计算

2003年销售仔猪4 280头，收入103.72万元。全年转入育肥舍仔猪3 750头，每头按200元（参考市场价格制定的猪场内部价格）转入育肥舍，共75万元。则仔猪的毛利为61.18（103.72＋75－117.54）万元，平均每头仔猪的毛利为76.19元。

4. 育肥猪的成本核算及其毛利的计算

（1）育肥猪的成本核算

① 饲料成本该猪场 2003年用于育肥猪的饲料数量及金额总计分别为943.80吨和116.29万元。

② 医药防疫 在仔猪阶段所有免疫程序已完成，育肥阶段不需要再注射疫苗，所以，育肥猪不发生防疫费用，全年药费为0.59万元。

③ 饲养员工资 饲养员工资实行承包制，按出栏头数计算工资，全年支出工资总额为2.20万元。

④ 仔猪成本 转入仔猪成本为75万元。2003年育肥猪的直接生产成本合计为194.08万元。全年出栏育肥猪3 671头，则平均每头育肥猪的直接生产成本为528.68元。

（2）育肥猪毛利的计算

全年出售育肥猪3 671头，收入为245.89万元。则育肥猪的毛利为51.81（245.89－194.08）万元，平均每头育肥猪的毛利为141.13元。

5. 盈亏分析

猪场全年的盈亏额等于仔猪与育肥猪的毛利及其他收入之和减去猪的间接生产成本。因养殖业没有税金，所以不考虑税金问题。

（1）猪的间接生产成本

① 管理人员工资 猪场有场长、副场长、技术员、会计各1人，其他工作人员3人，全年支付工资为7.70万元。

② 固定资产折旧费 猪场固定资产原值为568.30万元，2003年末账面净值为454.70万元，全年提取固定资产折旧费28万元（猪舍、办公室等建筑按20年折旧，舍内设备按10年折旧）。

③ 贷款利息 猪场全年还贷款利息8.70万元。

④ 其他间接生产成本 猪场全年的供热用煤费为4.60万元，电费为5.13万元。猪舍及

设备的维修费用为0.83万元，买工具的费用为0.12万元。差旅费、招待费、办公用品及日用品费等为3.20万元。

猪的间接生产成本合计为58.28万元。

(2) 猪场全年的盈亏情况

仔猪毛利为61.18万元，育肥猪毛利为51.81万元，出售淘汰种猪收入为10.15万元，合计123.14万元，减去间接生产成本58.28万元。猪场全年盈利64.86万元。

(3) 存栏量的变化对猪场盈亏的影响

在年终分析猪场的盈亏时还要考虑到猪群数量的变化，如果猪群数量增加，则表示存在着潜在的盈利因素，如果猪群数量减少，则表示存在着潜在的亏损因素。因为该猪场的存栏量变化不大。所以盈亏的影响在分析时可忽略不计，但如果猪的仔栏变化较大，在分析盈亏时就必须考虑到这一因素。

6. 提高猪场经济效益的措施

分析以上成本核算与盈亏分析的过程，可看出要提高猪场经济效益关键要做到以下几点：

(1) 提高每头母猪的年提供仔猪数

提高猪场经济效益最有效的办法就是提高每头母猪的年提供仔猪数。该猪场平均每头母猪年提供的仔猪只有16头左右，这个水平还有很大的上升空间。在生产水平比较高的猪场，平均每头母猪年可提供仔猪18～20头，甚至20头以上。如果按18头计算，该猪场每年可多生产仔猪1 000头左右，这1 000头仔猪与上面8 030头相比，在成本上只增加了1 000头仔猪的饲料费、医药防疫费和饲养员工资，而其他成本没有增加，增加的这部分成本每头仔猪以75元计。如果按200元/头转入育肥舍，它的纯利润为125元/头，合计12.50万元，如果出售，利润会更高。可见提高每头母猪的年提供仔猪数能显著增加经济效益。

(2) 降低饲料成本

饲料成本在猪的饲养成本中所占的比例一般都在70%左右。该猪场为74%(不包括购买种猪及仔猪的成本)。降低饲料成本是增加经济效益的有效措施，但同时一定要保证饲料的质量，否则只能适得其反。主要方法是利用多种原料进行合理配合，既达到既降低成本，又满足猪只营养需要的目的。

(3) 降低非生产性开支

一般来说饲料成本在总成本中占的比例越高，非生产性开支所占的比例越少，说明猪场的管理越好，所以，要尽量减少各种非生产性开支，提高经济效益。

本章小结

本章主要从农业企业的经济核算出发，分别介绍了资产核算、成本核算和赢利核算等主要内容。农业经济效益评价强调经济效益、社会效益和生态效益的有机统一。农业土地生产率、劳动生产率、农业资金生产率、成本利润率、成本产值率、农业纯收益、农产品成本等经济指标是进行农业经济效益评价和方案选择的常用指标。平行比较分析法、因素分析法(连环替代法)、综合评价法则是进行农业经济效益评价的常用方法技术。

探索与实践

一、填空题

1. 农业成本效益的基本范畴包括农业生产(　　　　)、农产品(　　　　)、(　　　　)、(　　　　)、(　　　　)、(　　　　)。

2. 农产品成本分析一般包括(　　　)分析、(　　　)分析和(　　　)分析。由于这三种分析分别在不同的时段进行,因此,又称为(　　　)、(　　　)和(　　　)。

3. 影响农业经济效益的因素主要有:(　　　　)、(　　　　)、(　　　　)、(　　　　)和(　　　　)。

4. 农业生产经营中经济核算的内容主要包括(　　　)、(　　　)和(　　　)三方面。

5. 企业应按照(　　　)、(　　　)的原则确定种植业成本核算对象。

二、名词解释

1. 农业生产总成本　2. 农业经济效益　3. 农业经济核算　4. 农产品成本核算　5. 农业盈利

三、判断题

1. 降低单位农产品成本就意味着企业以同样的物化劳动和活劳动的消耗,生产出更多的农产品。(　　)

2. 工资、奖金、津贴属于间接生产费用。(　　)

3. 购置固定资产、无形资产和其他资产的支出可以列入产品成本。(　　)

4. 生产成本包括直接费用、间接费用和期间费用。(　　)

5. 制造费用是企业内部各生产经营单位为组织和管理产品生产所发生的间接费用,应由受益对象负担。(　　)

6. 企业应与其生产周期相一致,在产品产出的月份计算成本。(　　)

四、简答题

1. 简述农业经济核算的内容和方法。

2. 简述农产品成本费用的项目构成。

3. 农产品成本核算的基本要求是什么?

4. 农业经济效益评价的原则是什么?

5. 简述农产品成本核算的基本步骤。

五、计算题

1. 某农机服务公司 2011 年采用了新型的农业机械为农民代耕,全年消耗的油料费用为 44 844.8 元,比未采用新型机械的 2010 年增加 1 536.8 元,经过对统计资料的汇总分析,油料费用增减的影响因素有:①完成的作业量。②每亩的油耗油量。③单位油料成本。具体情况如表 12－9。

表 12-9 油料费用变动情况表

项目	计量单位	2010 年	2011 年	2011 年比 2010 年增加或减少
作业量	亩	8 020.00	8 960.00	+940.00
每亩消耗量	公升	0.8	0.70	-0.10
单位油料成本	元/公升	6.75	7.15	+0.4
油料费用总额	元	43 308	44 844.8	+1 536.8

试用因素分析法，分析作业量、耗油量和油料成本三个因素对油料费用增减变化的影响程度，评价采用新的农业机械耕作的经济效益。

2. 某地区拟推广早稻新品种，甲、乙品种为新品种，丙品种为原当家品种，根据新品种对比试验情况，确定的评价指标及有关种植数据情况见表 12-10。

表 12-10 评价指标及有关资料表

品种 \ 项目	亩产/kg	抗性	品质	生长期/天	亩纯收入/元
甲	516	较好	一般	109	518
乙	483	一般	好	108	510
丙	450	较差	好	109	350

各指标采用 5 级评分法，5 分最优，1 分最差。指标的评分标准见表 12-11。

表 12-11 各项目的定级标准表

项目 \ 分数	1	2	3	4	5
亩产/kg	376～425	426～475	476～525	526～575	576 以上
抗性	差	较差	一般	较好	好
品质	差	较差	一般	较好	好
生长期/d	115 以上	112～114	109～111	106～108	105 以上
亩纯收入/元	350 以下	351～439	440～514	515～589	590 以上

根据各评价指标的重要程度及其对各评价方案整体经济效益的影响，确定出各评价指标的权重分别为：亩产量占 30%，纯收入占 30%，品质占 20%。生长期和抗性各占 10%。

试采用综合评分法分析早稻新品种的推广价值。

参 考 文 献

[1] 邓衡山,徐志刚,柳海燕.2010.中国农民专业合作经济组织发展现状及制约因素分析.现代经济探讨,(8).

[2] 吴剑平.2010.浅析家庭联产承包责任制的利弊及土地规模化经营的趋势.中国农经信息网(www.caein.com).

[3] 李秉龙,薛兴利主编.2009.农业经济学.北京:中国农业大学出版社.

[4] 翟留栓.2009.农业项目投资评估课程讲义.北京:中国农业大学经管学院.

[5] 许开录,孙志洁.2008.农业经济管理.北京:化学工业出版社.

[6] 唐华俊,罗其友.2008.农业区域发展学导论.北京:科学出版社.

[7] 贾华强.2008.循环经济学概论.北京:中共中央党校出版社.

[8] 韦晓宏,段根林.2008.中国特色社会主义经济理论大聚焦.北京:国防大学出版社.

[9] 周慧秋.2008.农业经济管理.北京:中国农业科学技术出版社.

[10] 曾珠.2008.中国宏观经济形势分析与调控能力建设.河北经贸大学学报,(3).

[11] 王雅鹏.2008.现代农业经济学.北京:中国农业出版社.

[12] 黄福华,尹国杰.2008.湖南现代物流发展研究报告.长沙:湖南人民出版社.

[13] 袁长明.2008.物流经济地理.北京:北京大学出版社.

[14] 兰绍清.2008.产业集群效应的经济学分析.现代商业,(36).

[15] 马亮.2008.发展现代农业必须推进制度创新.新西部,(4).

[16] 马晓河.2008.发展现代农业需要注意的几个问题.中国科技投资,(8).

[17] 柳咏芬,利仁,徐凤珠.2008. 农业经济管理.哈尔滨:黑龙江人民出版社,(8).

[18] 王厚俊.2007.农业产业化经营理论与实践.北京:中国农业出版社.

[19] 谭向勇.2007.中国主要农业生产资料市场分析.北京:中国农业出版社.

[20] 张宝文.2007.现代农业:一项重大而紧迫的历史任务.农业经济导刊(中国人民大学报刊复印资料),(2).

[21] 刘强,乔永信.2007.农业经济管理.北京:高等教育出版社.

[22] 中共浙江省委组织部.2007.农业经济管理.杭州:浙江科学技术出版社.

[23] 李继红,宋一淼.2007.我国产业集群发展模式之探讨.农村经济,(4).

[24] 李俊荣,段万春,廖亚光.2007.关于产业集群效应的经济学浅析.全国商情:经济理论研究,(7).

[25] 刘强,乔永信.2007.农业经营与管理.2 版.北京:高等教育出版社.

[26] 赵敏.2007.农产品物流.北京:中国物资出版社.

[27] 史继红.2007.论我国家庭联产承包责任制下的适度规模经营.理论导刊,(8).

[28] 任青丝.2007.我国农业产业集群研究综述.经济与科技,(7).

[29] 齐建国.2007.2005 年～2006 年宏观经济调控政策分析——兼对中央政府和地方政府关系的思考.学习与探索,(1).

[30] 张欣莉.2007.项目风险管理.北京:机械工业出版社.
[31] 常清,朱璐璐.2007.宏观调控应注意政策时滞性压力.上海证券报,(9).
[32] 杨启先.2007.我国宏观经济调控的成就与主要经验.经济纵横,(5).
[33] 熊文景.2007.日本市场经济模式对中国经济发展的启示.经济视角,(8).
[34] 丁建崃,等.2007.农民组织与新农村建设——理论与实践.北京:中国农业出版社.
[35] 刘庆和.2006.中国农业——宏观经济联系研究.成都:西南财经大学出版社.
[36] 尹成杰.2006.新阶段农业产业集群发展及其思考.农业经济问题,(3).
[37] 王雍君,陈灵.2006.循环经济论文集.北京:经济科学出版社.
[38] 吴德进.2006.产业集群论.北京:社会科学文献出版社.
[39] 张庆.2006.物流管理.北京:科学出版社.
[40] 国家发改委,建设部.2006.项目建设经济评价方法与参数.北京:中国计划出版社.
[41] 陈娆,田淑敏.2005.农业经济管理.北京:高等教育出版社.
[42] 方天堃,陈仙林.2005.农业经济管理.北京:中国农业大学出版社.
[43] 朱道华.2005.农业经济学.4版.北京:中国农业出版社.
[44] 王建国.2005.我国农业产业集群发展模式研究.济南:山东大学硕士学位论文.
[45] 柯炳生.2005.中国农业经济与政策.北京:中国农业出版社.
[46] 谭崇台.2004.发展经济学.太原:山西经济出版社.
[47] 安水民.2004.农村经济结构调整过程中应把握的几种关系.中国特色社会主义研究,(2).
[48] 方天堃,陈仙林.2004.农业经济管理.北京:中国农业大学出版社.
[49] 金龙焕,等.2003.农村合作经济教程.北京:中国农业出版社.
[50] 刘国臻.2003.对我国农村家庭承包经营存在问题的法律思考.学术研究,(10).
[51] 蔡根女.2003.农业企业经营管理学.北京:高等教育出版社.
[52] 雷海章.2003.现代农业经济学.北京:中国农业出版社.
[53] 李秉龙.2003.农业经济学.北京:中国农业大学出版社.
[54] 速水佑次郎.2003.农业经济论.北京:中国农业出版社.
[55] 王凯.2003.现代企业经营管理.北京:中国大地出版社.
[56] 郭庆海.2002.农业经济管理.北京:中国农业出版社.
[57] 郭庆旺,赵耕耘.2002.财政学.北京:中国人民大学出版社.
[58] 胡继连,等.2002.产业组织制度与中国农业产业发展研究.北京:中国农业出版社.
[59] 黄祖辉,蒋文华.2002.农业与农村发展的制度透视——理论述评与应用分析.北京:中国经济出版社.
[60] 翟虎渠.2006.农业概论.2版.北京:高等教育出版社.
[61] 原葆民.2002.管理学原理.北京:中国农业出版社.
[62] 钟甫宁.2002.农业政策学.北京:中国农业出版社.
[63] 杨秋林.2002.农业项目投资评估.北京:中国农业出版社.
[64] 马国柱.2001.现代企业经营管理学.北京:中国农业出版社.
[65] 巫国兴.2001.新编农业经济管理概论.厦门:厦门大学出版社.
[66] 葛孚桥,薛少华.2000.农业经济管理.北京:中国科学技术出版社.

[67] 欧阳旭初.2000.农业经济学.北京:中国财政经济出版社.
[68] 朱道华.2000.农业经济学.北京:中国农业出版社.
[69] 和丕禅.1999.乡镇企业经营管理学.北京:中国农业大学出版社.
[70] 杨名远.1999.农业企业经营管理学.北京:中国农业出版社.
[71] 江占民,等.1998.农业经济与管理.北京:中国农业出版社.
[72] 焦必方.1996.新编农业经济学教程.上海:复旦大学出版社.
[73] 罗伟雄.1995.中国农业经济学教程.北京:中国人民大学出版社.
[74] 谭向勇,等.1994.农业经济学教程.太原:山西经济出版社.
[75] 车明诚,等.1993.农业经济学—理论与政策.哈尔滨:黑龙江人民出版社.
[76] 吉廷格.1990.农业项目的经济分析(世界银行).北京:中国财政经济出版社.
[77] 侯晓昌.1987.农产贸易学.广州:华南工学院出版社.
[78]《中华人民共和国土地管理法》.2004.北京:中国农业出版社.
[79] 邓一鸣.1991.中国农业剩余劳动力利用与转移.北京:中国农村读物出版社.

郑重声明

高等教育出版社依法对本书享有专有出版权。任何未经许可的复制、销售行为均违反《中华人民共和国著作权法》,其行为人将承担相应的民事责任和行政责任;构成犯罪的,将被依法追究刑事责任。为了维护市场秩序,保护读者的合法权益,避免读者误用盗版书造成不良后果,我社将配合行政执法部门和司法机关对违法犯罪的单位和个人进行严厉打击。社会各界人士如发现上述侵权行为,希望及时举报,本社将奖励举报有功人员。

反盗版举报电话　(010)58581897　58582371　58581879

反盗版举报传真　(010)82086060

反盗版举报邮箱　dd@hep.com.cn

通信地址　北京市西城区德外大街4号　高等教育出版社法务部

邮政编码　100120

短信防伪说明

本图书采用出版物短信防伪系统,用户购书后刮开封底防伪密码涂层,将16位防伪密码发送短信至106695881280,免费查询所购图书真伪。

反盗版短信举报

编辑短信“JB,图书名称,出版社,购买地点”发送至10669588128

短信防伪客服电话

(010)58582300